真善美与人生智慧

中学生哲学读本

主　编　卫　刚
副主编　蒋念祖
编　者　蒋念祖　方钧鹤　陈国林　王舒城

探求真善美，提升思辨力

感悟人生智慧，培养健全人格

苏州大学出版社
Soochow University Press

图书在版编目(CIP)数据

真善美与人生智慧:中学生哲学读本/卫刚主编
. —苏州:苏州大学出版社,2015.8
ISBN 978-7-5672-1456-9

Ⅰ.①真… Ⅱ.①卫… Ⅲ.①哲学-青少年读物
Ⅳ.①B-49

中国版本图书馆 CIP 数据核字(2015)第 196490 号

书　　名:真善美与人生智慧——中学生哲学读本

主　　编:卫　刚
副 主 编:蒋念祖
责任编辑:施　放　李寿春
装帧设计:刘　俊

出版发行:苏州大学出版社(Soochow University Press)
社　　址:苏州市十梓街 1 号　邮编:215006
印　　刷:苏州工业园区美柯乐制版印务有限责任公司
邮购热线:0512-67480030
销售热线:0512-65225020

开　　本:700 mm×1 000 mm　1/16　印张:20　字数:376 千
版　　次:2015 年 8 月第 1 版
印　　次:2015 年 8 月第 1 次印刷
书　　号:ISBN 978-7-5672-1456-9
定　　价:36.00 元

序　言

科学人文相互融合，培养全面发展的创新型人才

全面提高学生的综合素质、创新素质，必须强调科学素养与人文素养的同步发展。怎样才能让科学素质与人文素质得到同步发展？我在《文化的边缘》《艺术与创生》中多次谈到，关键需要科学文化、人文文化相互融合的教育，需要东西方文化的相互对话、相互交流。人类思想发展史上，一直存在着科学主义和人文主义两大思潮：科学主义要求以自然科学的眼光、原则和方法来研究世界，它把一切人类精神文化现象的认识论根源都归结为数理科学，强调研究的客观性、精确性和科学性；人文主义则强调以人为本，把人当作研究的核心、出发点和归宿，希望通过人本身的研究来探寻世界的本质与其他问题。现在这两大思潮正趋向融合。曾任英国政府科学顾问的小说家、物理学家查尔斯·斯诺在 1959 年发表了题为“两种文化”的影响深远的演说，指出了科技文化与非科技文化在价值观念和思维方式上的差异及其对创造、突破带来的障碍，主张这两种文化的相互融合，而使得两种文化融合的重要途径是学校教育。美国著名科学家乔治·萨顿在《科学与艺术》一文中详细阐述了这两种文化的巨大差异，强调两者不可或缺，而又必须相互融合补充。关于中西方文化的比较研究表明，“天人合一”作为中华民族文化的根本特点，与西方文化的“主客二分”截然不同。从价值观念上看，中华民族趋向于“求善”，西方民族趋向于“求真”；从思维方式上看，中华民族偏重于感性、直觉、整体思维，西方民族偏重于理性、逻辑、分析思维。中西方文化的交流融合，也正在成为世界性潮流。对大脑左右半球功能的研究表明，人的大脑由物理上相等的两半球组成，左右半球各有分工、各有专门的功能，左半球具有语言的功能和分析的功能，右半球具有非语言的和整体性的功能；左半球具有分析的、理性的、逻辑的理性的功能，右半球具有非理性的、直觉的和整

体的功能。创造思维能力就是由两种思维方式——形式逻辑与审美逻辑综合而成的“互补结构”。由此可见，江苏省扬州中学倡导科学与人文相互融合，倡导西方文化与东方文化的交流融合，倡导同时注重发掘左脑右脑的潜能，培养具有科学素质、人文素质的综合型创新型的人才，吸收了思想文化、教育心理、语言文艺等各学科专家学者的研究成果，顺应了历史的潮流，时代的需求，为落实素质教育，为实施课程改革，走出了一条特色发展之路，自主发展之路，创新发展之路。摆在我们面前的系列丛书(《知识就是力量》《追求和谐向善的人生》《借问美在何方》《心灵的奥秘》《艺海漫游》《喜剧与幽默》《中国的智慧》《西方的智慧》)，反映了他们十多年来在这方面走过的探索历程和取得的部分成果。

为了适应知识经济时代的要求，各国在课程设置方面一方面加强了学科之间的横向联系，一方面有意开设具有综合性的课程。古今中外，那些建立千秋功业而彪炳史册的创造性人才，从张衡、祖冲之到杨振宁、华罗庚，从达·芬奇、笛卡尔到牛顿、爱因斯坦——无不是文理兼长、德才兼备，科学、人文素质同步发展的综合性人才，有志于理工科学习的重点中学学生，理应树立这样的目标。课程改革以来，扬州中学开设了十几个系列上百门选修课，充分体现了综合性的趋向，充分体现了“科学人文相互融合”的办学理念。针对学校喜欢选择理工科的学生比较多的特点，扬州中学选取了人文科学系列(八本)作为必选课程，其中有三门分别为美学、文艺鉴赏和喜剧幽默，体现了对人文素养、审美素养的高度重视。所有课程突出科学与人文的结合，理论与实际的结合，逻辑与历史的结合，倡导自主、合作、探究的学习方式。这样的课程，有望成为培养全面发展的创新型人才的基础性工程。《真善美与人生智慧》作为前八本书的浓缩本、精华本，以实践、和谐的观点为哲学基础，将真善美的追求和成物与成己和人生的实践智慧融为一体，既具思辨趣味，又有实践意义。祝福他们取得更大成绩！

中国社科院哲学研究所教授、博士生导师
中华美学会副会长
滕守尧

2015年8月

"哲学"与"你"

年轻人,你简直难以想象,当我试图对你这个中学生说点什么的时候,内心是多么地五味杂陈。再过一个多月,我就满四十岁了;而从进入大学算起,我学习和研究哲学也快二十年了。孔子曾自述过一个人生小传,说自己"四十而不惑"。这终究是圣人的修炼速度,凡夫如我,倒是年齿益增,困惑愈多,以至于到现在连自己所从事的哲学是什么都困惑不已。不过,有一点倒是确定无疑:我走上哲学的"迷途",主要是拜两位中学老师所赐。

虽然离高考还远,但高一学生的暑假已然不会轻松。我那年暑假就是如此。除了其他各科老师布置的一大堆试卷,我的语文老师也布置了一堆作业,当然,每周一篇作文是必不可少的。现在想来,我当时一定是哪根神经搭错了,活像条书虫,找来各种能够找到的哲学书籍乱啃一气。临开学了,我一篇作文都没写,而是以人性为题,写了篇上万字的"论文"交差了事。这个"不按规矩出牌"的做法惊动了蒋念祖老师。蒋老师就是我的语文老师,一个在大学兼任硕士生导师的中学老师,一个有着极高人文素养的人。我还记得那天上午,他邀我去他家谈我的"论文"。那不算狭小的书房被层层叠叠的图书挤占得只能容下一张书桌和两张椅子。就在书籍的环绕中,蒋老师和我聊了差不多整个上午。从那以后,我就不断地从那个"小型图书馆"借阅到他所推荐的各种人文书籍,我的头脑被各种各样的观念、思想所占据。

如果说,蒋老师是站在哲学的世界里把我拉向哲学;那么,我的另一个中学老师则是在哲学的世界外把我推向哲学,他就是我的物理老师,一个我很喜爱和崇敬的老师。高二下学期我们要参加高中会考,考查所有九门课程。在那段复习期间的一节物理课上,物理老师随口说道,大家应该尽量把时间和精力放在物理上,至于历史什么的,差不多就行了,因为那些再怎么学也没什么用处。很快,我就找到了班主任,要求去读文科班,好将来证明给物理老师看看,读历史究竟有没有用处。到如今,我也没有向那位物理老师证明读历史有没有用处,反倒是好像用自己活生生地证明了,读哲学似乎没什么用处。

确实,很难看出哲学对于一个普通人来说有什么用处,除非它像在我这里的情况那样,成为了一个谋生手段。所以,有些哲学研究者倒也干脆,直截了当承认哲学就是没什么用处。这不一定是件坏事:如果你对哲学感兴趣,你自然会愉快地捧起这本书。做一件事,不一定要它有什么用处,喜欢就去做。然而,倘若兴趣是一个人读这部《中学生哲学读本》的理由,那如果你不喜欢哲学,你不是就可以心安理得地把这本书抛在一旁了吗?

现在,我简直是在着手一个不可能完成的任务:我力图向你表明,每个中学生都应该学习哲学,因此,这部《中学生哲学读本》值得每一个中学生阅读。

如果出于某个理由,每个中学生都应该学习哲学,那这个理由必须是相关于每个中学生的。如果存在着这个理由,那它会是什么?

有一种关于哲学的流行说法:哲学虽然没有用处,但“无用之用,方为大用”。这是一种很特别的说法:一方面,它承认哲学没有用处;另一方面它又暗示了哲学有用处,而且有大用处。我们又回到了这个问题:“哲学有什么用处?”

表面上看,这个问题有两个关键词:“哲学”、“用处”。但“用处”这个词很特别。它的字面意义是“用到……的地方”,这意味着,“用处”是关涉某个特定处境的,在这个处境中,该事物被用作……而特定的处境又相关于特定的人,处境是人所处的情境。因此,严格说来,“哲学有什么用处?”这个问题乃是“哲学对于处于特定情境中特定的人有什么用处?”这个问题的缩略表达。

所以,当你思考“哲学有什么用处?”的时候,随之而呈现出来的还有另一个问题:思考着这个问题的你是谁?只有先理解了你是谁,才能进而理解对你而言哲学有什么用处。

你是谁?这个问题正如众多的哲学问题一样,乍一看答案显而易见,越考察却越令人困惑。

回想一下你入学时的情景。你和班上同学初次见面,你们要相互自我介绍。为了介绍你是谁,你说了什么?你的名字、家庭情况、兴趣爱好,等等。然而,我们完全可以想象,你可以换名字,你的家庭情况可能会发生变化,你的兴趣爱好也可能会转移。假如发生了这些改变,你还是你吗?别说想象、假如了,对比一下你初中入学时的自我介绍和高中入学时的自我介绍,它们肯定不一样。在这里,我们至少可以说,你是一个变化着的东西(和“不是个东西”这个说法比起来,我们还是承认自己“是个东西”吧)。你不断地变化着,无论是生理方面还是心智方面,特别是在你这个年龄阶段。倘若你想在你这里寻找什么一成不变的东西,那只会是徒劳无功。

你不是一出生就已经是你现在的样子,你也不是以后都只能是你现在的样子。你现在的样子是你的遗传因素和你过往的历史造就的,你未来的样子也会因你新添的历史而更新。一言以蔽之,你只要活着,你就会不断地生成着——这就是“人一生”、“生一活”的本意。

可是,你是一个生成着的东西,这回答了“你是谁”这个问题了吗?想想一只扬子鳄、一棵银杏树、甚至一株琼花,只要是有生命的东西,不都是生成着的，不断发生着变化吗？就此而言，上面这个说法并没有回答“你是谁”。

让我们尝试着从另一条道路接近这个问题。

我的女儿是在一家大型妇产医院降生的，我简直怀疑全市有一半以上的新生儿都降生于此。她刚出生的那几天，每天下午护士要把她抱去沐浴室洗澡。偌大的沐浴室里有六七个操作台，新生儿们和小狗小猫没什么两样，由护士托着脖子和身体，在温水龙头下冲洗。洗完了擦干，再裹上医院统一的浴巾。这时候，如果不靠新生儿手腕上的名牌，你简直分不清谁是谁——因为，新生儿其实都长得差不多。

当然，如果你仔细观察，不同父母的新生儿，其相貌还是有差别的，这差别来自新生儿的先天遗传因素。在一个人的发育、成长过程中，这些先天的遗传因素还会在后天的诸多条件下而有其表达，影响着这个人的各种体貌特征的变化。身体对于你而言绝不是像某些哲学家说的那样无足轻重的。身体的损伤往往会给你带来巨大的改变，甚至令你不复存在。不过，对于我们人类而言，在我们的发育、成长过程中，还有另一类更重要的变化。我们学会了人类的一种语言，并通过语言这个载体而学到一种文明。所谓的文明无非就是人们创造出来的各种观念以及基于这些观念而创造出来的各种器物和制度。而所谓你的成长无非是各种观念装配进你的大脑并稳定下来，它们可能会在未来的某个时刻通过你的物质躯体表达出来。

现在我们可以再来尝试着考虑“你是谁”这个问题：在物质的层面上，你就是这一具躯体；在非物质的层面上，你就是在你头脑里稳定存在的这一个观念结合体，我们俗称为“心智”的东西。

我要告诉你一个好消息：你现在这个年纪，正是你的心智飞速形成的时候。各种各样的观念会以你这辈子当中最快的速度在你的头脑里进进出出，碰撞融合，最终诞生出“你”这颗独一无二的心智。我还要告诉你一个坏消息：绝大多数人在三十多岁以后心智基本上不会再发生大的变化，这就意味着，他们在其后的岁月里只是按照头脑里现存的那些观念的指引而活着。换言之，他们在某种意义上只是在重复他们的过去。英国科幻作家道格拉斯·亚当斯曾经说过一个有趣的科技三定律：任何在我出生时已经有的科技都是稀松平常的世界本来秩序的一部分；任何在我 15—35 岁之间诞生的科技都是将会改变世界的革命性产物；任何在我 35 岁之后诞生的科技都是违反自然规律、要遭天谴的。同学，留给你的时间窗口其实不多！

* * * * * * * * * * *

如果说，你作为一个中学生，是一个正在形成过程中的心智，那哲学对你来说又有什么用呢？要回答这个问题，还需要考虑问题的另一端：哲学是什么？

古汉语里边有“哲”这个字，有“学”这个字，但没有“哲学”这个词，它是

19世纪70年代日本学者西周翻译philosophy这个西文词时创造出来的,后经康有为等人的传播,逐渐进入汉语世界。

在流俗的理解中,哲学通常被视为智慧之学,相应地,哲学家被视为有智慧之人,一如古汉语里边的"哲人"之意。然而,philosophy在欧洲思想之初的古希腊就有着截然不同的含义。Philosophy不是"智慧之学",而是"爱智慧之学",philosopher也不是"有智慧之人",而是"爱智慧之人"。这里虽然只有一字之差,但其含义却有天壤之别。

苏格拉底被公认为哲学的典范。他自知其无知,与别人的哲学谈话往往也是无果而终。在对话时,绝不是张三提出了A见解,李四提出了B见解,苏格拉底跳出来说,"你们都不对,正确的见解应该是C"。苏格拉底所做的,仅仅是深入而细致地逐个分析在对话中被提出来的各种见解,发现其困境或限度,在此基础上推进对问题的思考。不把某个人的某种见解视为终极的真理,而是始终带着批判的眼光审视。正是秉持着这种哲学的精神,一代一代的哲人们孜孜不倦地追求着智慧,在学习和批判前人的基础上不断提出各种观念和思想。哲学的领域正是观念最自由地得到创造和批判的地方。哲学的精神同样也贯穿于这本《中学生哲学读本》。这本书不像自然科学的书籍,在这里你看不到什么"确定的真理",你看到的只是各种各样的观念及其论说,其中有的观念甚至相互冲突。

哲学家们有句口头禅:"重要的不在于你主张什么,而在于你主张的理由是什么。"当你面临的不是判然分明的是非对错时,理由就成了关键性的东西。不但要辨析别人的主张所依据的理由,更要辨析自己的主张所依据的理由。

我们往往按照某些观念或理由去行动、去生活,却从未对这些观念或理由详加考察,去追问它们是否有道理、是否成立。而哲学所做的,正是这个事情。在此,哲学的一个古老呼吁对于尚未全面展开自己生活的中学生来说尤其有意义,这就是:未经审视的生活是不值得过的。

* * * * * * * * * * * *

我已经"老"了,心智已经稳定、固化了。而你还年轻,还有机会思考:你愿意让怎样的观念、思想在你的头脑扎下根来。就此而言,哲学对于你的启示在于:不要匆忙草率地接受某一种特定的观念,而要去努力理解和辨析多种多样的观念。

我不知道我有没有成功地表明:每个中学生都该学习哲学,这部《中学生哲学读本》值得每个中学生阅读。

丁三东

2015年5月于成都四川大学哲学系

前言

面对灿烂星空,让心灵自由翱翔!

高中阶段开设了哲学课,编写这本书是不是叠床架屋、多此一举呢?看看目录就可以知道,本书谈论的话题比起教材有较大的深入、拓展;认真读下去,你会发现,这本书从内容到编写方式与教科书都不一样,它把实践、和谐发展等哲学观点与我们的生活、学习(即实践,即所谓成物、成己,或曰做事、为人)结合起来,与真善美的探求结合起来,希望能帮你喜欢上哲学,喜欢上哲学的思考,喜欢上阅读交流,让你学会融会贯通,领悟人生智慧。

皮亚杰在研究儿童的心理活动过程时,从他们提出的大量问题中发现,儿童的智力活动有一种追根穷源的倾向。下面是他引用的一个六岁儿童与成人问答的实例:

儿童问:“太阳是怎么才有的呢?”
成人答:“当它生命开始时它就有了。”
问:“它是用什么东西做成的?”
答:“火。”
问:“但它是怎样被做成的呢?”
答:“因为那里着火了。”
问:“那么火是从哪里来的呢?”
答:“从天空中来的。”
问:“天空中怎么会有火的呢?”
答:“它是用火柴点着的。”
问:“那么这火柴又是从哪里来的呢?”
答:“神扔下来的。”

这个例子表明,精神活动的重要特征,就是对一切确切认识的不满足。

正因为如此,无论是借助抽象对世界本质的把握,还是凭籍模型对宇宙构造的想象,人的思维活动都将伸展到形而上的领域,涉及哲学的本体论的问题。探究形上之谜,一直是人显示其高远境界、高超智慧的最好场所。人们常说,儿童天生具有哲学探究的兴趣——儿童也是天生的诗人、画家——但是随着年龄的增长,这天真、童趣被世俗的喧嚣冲刷得荡然无存。生活在现实世界中,完全沉湎于不食人间烟火的玄妙高论之中,无疑不值得提倡,但哲学却是与生活密切相关的。只是哲学的视野太广阔,问题太抽象,需要宁静致远,方能悟出此中三昧。这就是庄子在《逍遥游》中描绘大鹏振翅高飞的壮丽图景的用意所在:夏虫不足与语冰,囿于蝇头小利者不足与语人生境界、人生智慧。“诗”与“思”是内在相通的,都必须源于现实,而又高于现实。

浏览本书目录可知,本书所涉及的话题,应该是追求人生境界、人生智慧的青年所喜闻乐道的:什么是真、善、美?什么是人的本性?怎样探索真、践行善、欣赏、创造美?追求怎样的人生理想、人格理想、社会理想?——这些宏大话题其实曾经强烈吸引无数古圣先贤幼时的心灵。据说陆九渊三四岁的时候就问父亲:天和地有没有尽头,为此而忘记吃饭睡觉——类似的故事多得胜过满天繁星,每当我们面对灿烂星空,不能不油然而生潇洒出尘之想。本书在探讨这些宏大话题的同时,也介绍了这些古圣先贤的嘉言懿行。“哲学就是哲学史。”同理,谈论认识论、伦理学、美学、人学,就不能不涉及认识论史、伦理学史、美学史、人学史等。咀嚼品味这些人生智慧的结晶,我们可以窥斑见豹,领略古圣先贤的远见卓识。直接论说这些话题,我们自觉才疏学浅,所以选择的方式是“述而不作”、引导对话:援引当代学者阐述古圣先贤思想的名篇名著,加以引导、阐述,把我们谈论这些话题的过程,变成高品位阅读的过程,变成引导读者与古圣先贤、专家学者对话的过程,变成让读者在阅读、对话中神思飞扬、欲罢不能、有所感发的过程,在提升整体素养的过程中提升阅读、写作素养。在此特别提醒我们的读者:附录中精心挑选了古今中外具有代表性的哲理名言,加上深入浅出的解读,对于我们提升人生境界,提高思辨能力,必将大有裨益,千万不要错过。

本书涉及哲学学科的许多前沿话题,现将其主要观点简述如下:

人类的存在方式是广义的“实践”,包括“成物”与“成己”两大方面。所谓“成己”,指成就作为个体或类的人自身(自我的完成与群体价值的实现)。所谓“成物”,则既指化本然的实在为合乎人需要的存在,也包括社会领域的变革。比较而言,中国传统注重“成己”,由此形成人文文化;西方传统(尤其是近代以来)注重“成物”,由此形成“科学文化”。其实人的存在与实践中,认识自我与世界、改造自我与世界是相互联系、不可偏废的。实践作为人类存在的方式,就是主体客体的辩证统一,就是不断发现矛盾、解决矛盾、创造和谐的过程。这就是新世纪马克思主义哲学的本体论:以注重实践、注重和谐发展为特色（第一、二章）。

人类在存在、实践中，必须探究“是什么”、“应该怎么办”，必须不断追求“真善美”。对于“何为真善美”，必须不断给出答案。康德把人的心理功能分为知、情、意三方面，在他的“三大批判”之中，第一部《纯粹理性批判》实际上就是所谓哲学或形而上学，专研究认知的功能；第二部《实践理性批判》实际上就是所谓伦理学，专研究意志的功能；第三部《判断力批判》实际上就是所谓美学，专研究情感（快感或不快感），寻求人心在什么条件之下才感觉事物美（美学）和完善（目的论）。人类追求的真善美，恰好与人类的心理结构认知、意志与情感分别对应，康德的“三大批判”合在一起就组成了一个完整的体系。本书基于马克思主义的实践唯物主义本体论，认为：“实践”包括认识世界与自我，改造世界与自我。前者探究“是什么”，与认知相关，追求“真”；后者明确“应该做什么”，与意欲相关，追求“善”。在实践中，对于真与善的追求是相互关联、密不可分的：知与行，成物与成己，合规律性与合目的性，工具理性与价值理性，都是辩证统一的。“真”、“善”、“美”在实践（成物、成己）中均体现为追求矛盾的和谐、统一：作为真理之“真”，就是主观认识与客观规律的和谐统一；作为伦理之“善”，就是人类与自然、个体与社会、自我与他人、自我的认知与情感意志之间的和谐统一；作为审美之“美”，就是形式之多样化统一（和谐）、形式与内容的和谐统一，内容上是真与善的和谐统一，审美过程中审美主体与审美客体之统一。简言之，追求真善美就是追求世界和人的和谐统一。和谐统一不仅是观念上的和谐统一，而应该是实践中经历发现矛盾、解决矛盾之后实现的和谐统一。张世英先生所说的“主客二分基础上的主客融合”的思维方式，杨国荣先生关于成物成己、实践智慧的论述，为上述观点提供了本体论依据，体现了新世纪一代学人对马克思主义哲学的探索（第三章至第五章）。

成物与成己既是目标又是手段，相辅相成，辩证统一。我们的读者正在成人的关键时期，“成己”自然是首要问题。“成己”涉及成为怎样的人、为何要成为这样的人、如何培养这样的人，等等。回答这些问题，需要立足于现实、理论的依据。比如成为怎样的人，其依据是：人的本性如何？离开了对人之现实的本性的正确理解，成为怎样的人，目标可能失之过高或失之过低，“成己”的方法也失去科学依据。我们说：人性是理性与非理性的统一。成己就是培养健全人格，就是培养理性与非理性（认知与情感、意志、心理）全面、和谐发展的人格。而培养健全人格，需要科学文化、人文文化的全面传承、熏陶（第六章第一、二、五节）。“世界观是个性人格的核心”，所以人格的培养，首先必须注重世界观、价值观、方法论的培养教育。健全的人格，应该是与时俱进的，同时是符合“中道”的个性。人格、个性培养的必由之路是在“成己”、“成物”的实践中发现矛盾、解决矛盾，实现和谐统一，实现成物与成己的和谐统一(第六章第四节)。

简言之,在实践中追求知与行的统一,成物与成己的统一,合规律性与和目的性的统一,工具理性与价值理性的统一,科学世界与生活世界的统一,真与美、善的统一,构成了全书的中心、线索:两种实践(成物与成己)产生两种文化(科学与人文),两种文化概括出两种哲学(科学哲学与人文哲学)。马克思主义哲学新时期的任务是将两种哲学相互融合,用于指导两种实践与两种文化的建设,用于健全人格(共在性独立人格)的培养,让人得到全面、和谐、自由的发展。

本书讨论涉及哲学的许多前沿话题,但是我们的选文和导读语,力求深入浅出。选文中关键语句均用加粗字体显示,提供阅读的方便,引发阅读的兴趣。讨论每一个话题时,我们力求展示同一话题的不同见解,尤其是相互对立的见解,着力引导读者在矛盾对立的意见中学会思考,学会对话,学会融通,形成"自圆其说"的见解。这其实是"辩证法"最初的意思,也正是辩证法的最重要的意思。本书自始至终贯穿了统一的哲学本体论,力图彰显理性思维的基本原则。掌握知识固然重要,但是更为重要的是学会思维,享受、培养思辨的兴趣。"化理论为方法,化理论为德行"(冯契语),融会贯通、知行合一、转识成智,这是实现高远人生境界的必由之路。哲学的思辨,既外求于客观(以物为尺度),又内求于人心(以人为尺度);既探求物性之终极,又寻觅人性之根源;既是真切的学问,又有神秘的韵味;既是论证的、推理的活动,又是感悟的、思辨的过程;既是用逻辑建构起来的,又布满了信仰之场。哲学因此成为全面锻炼各种思维方法、技巧的体操。它不仅具有工具价值,也具有终极价值:在思辨的空间,在现实的人生,心灵在逍遥自在、自由翱翔,做和谐的运动,这不正是一种本乎人性的美妙的人生境界?

事实上,如果我们在青少年时期就能志存高远,学会凝神静气思考那些大问题,让我们的人生智慧、人生境界得以提升,离成功、幸福还会远吗?或者说这本身不就是成功、幸福吗?据说有一次,古希腊哲学家泰勒斯在观测星星时,没注意脚下,竟然掉进了井里,他的侍女嘲笑他只知道远在天边的事情,却看不到近在眼前的一口井,仿佛哲学家都是些好高骛远、眼高手低的家伙。其实事情远不是这样。后来,泰勒斯观测天象,预见到来年橄榄要丰收,于是,他就把城里所有的榨橄榄油的机器都租了过来。第二年橄榄果然丰收,人们都来找他榨油,于是他大大地赚了一笔。这个例子颇能验证老子的人生智慧:"反者道之动。"

康德有言:"头顶灿烂星空,道德律在我心中。"

面对灿烂星空,让我们的心灵自由翱翔!

目 录

第一章

什么是哲学

本章导读　什么是哲学呢？哲学是对有关世界、人生的重大问题、根本问题的惊奇、追问、探索。重大问题包括：世界是什么？真、善、美是什么？人是什么？人应该怎么活着？等等。哲学谈论的就是这些关于宇宙人生的总的看法，因而也是提示我们如何做事做人的方法的学问，所以我们课本里称其为关于世界观、方法论的学问。所谓“重大问题”，一是这些问题有广度，宇宙人生无所不包；二是有深度，带有普遍性、抽象性；三是意义重大：抓住了大问题，小问题自然迎刃而解。哲学确实堪称“人生智慧、境界之学”。

可是在实际生活中，许多具体问题、小问题也被冠以哲学之名。比如管理哲学、教育哲学等。我们不能不承认这些也是哲学，因为它们讨论的毕竟是某一领域的“重大问题”，可以这么说，哲学有不同层次：比如有谈论人文科学中的大问题的“人文哲学”，有比它更为抽象的“哲学”，比它更为具体的政治哲学、历史哲学，等等。西方哲学比起其所属的各个流派的哲学更为抽象，比起“哲学”则比较具体。哲学还有不同派别：唯心主义与唯物主义；辩证法与形而上学；西方哲学与东方哲学（含中国哲学）；科学主义哲学与人文主义哲学；等等。每个派别之中，又包括若干小的派别。谈论的话题、表现形式不同，但都是重大问题。

我们已经初步学习了马列主义哲学基本原理，马列主义哲学本身处于不断发展之中。当今世界，西方哲学有两大流派：一是科学主义哲学，一是人文主义哲学。科学主义哲学崇尚科学、经验、逻辑，认为哲学研究的是认识方法的问题，把人与自然的关系问题归结为逻辑问题、语言问题及科学方法等问题。它们认为哲学就是一种分析方法、思维方法。人本主义哲学偏重于研究人性、人生、人世等问题。根据唯物辩证法的观点，这两派哲学与其所属的文化之间存在着辩证统一关系，随着时代发展，两者必将走向融合。当代马列主义哲学，必将在实践中批判吸收古今中外各个流派哲学的精华，将科学主义哲学与人文主义哲学融会贯通。哲学最初的意思是“爱智慧”。所谓智慧，就是“一切存在的东西都在存在中统一为一个整体”，用中国的话说，就是“万物一体”。“爱智慧”就是追求万物合而为一、和谐一致的意思。人与自我、人与自然、人与社会，无不充满矛盾，无不追求和谐；“真”、“善”、“美”及其和谐统一，是人类永恒的价值追求，无不是矛盾统一、实现和谐的过程，无不是由“主客二分”进入“天人合一”的过程。

冯契先生说：学习哲学要“化理论为方法，化理论为德行”。新时期马克思主义哲学吸收了古今中外的哲学智慧，必定能授人以正确的世界观、方法论，包括正确的思维方法，引导我们在认识、改造世界的实践中转识成智，获得人生的智慧，提升人生的境界。让我们一起享受这个过程吧！

（全书选文中加粗字体标示了文本中的重要信息，出于编者一己之见，希望不要干扰读者的阅读思考。）

一、哲学是人生境界之学

——《哲学导论》导言：什么是哲学

张世英

阅读提示 本文节选自张世英先生的《哲学导论》的序言。作者认为，哲学起源于对于普遍性问题的惊异与思考。接下来主要讲了两个问题：一是什么是哲学。作者认为，在西方哲学史上哲学是什么的问题，有三个不同阶段的回答。第一个阶段是苏格拉底、柏拉图以前古希腊早期思想家们的回答：哲学是爱智，即一即一切，一切即一，人与万物融合为一。“爱智慧”在赫拉克利特那里，就是指人对万物（一切存在者）合而为一的一种和谐一致的意识。第二个阶段的回答是从苏格拉底、柏拉图到黑格尔几千年的传统哲学的回答：哲学是把存在当作独立于人以外的概念来加以追求的学问，背离了这种“和谐一致”的意识。第三个阶段的回答是黑格尔死后现当代哲学家们的回答：哲学是讲人与世界交融合一的生活世界的意义的学问，这是在“主体—客体”思想基础上对“万物一体”思想的回归。

二是“我”所提倡的哲学是什么。作者认为：片面强调具有人本主义倾向的中国传统的“万物一体”的思想，或者片面强调具有科学主义倾向的西方近代以来的“主体—客体”思想，都是行不通的。21 世纪的中国哲学，必须融贯中西，体现蕴涵“主体—客体”思想在内的“万物一体”思想，体现科学、人文相互融合的思想。我们今天非常需要发展科学，需要有经世致用或者说实用的哲学观点，但现在人们过分地热衷于功利追求，对自然采取极端的人类中心主义，对人采取自我主义，破坏了人与人之间、人与自然之间的和谐。“针对这些情况，我主张在重视实用的同时，更多地提倡‘诗意境界’和‘民胞物与’的精神，提倡万有相通、万物一体的哲学。我所主张和提倡的境界或人生态度以及与之相应的哲学就是这样。”“主体—客体”基础上的“万物一体”思想，是作者提倡的人生境界之学的基础。

小引：哲学始于对普遍性问题的惊异

我们的日常生活，吃饭、穿衣、走路、恋爱、改造自然、人与人之间的各种社会交往等，大多是一些针对具体的、个别的事物和现象的活动，人们较少自觉地考虑普遍性的问题，特别是把世界（包括人在内）作为一个整体来考虑这样一种最大最高的普遍性问题。例如我们平常和人打交道，总是和张三或者李四打交道，不会和一个既非张三也非李四的“人一般”打交道；我们吃水果，不是吃苹果，就是吃梨，不会吃一个既非苹果也非梨的“水果一般”；就说吃苹果吧，也不是吃“苹果一般”，而是或者吃这个苹果，或者吃那个苹果，“一般”或者换个词来说——“普遍”，总带有抽象性。我们平常总是较多地注意具体的、个别的东西，较少考虑抽象的一般性问题。可是普遍性问题，特别是**把世界作为一个整体来考虑这样一种最大最高的普遍性问题，正是哲学研究的对象**。德国古典唯心主义哲学家黑格尔说：**“哲学以思想、普遍者为内容，而内容就是整个的存在。”**“什么地方普遍者被认为无所不包的存在，则哲学便从那里开始。”黑格尔在这里说得很明确：哲学从要求把握“整个的存在”开始。也就是说，从把世界作为一个整体来考虑开始。英国现代哲学家罗素也说过：“当有人提出一个普遍性问题时，哲学就产生了，科学也是如此。”“提出普遍性问题就是哲学和科学的开始。”哲学所讲的普遍性主要是指我所说的最大最高的普遍性。科学所讲的规律性是较小范围的普遍性，例如，化学现象范围的普遍性，物理现象范围的普遍性，但只要是思考普遍性问题，就有着哲学的起点。古希腊的哲学，原本把科学包括在内，哲学与科学还没有分化，原因之一，就是因为它们都是讲的普遍性。这也是为什么人们总觉得哲学距离现实生活比较遥远、抽象而不切实际的根本原因。刚才不是说过吗，人的现实生活不会是吃“水果一般”，不会是同“人一般”打交道嘛！但是另一方面，这种关于整个世界的普遍性问题又经常渗透到人们的现实生活中，特别是渗透到一些好奇心较强的人们的现实生活中。例如那本畅销全球的哲学史通俗读物**《苏菲的世界》，一开始就提出了两个最大最高的普遍性问题：“你是谁”和“世界从哪里来”**。这就表明，即使是最大最高的普遍性也是与具体的、个别的事物和现象相联系的，表明哲学是与人们的现实生活相联系的。在当今市场经济繁荣、科学技术日益发达的时代，人们一方面热衷于功利追求，热衷于对具体的东西的占有，一方面也常常要追问人生的意义究竟何在，追问一些最大的普遍性问题。我知道有一位企业家很有钱，日夜为着他的经济利益操劳，可是当他站在上海金茂大厦的顶层时，却念起陈子昂的诗句：“前不见古人,后不见来者,念天地之悠悠,独怆然而涕下。”这首诗很有哲理,悠悠是悠长、无限的意思,想到宇宙无限,人生短促,不禁感慨以长叹。这说明即使是生活在最现实生活中的人,也做哲学的思考呀!

古希腊哲学家柏拉图说:“哲学始于惊异。”亚里士多德也说过:“由于惊异,人们才开始哲学思考(‘惊异’又译‘好奇心’)。惊异是从无知到知的‘中间状态’。”哲学究竟来源于一种什么样的惊异呢?对芝麻大的一点小事、小问题容易惊异、好奇的人,比起对任何事、任何问题都麻木不仁的人来,显然更有哲学头脑,更有哲学的起点,但哲学之为哲学,或者说**严格意义下的哲学,却是源于对世界整体性把握这样一种最大最高的普遍性问题的惊异**。有了对这种普遍性问题的惊异、好奇,就意味着提出了哲学问题。

一、哲学史上对哲学的界定

“哲学”这个词,原来在中国古代的典籍中就没有,它来自19世纪日本学者西周,他把源于古希腊的西方哲学思想翻译为“哲学”。中国晚清的学者黄遵宪最早把“哲学”这个词从日本介绍到中国。所以要讲“哲学”这个词的渊源,还得从古希腊哲学讲起。我们今天讲的中国哲学史上的哲学思想,是指中国典籍中一些同古希腊哲学与西方哲学相似、相通的内容来说的,如先秦的“诸子之学”、魏晋的“玄学”、宋明清的“道学”、“理学”、“义理之学”等,我们把这些叫作“哲学”。

我想引证一下海德格尔的考证和说法:古希腊早期思想家赫拉克利特最早用了 φιλοσοψοζ 这样一个形容词,这个形容词应译作“爱智慧的”。“爱智慧的”中的“爱”是指事物之间的和谐一致、相互适应的意思。“智慧”是指所有存在的东西都在存在之中,都属于存在,都集合于存在之中。如果借用一句中国哲学的术语来说,“智慧”有点类似“万物一体”。**所以“爱智慧”在赫拉克利特那里,就是指人对万物(一切存在者)合而为一的一种和谐一致的意识。“爱智慧”中的“爱”就是把人与万物协和起来、合一起来的意思。**

可是赫拉克利特以后,有所谓智者派,他们是公元前5世纪—前4世纪周游希腊各地靠收徒弟获取报酬的一批职业教师,教青年一些如何演说、辩论的知识和技能。智者派在市场上需要对有的东西做理智的说明和解释,以便能为一般人所理解和接受,于是理智性的、概念式的东西成了智者派的追求目标,而理智性的、概念式的东西是和先前“爱智慧”所讲的对万物一体的爱的思想相矛盾的,它背离了这种思想。于是,“智慧”也变成了一种为人们所“渴望”和概念式地追求的东西。由“爱”到“渴望”的转变是一种由人与存在合一、和谐一致到人与存在的相互外在性的转变:“爱智慧”是指人与“智慧”原本内在地、原始地在一起,“渴望”却是把人与“智慧”变成彼此外在的东西,把“智慧”变成一种外在的概念而需要加以追求的东西。渴望嘛!总是在自己之外才渴望。如果原本和自己内在地在一起,就用不着“渴望”了。通过这种转变,“爱智慧”就变成后来的“哲学”。“哲学”不再是先前的“爱智慧”的意思,而是对哲理的渴望与追求。这种追求所追问的问题从此就变成了“什么是存在者”。苏格拉底、柏拉图就是老要追问“什么是存在者”,例如人是“什么”,火是“什么”。柏拉图认为存在者的“存在性”或根底是“理念”(概念),例如某一存在者,桌子或方的东西、圆的东西、白的东西,其“存在性”或根底在柏拉图看来就是桌子的概念:方的概念、圆的概念、白的概念,某一方的东西之所以是方的东西,或者说,之所以作为方的东西而存在,其根由就在于它符合方的概念——有四个边,每个边都是等长的——我说是正方形,有四个角,每个角都是90度。某个白色的东西之所以是白的东西,其根由就在于它符合白的概念,白的东西的概念就是它的存在性即白性,白性就是在white后面加上ness,也就是whiteness。你为什么叫人?你是人的根由何在?就在于你符合人的概念,符合人性,你是有理性的动物,会说话等;如果你没有这些人性,你就不是人,不能作为人而存在。总之,**从苏格拉底、柏拉图开始,“哲学”就是对这个“存在性”、这个“是什么”,也就是对这个抽象概念的追求、追问、渴望。**

上面说的这种对哲学的界定是自苏格拉底、柏拉图以后几千年来西方思想史上所谓“哲学”的主要含义和内容。从苏格拉底、柏拉图开始,哲学家们就和以前的思想家不同了,主要不是像过去那样讲人与存在的“契合”或人与万物的融合为一,不是讲自然与精神的“实体性合一”,而是逐步逐步地把抽象的概念如思维、存在、普遍性、特殊性、本质、现象、一、多、质、量、必然、自由等概念当作一种独立于人以外的东西来加以追求或者说渴望。哲学就是以进入这样一些抽象概念的王国为最终目标的学问,就是渴望进入抽象概念王国的学问,西方现当代哲学家把这种传统的哲学叫作“概念哲学”。对哲学的这种界定,在西方统治了几千年,一直到黑格尔死后,包括马克思主义在内的西方现当代哲学才改变了这种界定。在中国,半个世纪以来,我们所广为宣传的哲学基本上也属于西方传统的“概念哲学”的框架。改革开放以来,人们对哲学的看法有所改变,但没有完全摆脱旧的窠臼。时至今日,人们一听到我这里讲的“哲学是什么”这个题目,首先想到的答案很可能就是,哲学是在抽象概念里打圈圈的学问。**自柏拉图到黑格尔,在西方哲学史上占统治地位的这种概念哲学尽管与西方科学的繁荣发达有密切联系,但它又的确把哲学变成了苍白无力、抽象乏味的东西,把人生引向枯燥而无意义的境地。**西方现当代哲学家特别是欧洲大陆的一些人文主义思想家们,他们不满意这种传统的哲学观,对这种传统意义下的哲学提出了各种批评,其中被称为“后现代主义者”的一些思想家提出了哲学应当终结的口号,他们的思想往往被称为“后哲学”。我以为西方那种奉抽象概念为至尊的哲学的确应该终结,或者说得更确切一点,应该被超越、被扬弃。超越、扬弃不是绝对否定和抛弃,而是经过它又超过它。马克思也说过哲学应该终结的话。显然,他所谓应该否定、终结的哲学,也是指传统的概念哲学,指那种抹杀现实、崇尚抽象概念王国的哲学。

西方现当代的哲学家们所提倡的在“哲学终结”之后的思想观点究竟是一种什么样的思想观点呢?所谓“后哲学”的哲学,究竟是一种什么样的哲学呢?他们有各自独特的哲学和观点,但**大体说来,他们大多反对和批评那种独立于人之外的概念王国,主张哲学应从抽象的天国回到具体的人世和现实生活;反对主体与客体二分,强调人与世界合一、物我交融的生活世界。西方现当代的这种哲学思想似乎又回到了苏格拉底、柏拉图以前古希腊早期思想家们的观点。**但大家要注意的是,这不是一种简单的回复,他们所讲的人与世界合一、物我交融的思想是经过了西方几千年传统的主客关系式的洗礼之后的一种超越主客关系的合一或物我交融。现当代人所讲的这种合一不再是黑格尔所说的那种“实体性合一”、不分主客的合一,而是比主客关系更高级的合一。

总起来说,**哲学是什么的问题在西方哲学史上,我把它分为三个不同阶段的回答。第一个阶段是苏格拉底、柏拉图以前古希腊早期思想家们的回答:哲学是爱智,即一即一切,一切即一,人与万物融合为一。“爱智”在这个时期还没有苏格拉底、柏拉图以后西方传统的“哲学”这个名词所表示的意义。第二个阶段的回答是从苏格拉底、柏拉图到黑格尔几千年的传统哲学的回答:哲学是把存在当作独立于人以外的概念来加以追求的学问。当然,这期间的哲学家们对哲学是什么的问题的回答又是众说纷纭,各有各自的特点的,但上面说的对哲学的这种基本的界定在这个时期占据主导的地位。第三个阶段的回答是黑格尔死后现当代哲学家们的回答:哲学是讲人与世界交融合一的生活世界的意义的学问。**我这里主要是讲人文主义思想家们的回答,不包括英美分析哲学的回答,不过英美分析哲学家们也和欧洲大陆的人文主义思想家一样反对传统的抽象概念的形而上学,尽管角度不相同。这三种界定都是关于包括人在内的世界整体的最大最高的普遍问题,从广义上说,都是哲学。

在中国古典的典籍中,没有哲学这个名词,当然谈不上对哲学有什么明确的界定。鸦片战争以前的中国哲学史上,天人合一、万物一体的思想占主导地位,那种类似西方主客关系式的天人相分的思想不占上风,像战国时期名家公孙龙强调抽象概念的那种类似西方概念哲学的思想观点也是少有的。从总体上来看,如果说中国传统哲学对哲学是什么的问题有某种回答与界定的话,那么,这种回答与界定似乎可以说与古希腊早期的“爱智”之学和现当代的“后哲学”有更多相似和相通的地方。

二、哲学是关于人对世界的态度或人生境界之学

今天首先谈我对什么是哲学这个问题的看法。开门见山，我以为哲学，应是提高人的精神境界之学，应是以进入人与世界融为一体的高远境界为任务和目标之学。我对于哲学目标的这样一种界定，我的用意在于把中国传统哲学的人与万物一体的思想和西方现当代人与世界结合为一的思想，同西方近代的主客关系思想结合起来，所以，我说的这种境界不是抛弃主客关系，而是包括主客关系在内却又超越它；这种境界不是不需要知识和规律性、必然性，不是老子讲的"弃智"，而是需要广泛的知识和规律性、必然性而又超越知识，超越规律性、必然性；不是不要功利追求，而是既讲功利追求又超越功利追求。总之，这种境界不是单纯精神上的安宁或精神享受，而是对世界采取一种高远的态度。人的一生是一个充满矛盾斗争和痛苦的过程，我所主张的哲学是一种教人以经得起痛苦和磨炼的人生态度之学。现在大家都爱说提高人们的素质。什么是素质？素质也就是境界。提高人的素质就是要提高人的精神境界。

习惯于把哲学看成是关于最普遍的规律之学的人，也许会觉得我的这种哲学观点太空洞了。是的，如果把哲学看成是一种知识，那么，哲学的发展史也许可以说是内容越来越贫乏、越空洞的历史。大家都知道，最普遍的规律不是离开具体现象范围内的普遍规律而得来的，关于最普遍的规律的哲学不是离开关于各具体范围内普遍规律的具体科学而独立自在的。各门具体科学在从哲学分化出去以后，它们所涉及的本范围内的普遍规律会得到更深入的研究，而以概括和总结各门具体科学为目标的哲学，它的内容也会越来越深化丰富了，而决不是越来越空泛。但是随着科学门类的扩展与增加，特别是由于当前交叉学科的研究越来越受到广泛的重视，规律性的范围越来越普遍，越宽广，哲学所研究的所谓最普遍性的规律的范围也越来越多地被交叉科学所"侵占"和"瓜分"。交叉学科的发展趋势启发我们，**只要我们把哲学当作一种知识体系来看，那么，我们也就越来越有理由把哲学界定为关于最普遍的规律的科学了，哲学等于是科学**。我认为，把这样的学问冠以哲学之名的时代应该终结了。这种意义的哲学是与前面讲到的西方传统的概念哲学相联系的，它应该与概念哲学的终结一样地终结。**我不是说不可以有关于最普遍规律的学问，但顺乎时代的要求，不要再称它为哲学了。**

这样的哲学终结以后，是否还另有哲学的领地呢？是否还另有可以称之为哲学的学问呢？我的回答是肯定的，那就是以提高境界为目标的学问。这种学问不是以追求知识体系为目标，而是讲的人对世界的态度，或者简称为人生态度。一个人或一个群体，包括不同时代的人或群体，抱着什么样的态度来面对世界或世事，或者说，一个人或一个群体有什么样的境界，他或他们就有什么样的哲学。对世事抱悲观态度的人有悲观主义的哲学，抱乐观态度

的人就有乐观主义的哲学。如此类推，于是就有唯物主义的哲学和唯心主义的哲学，有人类中心论的哲学和民胞物与的哲学，有经验主义与理性主义的哲学，有功利主义与道德义务论的哲学，如此等等。我这里无意列举全部的或比较全面的哲学派别，也无意对这些派别做界定，我只是举例说明：一个人、一个群体、一个时代有什么样的人生态度或境界，就有什么样的哲学。我们平常不是说哲学是世界观吗？世界观就是对世界的看法，是一种人生态度，上面说的悲观主义、乐观主义、唯物、唯心等都是讲的世界观，都是讲的对世界的看法和人生态度，它们本身都不是科学知识。当然，世界观、人生态度或境界不是独立自在、随意产生的，任何一种人生态度或境界都以它之所以产生的科学依据、经济基础、社会环境、时代背景、民族性格、历史文化传统等为缘由。我所说的以提高人生境界为目标的哲学，决非抛弃普遍概念和普遍规律，决非抛弃知识，而是在它们的基础上提高我们的人生境界。一个人不识不知，既不懂自然科学的普遍规律，也没有社会历史方面的知识，如何能提高自己的人生境界呢？当今之世正处于普遍性、必然性知识日新月异、迅猛扩展的时代，我们该以什么样的哲学和人生态度来面对这样的世界呢？我们的哲学和人生态度将如何不断更新，以适应不断更新的世界，指导我们的行动呢？哲学比科学有更多的、更高的任务，它既要广泛的科学知识而不只是某一具体科学范围内的知识，甚至不只是关于最普遍的规律的知识，而且又要超越科学知识，超越科学的普遍性、规律性和必然性。我讲哲学导论这门课程，就要求同学们今后要广泛涉猎各种知识：自然方面的，社会历史方面的，当然包括哲学史方面的知识，文学艺术的，古代的，当今的，中国的，外国的，越广越好。就是说，知识越广，哲学的内容就越深入、越宽阔，尽管哲学本身不是知识体系。哲学所讲的最大最高的普遍性问题，是渗透到多种现象，各种知识领域、各种科学领域中去的。所以，哲学如要使自己现实化，像马克思所说的那样，就要不停留于一般地讲哲学，而要具体地讲科学的哲学，经济的哲学，政治的哲学，如此等等。你看，经济领域里不就有很多哲学问题吗？甚至炒股票都有个人生态度问题，因为炒股而倾家荡产以至于跳楼，这不就是个人生哲学的问题吗？那种一听到讲提高境界之学就是老子的“绝圣弃智”、庄子的“心斋”“坐忘”的想法，和我所讲的哲学境界毫不相干。

我们今天的中国需要提倡一种什么样的哲学呢？我们今天非常需要发展科学，需要有经世致用或者说实用的哲学观点，但现在人们过分地热衷于功利追求，对自然采取极端的人类中心主义，对人采取自我主义，破坏了人与人之间、人与自然之间的和谐。针对这些情况，我主张在重视实用的同时，更多地提倡“诗意境界”和“民胞物与”的精神，提倡万有相通、万物一体的哲学。我认为人与天地万物一气相通，融为一体，因此，人对他人、他物应有同类感，应当以仁民爱物的态度和赤诚之心相待。这是一种真善美相统一的境界，也

是一种万有相通、人与万物一体的哲学。我所主张和提倡的境界或人生态度以及与之相应的哲学就是这样。

（本文节选自张世英《哲学导论》导言，北京大学出版社 2002 年 1 月出版。题目为编者所加。）

二、享受探索、思考的乐趣

——《哲学百科》前言

阅读提示　本文是英国 DK 出版公司《哲学百科》的前言。《哲学百科》是通俗读物，这份“前言”也写得通俗易懂：哲学起源于“论辩与交流”，涉及“存在与知识”、“逻辑与语言”、“道德、艺术和政治”、“东方宗教与西方宗教”、“科学和社会”各个领域。这本《哲学百科》介绍了古今中外著名哲学家的“思想体系”，“呈现的便是诸多知名哲学家观点和理念的集合”，也介绍了他们“思想理论背后”的趣闻轶事，为的是让我们“追随理性推理”，“享受探索带来的惊异以及战栗”：“哲学的真谛不在于发现关键问题的答案，也不在于不假思索地接受普遍观点或是传统权威，而在于通过运用理性推理寻找答案的过程。”本文特别强调探索、思考的乐趣，可以看出西方分析哲学的影响。

在大众的眼中，哲学是一片唯有聪慧而又古怪的思想家方能开垦的土地。可事实却并非如此。当人类摆脱了日常琐事的烦恼，获得思索生活和宇宙真谛的契机时，我们实际上正漫步于哲学的天地。人类天生具有好奇心，总会不由自主地对世界以及自己在世界中所处的位置产生好奇。与此同时，人类又是极其聪慧的，这使得人类能够在产生兴趣之余还能做出辩证推理。而推理的实质其实就是哲学思考，虽然我们大多数人可能并未察觉到这一点。

哲学的真谛不在于发现关键问题的答案，也不在于不假思索地接受普遍观点或是传统权威，而在于通过运用理性推理寻找答案的过程。由于不满足于宗教和权威所给予的既定解释，历史上的第一批哲学家，即希腊和中国的先哲们开始试图探索更为合理的答案。正如我们会跟朋友和同事交流看法一般，这些先哲们互相探讨观点，建立各种不同的“学派”以传授其参透到的结论以及悟道的方式。这些先哲们鼓励弟子反对和批判那些可能束缚思想的观点，通过自己的思索寻求崭新、不同的答案。很多人认为哲学家都是在与世隔绝的环境里参悟出哲学思想的，这是极大的误会，事实上这种情况鲜少发生。新思想是通过讨论、检验、分析以及批判他人的思维产生的。

辩论和交流

此派哲学家的代表人物是苏格拉底。苏格拉底没有任何书面著作传世，甚至没有留下一条总结其伟大思想的观点。苏格拉底确实将自己视作最有智慧的人类，因为他清楚地了解自己有多么无知。苏格拉底的学说扎根于他所建立的哲学辩论和交流实践中，通过质疑他人的设想明确并扩大对基本真理的深层理解。苏格拉底的学生柏拉图的著作也几乎全部是以对话的形式组成的，苏格拉底在这些对话中则扮演主要的角色。其后的许多哲学家同样采用对话的形式，通过提出论点和反论点而非简单的陈述其推理和结论的形式来呈现自己的观点和见解。

任何将自己的看法公之于世的哲学家所遭遇的都绝不会是被大众完全接受，而是受到“是的，但是……”，或者“如果……”这样的质疑。事实上，哲学家之间在哲学的每个领域内皆持有强烈的分歧意见。比如，柏拉图和他的弟子亚里士多德，在哲学的基本问题上就持完全相悖的意见，从那时起两人的不同观点成为了其他哲学家理论思想的分水岭，激发了越来越多的讨论，也催生了更多更新的思想。

然而为什么这些先哲的观点在现今仍受到我们的探讨和辩论呢？为什么哲学家们还没有给出确定的答案呢？几千年以来困扰着哲学家们的“基本问题”究竟是什么？

存在与知识

大约2500年前，古希腊出现了第一批真正意义上的哲学家，而他们周围的世界则成了唤醒其哲学好奇的契机：他们关注地球以及所有生活在这个地球上的各种生存形态，他们关注太阳、月亮、恒星和行星，他们关注包括天气、地震以及蚀相等在内的各种自然现象。他们为以上事物的存在寻找解释——不是宗教学说中有关上帝创造世界这类的神话传说，而是真正能满足这些哲学家的好奇和智慧的解释。先哲们关注的第一个问题就是“宇宙由什么组成”，这一问题随即被扩展成“存在的本质为何”。

这一问题构成了哲学的一个分支，我们现在称其为形而上学，又称玄学。虽然早期的哲学问题现在大多得到了现代科学上的解释，然而相关的形而上学问题，如“为什么有物存在而非一片虚无”却一直无法得到解答。

由于人类同样生存在宇宙之中，因此，形而上学同样研究人类存在的本质，以及人类作为有意识的存在意味着什么？如何理解我们生活的这个世界？物质是否是独立于人类思维的客观存在？大脑和肉体的关系为何？不朽的灵魂是否存在？形而上学中关注存在、本体的领域庞大而宽泛，是大多数西方哲学流派的理论基础。

一旦哲学家们将收获的知识放诸理智的检验之下，另一个基础性的问题也浮出水面：“我们如何认知？”而对知识本质及其局限性的研究则成为哲学的第二个主要分支——认识论。

认识论的核心在于了解人类如何获得知识、理解知识的途径。人类是否生而具备部分（乃至全部）知识，还是说经验才是学习的途径？人类能通过单纯的推理理解事物吗？这些问题对哲学思考来说至关重要，因为人类需要依靠自身的知识来做出正确的判断，同时也需要决定知识的范围和界限。否则，我们将会对之前所了解的一切产生怀疑，认为已知的一切不过是由于受到了感官的欺骗而盲目相信而已。

逻辑和语言

推理建立在论述的真实性之上，一旦建立，人类就能够运用理性推理构建一系列思想，最终得出结论。这一点对所有人而言似乎都是显而易见的事实，然而也正是“建立一种合理论述”这一想法将哲学与第一批哲学家出现前的迷信和宗教学说区分开来。先哲们必须找到一条证实其思想合理性的途径。他们想到了逻辑学，一种随着时间的流逝不断打磨精致的推理技巧。起初，逻辑不过是用于判断某一观点是否站得住脚的得力工具，然而在运用的过程中，这一工具使得规则和习俗不断向前发展演变，逻辑学最终成为哲学衍生学科中的又一分支。如同哲学的大多数分支一样，逻辑学与科学，尤其是数学有着密不可分的联系。逻辑学论证的基本结构——提出假设，然后通过一系列步骤得出结论与数学证明的过程完全一致。因此，哲学家们经常借助数学为那些显而易见的、无可争议的真理进行证明；许多伟大的哲学家，从毕达哥拉斯到勒内·笛卡儿，再到戈特弗里德·莱布尼茨也是成就斐然的数学家，这丝毫不令人惊讶。

虽然逻辑学看上去似乎是哲学所有分支中最为精确、也是最为“科学”的一支，在逻辑学的领域里只存在对与错，然而倘若我们深入研究哲学，就会发现事实远非如此简单。19 世纪数学领域的发展使人们开始质疑亚里士多德所建立的逻辑学规则，即便是在远古时期，埃利亚的芝诺著名的悖论也是从很多明显错误的论点中得出荒谬的结论的。

问题的主要症结在于哲学上的逻辑，它不同于数学，是用语言而非数字或符号表达的，因而需要经受语言所固有的含糊与精妙的考验。建立一条经得起推敲的论点需要精确严谨地运用语言核查言论和观点，以确保该论点如实传达出我们的想法；而在研究他人观点的时候，我们不仅需要分析他人观点的逻辑思维过程，还需要分析他们所使用的语言，以判断其结论是否站得住脚。在这一过程中又产生了在 20 世纪中繁荣发展的又一哲学分支——语言哲学，旨在检验哲学言论中的词汇及其含义。

道德、艺术和政治

由于语言具有不准确性，因此哲学家们尝试在解答哲学问题时通过详细阐明的方式克服这一弊端。苏格拉底对雅典民众的提问就试图直击其传统观念的根本。他提出了一些看上去简单明了的问题，如“公正是什么？”“何为美丽？”目的不只为引出问题的答案，更在于引导民众自己探索答案。在讨论此类问题时，苏格拉底勇敢地向我们固有的生活方式以及传统价值观发起挑战。

过上“好”日子是什么意思？公正和幸福究竟意味着什么？如何收获？我们要怎么做才能获得幸福？这些问题组成了伦理学(或道德哲学)这一哲学分支的根本；而由“美和艺术由什么组成”这一问题衍生的相关分支则发展为现在的美学。

对个人道德品质问题的思考会自然而然地引导我们进一步探索社会——如何治理社会、公民权利与责任等。政治哲学作为哲学的最后一条主要分支，研究的便是上述问题。从柏拉图的理想国到卡尔·马克思的社会主义制度，政治哲学家们已然找到了他们认定的社会形态模式。

东方宗教与西方宗教

哲学诸多分支间不仅相互关联，还在很大程度上相互重叠，有时甚至很难界定某一理论究竟归属于哪一分支。与此同时，哲学的触角还深入了包括科学、历史以及艺术在内的诸多截然不同的领域中。由于起源于对宗教和神学教条的质疑，哲学也会检视宗教领域，尤其会对如下问题产生质疑，如“上帝真的存在吗？”“不朽的灵魂是否存在？”上述问题根植于形而上学领域，又与伦理学有所牵扯。比如，有些哲学家曾问过这样的问题：人类的道德感是由上帝赋予的，还是生而具有的？——这一问题随后引起了人类是否具备自由意志这一问题的大讨论。

产生自中国和印度的东方哲学体系(尤其是中国的道教以及印度的佛教)中，哲学和宗教的界限比较含混，至少与西方思维方式比较起来是这样。这也成为了区分中西方哲学体系的最主要特征之一。虽然东方哲学并非完全是神启或宗教教条的产物，但这些东方哲学理念却经常与我们所认定的宗教信仰错综交织。即使哲学推理经常被用于为犹太—基督教以及伊斯兰教信仰辩护，信仰与信念仍然成为东方哲学体系中一个不可分割的部分，这种现象在西方哲学中是不存在的。此外，东西方哲学还在起源问题上有所区别。西方哲学起源于古希腊哲学家的形而上学问题，而第一批中国先哲们则认为这些问题已在宗教信仰中得到充分解决，转而关注更多道德和政治方面的哲学问题。

追随理性推理

哲学在历史上为人类提供了很多重要且影响深远的观念。本书为各位读者呈现的便是诸多知名哲学家观点和理念的集合，同时附上他们的名言及其哲学理念的精髓总结。其中最著名的便是笛卡儿的“我思故我在”。这句话位列哲学历史中最重要的理念之一，被大多数人视为哲学思想史上的一个重要转折点，正是这句话带领着人类走向现代新纪元。然而，这句话本身所携带的意义却并没有这么厚重，不过是对一系列有关确定性本质论点的总结，只有当我们审视其思维推理产生过程时才能够言之成理。只有在我们关注笛卡儿运用这一观念的领域，即这一结论会产生什么影响时，我们才会发现这句话的重要性。

本书中的许多观点初看来可能会令您迷惑不解。其中有些看起来不言而喻，而有些则相互矛盾，甚至向人类常识发起挑战。有些观点看起来甚至像是在为伯特兰·罗素对哲学的无礼评论“哲学的意义在于把某些不值一提的简单事物变成没有人会相信的复杂难辨的东西”提供依据。那么，这些观点的重要性在哪？

思想体系

本书会为您呈现思想史上某些流派的始祖理论。虽然这些理论现在在我们看来是不言而喻、平淡无奇的，可回想起来，它们的出现对当时的年代而言绝对是既新奇，又令人震惊的。尽管简单，这些思想却很可能会引导我们重新审视那些看上去理所当然的东西。本书所记录的各种哲学理论看上去或许复杂、与一般语感相悖，却能真正令我们开始质疑和思考各种对自身和世界的设想，同时改变我们看待事物的方式。书中的某些思想会引出许多哲学家至今还在思索的问题；某些观点可能与同一哲学家背道而驰的思想理论相关联，或是源自对另一哲学家理论成果的分析或批判。这几种观念组成了推理流派的一部分，其影响力横跨几代甚至是几世纪，或称为某一特定哲学“学派”的核心思想。

许多伟大的哲学家以其相互关联的哲学理念组成了完整的哲学“体系”。比如，人类如何获得知识的观点激发了有关宇宙以及人类灵魂的特定形而上学观。这一形而上学观随即向我们展示了哲学家心中的人类生活模式，以及理想的社会形式。然后，这一整套思想体系又成为了哲学后辈们的哲思之始。我们须谨记，这些哲学思想永远都不会过时。即使这些哲思的结论已由哲学后辈或是科学家们证实为错误的，也仍可对现如今的我们有所启迪。事实上，许多几百年来都为人所误解的思想最终却被后人证实是极具先见之明的，如古希腊的原子论。更重要的是，这些思想家建立起了哲学、思考方式以及如何将各种想法组织起来的实践过程。我们必须谨记，这些思想不过是某位哲学家庞大思想体系的冰山一角而已，它们通常是其冗长推理过程的结论。

科学和社会

哲学的影响已超越了哲学领域本身，根植到主流科学界、政界以及艺术运动等领域之中。科学和哲学之间的关系往往是循环往复的，一种领域内的思想会触动另一领域的思想。已经存在一个固定的研究科学方法以及科学实践背后哲思的哲学分支。逻辑思考的发展影响了数学的发展，并成为依靠对世界的系统观察以解释世界的科学方法的思想基础。有关本我和意识实质的思想发展成了哲学的科学分支。

哲学与社会之间的关系也是如此。所有伦理道德观都能在历史上的政治领袖身上找到缩影，它们塑造了我们如今生存的社会，甚至能促进社会变革。所有职业领域所做的决定都有其受伟大哲学家思想所影响的道德标准。

思想理论的背后

本书所传递的思想来自于各种社会和文化之中的人们，并受到各种社会和文化的影响与塑造。我们在审视这些观念时会对特定的民族或是宗教特色以及这些哲学家们所生活的时代风情有一个大致的了解。

书中所记载的各位哲学家都有其鲜明的个性特质——有些天性乐观，有些悲观；有些谨慎勤勉，有些思想深远；有些会用清晰、精准的语言阐述思想，有些则诗意无限，更多的则是使用稠密而又抽象的语言，令人不得不花时间理解其真正内涵。如果能阅读并记载这些思想的原文，那么你将不只会肯定或否定这些思想，追随这些哲学家们的逻辑推理过程，更会对这些思想背后所体现出来的哲学家、本性特质有所了解。比如，你可能会喜欢诙谐而又极富魅力的休谟，欣赏其清晰美丽的散文式语言，却不会对他所说的每一句话完全赞同；你可能一方面认为叔本华的语言富于雄辩性，令人乐于阅读，另一方面却又清楚地感觉到他应该不是个讨人喜欢的人。

上面提到的思想家是非常诙谐，非常具有启发性的（时至今日也仍然如此）。最伟大的思想家同时也是伟大的作家，阅读他们的著作能够像阅读文学作品一样让人收获良多；我们不仅能欣赏其文学风格，更能品评其哲学风格，及其呈现论点的方式。哲学不仅激发思考，也像伟大的艺术一样令人振奋，像数学推导一样优雅高贵，像餐后演讲者一样诙谐幽默。

哲学所关注的不仅是思想——哲学是一种思考的方式。哲学领域中的答案没有对和错之分，哲学家们对问题的探索往往会走向完全不同的解答，这些问题是科学以及宗教所无法解释的。

享受哲学

如果好奇是人类的天性，那么由探索发现带来的乐趣以及战栗也只属于人类。人类可以从哲学中获得参与体育活动的快感，以及欣赏艺术作品时的快乐。毕竟，我们从实现信仰中所获得的满足感并非来自社会、教师、宗教甚至是哲学家们，而是来自于我们个人的判断推理。

（本文为英国DK出版社《哲学百科》前言，康靖翻译，电子工业出版社2014年出版。题目是编者加上的。）

三、哲学与人生

孙正聿

阅读提示　“学好数理化，走遍天下都不怕。”许多学科的用处不言而喻。可是学习哲学有什么用处呢？孙正聿教授的演说，回答了你的这个问题。人是什么？人生意义何在？人应该如何度过这一生？你想有一个智慧的人生吗？请聆听孙教授的演讲，享受“哲学的人生”吧！

各位老师、各位同学：

很高兴有机会和同学们做这样一个交流，大家都处在求学的青年时期。我想在座的同学，不管是学习文史哲，还是学习政经法、数理化、天地生，都有一个共同的关切，那就是对于人生的关切，对于人生的意义与价值的关切。

按照我国著名哲学家冯友兰先生的话说：什么是哲学？哲学，就是对人生有系统的反思。所以，我把同学们对人生的关切和对哲学的兴趣结合起来，和大家谈一下哲学与人生。

哲学："使人作为人而能够成为人"

哲学就是对于人生有系统的反思。在这个命题中，包含几层意思。

一层意思是说，哲学是对于人生的一种反思。这种反思活动，应当说人人都会有。另一层意思是说，作为哲学的这样一种人类活动，它是对于人生的有系统的反思，也就是说，能够系统地反思人生的活动叫哲学活动；而进行这种活动的人呢，就是哲学家了。

系统地反思人生的哲学，它同其他科学的区别在什么地方？除了哲学之外的其他科学，使你成为“某种人”，也就是使你掌握某种具体的专业，掌握某种特殊的技能，扮演某种特定的角色，将来你可以从事某种特定的职业。我们把这称为科学，使你成为“某种人”。

与此不同，哲学使你“作为人而成为人”。这句话的含义是极为深刻的。虽然说你是人，但是在真正人的意义上，缺少一种哲学的修养，还不是冯先生所指认的那种真正意义上的人。所以，他做了这样的一种区别，其他学科使你成为某种特殊的人，用我们现在的通俗说法，就是成为一种“专门人才”；而学习哲学，使你作为人能够成为人，做一个有教养的现代人。这是哲学与科学的区别，也就是哲学的特殊的意义与价值。

这种对于人生的有系统的反思哲学，怎样才能够获得？

冯先生说是“觉解”。我曾经写过《哲学修养十五讲》一书。在书里，我说学习科学和学习哲学是两种完全不同的感觉。学科学是什么感觉呢？我不说，你糊涂；我一说，你明白。而学哲学则是，我不说，你明白；我一说，你糊涂。大家会觉得很怪，怎么会是这样呢？大家想一想，科学是把一些个别的现象，单称命题和观察名词，经过归纳推理，上升为理论名词和全称命题，然后再通过演绎推理，做出解释和预见。例如，我一说三角形三内角之和等于180度，再一说边角关系，你就会做相关的几何题了。这就叫作我不说你糊涂，我一说你明白了。

而哲学恰好相反，它是把人们当作不言而喻的、毋庸置疑的东西作为批判反思的对象。我不说的时候，你清清楚楚的；我一说，你却可能糊涂了。例如，这里有一张桌子，我不说，它就是一张桌子，清清楚楚的；可是我一旦问你，你如果没有桌子的观念，为什么会把如此这般的一个东西把握为桌子呢？糊涂没？这就是哲学的"思维和存在的关系问题"。

内地的同学都知道，台湾的同学不知听到过没有？有一首歌叫《我心中的太阳》，歌词是："天上的太阳和水中的月亮谁亮？山上的大树和山下的小树谁大？心中的恋人和身外的世界谁重要？"我不知道在座的同学怎么回答，歌曲中是："我不知道，我不知道，我不知道！"

这个世界是极为复杂的！哲学就是要把这个世界的复杂性，特别是人生的复杂性揭示出来。我不说的时候，你很清楚；我一说的时候，你可能更糊涂了，这就需要冯先生所说的那个"觉解"。如果没有一种哲学的辩证智慧，你很容易走向极端，你今天是理想主义，明天可能是现实主义，最后可能是绝对主义、相对主义了，荣辱呀，祸福呀，你就不好把握了。所以，在这个意义上，哲学就是对于人生有系统的反思，使人作为人而能够成为人，是一种"觉解"的活动。

哲学的这种"觉解"活动，要达到的目的是什么呢？冯先生说是"境界"。他讲人生四境界：使人超越自然的境界、功利的境界、道德的境界，最后达到一种天地的境界。所以，中国哲学最讲究天人合一、知行合一、情景合一、养吾浩然之气。这是一种冯先生所理解的哲学，也就是哲学与人生的关系。

上面是谈了冯友兰先生对哲学的理解。下面，我就想从哲学与人生出发，从哲学层面上对人生有一个大体的解说，谈一下自己的体会。我想分成三个问题具体地来谈，一是人的存在；二是人的人化；三是人的世界。

人的存在，是一种超越性的存在

怎么样来理解人的存在呢？我的说法是，人是一种超越性的、理想性的、创造性的存在。人是世界上最奇异的存在——超越性的存在。怎么理解呢？我首先是使用反证法：人无法忍受什么？尤其是青年人，我概括为五个方面：无法忍受单一的颜色、无法忍受凝固的时空、无法忍受存在的空虚、无法忍受自我的失落和无法忍受彻底的空白。人的这五种无法忍受，意味着人是一种超越性的存在。

世界就是自然，它自然而然地存在。那么人生呢，它也是自然。人自然而然地生，自然而然地死。然而，从自然当中生成的人，它恰好超越了这个自然！把自然而然的世界改造成了一个对于人来说真善美相统一的世界！这才是人！

我问在座的同学，你喜欢什么颜色？有的说喜欢红色，有的说喜欢绿色，有的说喜欢蓝色。但是,我说如果这个世界只是你所喜欢鲜艳的红色、纯洁的白色、娇嫩的绿色,你还能不能在世界上生活了?!那就像马克思所说的一段话,他说:"在太阳的辉映下,每一颗露水珠都会闪现出五颜六色的颜色。"人的世界是一个五彩缤纷的世界,丰富多彩的世界,人无法忍受单一的颜色。

生活的世界应当是丰富多彩的,这个丰富多彩的世界是人自己创造出来的,所以人无法忍受的第二个就是"凝固的时空"。用马克思的话说:"时间是人类存在的空间。"

前些天看鲁豫的一个访谈,被采访的那个女士说,回顾自己的一生,我没有浪费上帝给予我的时间。

时间构成了人真正的存在,所以人无法忍受凝固的时空,而是在时间中实现了自己的存在。人的生活是创造的过程,也就是改天换地的过程。人类世世代代的科学发现、技术发明、艺术创作、理论创新、政治变革,不都是在时间中构成自己存在和发展的空间吗?"凝固的时空"是人无法忍受的。

正因为人给自己创造了自己的时空世界,所以人又无法忍受"存在的空虚"。什么叫人?人是寻求意义的存在。人无法忍受无意义的生活。大家都知道,国内近30年改革开放,发生了翻天覆地的变化。国内有一本畅销的杂志叫《读者》,这是一本有情趣的人都会喜欢的杂志。那里边曾经先后登过两篇文章,一篇是《当我没有钱的时候》,另一篇是《当我有钱的时候》。这两篇文章表达了一个共同的思想,叫做人不是为了生存而生存,而是为了寻求意义而生活的。

所以,现在哲学有一个说法,说所谓现代病就是"形象大于存在",就是"包装",方方面面的"包装"。可是上世纪80年代流行的一首歌里就有这样的歌词:"你不用涂红又抹绿,只要你不断充实自己,人人都会喜欢你。"充实自己,就是获得存在的意义。人生的存在是大于它的形象的。它的存在的意义是最重要的。人无法忍受"存在的空虚"。

正因为如此,人又无法忍受"自我的失落"。大家都知道人本主义心理学家马斯洛的层次需要理论。生存的需要、安全的需要、归属的需要、审美的需要,最终升华为一种自我实现的需要。

我想,对于每一个年轻人来说,最能够使他激动起来的,就是自我实现的感觉。在心理学上称之为高峰的体验。最美的体验就是一种自我实现的高峰体验。每个人的人生,作为一个长卷,它是一部波澜壮阔的小说;作为每个瞬间,它是一首感动自己的诗篇。人生的幸福,既是在目标的实现中所获得的快乐的感觉,又是在快乐的感觉中实现自己的目标。所以人无法忍受自我的失落。

人生是有限的。人是一种能够自觉到死的存在。系统地反思人生的哲学,是"向死而思生",所以有人把哲学叫做对死亡的练习。人能够意识到自己是一个有限的存在,人就想超越这种有限的人生,因为人无法忍受"彻底的空白”。哲人培根说,人的“复仇之心胜过死亡,爱恋之心蔑视死亡,荣誉之心希冀死亡,忧伤之心奔赴死亡,恐怖之心凝神于死亡”。这是心灵对死亡的超越。人的生命面对死亡,又以生命的追求超越死亡。古人讲立功、立德、立言,用这三种方式来使自己有限的人生燃烧起熊熊的生命之火,使生命得到无限的延续。

这就是我所说的人的超越性。有了寻求意义的人生,才能对人生进行有系统的反思哲学。

那么,究竟怎样理解人的存在?人既源于动物,又同动物具有根本性的区别。人和动物都是一种生命活动,两者的区别就在于,动物是一种生存的生命活动,而人是一种生活的生命活动。

生存是一种无意义的生命活动,生活是一种寻求意义的生命活动。

在这一点上区分了人和动物。人是一种寻求意义的生活活动,动物是一种本能性的生存活动,动物和人的区别就在于是两种不同的生命活动。

为什么是两种不同的生命活动呢?马克思说,动物只有一个生命的尺度,而人有两种尺度。动物只有自己所属的物种的一个尺度,所以它只能是本能的生命活动。人有两个尺度,既是按照自己的目的活动,又是按照所有物种的尺度活动,这就是既“合目的”又“合规律”的活动,是把世界变成对人来说是真善美的世界的活动。所以作为一个人的存在,是一个超越性的存在,一个理想性的存在,人是一个把自己的理想不断地变为现实的活动过程。这是一个创造的过程。

中国社会科学院的老院长胡绳,在一篇文章中讲道:人类在20世纪的后50年所创造的科学技术,超过了人类在20世纪50年代以前的几千年所创造的总和!

什么叫现代化?现代化首先是日常生活科学化,接着是日常消遣文化化,接着是日常交往社交化,日常生活法治化,农村生活城市化。人创造了自己的历史,实现了生活的现代化。所以人的存在是超越性的、理想性的、创造性的存在。这才是人的存在。

你们正处在一个人生的最有理想、最有创造性的时期,你们一定很喜欢哲学。这是对于人生的一种有系统的反思。通过这种反思,我们能够觉解生活,更加自觉地去拥抱生活,更加自觉地去创造生活,从而把我们的世界建设成为更美好的世界,把我们的人生塑造成更美好的人生。

人的人化,人使自己成为人

法国著名哲学家萨特,有一个著名的哲学命题:“存在先于本质。”

人以外的所有的存在都是本质先于存在,而人这种存在是存在先于本质。除了人之外,我们中国人有一句俗话,叫做种瓜得瓜,种豆得豆。本质先于存在,本质就规定了它的存在。

但是,人就不是这样了。生下来的无论是男孩女孩,我们说他是人,但是长大了,未必就成为人。为什么？人是一个人化的产物,是一种人化的结果,是一种历史性的存在。这是人和动物的不同。动物是一代又一代地复制自己,而人是一代又一代地发展自己。

什么叫历史？用马克思的话说,历史不过是追求着自己的目的的人的活动的过程而已。人的这种活动的过程,成了人的历史。所以,马克思说,什么叫做社会存在？社会存在就是人们的实际的生活过程。我们的实际的生活过程,构成我们人自己的生活的历史。人的自己的生活历史,就是我们每个人成为人的过程。我们每个人成为人的过程,既构成了历史的前提,又构成了历史的结果;而人只有首先作为历史的结果,才能够成为历史的前提,因为每代人总是上代人遗留的文化的产物。我们正是在历史文化的进程中而成为今天的存在。正是在这个意义上,人是“存在先于本质”,人是人化的过程。

关于人的人化,今天我要特殊地谈一个我对教育的理解。

那么,什么是教育呢？教育是一种社会遗传的机制,它以自身为中介而实现双向的认同:一方面,是个体向历史社会文化的一种认同;另一方面,它同时又是历史社会文化对个体的认可。教育就是这种“认同”与“认可”的双向互动过程。

在这个意义上,广义的教育实际上是哲学教育;或者说,哲学教育,就是使人作为人能够成为人。教育首先不是使人成为某种人,而是使人作为人能够成为人。人不仅仅是一种自然意义上的遗传性的获得,它还是一种文化意义上的获得性的遗传。所以,真实的教育,最根本的目的是提高人的素养。它是使人作为人能够成为人。教育是使你首先能够成为一个认同这个社会、这个时代、这个历史的现代公民。

我们只有能够成为人,才能够成为某种人,才能够去掌握某种专门的知识、技能,去从事某种专门的职业,去扮演某种特殊的角色,在社会生活中实现自我。

人作为一个历史文化的存在,自身是一个人化的过程,使自己作为人能够成为人的过程。这种成为人的过程,最重要的就是以教育为中介的社会遗传和文化遗传。从 19 世纪中叶以来的现代哲学,所解决的一个根本的问题就在于,它不是把人当作一个抽象的存在,而是当作一个历史具体的文化存在。近代以来的哲学,它是一个上帝的人本化过程。上帝的自然化,上帝的物质化,上帝的精神化到整个的上帝的人本化的过程。

所以,有的同学即使不是学习哲学的可能也知道,美国出版了一套丛书叫作“导师哲学家丛书”,我推荐给不是学习哲学专业的同学。它把中世纪叫作“信仰的时代”,把文艺复兴时期叫作“冒险的时代”,把 17 世纪叫作“理性的时代”，把18世纪叫作“启蒙的时代”，把19世纪叫作“思想体系的时代”，而把刚刚过去的20世纪叫作“分析的时代”。

近一个时期以来，内地的哲学家们也想用五个字概括当今的时代，有的人叫它“物化的时代”，有的人叫它“体验的时代”，有的人叫它“信息的时代”，如此等等。

总而言之，哲学，恰如哲学家黑格尔所说的，它是思想中所把握到的时代，就是思想中所把握到的人生。它是以一种理论的方式表征了人的特定的历史的存在。

刚才说到的“导师哲学家丛书”所概括的历史时代，特别是在座的有学哲学的，有学历史的，你们就会很清楚，这正是一个人的人化的过程。中世纪“信仰的时代”，先上帝而后自我，先信仰而后理解。那么，从文艺复兴以来就发生了一个巨大的颠倒，笛卡尔说“我思故我在”，意思是说我先有思想然后才有我的存在吗？不是！他是说先自我而后上帝，先理解而后信仰，这才是从封建社会的自然经济到资本主义社会的市场经济的转化。

什么叫做从自然经济转向市场经济呢？这是一种人的存在方式的转化，是一个人化的过程。自然经济条件下，是一种经济生活的禁欲主义，精神生活的蒙昧主义，政治生活的专制主义。走向市场经济以来，在经济生活当中反对禁欲主义而要求现实幸福，精神生活反对蒙昧主义而要求理性自由，在政治生活当中反对专制主义而要求民主法治。市场经济实际上蕴含着三条基本原则：经济生活的功利主义的价值取向，精神生活的工具理性的思维取向，政治生活的民主法治的政治取向。三位一体构成了马克思所说的，市场经济是以“物的依赖性为基础的人的独立性”的存在。这就是我们现代人的存在方式，这就是近代以来的人之为人的人化的过程。人是一种教养，而教养源于教育。这就是受教育的意义。所以无论是内地的同学还是台湾的同学，你最应当珍视的就是能够接受到高等教育，这是你作为人能够成为现代人的一个最基本的前提。这就是人的人化。人是一个人化的过程。这就是我要跟大家讲的第二个问题。

人的世界，有限世界的超越

哲学赋予人的生活以目的和意义的世界观。哲学作为人类心灵的最深层的伟大创造，其主旨即在于使人的精神境界不断地升华，在精神境界的升华中崇高起来。哲学的修养与创造，是人们追求崇高的过程，也是使人们自己崇高起来的过程。它要求学习哲学的人永葆理想性的追求。祝愿大家终生与哲学为伴，让哲学引导我们对真理、正义和更美好事物的追求！谢谢大家！

（本文节选自《百度文库》“孙正聿教授在中国政法大学的讲座”。）

思考与实践　自哲学产生以来,对哲学本质有不同理解,归纳起来可分为四大类,典型的有十二种代表性的观点。

1. 把哲学与知识联系起来,把哲学的本质归为认知问题,主要有“关于存在之为存在的学问说”、“普遍规律说”和“认识论说”的观点。

(1)“关于存在之为存在的学问说”。

亚里士多德、黑格尔认为,存在有许多方面,处在变化与运动之中,人们可从不同的方面去认识存在的不同属性,而哲学则研究存在本身,是关于存在之为存在的学问。

(2)“普遍规律说”。

马克思主义哲学在阐释哲学特别是自己的哲学的对象与任务时,强调各种知识要以揭示客观对象的规律为目标,而客观对象及其规律都有自己的领域。

(3)“认识论说”。

列宁在《哲学笔记》中明确提出,“辩证法也就是(黑格尔和)马克思主义的认识论”。

2. 把哲学归为思维逻辑或语言问题,主要有“论辩术说”、“逻辑推演说”和“语言分析说”的观点。

(1)“论辩术说”。

这一观点的主要代表人物是智者学派和苏格拉底。

(2)“逻辑推演说”。

近代哲学的认识论转向的一个结果,就是在黑格尔哲学那里被统摄为逻辑问题,以逻辑推演来诠释哲学学说。

(3)“语言分析说”。

近代哲学转向“认识论”,这是一种哲学自我追问的逻辑的必然与深化。

3. 把哲学归为意义和价值的问题,主要有哲学是“精神解放说”、“存在意义说”和“精神境界说”观点。

(1)“精神解放说”。

哲学不仅研究真理,也研究价值;不仅研究认识,也研究情感;人不仅在探索世界奥秘的过程中获得满足,也在实现自身肉体和心灵的满足中享受幸福。许多哲学家都希望哲学能使人的精神获得超越,他们看到了现实对生命的重压,于是赋予哲学以解除生活的苦难和获得精神的解放为己任。伊壁鸠鲁、皮浪、托马斯都属于这种观点。

(2)“存在意义说”。

现代西方的存在主义哲学认为,古希腊以来的哲人们一直在追问“人的本质是什么”,因而都属于“本质主义哲学”。与此相反,“存在主义哲学”认为,人的“存在”具有区别于其他一切存在的独特性,即人以外的任何一种存在都是“本质先于存在”,而人的存在则是“存在先于本质”。

揭示生活的意义或建构生存的意义也是中国哲学的主题。

(3)“精神境界说”。

以中国传统哲学精神为旨趣的许多现代中国哲学家,特别致力于哲学对人生意义弘扬与开显,把哲学的本质与任务归结为升华人的精神境界。

4. 把哲学与社会文化与生活方式联系起来,主要有哲学是“生活方式说”、“文化批判说”、“文化样式说”的观点。

(1)“生活方式说”。

古代的哲学家言行一致,哲学所表达的一定要落实在实际生活中,如犬儒学派、老庄哲学。

马克思还赋予了哲学以实践功能,把人性问题归结为社会实践问题,因此,哲学对人的价值的阐发转变为对实践过程及其对人性的制约机制的揭示。哲学的意义不在于解释世界,而在于改变世界。

(2)“文化批判说”。

马克思主义哲学对哲学的批判功能有深刻的理解。从一般意义上说,“批判”是人类特有的活动方式,也是哲学的最根本的特性。现代的哲学批判,在西方哲学中主要表现为“文化的批判”,于是就形成了“文化批判说”的哲学观。

(3)“文化样式说”。

哲学是时代精神的精华,哲学也是一种文化,哲学是一种文化的精神内涵的高度凝练。持有这种哲学观的当代哲学家理查德·罗蒂认为,长期以来,作为一门学科的哲学,把自己看成是对由科学、道德、艺术或宗教所提出的知识主张加以认可或揭穿的企图;人们认为,哲学相对于文化的其他领域而言能够是基本性的,因为文化就是各种知识主张的总和,而哲学则为这些主张进行辩护。

搜索相关资料,求同存异,分析综合,思考并回答:什么是哲学?学哲学有何用?

(对这些问题的理解,会不断发展、深入。本单元提供的阅读材料,乃至本书所有材料,都为了显示:哲学是世界观的学问,是提升人的理性思维、人生境界、人的综合素质的学问。)

第二章

哲学女王王冠上最璀璨的宝石

——世界观与本体论

本章导读　哲学是一种世界观，它思考、探索关于世界的最为根本的看法；世界是什么？又是怎样存在的？这就是本体论研究的问题。在哲学中这个问题具有基础性的地位，海德格尔将之称为“最广泛、最深刻、最原始的问题”。它是关于真、善、美，关于宇宙、人生的其他较为具体一些的哲学问题的基础。因此有人说，如果哲学是人类智慧王国的“女王”，本体论则是女王王冠上那颗最璀璨的宝石。

本章首先阐述了什么是本体论，关于本体论，古今中外有哪些见解；其次分别介绍了张世英、成中英、张立文、杨国荣等对于本体论的研究、探索，节选了朱立元、章仁彪等著作、教材中有关本体论的部分内容，以此显示本体论与理论研究、实际运用的密切联系。可以看到：面向21世纪，哲学家们都在思考，马克思主义哲学如何吸收古今中外人类思想之精华，进一步发展马克思主义哲学本体论思想，满足现实的需要，满足人们对终极存在、终极解释、终极价值的探求。

一、沿波讨源话“本体”

沈湘平

阅读提示　本文阐述了本体论产生的缘由，本体论的发展流变与现代哲学视野中的本体论，条理清晰，要言不烦。文中关于科学主义、人文主义与马克思主义的本体论思想，将会渗透全书、贯穿始终。

1. 面向终极的追求

我们都生活在世界之中，世界上的事物千差万别、五光十色。当人们通过各种科学的手段去探索、发现、改造这个世界的同时，只要面对世界进行思考，总会有一种疑惑和冲动。疑惑于人们所面对的万物究竟哪些是真实的？现实真的是如我们看到的那样支离破碎的吗？万物有无统一的共同本质与规律？冲动于去追寻真实事物（哲学上称之为实体）中最为真实的东西，去追寻万物背后的统一性。其实，对世界最真实的东西的追寻与对世界统一性的追求是一致的。这也就是我们经常说的“世界从哪来”、“世界由什么构成”、“世界的本质”的问题。

在西方，本体论一词是德国经院哲学家郭克兰纽在17世纪初提出的。我们可以认为，西方意义上的本体论是关于存在（或有、是）本身的学问，是以存在（或有、是）为核心的逻辑体系，目的是试图对我们生活于其中的世界（宇宙及其万物）做出陈述或描述。

在中国传统哲学中，确实没有明确的本体论的说法，但在中国传统哲学中说到过“本”、“体”和“本体”。在这些说法中，至少有三层含义值得我们注意：一是“本”即“根”、“本根”，二是“本”与“末”相对，即指事物的根本，亦即事物矛盾的主要方面。三是“体”与“用”、“器”相对，“体”是在有形世界之外的、无形无象的，而有形有象的世界却是由之而来的存在，被称之为形而上的东西。这一“本体”在中国哲学中最为普遍的称呼是“道”。道同时具有本根、根本、形而上的含义。中国传统哲学中也有“本体”合用的情况，例如张载所谓“气的本体”，朱熹所谓“天理自然之本体”和王阳明所谓“心之本体”。这些“本体”的含义皆近于“道”。可见，在中国传统哲学中，与西方本体论接近的是一种关于道的学问，即论道之学。

综合观之，尽管中国传统哲学与西方哲学的旨趣殊异，但也有共同之处，我们可以得出一个大致能通约中西的本体论定义：**本体论是对世界（存在）的基本规定性进行追问的论道之学，目的在于从终极的意义上回答我们所在的世界是何以可能的。**从普遍接受的本体论的性质来看，它具有终极性和超验性两个重要特征。

终极性的追求是本体论的最重要的特征。本体论就是要为我们所在的世界找到一个这样的终极性的东西（本体）：世界上丰富多彩的万物都是这一本体的变相；世界的一切变化、发展都能在本体那里得到统一的、最终的解释：人生价值与世界的意义在本体那里得到最高的关怀。一句话，本体论就是要从根本上、终极上追问我们所在世界是“如何可能”的。中国古代思想家屈原在其《天问》中发问：“遂古之初，谁传道之？上下未形，何由考之？冥昭瞢暗，谁能极之？冯翼惟象，何以识之？”史载朱熹幼年时其父对其进行启蒙教育，指天曰：“天也。”朱熹反问：“天之上何物？”屈原、朱熹这种发问体现的就是一种终极性追求的思维。亚里士多德说：“这一终极目的，个别而论就是一物的‘本善’，一般而论就是全宇宙的‘至善’。……所谓‘善’亦即‘终极’。”“万物同归于终极而复于本善”。亚里士多德还认为，对终极性的追求是理性的人的必然，失去对终极的追求，“世上也将失去理性；有理性的人总是符合于一个目的而后有所作为，这就是定限；终极也就是‘定限’”。

本体论所追求的终极本体应该包括三个层面：终极存在、终极解释和终极价值。所谓终极存在，乃是一种抽象的世界统一性问题，即世界从归根结底的意义上统一于什么？这是狭义的本体论的内容；所谓终极的解释，乃是一种关于世界的知识统一性问题，即关于世界的知识统一性原理、"基本原理"、自明的"始因"（亚里士多德）是什么？所谓终极的价值，乃是一种关于人生最高意义、最高价值的问题。相对而言，西方哲学传统比较重视终极解释，而中国哲学传统更重视终极价值。这两种倾向也被人概括为知性形而上学和德性形而上学，前者侧重追求"物理学之后"以穷天理，后者侧重追求"伦理之后"以尽人性。从存在、知识、价值的角度看，本体论的终极性都表明它们在级别上是最高的，其他的一切都是从属的和等而下之的。中国哲学的本体论即论道之学又称"元学"，"元"就具有终极的含义。

超验性是由终极性而来的。本体论的产生是起于对人们的感觉经验的不信任与质疑的。正如西方本体论奠基人巴门尼德认为的，感觉经验把握的只是现象，获得的是各种意见；思维、思想把握的才是本质，获得的才是真理。所谓超验性也就是超越感觉经验的性质。超越感觉经验事实上就走向两条道路：一是走向逻辑思维，一是走向直觉顿悟。前者是西方哲学的路径，后者是东方哲学，特别是中国哲学的路径。逻辑思维对事物本质、本体的把握具有抽象性，直觉顿悟对事物本质、本体的把握具有神秘性，这大概都是超验的代价吧。中国哲学中又把研究本体的论道之学称为"玄学"，而把西方的以本体论为核心的哲学翻译为"形而上学"正道出了本体论的超验性特征。因此，本体论是在思维中通过逻辑或直觉的方式建立一种超验的宇宙统一图景，以图为经验世界的统一性提供先验基础的哲学冲动与尝试。

在哲学史上，中西方关于本体论的探讨并不是一步就达到典型意义的，人们关于本体的看法也不是一致的，而且也不是一成不变的。

在各民族哲学的早期，人们关于本体论的探讨主要在于自然哲学的宇宙论，而在宇宙论中又集中兴趣于宇宙、世界的起源和结构问题，以寻找万物的始基和确定人们在世界中的位置。中国周代就曾有关于宇宙结构的"盖天说"。它认为，"天圆如张盖，地方如棋局"，大地静止不动，日月星辰在天穹上随天旋转。古代巴比伦人认为，大地犹如拱起的乌龟，天空乃是半球形的穹庐。古代印度人认为，大地驮在象背上，大象站在龟身上，海龟浮在海洋上。古希腊对于宇宙结构有不同的学说，有人认为地球是一个浮在水面的扁盘；有人认为地球是一个球，居于世界的中央，这大概是"地球中心说"的雏形。

近代以来，随着学科的分化，自然哲学意义上的宇宙论探讨逐渐归于从哲学中分化出来的自然科学的内容。在宇宙结构问题上带革命性的学说，是16世纪波兰天文学家哥白尼提出的"太阳中心说"。在哥白尼身后，伽利略、布鲁诺等人把哥白尼的学说朝前发展，认为宇宙是无限的；天上无数个星星就是无数个世界，所以太阳并不是宇宙的中心。其后，开普勒根据他的老师第谷的大量观测资料，总结出行星运动的三大定律；特别是牛顿发现了万有引力定律和总结出动力学三大定律后，经典的现代宇宙学形成了。相对论、量子力学、宇宙大爆炸理论和黑洞理论又给予当代宇宙论以全新的视野，也给予现代哲学本体论研究以深刻的启发。

人们在想象宇宙的结构的同时，开始追寻宇宙的始基（本原）。所谓寻找始基，就是哲学家们试图在世界的万物中寻找一种或几种最基本的东西，它决定着其他一切事物，万物从它那产生出来，但它自身不受万物的任何影响。中国古代早期的哲学思想认为世界是金、木、水、火、土相生相克而形成的。印度的早期哲学则认为世界是由水、火、土、风四元素构成的。古希腊的哲学家们曾经把水（泰勒士）、气（阿拉克西美尼）、原子（德谟克利特）看成是世界的本原与始基。这都反映了人们试图透过诸多现象世界追寻统一的普遍性的冲动。但这些都还不是严格意义上的本体论思想，因为都还是用直观的具体事物的形态去想象世界的本质与始基，而没有用超验的方式来研究存在的规定性。只能算是特殊的形而上学，而不能成为一般的形而上学，即本体论。

在西方哲学中，毕达哥拉斯和赫拉克利特的思想为严格意义上的本体论思想的诞生起到过渡性的作用。赫拉克利特在提出"万物的本原是火"的同时，认为火的一个本质性的规定性就是尺度、规则，是客观、普遍的，只能靠人的思想才能把握。巴门尼德在继承毕达哥拉斯、反对赫拉克利特的辩证思想的基础上提出了自己的思想，将哲学引向我们所谓的严格的本体论思想。巴门尼德第一次明确区分了现象与本质、意见与真理、感觉与逻辑思维。他认为，感觉只能认识现象，获得的只是意见，而把握本质以获得真理只能靠逻辑思维。他所说的事物的本质就是"存在"。他还提出了"能够被思维的和能够存在的乃是同一回事"这样的哲学命题。巴门尼德的存在论思想同时具有终极性与超验性的特征，已经是典型的本体论思想了。

在中国传统哲学中，本体论思想的确立是以"道"的思想的确立为标志的。在中国几千年的传统哲学中，存在着儒、释（佛）、道三家并立而崇道的现象。早在《易经》中就对道做了一些描述，最为著名的莫过于"形而上者谓之道"，点出了道的超验特征。对道做出全面规定的是道家的创始人老子。老子认为，道是"先天地（世界）生"，"可以为天下母"。道化生万物而又蕴涵于万物之中。但是，道是混沌的，不能用感觉器官去把握，"视之不见，听之不闻，搏之不得"；道也不能用普通的字词去表示，"道无名"、"道可道，非常道"。道是很玄妙的，"玄之又玄，众妙之门也"。人们只能靠直觉体悟去把握，靠比喻、描述去表达。道既"元"（终极）且"玄"（超验），符合所谓严格本体论的要求。

本体论不仅有着民族性的差异，而且不同时代、不同哲学家对于世界本体，特别是世界的终极存在有着不同的观点。从性质上看，这些不同观点可以划归为两大类，即唯物主义和唯心主义。唯物主义认为世界的本体是物质性的存在，唯心主义认为世界本性是精神性的存在。

如果从思维方式或"量"的角度看，各种本体论还可以区分为一元论、二元论和多元论。一元论认为，在丰富多彩的世界殊相背后有且仅有一个最终的、真实的存在或原理，它派生了万物，也给万物以终极的解释。彻底的唯物主义和唯心主义都持一元论的立场。西方哲学中的"太一"、"绝对精神"，中国哲学中的"道"，印度哲学中的"梵"，宗教神学中的"上帝"都属于一元论。二元论认为，世上的事情无独有偶，世界的本体也不例外，像物质与精神、有与无、存在与非存在都是二元对立且不可彼此取代和还原或化约的。我们对世界终极的把握只能通过对立双方的解释循环才有可能。多元论则认为，终极的存在是多个的，这些多个的本体彼此分离、独立自存，而不可被再次还原。早期朴素的本体论中多元论思想比较丰富，例如古希腊的元素说、原子说。现代的多元论主要是一种价值论的立场。

2. 本体论的流变

本体论确立以后，在漫长的哲学史中并不是固定不变的。不同时代的哲学家们所理解的本体有所变化，更有一些哲学从根本上反对进行本体论的研究。

在西方，**与希腊早期哲学倾心于探求世界始基不同，苏格拉底的哲学转向人自身，特别是道德问题的研究。**不过，苏格拉底所致力的是寻求伦理道德的一般性或普遍性的定义，即探求与实例、殊相相对的本质和概念，认为本质、概念是最为重要的，也是永恒的，是一类事物之中共同的本性，是这类事物成为其所是的原因。苏格拉底也认为，本质和概念必须通过理性思维才能求得。从苏格拉底开始，本体论或整个西方哲学开始摆脱早期的原始朴素性，逐步走上逻辑论证的道路。也有学者说，苏格拉底使本体论发生了一次转变，成为了概念论的本体论。

柏拉图把苏格拉底关于寻求道路的普遍定义的思想扩展到整个世界，建立了真正意义上的形而上学的体系哲学。他认为，世界上一切可感知的事物都是易变的、不真实的，都是对一个永恒、普遍的"理念"世界的模仿或分有。柏拉图的理念具有本原性、超感性、永恒性、绝对性、客观性、真实性、目的性的特点。这样，我们就面对着两个世界：具体事物构成的感性世界和理念的世界，或者叫物质世界与精神世界。对感性世界的认识，获得的都是虚幻的意识。对理念世界的认识才是真实的、真正的知识。对理念世界的认识只能靠思想。可见，柏拉图是非常明确地把理念作为世界的本体的。柏拉图还对理念自身进行层次的划分，最高的理念就是善的存在，它是理念世界的灵魂，是神。至善的神运用理念规定物质世界，神是宇宙的创造者，是目的因、动力因和第一因。当然，柏拉图意义上的神是非人格化的、哲学意义上的神，体现了本体的终极性与超验性。

按照柏拉图的理解，我们眼睛见到、手触摸到的这个世界上的圆东西，例如圆盘、车轮，都不是真实的，也不可能是绝对的圆。只有“圆”的理念才是永恒、绝对、真实、客观的，世界上一切看得见的圆都是对这一看不见的理念的圆的模仿。这一理念的圆只能通过思维才能达到。因此，最完美的圆始终只存在于我们头脑中。就此，我们不难理解，为什么人们常从本体论的角度把柏拉图的思想归结为客观唯心主义阵营。

亚里士多德把“研究作为存在的存在”的本体论作为“第一哲学”，认为它在一切科学知识中最全面、最有价值、地位最高。亚里士多德和他的老师柏拉图一样认为，探求世界的本体论不能通过感觉达到，但与老师不同的是，**亚里士多德确认个别事物存在的真实性。亚里士多德把存在分为十类，而实体(本体)是中心，实体是独立的、不依赖于其他东西的存在，而它自身是其他一切事物的基础。个别事物则被他称为第一实体。**任何个别事物的存在都是由质料与形式的结合而成的。形式是将个别事物区分开的规定性，主要指本质和结构，它是最能动的、先在的，因而也是更重要的实体。这样，事实上，亚里士多德将形式看成了第一本体。但是，亚里士多德还不满足于此，他要追求“形式的形式”，它自身是永恒不动，但它又是一切事物的运动、变化的最根本、最原始的原因，即第一因。这个在感觉事物之外永恒不动而独立的最高实体就是第一推动者——神。当然，亚里士多德的神也是一种哲学的逻辑范畴。但是，亚里士多德和柏拉图把最高本体归结为神的思想对中世纪的神学本体论产生了重大影响。

中世纪是基督教的时代，基督教利用了柏拉图、亚里士多德的本体论及其他哲学思想，把上帝指称为存在，并论证上帝是宇宙中终极的存在、最高本质、绝对真理、人世间的一切行为的最高标准。安瑟尔谟运用亚里士多德的三段论对上帝的存在进行了著名的本体论证明：上帝是一个我们所能设想的最完美的东西；最完美的东西就包括了它是实际上存在这一点：所以，上帝是实际的存在。托马斯·阿奎那依据亚里士多德的思想，将实体(本体)分为三类：物质实体、精神实体和上帝，上帝是最高实体。在经院哲学内部，围绕着神学本体，还展开了唯名论与唯实论的争论，即争论到底是共相(一般)是实在的，还是殊相(个别)是实在的。一般认为，这是柏拉图、亚里士多德本体论思想在中世纪的回响，而唯实论与唯名论事实上也成为了后来唯理论与经验论的前奏。

自本体论产生以来，都是遵循着客体的路线，即在与人无关的世界中探求本体。这种情况从笛卡尔开始根本的改变。笛卡尔提出了其著名的命题“我思故我在”。大意是，我可以怀疑一切，但有一点不能怀疑，那就是“我正在怀疑”,而我的怀疑是以我的存在为前提的,所以,我怀疑推定出我必存在。从我思出发,笛卡尔证明了上帝、物质世界的存在,而他也认为上帝是绝对最高的存在。但是他以自我意识、主体性作为哲学的起点来思考哲学的本体问题,开创了主体性思想的先河,本体论也进入主体有涉的阶段。不过我们依然要注意到,笛卡尔所依据的“我”是一个思维实体、心理主体,并不是完整的个体自我。英国哲学家贝克莱则从经验论的角度,把“我”看成一个感觉的主体,通过“存在就是被感知”的原理,肯定了精神实体的存在。一些近代的唯物主义者,如拉美特里、爱尔维修、霍尔巴赫等都把物质实体作为主体,与当时的自然科学发展同步。

康德试图解决唯理论与经验论的矛盾。康德认为,人类理性就有一种本体论的冲动,当理性超越经验之时,就产生了本体论。自苏格拉底以来,西方就走上了一条通过求知、逻辑推演的方式追寻本体的道路。康德则明确地否定了这一路径。他认为,人类知识只能认识现象世界、经验世界,而存在本身,即自在之物是不能被认识到的。灵魂、世界、神(上帝)都是理性追求绝对统一过程中产生的先验幻象,根本不是知识的对象。不过,康德认为,人们要过一种有道德的生活,追求至善的目标,就必须假定三者:意志自由、灵魂不朽和上帝存在。也就是说,作为本体的自在之物只能靠信仰!尽管有人说康德从前门(认识论)把上帝赶出去,后门(道德实践)又把上帝请回来。但康德本体论思想确实开辟了一条崭新的路径,即从传统的求知路径转变为实践(尽管当时还只是道德实践)的路径。

黑格尔不仅是西方传统哲学的集大成者,也是传统本体论的集大成者。或者,毋宁说,黑格尔哲学就是一个庞大的本体论体系。黑格尔坚信思维与存在、理性与现实是同一的,同一的基础就是绝对精神(绝对理念)的活动。绝对精神是先于宇宙万物而永恒的、最高的、最真实的存在,包括人在内的宇宙万物都不过是绝对精神的产物与表现而已。与传统本体论不同的是:(1) 绝对精神不是静止不变,而是因自身内在的矛盾而永远地运动、变化、发展的,本体论第一次真正与辩证结合了起来。(2)“实体即主体”,即本体自身是能动的、富于创造性的。正是绝对精神的能动、创造,才化生了世界万物。(3) 实体的运动是概念的内在发展,或者说,本体的发展就是概念的逻辑运动,本体论与逻辑学是统一的。黑格尔的本体论与辩证法、逻辑学实现了统一,几乎囊括了西方哲学史的所有问题,把一切关于本体论的矛盾看法都变成了本体自身内部的某个阶段。抛开其客观唯心主义的立场,黑格尔的本体论强调变化、生成及其主体精神(尽管黑格尔说的主体不是人而是绝对精神)等方面对现代本体论的探索有着很深的影响——尽管在他之后的本体论大多以批判他开始。

其实,从本体论甫定,就有不少哲学家对本体论进行批判或攻击。**古希**

腊哲学家高尔吉尔针对巴门尼德等人的本体论思想,论证了如下三个观点:无物存在(这让人想起中国禅宗六祖慧能“本来无一物,何处惹尘埃”的诗偈);即使存在,也不能认识;即使能认识也不能言说。另一位古罗马哲学家阿格里帕则认为,那些研究本体论的哲学家们都存在着两个共同的错误:一是他们观点分歧,我们应该存疑;二是他们的论证都是无限退缩,最终世界的本体论都存在循环论证的毛病。阿格里帕的批评可谓击中了要害。近代英国哲学家休谟认为,无论是物质实体还是精神实体都不过是知觉的集合,我们所唯一能认识的存在物就是知觉,超出知觉的所谓终极存在、上帝等是人类理智所不及的,不可知的。而且,休谟还认为因果联系是人们生活中形成的一种习惯性联想,根本不具备必然性和普遍性,因此依照因果必然性去探求世界的本体根本是不可能的。康德关于自在之物不可认识的思想也受到休谟思想的重要影响。

中国古代哲学家庄子也从不可知论的角度对本体论的可能性发出疑问:“有始也者,有未始有始也者,有未始有夫未始也者;有有也者,有无也者,有未始有无也者,有未始有夫未始有无也者。俄而有无矣,而未知有无之果孰有孰无也。今我则已有有谓矣,而未知吾所谓之其果有谓乎?其果无谓乎?”(《庄子·齐物论》)大意是:宇宙有一个开始,有一个未曾开始的开始,还有它未曾开始的未曾开始的开始。宇宙之初的形态有它的“有”,有它的“无”。忽然发生了“有”与“无”,却不知道“有”与“无”谁是真正的“有”、谁是真正的“无”。现在我说了这么多,但不知道我果真说了呢,还是没有说?

以上这些都可以看成是从不可知论或怀疑论的角度对本体论进行的批判。

在黑格尔之后,“几乎20世纪的每一种重要的哲学运动都是以攻击那位思想庞杂而声名赫赫的19世纪的德国教授的观点开始的”。在反对黑格尔哲学过程中,**“拒斥形而上学”成了一种普遍的哲学冲动。就反对本体论而言,主要有两种路径:一是实证主义,二是非理性主义。**孔德开创的实证主义认为,追求超验的本体十分荒谬,与神学没什么差别。他认为,实证应该是哲学的第一原则,凡能实证的才是科学的,不能实证的形而上学、本体论都应该被废弃。分析哲学的精神教父维特根斯坦从语言逻辑的角度,把形而上学的命题判定为无意义的命题,从而拒斥了形而上学。叔本华、尼采开创的非理性主义也认为,终极存在、最高本质等都是人的主观虚构,理性也不是人最为本质的东西;相反,生命、意志等非理性的存在才是最为真实的和最为根本的;从苏格拉底以来的理性主义的本体论传统都错了,需要彻底清算和重估。事实上,对黑格尔哲学的批判开启了西方的现代哲学,而对传统本体论的批判也就开启了现代本体论思想的研究。

中国哲学总体上对本体的研究没有西方那么深入,本体论的流变也没有

西方那么复杂。在魏晋时期，形成“贵无”和“崇有”的争论，前者认为世界的本体是无，现实世界是无中生有而来的，后者则认为绝对的无不可能产生有。这是非常典型的本体论之争了。宋代张载提出“太虚无形，气之本体”的思想，认为“太虚”、“无形”的“气”是有形之气的本体。程颐、程颢、朱熹则认为作为本体的道理就是“理”，世界只有一个理，而万物皆分有了这个理。借助佛教的说法，万物分有理，即所谓理一分珠，犹如月映万川。这与西方柏拉图、黑格尔的“理念”、“客观精神”之说异曲同工。陆九渊、王阳明则认为“心即理”，人心是世界的本体。明清之际的哲学家王夫之批判和总结中国历史上的各种本体论思想，概括出“实有”这个哲学最高、最普遍、最本质的范畴，认为“实有者，天下之公有”，即客观实在是宇宙万物之本体。尽管中国的本体论研究不如西方那么集中、深入，但中国本体论研究比之于西方有两个十分突出的优点：一是具有强烈的辩证特点，即很少把本体自身看成是静止不动的，相反，中国哲学认为本体是运动、变化着的；二是始终把本体论与现实人生结合起来，本体贯通着自然与人伦。随着西学东渐，中国哲学的本体论研究逐渐衰落下去。

3. 现代哲学视野中的本体论

对黑格尔本体论的集中批判并没有终结本体论的研究，形形色色的拒斥和废弃后来都被证明要么是徒劳的，要么是促进了本体论研究的某种转向。在中国，一般把黑格尔之后的现当代哲学划分为科学主义、人文主义和马克思主义三大思潮。它们对本体论的研究分别标志着本体论的语言学转向、生存论转向和实践论转向。

科学主义本体论的语言学转向。

孔德的实证主义似乎彻底抛弃了本体论，但是他的后继者们却发现，只要从事认识论问题的研究，就不可能回避本体论问题。他们总要提出一些蕴涵着本体论思想的概念。当实证主义发展到逻辑实证主义阶段的时候，坚决否定形而上学的呼声明显趋缓，重建哲学本体论的新思潮逐渐抬头并呈越来越强劲之势。罗素认为世界是由“原子事实”构成的，这些原子事实既不是物质，也不是精神，而是比物质和精神更原始的东西；同时，罗素认为，人类语言的逻辑结构与世界的逻辑结构是同一的。不过，日常生活中的许多语言不能表达世界的结构。所以，罗素把自己的工作放在对语言进行逻辑分析，排除没有指称的虚假概念(例如上帝)。罗素事实上把本体论问题变成了语言与世界的关系问题，进而又把语言与世界的关系变成语言自身的意义问题。

罗素的学生维特根斯坦被称为语言哲学之父，他早期的图像论思想与罗素的观点接近，认为语言与世界的实在之间是一一影射的关系，凡属世界中存在的，语言都能表达，如果语言不能表达，那就是世界本身不存在的。基于此，维特根斯坦说出了他的名言：凡能说清楚的，都能说清楚；凡说不清楚的都应该保持沉默。一般都认为,维特根斯坦认为本体是不可言说的,只能体验。后期维特根斯坦则认为哲学本体、形而上学等问题来源于哲学家们对语言表达的误用与偏见,造成了理智的迷惑。将哲学的功能理解为语言澄清、治疗理智的工作。一般认为维特根斯坦彻底拒绝了本体论,其实他是预示了本体论探讨回归生活世界的路径,只不过在他看来,生活世界中的语言活动是最根本的。

在科学哲学中,艾耶尔、沃金斯、波普尔、卡尔纳普后期都对形而上学的作用予以一定的肯定,而当逻辑实证主义与美国本土的实用主义结合后,那种要求恢复形而上学,重建本体论的呼声就在奎因的逻辑实用主义哲学中获得了最为鲜明的表现。奎因认为,本体论问题可以简单地表述为"存在什么"的问题。而对这个的表述又可分两种:一个是何物实际存在的问题,即本体论的事实问题;另一个是语言使用中何物存在的问题,即"本体论承诺"的问题。也就是说,本体论对于任何人的任何学说、理论都是不可避免的,它是人们认识的逻辑前提。"一个人的本体论对于他据以解释一切经验乃至最平常经验的概念结构来说,是基本的。"我们承认某种理论,实际上就是承认某种约定,即理论对某些存在物的存在的预设。当然,奎因强调的本体论承诺是在语言使用中的,完全与语言相关,并不涉及世界实际上的终极存在。以此出发,本体论也变成相对的了。奎因从根本上改变了形而上学在科学哲学中的发展进程和现代命运,并重新确定了形而上学及其本体论的理论地位和科学价值。正是在奎因哲学精神的引导下,重建本体论又重新成为科学主义哲学在当代发展的重要线索之一——尽管他们理解的本体论与传统本体论已经很不一致了。

人文主义本体论的生存论转向。

当叔本华、尼采把意志看成比理性更根本,而把世界看成是意志的表象,对从苏格拉底以来的理智主义哲学传统进行清算的时候,他们只是认为自己在反对形而上学和本体论。殊不知,他们不知不觉中把意志安顿到了本体的位置。一如海德格尔所说:"在尼采语言中,'权力意志'、'生成'、'生命'和最广义的'存在',乃是同一个意思。"事实上,现代人文主义思潮中,无论是柏格森的生命、绵延,还是弗洛伊德的本能、性欲,还是胡塞尔的先验的纯粹意识,还是萨特的存在,均以消解形而上学本体论出发,而以建构自己特色的本体论告终。他们的共同点在于,反对传统本体论将与人无关的抽象的物质、观念、精神当作世界的本体,也反对近代本体论仅仅将人理解为思想、理性的存在物,而认为应该从人,特别是从人的生存出发去理解世界的本体。在这其中,海德格尔的思想可谓是典型的代表。

海德格尔明确地把"存在"问题看作是哲学本体论的基本问题。不过,海德格尔认为自古希腊柏拉图以来的本体论研究都犯了一个致命的错误,那就是误把存在者当成了存在,或者说是“遗忘了存在”。所谓存在者就是已经显现出来的,能被界说的具体的东西,而存在比存在者更根本,任何存在者必须先存在,才可能成为存在者。我们不能追问“存在”是什么,因为它是不可界定和言说的。但是我们可以描述存在是“什么样”的。按照海格德尔的说法,我们不能用传统的方式去认识作为本体的存在,但可以揭示、领悟存在的意义。真正的本体论不是寻找一种终极的实体,而是追问存在的意义。要领悟存在的意义,唯一的切入点就是领悟一种特殊的存在——此在(亲在、缘在)。换言之,领悟存在的不二法门在于领悟人自身的存在,人也是一切存在物中唯一可以领悟自己的存在的存在者。海德格尔认为,此在是在世界中的,与万物共在;在人与万物打交道、发生活生生的关系的时候就赋予了万物以意义。海德格尔认为以往的本体论因为遗忘了存在都是无根的本体论,而他的本体论则是有根的本体论或基础本体论。

尽管海德格尔的论证有些神秘、烦琐,但其本体论确实更为深刻,是现代人文主义思潮中本体论研究的最高成果。这一成果的基本趋向就是**本体论向着生存论的方向迈进。这样,玄奥的本体论终于回归于人的生存实际,直接而充分地展示了它人文关怀与可爱的一面。**

马克思主义本体论的实践论转向。

马克思是传统形而上学本体论的颠覆者,尽管在他的哲学中从未出现过本体论一词,但他也是以自己独特的方式促使整个本体论研究发生了革命性的变革。作为一个唯物主义者,马克思当然承认世界的物质统一性。但作为一个新唯物主义、历史唯物主义、实践的唯物主义者,他认为更为重要的是从社会历史领域中去寻找这一物质世界得以统一、可能的基础。马克思认为,任何人类历史的第一个前提是有生命的个人的存在(从这点可以看出,马克思的本体论是包含着生存本体论的),而为了保证“有生命的个人”能够存在,人们就必须改变这个世界。马克思说,以往的哲学都只是在解释世界,而问题在于改变世界。用于本体论的研究,我们也可以说,以往的哲学家都是在非历史、非生成地追寻终极的存在,而真正的问题在于**人是不断主动生成的存在物,也就是实践的存在物,人实践故人在!**

马克思所理解的实践是一个总体性的概念,而不仅仅是认识论的一个环节。实践中最为重要的组成部分是生产与交往,一定历史条件下人们生产与交往的水平就构成了所谓社会存在的基础。马克思认为,一定的社会存在决定社会意义,而不是相反。马克思由此揭示了社会历史的结构、社会形态的更替以及社会发展的动力机制。不仅如此,**马克思还从人的生产劳动实践入手,进行异化问题的研究,将人与世界的意义关系奠基于实践的基础上。**

马克思的本体论思想具有鲜明的特色:一是从关于人的存在开始,把焦点放在人类的本质——实践上,具有鲜明的生命活动特征;二是因为实践是

主体与客体的中介与桥梁，马克思的本体论则“从两极到中介”，彻底摆脱了传统本体论要么在客体中，要么在主体中寻找本体论的思路；三是具有鲜明的辩证法特色，作为本体的实践始终是流动和不断生成的，是对着未来敞开着的。这样也彻底终结了关于本体论的形而上学的特色。海德格尔甚至认为，“随着这一已经由卡尔·马克思完成了的对形而上学的颠倒，哲学达到了最极端的可能性。哲学(指形而上学——引者注)进入其终结阶段了。无论说人们现在如何努力尝试哲学思维，这种思维也只能达到一种模仿性的复兴及其变种而已。”(《二十世纪哲学经典文本》，复旦大学出版社 1999 年出版)

作为“构成一切真正的哲学思想的基础”的本体论同时也是“一个最困难的哲学观念”(雅斯贝尔斯语)，而对本体论的研究始终被视为哲学中最为上乘的思想功夫。无论是马克思，还是其他的哲学流派关于本体论思想并没有，也不可能终结哲学关于本体论的追寻。本体论始终不动声色地在哲学园地的最高处发出全身心的、诱惑的微笑，吸引着一代又一代哲人去探索。

(本文选自沈湘平著《哲学导论》，中国社会科学出版社 2008 年 6 月出版。题目为编者所加。)

思考与实践　1. 如何理解本体论的终极性与超验性特征？

2. 本体论在哲学史上主要发生了哪些演变？

3. 如何看待哲学史上形形色色的反本体论的思想、拒斥形而上学的思潮？

4. 立足当代，本体论研究究竟有什么意义？

5. 简要阐述本文介绍的马克思主义哲学的实践本体论思想。

二、21 世纪中国哲学的发展

张世英

阅读提示　张世英先生在长期研究西方哲学、中国哲学的基础上提出：我们中国传统的天人合一的思想和西方现当代的人和世界融合为一的思想有相通之处，尽管在发展的阶段上有高有低，中国传统是“前主体性的天人合一”，西方现当代是“后主体性的天人合一”。我们应该发扬中国传统的人和世界融合为一的这种高远的境界，又吸收西方近代哲学的主客思维方式，把中西方哲学结合起来，把两种思维方式结合起来。这就是 21 世纪中国哲学发展的方向。阅读本文，我们可以初步了解作者关于哲学观、本体论的见解，体会到哲学与时代、社会、人生的密切关系。

20世纪刚过去，我们很自然地要回顾一下20世纪整个中国哲学所走过的道路，也要展望一下21世纪未来发展的趋向。20世纪中国的哲学是在和西方哲学相互结合、矛盾冲突的过程中发展起来的。从19世纪中叶鸦片战争以后，一直到现在，中国哲学的发展是跟西方哲学紧密相连的。如果离开了西方哲学，孤立地谈中国哲学，那就很难看出中国哲学在20世纪所走过的道路是个什么样子，很难看出中国哲学的发展在国际思想发展中所处的地位。

大体上来讲，无论是在中国哲学史上，还是在西方哲学史上，都有两种思维方式。一种是主体对客体的关系。就是说，把人和世界的关系看成人是主体，把自然，把人以外的东西看成是被认识、被征服的对象和客体。这种思维方式强调的是认识，就是从感性认识到理性认识，认识客观事物的规律，然后根据客观事物的规律去征服自然、征服客体，让这个客体为我所用。这在西方哲学史上有一个专门的名词，叫主客的统一，或者说思维与存在的对立统一。人是个思维者，外面是存在，这两者本来是对立起来的，通过认识，通过征服，主客就统一起来了。譬如说，愚公移山，门前有一座大山，那是客观的、自然的东西，我要走过去，但这座大山挡着我。我这个主体和大山这个客体就处于一种对立的地位。于是我了解一下山的规律，把山移走的规律，认识清楚之后，我就动手把这个山移走。移走了，我一出门就方便了。这样就达到思维与存在、主体与客体的统一。这种思维方式在西方，长期占主导地位。还有一种思维方式，不是强调人和自然、思维和存在、主体和客体这两者的对立，不是强调认识论，而是强调人和世界本来是融合在一起的，着重讲人生活在世界上有什么意义。这样一种思维方式，不是强调人怎么去认识并征服自然，而是强调人在这世界上的意义，强调人生的价值。

中国、西方都有这两种方式，但这两种思维方式在中西哲学史上所走的步伐、进度、阶段性表现得不一样。西方在古希腊早期的时候，主要是第二种方式，就是在纪元前5世纪以前，古希腊人的思维方式是不分主体和客体、思维和存在，不强调讲认识论的，是把人和自然、主体和客体当作合二为一的。从苏格拉底、柏拉图以后，就开始有一些把主体和客体区分开来的思路，但还是初步的。明确地把人和非人的东西、主体和客体、思维和存在划分开来，二元对立，明确地强调我这个主体要征服客体、认识客体，这样的一种思维方式是在16、17世纪建立起来的。如果要找一个标志的话，就是从近代哲学的创始人笛卡尔的哲学开始的。这个思想，主要是跟自然科学的发展有关。自然科学的发展就是要强调人怎么样去认识客体、认识自然。这是西方近代思想的产物。这种思维方式，苏格拉底、柏拉图已经开了一个先河，但是明确的“主体—客体”这样一个思维方式，一直到笛卡尔才开始。笛卡尔也有他的思想的背景，就是14、15世纪的文艺复兴。文艺复兴有两大发现，一个是发现了人，一个是发现了自然，这是相对于中世纪的神权统治而言的。这样一来，人权的思想就发扬起来了，自然也被尊重了。所以文艺复兴以后，就有所谓人文主义，有所谓自然哲学，就是强调人要发挥自己的主体性，认识自然、征服自然。有了这样一个思想背景，到了笛卡尔哲学史上就概括成一个公式，就是"主体—客体"。这个思维方式主要是从他的一句名言开始的："我思故我在。""在"就是存在，"思"就是思维着的主体。过去神权统治一切，是不允许人怀疑的，笛卡尔说我要怀疑一切。外面的树是不是存在，山是不是存在，上帝是不是存在，这些我都可以怀疑；但是有一点是不可以怀疑的，就是"我在怀疑"、"我在思维"这个事实是不可怀疑的。"我在思维"这个思维本身，确实是最清楚明白的。他于是要从无可怀疑的这一点开始，进行推论：既然我在思维了，我就有思维的对象，有思维的对象就有外面的东西；既然我在思维，我的思维里有一个最圆满的概念，这个最圆满的概念就是他所谓的上帝，所以上帝也是从他的思维里面推论出来的。过去神权统治下，神是最高的，神创造人；笛卡尔这个思想，上帝是从我的思维里推论出来的，上帝都变成了第二性的东西了。所以这个思想就是强调我，强调主体，强调这个主体的独立的存在。他由此延伸了一大套哲学的理论，我们把它概括成为"主体—客体"公式，主客二元对立，就是通过认识征服客体。

这种思维方式大概统治到19世纪中叶。19世纪中叶以后，西方人感到这种思维方式发展到后来就产生了它的流弊，就是无限地夸张自我，把自我强调到了上帝的地位，把自我神圣化了。这种思维方式本来给西方人带来了科学和物质文明的发展，确有好处，但是把人这个主体夸张到了至高无上的地步，就导致了一个相反的结果。人为所欲为，自然就要报复人，所以现在西方老叫喊环境污染啦，物统治人啦，感觉不自由啦，等等。从19世纪中叶到当前，我们叫作现当代的哲学。现当代哲学强调不要一味讲主体与客体的划分，而要强调人和自然、主体与客体的统一、融合。用中国的哲学语言来讲，就是强调人和万物一体。人和天地万物是融合为一，息息相通的。这个思想是否又回复到了古希腊早期的主客不分的那种状态呢？应当注意的是，这个回复已经走了一个否定之否定的过程，走到了一个更高的人和自然的合一。西方哲学的这两种思维方式，大体上是走了一个"之"字形：开始是人和自然不分，然后慢慢地发展到19世纪中叶，特别是从笛卡尔到黑格尔这一段，主要的是第一种思维方式；19世纪中叶到现在，这一百多年，大体上是一个更高级的人和世界万物融合为一体的思想。

那么中国哲学呢？我今天主要还是为了回顾中国20世纪哲学的发展才讲西方的。中国哲学主要是"天人合一"、"万物一体"的思想占主导的地位。这个"天"，有各式各样的含义。孔孟儒家所讲的"天"和老庄道家所讲的"天"有各不相同的含义。有的时候指自然，有的时候又是指像上帝一样有意志的天，有的时候指一种道德的意识。我现在就"天"指自然的意义来说，中国哲学，无论是孔、孟，还是老、庄，长期占统治地位的思想是人和自然合而为一的思维方式。当然中国也有天人相分的思想，譬如荀子就强调人和自然是有区分的，而且强调人要“制天命而用之”，就是强调人要统治自然。这就有点像西方近代哲学的主体征服客体的思想。但是荀子的哲学思想在整个中国的传统哲学里面没有占主导地位，在中国占上风的是天人合一。这种思想到了鸦片战争前后，特别是鸦片战争以后，中国人受了西方帝国主义的侵略，饱尝西方坚甲利兵之苦，于是就想到要向西方人学科学、学技术。可是西方的科学、技术是和西方哲学上的主体认识客体、征服客体这样一种思维方式紧密相连的。鸦片战争以后，人们在学习西方的物质文明的同时，很自然地就追索到要学习西方的哲学思想。所以一批先进的思想家们，就不仅仅是强调西方的物质文明，而且强调要学习西方的哲学思想。魏源公开地对中国传统的天人合一、万物一体的思维方式提出了激烈的批评。他认为这种思想“上不足以治国用，外不足以靖疆围，下不足以苏民困”。你一天到晚天人合一、万物一体，境界倒是很高，但不实用。不重视自然，不讲科学，不讲人对自然的认识和征服有什么用啊！接着梁启超、康有为、谭嗣同这些人，他们都提出要强调区分我和非我。谭嗣同提出来要强调“心之力”，就是要强调我们人的主体性的作用。这个“心”不是心脏的心，而是我们的思维、主体性。谭嗣同虽然没有用西方的主客思维方式的“主体性”这个名词，但这个“心之力”完全就是主体性的意思。梁启超写了两篇文章，明确地介绍西方近代圣哲的哲学思想，一个是康德，一个是笛卡尔。笛卡尔、康德正好是讲主体、客体的这样的思维方式的两个大哲学家。大家都知道，康德哲学强调“我”这个主体的重要性，他提出有名的“人为自然立法”，强调人的主体性。梁启超的文章里面就用了这个思想，主张“物要随我”，不要“我随物”。随就是跟随的随，就是说不要老是我跟在自然屁股后面，我要让物来随我。这就有一种科学上要征服自然、征服客体的思想。

这种思维方式后来发展到了孙中山，他提倡精神要战胜物质，就是主体要战胜客体。到了20世纪初，五四运动的两个口号“民主和科学”，归根结底就是要发挥人的主体性。民主，就是发挥人的主体性去反对压制在我们头上的封建统治者；科学，就是发挥人的主体性去征服自然。这样看来，这两大口号的提出，实际上是对于鸦片战争以后那些先进思想家们，梁启超、康有为、谭嗣同等人所不断引进、介绍、宣传的西方近代主体客体思想的一次总结或小结。我们常常讲，19世纪末一批先进思想家们向西方寻求真理，从哲学的高度来讲，他们主要是寻求西方近代的主体性哲学，是“主体—客体”的思维方式。五四运动是中国的文艺复兴，可惜比西方的文艺复兴晚了几百年了，西方是14、15世纪发生的。我们中国的文艺复兴所开辟的道路，就是民主与科学的道路。从哲学上来讲，就是学习主客思维方式的主体性哲学：要发挥人的主体性，敢于和封建统治者做斗争；同时要尊重自然、研究自然、发展科学，要讲认识论、讲方法论。

中华人民共和国成立半个世纪以来，我们受到了各种“左”的教条主义的干扰，主体性又受到压制。1949 年到“文化大革命”结束，到 1976 年，到 80 年代初期改革开放，在这一段时期，我们所广为宣传的哲学，我概括成为这么几个特点：

第一个特点，我们所讲的思维方式主要是西方近代哲学的思维与存在、主体与客体思维方式，基本上是这样一个框架。显然，仅仅讲这个思维方式是不够全面的。中西哲学史上的思维方式，除此之外还有一个人和世界融合为一的思维方式。中国传统哲学的天人合一，西方古希腊早期的思想，还有西方现当代的哲学思想，主要都不是讲“主体—客体”这种思维方式。可是我们所广为宣传的哲学呢，就是讲这个东西。我们把整个哲学划分为两大阵营，用唯物、唯心来概括一切哲学。如果把这种划分法用在西方近代哲学，从笛卡尔到黑格尔这一段，那是恰当的。但是如果把这个扩大到说古希腊早期，或者扩大到西方的现当代，说主要也是这样一个问题，那就过分了。我们过去甚至用唯物、唯心套到全部的中国哲学，不管三七二十一，我首先看你是唯物还是唯心。

在那个时代里，西方现当代哲学一律都被看成是唯心论，所以我们是不敢讲西方现当代哲学的。我们开设过“西方资产阶级哲学批判”这样的课程，就是把它当成一种反动、腐朽的哲学来加以批判。我不是光说别人，我也开过这样的课程的一部分。那个时代讲“主体—客体”的思维方式，按说就应该讲“主体性”呀！发挥主体性乃是西方近代哲学的精神。可是，我们所广为宣传的哲学，既在“主体—客体”这个框框里面讲哲学，可又不提主体性，因为这是个犯忌讳的名词。你强调主体性，就是强调个人的独立自主，那岂不是要造反啊？所以谁也不敢提这个名词。也不完全是说不敢，因为当时脑筋里面受到时代的限制，根本不考虑这个问题。现在我大讲主体性，是因为改革开放以后，我们真正念了一些西方哲学的书，看到人家讲“主体—客体”这种思维方式是大讲人的主体性。这都有它时代的原因，不能够怪某一个学者。就我来讲，我也为自己开脱一下，也有时代的原因，不能够完全怪我个人。比如黑格尔是“主体—客体”思维方式的集大成者，他就大讲主体性，可是我讲黑格尔哲学很少提主体性这个词。从这个意义来讲，我也是应该做检讨的。这就说明当时的哲学受时代的限制，只讲主客却不讲主体性，这是那一段期间所讲的哲学的第一个特点。

第二个特点，只讲认识，不讲情感、意志、欲望。人生来不仅仅是认识的机器，人本来应该是一个知、情、意、欲望，甚至下意识、本能等的统一体。人所生活的世界，就是作为知、情、意统一体的人和世界万物打交道的一个整体，这就是人生活在其中的世界的意义之所在。可是我们过去，从1949年一直到改革开放这段时间，我们讲哲学，只讲认识，讲人怎么样去认识客体，情感、意志、欲望没有人敢讲。不像现在，你看，现在大家看到出版的书有恋爱的哲学，有死亡的哲学，还是畅销书，这在过去是不可想象的。要在过去写恋爱的哲学，那肯定是小资产阶级的意识；如果写死亡的哲学，那就是腐朽反动的哲学。那个时候真是把人当成了认识的机器，所以讲哲学讲得非常枯燥无味，把人生内容弄得非常贫乏。不像现在，我们都是讲人所生活的现实世界，是一个有认识、有感情、有意志、有欲望的世界，是一个诗意的世界，强调人应该有诗意的境界。

第三个特点，重生产，不重生活，把人的生活、情感、意志、欲望，都压在最底层，连穿衣服也几乎是蓝色一片。我这里不是说不要讲生产，更不是说不要重视生产。不生产，怎么生活呢？但是，把生活压到最底层，不强调主体性，不强调意志、欲望、情感，不强调生活，这人生还有什么意义呢？所以一直到现在，人们一听到讲哲学，就觉得搞哲学的人是不讲人情的、不讲情感的。20世纪80年代初，改革开放，人们的想象得到了解放，大家开始讲“主体性”，讲“生活世界”。哲学界、学术界都在讨论主体性的问题，但讨论中很多人对主体性这个词不清楚，不知道这个词和西方近现代“主体—客体”这样的思维方式是紧密相连的。主体性并不是我们平常说的主观、武断、独断、抽象，它所强调的是独立自主、自由意志，尊重个人的特殊性或个性，不盲从权威，不以父母出身论个人，等等。西方在几百年以前，16、17世纪已经明确提出“主体性”的概念；虽然我们晚了几百年，但是毕竟在20世纪末期我们也能够把主体性的概念明确提出来讨论，尽管开始讨论时对这个名词的含义有些混乱，但这毕竟是我们中国哲学发展的一大进步。

问题的复杂性在于，**正当我们讨论主体性、要学习西方近代哲学的“主体—客体”思维方式的时候，正当我们要强调科学发展的时候，西方现当代哲学却主要是对“主体—客体”思维方式加以批判，因为人家走在我们的前面了。“主体—客体”思维方式的弊病，什么环境污染、物统治人，他们对这些感受得非常深切；而我们现在还在继续发扬五四运动的民主与科学，特别是还要学习人家“主体—客体”的思维方式。**我们中国的传统是缺乏认识论，缺乏方法论，缺乏形式逻辑的。我不是说中国人没有方法论，没有认识论，没有主体征服客体的思想。古代的荀子就有，到近代梁启超这些人就大讲特讲嘛。但是那些东西在中国的传统里面不占主导的地位，包括我们一直到现在，我敢这么样说，我们搞哲学的，写东西还是逻辑分析比较欠缺。西方人欠缺的是像我们中国讲的那种高远的境界，他们对于中国传统的这个优点体会不深。西方人对中国的了解比我们对西方的了解要少，但我们对西方的逻辑的思维，形式逻辑的分析，我感觉到一直到现在都缺乏。爱因斯坦讲过，亚里士多德传下来的形式逻辑的方法，西方现代的实验观察因果关系的方法，这些在中国传统里是比较缺乏的。所以我们现在还需要继续沿着五四运动的道路，继续介绍、学习西方哲学的“主体—客体”思维方式，发展科学，而且要下大力气。但是我们毕竟是生活在当前的国际思潮里面，我们不能脱离国际思潮和人类所共同面临的问题。**在这种形势下，我感到我们当前的任务是双重的：一方面，我们有落后于西方哲学的问题，那就是说，我们现在还要学习主客思维方式，发展科学；另一方面，我们也面临西方人当前所面临的问题，尽管我们没有人家体会得那么深切。那么我们怎么办？我想，我们不能够亦步亦趋地跟着西方的脚步走。我们不能够说，西方近代哲学的“主体—客体”思维方式走了几百年，那么我们也花几百年时间来补课，等到它的流弊出来了，再来批评这种“主体—客体”的思维方式。我想，我们中国传统的天人合一的思想和西方现当代的人和世界融合为一的思想有相通之处，尽管在发展的阶段上有高有低，中国传统是“前主体性的天人合一”，西方现当代是“后主体性的天人合一”。我们应该发扬中国传统的人和世界融合为一的这种高远的境界，又吸收西方近代哲学的主客思维方式，这样把中西结合起来，把两种思维方式结合起来。**展望21世纪，应该是一个科学更加繁荣发达的世纪，也是科学的规律性、必然性更加突显出来的世纪。那么，越是科学规律性、必然性、科学知识处于突出地位的时候，也就越需要我们拿出一种高远的思想境界来应付科学的挑战、应付必然性的挑战。21世纪的中国哲学也必将是一种具有高远境界又有科学进取精神的哲学。这就是我对未来中国哲学的一个展望。

（来源：http://www.seu.edu.cn/~xcb/ddb/1000/news2801.htm）

思考与实践 1. 中国社会传统哲学有什么特点？近代以来的中国哲学有什么特点？对现实有什么影响？

2. 作者提倡怎样的哲学？为什么？这种哲学与马克思主义哲学有何联系？

三、创造和谐

成中英

阅读提示 本文选自论文集《创造和谐》（东方出版社2011年11月出版），是王元化先生近年主持当代中国文化与社会学者论述的精华文录中成中英先生的专辑，作者以“创造和谐”为书名，高度概括了自己的哲学思想。作者认为，哲学思想是从生活与文化中提炼出来的，但它却又能影响生活与文化。世间充满矛盾、不和谐：知识与价值，东方与西方，天与人、知与行、古与今、内与外、人与己，等等，都需要我们尽主观努力，化解矛盾，创造和谐。人之作为自觉的存在，“恶莫大于自觉的为恶，也莫大于自觉的制造持续的矛盾与不和，一个人的善也莫大于自觉的克服自觉为恶的动机与性向而努力于创造持续的与较多的和谐”。中国的传统哲学，“显示了一种深度和谐化的辩证智慧”，而作者的毕生事业，就是发掘、研究、传播中国哲学的智慧，建立以和谐为本体论的哲学：“和谐是形上学，真理是诠释学，正义是道德学，而美感则是包含和谐、真理及正义的价值学。这可说是我自60年代以来所寝寤以求、无日不思的中心关怀主题。”

上海王元化先生近年主持当代中国文化与社会学者论述的精华文录编纂工作，贡献极大，且极具时代意义。他决定编选我的文录，并商请新加坡国立大学的邵东方博士和上海大学钱钢博士（后因病改由上海复旦大学钱文忠博士）着手编辑。邵东方博士对我的思想自早即有认识，又处事严谨，而钱钢、钱文忠博士非常负责任。

1998年12月邵博士乘来檀香山之便，特别花了近两天的时间与我商定选稿的条例，并在他已掌握到的文献之外收集我的近稿与新稿。我想，自南开大学的李翔海教授撰写讨论我的哲学体系的专著《寻求德性与理性的统一》于1998年年初出版以来，邵博士是收集我的已发表的中文文章最为完整的学者了。这里牵引出了一个问题，那就是我英文已发表的文章或已出版的著作又如何呢，对此问题我只好无奈地说：暂时的付诸阙如了。无疑的，在这些已发表的中文文章里（其中也有少量的自我英文论著中翻译出来者）我的思想的面貌和精神也应该有了相当完整的呈现。但问及我自己如何给这个面貌与精神一个框架和主题，却是一个不得不令我深思的课题。

哲学思想是从生活与文化中提炼出来的，但它却又能影响生活与文化。同理，历史赋予了哲学一些时代的特性，但哲学也赋予了历史一些价值的含义。因而时间的过程与理论的线索对理解一个哲学思想家是同等的重要。要表达两者更是要诉之于实际的文字。就此言之，一个哲学思考者的文字著述同时显示了他的哲学思想的历史性与理论性。作为一个当代的中国哲学思考者，显然，我的思想也不例外。但什么是我的思想的面貌与精神的特色呢？这个问题在我严肃考虑之后觉得还是最好留给后来的人来论断。但我回顾和检讨自己思想的发展方向和它所必须要承受的历史命运，我愿意说**我是在一个极不和谐的时代里极力想创造出一些和谐，也想在诸多价值观念中深入和谐的核心来掌握创造的真理，以便创造和谐成为可能。**对我而言，**和谐是形上学，真理是诠释学，正义是道德学，而美感则是包含和谐、真理及正义的价值学。**这可说是我自60年代以来所寝寤以求、无日不思的中心关怀主题。

20 世纪 80 年代以后,我运用了“本体诠释学”一词以表达我认为具有时代性的中心课题:如何结合知识与价值,如何融合东方与西方,如何在天与人、知与行、古与今、内与外、人与己之间取得和谐与创造和谐。天地之间的不平与人与人之间的不义或许是天地创造万物过程中的大数与边际效应,但人之作为自觉的存在,其自觉的意义却不能不说是在人可以凭借其智慧来弥补天地之一缺失;然而,为此天地要付出的代价却又必须是人的用知与用智以行恶与逐恶的能力与自由。因之如何完善人的心以为天地之心,就成为本体诠释学中所蕴含的一个道德的命题了。诠释必须预设了知识与价值的前提,而本体却必须是同时呈现于主体之外又包含于主体之中的世界及宇宙。诠释因之同时是理智性的与意志性的创造活动。它包含了知识和对知识的认知,也包含了价值与对价值的评价。它同时反映了一个时代的问题,但也针对一个时代指陈了问题的所在和未来的走向。一个人的恶莫大于自觉的为恶,也莫大于自觉的制造持续的矛盾与不和,一个人的善也莫大于自觉的克服自觉为恶的动机与性向而努力于创造持续的与较多的和谐。在这个意义上,原始的儒家对我有一个内在的含义:孔子说:“克己复礼为仁”,对我来说,克己是自觉的去恶,复礼则是自觉的为善。同样,宋明理学家张载说的“为天地立心,为生民请命,为往圣继绝学,为万世开太平”,对我而言,也具有突出的本体诠释学的道德含义。“为天地立心”仍是立人之心以为天地之心,但却必须深知天地之为天地之道。这两项是我和传统儒学与宋明理学的基本关联。

宇宙中有些基本问题也是人生中的基本问题,其中之最大者是有无问题与因果问题。生命因何而起,人的修持究竟能否把人带到圣智之境?这都是因果问题。生命的本质是有是无,何为有,何为无,这都是有无问题。这些问题的重要性在于它们涉及生命的价值与生命内涵的持续的创新问题。它们也构成了思索人类处境与个人存在的意义的隐秘边界与其解说的终极背景。事实上,人之所以为人,正是人能思考这些问题,面对这些问题,也能对这些问题进行一些深度的理解。也因为对这些问题的深度理解,产生了不同的文化信仰与生活态度,也导致了不同的文化景观与生活方式。世界是这些不同的信仰与景观形成的。人类必须要在这些不同的信仰与景观之上建立一个共同或共通的沟通层面,透过这个层面不但可以和谐共处,而且能够相互滋养、相互丰富,甚至相互转化、相互导引,开辟出新的生活景观、新的生活方式或新的表达生活价值的方式。但建立一个完全一致而又普遍共通的沟通层面并非易事,其困难在于一方面要保持共通的语言与所指,而另一方面又不能把一切生活的体验化约为此一层面或其某一先入为主的观点之上。这里也见出我说的和谐的创造或创造和谐的深度意义,因而**和谐的创造最终必须**

假借对人生与宇宙问题的深度思考与再思考，不但使个别的差别明显出来，也使差别的彼此更能欣赏与尊重彼此的差别，再进而产生一种融合差别的崇高意志：无论融合或尊重都是创造和谐的开始。故而崇高的融合的意志来自于对根源的思考，而和谐的创造则决定于崇高的融合的意志。真理指的是基于差别的大度包含，是力求整合的创造过程。真理是和谐的创造。最大的真理是最大的和谐的创造。

传统西方上帝神学认定宇宙万物及人均系人格化的上帝从无创生。上帝是有的根基，但上帝及其所用以创造万物之无究为何物却是一个不解之谜（密）。所谓“太初有道”之道是否已含有无，也是一个艰深难答的问题。印度佛学以缘起为万物之始。缘起的本质是空，何以缘起？是理、是性、是心、是觉，也不得其终解。所谓空为无、为有、为主、为客，更也莫衷一是。中国传统以易学与道家为内涵的本体宇宙论，从人的观察与反思中认定有与无的化生互贯，也即是一分为二、二合为一的统一，似能彰显了一个和谐兼容的辩证逻辑。辩证以体证为起点，指向实体，建立实证，从而发为论证，形成语言逻辑。但如果虚悬一个抽象不变的概念，以论证指涉实在，只能限制实在，排除实在而已，如何方能建立本体的宇宙观呢？这是中国人对有无问题的透视的智慧。在因果问题上，龙树的无因果论提供了一个与西方坚持因果律思想的反面观点。但如实言之，世上如无因果，一切并不因之成为空无，因为即使没有因果，万物如果有其真实性，万物的存在也可说为自为因果的，正如庄子所说的物之自化。相反，世上尽是因果缘合，也不能据以肯定真实，因为真实究实还应该是一个价值概念。从这个结合因果与无因果的角度看，**中国思维中的道的“有无相生”与易的“无极而太极”“一阴一阳谓之道”的眼光也自然显示了一种深度和谐化的辩证智慧。**

我愿意以这本《创造和谐》的文录，献给世界上致力于创造和谐的人们！

是为序。

成中英　序于檀香山蜗居“不息斋”

思考与实践　1. 思考文中字迹加粗的语句，深刻体会其中的含义。

2. 借助于冯友兰著《中国哲学史》（商务印书馆 2011 年出版），阅读《论语》《老子》，体会中国古代哲学“和而不同”的思想及其意义。

四、和合的意蕴与现代价值

张立文

阅读提示　本文简要介绍了张立文先生的专著《和合学》的主要内容。“和合”的原理，是中国传统文化的精髓，体现了唯物辩证法，强调在矛盾、对立中追求和谐统一。

所谓的和合学，是指研究在自然、社会、人际、人自身心灵及不同文明中存在的和合现象，并以和合的义理为依归，以及既涵盖又超越冲突、融合的学问。

和合是人文世界和社会世界的普遍现象，故被和合学作为研究对象。这是因为人文世界和社会世界都蕴涵着“融突”，和合是无数自性关系、本质关系、变化关系、过程关系、艺术关系的整合的结构方式。譬如说，“乾道变化，各正性命，保合太和”。人世间万事万物依循天道的变化，各自获得自性、本质、命运，形成定位，这是说分殊、差分和冲突，而又保持住内外的“太和”。“太和”即是最大的和，就是和合。这就是和合学所要研究的。

其实我们每一个人都是在迷途中生活。一个人呱呱落地的时候，就要一步一步地接近死亡，但是什么时候死，怎么样死，却不知道，所以说我们是迷惑的。不只是个别人在迷途中行走，整个人类都面临着迷途的困惑。比如说，我们把树砍了，然后去种地，把草原垦了，也去种地，诸如此类的事情，过去的苏联也做过。为什么我们造成了自然、社会、人际关系、心灵等都是病态的样子？那是因为我们整个人类都处于迷途之中。

人与自然的冲突越来越尖锐，人与自然的冲突造成了生态的危机，生态危机给人类带来了巨大的损害，这是我们人类在迷途中所造成的第一个冲突。第二个冲突就是人与社会的冲突，这个冲突造成了社会危机。现在全世界贫富的差距越来越大，这是社会动乱的重要原因。第三个冲突是人与人之间的冲突，人与人之间的冲突造成了道德的危机。人与人之间本来应该是友好的，我脱离不了你，你也脱离不了我，我对你有帮助，你对我也有帮助。第四个是人的心灵世界的冲突，它所造成的后果是信仰的危机。这个冲突和危机在当前的社会中表现得尤其突出。人与人之间的关系走入迷途，人不能很好地处理人际关系，就会有很多的苦闷、很多的焦虑，特别是在市场经济下，竞争很激烈，每个人的压力很大。现在成年人一般都有心理问题，大学生、中学生甚至小学生都有心理问题。第五个是文明之间的冲突，这种冲突造成了精神危机和价值认可的问题。

如何应对**五大冲突和五大危机**？我在建构和合学哲学体系时提出了**五大原理**。

和生原理——生活在这个世界上的人都是多重角色的复合体，任何人都不是单纯的。我们要和自然发生关系，要和社会发生关系，要和别人发生关系，同时也要和文明发生冲突，所以人是各种关系的集合点，做个人不容易。在这种情况下，我们要选择“和生”，也就是说人和自然、社会、人类、国家、民族发生关系时，应承认自然、社会、人类、国家、民族都是有生命的，对待有生命的东西，我们就要尊重他、珍惜他，要“和生”。

和处原理——既然自然、社会、人类、国家、民族都是生命体，那么生命体之间怎么样相处？那就是“和而不同”。孔子说“君子和而不同，小人同而不和”。尽管你的意见、宗教信仰、道德观念、价值观念跟我不同，但我们仍可以和谐相处，可以取人之长补己之短，没有必要采取非此即彼、你死我活的斗争。每个国家都有自己不同的社会情况，有制度的不同，有发展模式的不同，也有贫富不均程度的不同，在这种情况下我们应该怎样做？怎样相处？那就只能是“和处”。我们不能以强势的军事、经济、文化的力量来制裁弱势的群体和国家，这样的处理方式对双方都没有好处。

和立原理——其实孔子所说的“己欲立而立人”就是“和立”，也就是对待每个国家、每个民族或者说自然、社会，我们都得尊重它的独立，尊重它自己的发展模式，尊重它的社会制度，“和立”按照大儒陆九渊的说法就是“自作主宰”。对企业来说也是一样，一个企业要立得住，必须有自己的品牌，有自己创新的地方。我们原来很多专职院校，有的搞工科，有的搞艺术，特点鲜明，独树一帜。现在很多专职院校却变成了综合性大学，一点特色都没有，没有特色就没有品牌。

和达原理——“和达”就是你自己发达，也要使别人发达。我们的主张是共同发达，共同富裕，所以我们无偿支援一些非洲国家，帮助他们发展经济；但是有一些强势的国家并不是这样，总是想方设法地遏制其他国家的发展。现在的世界是一个开放的世界，人口的流动性很大。在贫困地区生存不下去的人可以非常自由地到比较富裕的地方去打工、去寻找生计，比如农民到城市打工。所以真正有智慧的政治家就应该使人民能够生存下去，有饭吃，能够逐步富裕起来。

和爱原理——“和爱”是非常重要的，不管是儒家、佛教、《周易》、道家都是讲“爱”的。“和爱”是其他四原理的基础，没有爱，“和生”“和处”“和立”“和达”等原理将无所谈起。

（本文出自中国文明网 www. wenming. cn 2010 - 06 - 01 来源：中国文化报。）

五、"天人合一"、"和而不同"：东方智慧的辩证法

章仁彪

阅读提示 本文阐述了"东方智慧的辩证法"的核心：并非一味以"斗则进"为鹄的，而同时以"和为贵"为本。文章紧密联系实际，语言明白晓畅。

对立统一乃是宇宙间永恒之根本法则。"战争乃万物之王"，人们记住了西方辩证法之父的这一诤诤名言，却往往遗忘了他的另一格言：自然是由"对立造成和谐"。于是辩证运思中充斥"二律背反"的"悖论"，而充分演示出善恶对立、主客二分的人类征斗史、"进步"史；而东方的智慧却更多注重辩证法之"和而不同"。

"和实生物，同则不继。……故先王以土与金、木、水、火杂以成百物。"(《国语·郑语》)乾坤和合成万象："万物负阴而抱阳，冲气以为和。"(《老子》)故"和也者，天下之大道也。"(《中庸》)"天地合和，生之大经也。"(《吕氏春秋》)虽道是"天命靡常"(《诗经》)，"社稷无常奉，君臣无常位"(《左传》)，但"一阴一阳之谓道"，乃是"刚柔相摩、八卦相荡"(《周易》)之结果……

故辩证法并非一味以"斗则进"为鹄，而同时以"和为贵"为本，少一些"党同伐异"的"斗争哲学"的火药味，多一些"求同存异"的"和谐哲学"的宽容与双赢，不正是当今人类时代精神真谛之一吗？

世纪格局，"两极"既逝，"多极"溢彩，和平发展为主题；对话取代对抗，合作化解冲突，亦为各国之共识。当今社会，个体独立，利益多元，市场主导，以"分"(自主个体、独立人格)促"合"(社会整合、文明沟通)，渐进变革，安定团结，遂能成就发展之大业。当今人类反思"进步"，重审"发展"，"可持续性"正是为了扬弃主客对立、"征服自然"之夙愿。面对共同的生存危机，人类终于重新认识和谐、和合之重要，东方古老的"天人合一"观重被重视并重作新释：非为回归原始混沌之"合一"，乃系基于当代科学之"和合"——是故"中华和合文化工程"之倡议正为世人瞩目："和合"之道乃为21世纪人类发展的根本之道！

庄子曾借孔子之口说：

鱼相造乎水，人相造乎道。相造乎水者，穿池而养给；相造乎道者，无事而生定。故曰：鱼相忘乎江湖，人相忘乎道术。

——《大宗师》

当今人类要可持续发展，既要"天人合一"，先得相濡以沫，因为我们只有一个地球。何种道术，能通达"物我两忘"之境？唯有辩证法，因其本源出于"天"："天行有常，不为尧存，不为桀亡"；然"天人合一"，行之在人："善言天者必有征于人"（荀子），乃是人为努力奋斗之结果。辩证法乃智慧之"术"，亦为根本之"道"（way），既是"道路"又是"方法"！

当然，"天人合一"更是一种理想境界。现实总是不理想，所以人类才需有理想，而理想虽然还不是现实，但又必须基于现实，才不至于堕入空想。"理想的现实"可望而不可即；"现实的理想"却是必须又必要。理想与现实是否也是"和而不同"？当代文化多元、世界多极、"全球化"、"以人为本"与生态伦理等问题上，人类不也需要以这种"和而不同"的精神来处置吗？正如马克思曾以思辨的语言深刻地表述过的这种理想：

共产主义是人向自己作为社会的即人性的人的复归，这个复归是完全的，是自觉地保留了发展中所得到的全部丰富性的。这种共产主义作为完成了的自然主义，就等于人道主义，作为完成了的人道主义，也就等于自然主义。共产主义就是人和自然以及人和人之间的对抗的真正解决，是存在和本质、对象化和自我肯定、自由和必然、个体和族类之间的抗争的真正解决……

这不正是"天人合一"而又"和而不同"的理想境界吗？马克思哲学的中国化和中国哲学的现代化岂不是完全可以融通的吗？思维的辩证法原出于存在的辩证法，人类社会及其生态环境本是一个高度自组织的超循环系统（马克思的说法是"社会有机体"），协同和竞争的结合、选择与进化的并行，才有生生不息的永恒生机。"和而不同"，"和实生物"，这正是东方智慧的辩证法——

天行健，君子以自强不息。
地势坤，君子以厚德载物。

——《易传》

（本文选自章仁彪主编《哲学导论新编》，同济大学出版社 2005 年 8 月出版。）

六、谈实践哲学

杨国荣

阅读提示　这篇文章是作者对于自己多年研究的"实践哲学"的简要介绍，首先介绍了中西方哲学有关实践这个概念的阐释，明确自己关于实践的研究是"原哲学意义"的。这个话题涉及的是"成物"与"成己"——也就是认识世界、改造世界与认识自我、改造自我的大问题，这个话题可以展开为“世界以及人自身的可改变性”、“人自身的需要以及基于需要的目的和理想”、“做什么”、“是什么”与“成为什么”等问题，涉及合规律性、合目的性，真善美等许多哲学问题。

实践并非一个新概念，从中西哲学的历史来看，有关实践的讨论绵绵不断。就西方哲学而言，在亚里士多德那里，对实践的理解主要与伦理政治领域相关。众所周知，亚里士多德把知识或思想分为三种：理论知识、实践知识和制作或生产性的知识，后者略近于我们现在所说的生产技术性活动，但这种活动在亚里士多德那里并未纳入实践之域。康德大体上承继了亚里士多德对实践的理解，他的实践理性首先和道德实践相联系。到了马克思，实践概念发生了比较明显的变化，马克思把劳动引入实践里，将其作为实践的主要形式。某种意义上，黑格尔已经开始扩大了实践范围，但相对而言，这种扩展还带有思辨哲学的形式，与马克思基于现实的视野有所不同。

在中国哲学中，“行”一方面涉及广义上的“赞天地之化育”、“制天命而用之”，另一方面又更多地侧重于成己和成物，尤其是成己（成就人自身）的过程。可以看到，中西哲学对实践或“行”的理解有相通之处。以行动与实践的关系而言，行动的研究更侧重于对微观层面活动的分析，实践的考察相对来说更多地表现为对宏观的历史层面现象的把握。从“行”和人的存在之间的关系看，问题则涉及行动或者实践的具体意义。理解“行”或实践，一个重要的前提在于不能将其抽象化。

在现代哲学中，对实践或广义上的“行”也有不同层面的讨论。在分析哲学系统中，以行动理论或行动哲学为形态，对行动的理解首先与语言的逻辑分析紧密相关。就道德行为或道德实践而言，分析哲学中的元伦理学往往将道德现象的理解还原为对道德语言的把握。现象学，特别是其后来的发展，也对行动过程给予了不同形式的关注，如海德格尔便将人的生存过程提到很突出的地位，从现象学一脉出来的伽达默尔也重提实践哲学。另一个对行动与实践比较关注的哲学流派是法兰克福学派，作为西方马克思主义的重要代表，法兰克福学派对行动和实践的思考往往与反思马克思的实践理论联系在一起。在这方面，哈贝马斯具有一定的代表性。他对马克思关于劳动的概念提出很多批评，认为劳动主要涉及主体和对象之间的关系，并以成功等为目的，他所注重的则是主体间的交往行动，后者以所谓主体间的沟通、理解、共识等为指向。不难看到，以上理解都包含自身的一些偏向。

从学术或理论的层面来看，对实践问题再思考可以有两种进路。一是从不同的学科层面展开研究，如道德哲学、政治哲学、法律哲学等。这些年来，政治、伦理等领域，受到了较多的关注，政治哲学、伦理哲学似乎已逐渐成为显学，哲学领域中在某种意义上浸浸然形成了实践哲学复兴的趋向。与之有不同侧重的是带有原哲学意义上的考察，如关于实践理性、实践智慧、实践推理等问题的研究。

从成就人自身和成就世界这个角度去理解实践，在逻辑上面临成己与成物如何可能的问题。按我的理解，**成就人自身和成就世界的前提，首先是世界以及人自身的可改变性，**正因为世界或人本身非“前定”或“命定”，而是具有可改变性，对于世界和人自身的成就才是可能的。这是从形而上的层面来说的。**成就世界和成就人自身之所以可能，还和人自身的需要以及基于需要的目的和理想相联系。**如果在人和世界或人和自身的关联中没有需要以及基于需要的目的和理想的引入，人就会面临一种对世界的冷漠。正是需要以及基于需要的目的理想，引导人走向对世界以及人自身存在的价值关切，这种关切同时构成了“行”或实践的内在推动力。

对于世界的变革还涉及现实的条件，后者可以从两个方面去理解。一是就人自身来说，对世界的变革离不开人的内在能力。人具有理解和改变世界的潜能，这种潜能在人与世界的互动中，逐渐转化为一种现实能力，后者又构成人进一步改变世界、改变人自身的内在条件。**在更广的社会层面，改变世界的现实的条件还包括社会体制、现实的社会关联（荀子所说的“群”）以及文明演化过程中的形成的各种工具、器物，等等。**正是这些方面的相互作用，使以成己与成物为内容的“行”或实践能够有效地展开。

在成就世界和成就人自身的以上过程中，“做什么”既与“是什么”相联系（变革对象之“行”以对象实际的“是什么”为根据），**又与“成为什么”内在地联系在一起**（世界与人“成为什么”基于人之“行”）。由此，“做什么”、“是什么”和“成为什么”之间的内在关系也得到了具体的展现。

（本文节选自《中华读书报》，2014 年 2 月 6 日第 10 版，杨国荣《谈实践哲学》。）

七、谈实践智慧

杨国荣

阅读提示　这篇文章比较简要地阐释了“实践智慧”的含义。在实践（成物与成己）中，实践智慧联结了对世界的解释与对世界的变革，展现为“应当做什么”的价值关切与“应当如何做”的理性追问的统一。解释世界与“是什么”的追问相联系，其中内含着关于世界的知识经验；变革世界则基于“应该成为什么”的关切，其中渗入了不同的价值取向。实践智慧所指向的价值目标，主要表现为成己与成物。此所谓成己，在广义上指成就作为个体或类的人自身（自我的完成与群体价值的实现），成物则既指化本然的实在为合乎人需要的存在，也包括社会领域的变革。实践智慧在更为内在的层面上表现为对“度”的把握。作为以名词表示的哲学范畴，“度”的基本含义是质与量的统一。作为实践智慧的表现形式，“度”的观念同时与“中道”相联系。从多样的统一这一视域看，“中道”就在于使统一体中的各个方面彼此协调、和谐。千差万别的事物同处于一个系统，如何恰当地定位它们，使之各得其所？这就是“中道”所涉及的重要方面。可以认为，本文对实践与和谐、统一等范畴的阐释，均具有探索新世纪马克思主义哲学本体论的意义，彰显了中国哲学本体论的特色。

追本溯源，哲学与智慧的追求相联系。哲学上的智慧并不是一种空乏、抽象的形态，而是要落实到具体的实践过程，实践过程本身则处处受到智慧的引导，所以，智慧与实践这两者本身很难分离。实践智慧以观念的形式内在于人并作用于实践过程，其中既凝结着体现价值取向的德性，又包含关于世界与人自身的知识经验，两者同时又融合于人的现实能力。**在成己与成物（成就人自身与成就世界）的过程中，实践智慧联结了对世界的解释与对世界的变革，展现为“应当做什么”的价值关切与“应当如何做”的理性追问的统一。它在赋予智慧以实践品格的同时，又使实践获得了智慧的内涵。**

从现实的形态看，**实践智慧首先体现于人与世界的互动过程。人一方面以不同的方式认识与理解这个世界，另一方面又不断变革世界，使之合乎自身存在的需要。这里既涉及宽泛意义上的知行之辨，又在更实质的层面关乎解释世界与改变世界的关系。解释世界与“是什么”的追问相联系，其中内含着关于世界的知识经验；变革世界则基于“应该成为什么”的关切，其中渗入了不同的价值取向。“纯粹的”理论理性或知识经验往往主要关注“是什么”的问题，“纯粹的”实践理性或价值关切则以“应该成为什么”为首要的关切之点。**相对于此，在实践智慧中，“是什么”与“应当做什么”不再呈现为彼此分离的问题：“是什么”的理论性追问，以不同的形式（直接或间接）引向“应当做什么”的实践性关切；解决“应当做什么”的问题，则以“是什么”的追问为其现实的根据。与之相联系，**解释世界与变革世界的界限，也开始得到扬弃：对世界的解释构成了变革世界的理论前提，变革世界的历史需要则为解释世界提供了内在动力。质言之，以变革世界的实践关切接引对世界的理论解释，以解释世界的理论观念引导对世界的实践变革，构成了实践智慧的内在特点，在这一互动过程中，实践智慧同时联结了对世界的解释与变革。**

以世界的变革与“应当做什么”的追问为指向，实践智慧在不同的层面都涉及目的性问题。从逻辑上看，在确认“应当做什么”之后，可以进一步追问“为什么应当做”，后者便关涉目的性。同样，对世界的变革，也基于一定的实践目标（理想），这种目标（理想）同时表现为相关的价值目的。与价值目的的如上关联,构成了实践智慧不同于“纯粹”理性或理论理性的内在特点。

就最一般的层面而言,实践智慧所指向的价值目标,主要表现为成己与成物。此所谓成己,在广义上指成就作为个体或类的人自身(自我的完成与群体价值的实现),成物则既指化本然的实在为合乎人需要的存在,也包括社会领域的变革。**以成己与成物为实质的内容,“应当做什么”的关切与“为何应当做”的追问彼此交错与重合,两者统一于实践智慧。**当然,在不同的实践背景中,实践智慧的目标指向往往有不同的侧重。**在社会领域,成就自己(个体的完善)与成就群体(社会理想的实现),常常成为主要关注之点;在人与物的关系中,化“自在之物”为“为我之物”则构成了更为主导的方面。**

实践智慧所内含的目的之维,内在地规定了实践和行动的方向。从知与行的互动看,目的又与手段相联系。作为价值取向的体现,目的规定了“应当做什么”;以目的之实现为指向,手段则主要涉及“应当如何做”的问题。“应当做什么”与“应当如何做”在逻辑上相互关联:前者以价值层面的理性关切为内涵,后者则更多地体现了工具层面的理性思虑。在实践智慧中,“应当做什么”所内含的价值理性与“应当如何做”所关涉的工具理性既对应于目的和手段,又彼此呈现相互交融的形态。

以说明世界与改变世界的统一为指向,实践智慧在更为内在的层面上表现为对“度”的把握。作为以名词表示的哲学范畴,“度”的基本含义是质与量的统一。在动词的意义上,“度”表现为通过比较、权衡、判断等,做出合乎当然之则与必然之理的选择,从而使实践过程所涉及的各种关系获得一定境域中最为适当的定位,由此达到理想的实践结果。对“度”的如上把握,同时涉及实践智慧的作用方式。

在实践过程的展开中总是面临多样的关系,包括对世界的实践关切与理论解释、行动的合目的性与合法则性、应当做什么(目的)与应当如何做(手段)、一般原则的引用与特定情景的分析、理论性知识与实践性知识等。实践关系中以上方面的定位既无确定不变的标准,也无普遍一律的程式,其处理、协调离不开对“度”的把握。在现实世界中,某物之为某物,有其一定的“度”:在一定的“度”之中,它呈现为某物,超出此“度”,则不复为原来意义上之物。进而言之,事物的内在之序及存在的稳定性,也关乎“度”,只有在一定的“度”之中,事物才能保持内在之序并获得存在的稳定性。在此意义上,“度”涉及事物存在的界限、范围。从现实的层面看,对“度”的把握确乎表现为真切地了解事物有序存在的界限,而实践智慧则在于通过把握“度”,将事物的变化保持在一定的界限之内,避免由超越界限而走向无序。

作为实践智慧的表现形式,“度”的观念同时与“中道”相联系。从哲学史上看,儒家很早已提出“中道”或“中庸之道”的主张,孟子便要求“中道而立”,此所谓“中”,并不仅仅是量的概念。从量的概念去理解,“中”往往表现为与两端等距离的那一点，然而，**中国哲学所说的“中”，更多地体现为实践过程中处理、协调各种关系的一种原则。这种原则，与道本身的内涵具有内在联系。在天道的层面，道首先表现为多样的统一。从多样的统一这一视域看，“中”就在于使统一体中的各个方面彼此协调。千差万别的事物同处于一个系统，如何恰当地定位它们，使之各得其所？这就是“中”所涉及的重要方面**。道同时体现于变化过程，表现为发展的原理。从过程的角度来看，“中”则关乎不同演化阶段、环节之间如何协调的问题。无论是统一体中各个方面的适当定位，抑或过程中不同环节的协调，都既无一定之规，也没有一成不变的程序，它需要根据实践生活的具体情形来加以把握。这种协调与定位作用便体现了一种合乎“度”的实践智慧。

在中国哲学中，上述意义上的“中道”常常又通过“经”和“权”的关系得到展示。所谓“经”，主要是指原则的普遍性、绝对性，“权”则是对原则的变通，后者的前提是对不同境遇的具体考察。通过具体的情景分析使“经”和“权”之间得到适当协调，这也是“中道”的体现形式之一。孔子曾指出：“君子之于天下也，无适也，无莫也，义之与比。”“义”本来指当然，但当它与“无适”、“无莫”相联系时，便同时带有了适宜之意。面对天下各种复杂的对象和关系，人既不应当专执于某种行为模式（无适），也不应绝对地拒斥某种模式（无莫），而应根据特定境遇，选择合适的行为方式。这种“无适”和“无莫”，具体表现为在绝对地专执于某种行为模式与绝对地排斥某种模式之间保持中道，它既基于特定的境遇分析，又展现了把握“度”的实践智慧。

就现实的过程而言，对“度”的把握，既需要运用理性的能力，也离不开想象、直觉、洞察等方式，后者的共同之点，在于以不同于一般理性或逻辑思维的方式，展示了人把握世界与人自身的内在力量。

作为实践智慧的具体作用方式，“度”的观念一方面涉及价值取向或价值目标，另一方面又基于对世界的认识与理解，两者同时凝结并体现于人的现实能力。在明辨度量分界、审时度势，以及合乎中道、无适无莫的过程中，实践智慧与实践方式互融互动，从成己与成物的实践层面展示了其内在的方法论意义。

（本文节选自《谈实践智慧——杨国荣教授在上海大学的演讲》，有删节。）

思考与实践　以上文章介绍了有关本体论的基本知识：什么是本体论？本体论有何作用？历史上有哪些本体论？请把你的认识加以梳理。关于马克思主义哲学本体论，有多种见解。下面这一段文字，是根据相关资料，对新时期马克思主义哲学本体论的简要表述，谈谈你的理解。

新时期马克思主义哲学的本体论是实践唯物主义存在论。马克思主义哲学当然承认世界的物质统一性，但更为重要的是从社会历史领域中去寻找这一物质世界得以统一、可能的基础。这个基础就是实践。人是在实践中不断主动生成的存在物，是实践的存在物：**人实践故人在**。实践存在论是实践论与存在论的有机结合，是马克思主义实践论对海德格尔"此在（人）在世"的扬弃和改造。实践活动就是人的在世方式，人类每个个人每天都要进行包括学习、工作、经济、政治、道德、艺术、审美等活动在内大量的各种各样的实践活动，人类就是在各种各样的实践活动中生存和发展的。所以在本体论意义上，我们说**实践是人存在的基本方式**。

存在、实践的意蕴，可以借用《中庸》的说法概括为"成物"与"成己"。成物与成己的过程，就是认识世界和改造世界，认识自我与改造自我的过程，就是意义和意义世界生成的过程。在此过程中，存在本身展示了其多重向度和意蕴，而认识、审美、道德的本体论之维的敞开，则在赋予真、善、美的统一以形而上根据的同时，又使存在本身的具体性、真实性不断得到确证；另一方面，以真实的存在为指向，哲学的各个领域之间的界限也不断被跨越：作为把握世界的相关进路与视域，本体论、价值论、认识论、伦理学、方法论等更多地呈现互融、互渗的一面。这里既可以看到存在本身的统一性，也不难注意到把握存在的方式之间的统一性。与不同领域的知识首先涉及特定对象不同，哲学以求其"通"为其内在指向。哲学层面中的求其"通"，既指超越知识对存在的分离，回归存在的统一性、整体性、具体性，也指把握存在的视域、方式之间的统一。**实践中，"度"的把握，与中国哲学中"中道"的观念密切相关，体现了实践唯物主义与唯物辩证法的和谐统一，体现了哲学本体论的中国特色**。（杨国荣著《成己与成物——意义世界的生成》，人民出版社 2010 年 7 月；《人类行动与实践智慧》，生活 · 读书 · 新知三联书店 2013 年 6 月。）

马克思主义哲学的**实践唯物主义本体论具有如下特点：一是从关于人的存在开始，把焦点放在人类的本质——实践上，具有鲜明的生命活动特征；二是因为实践是主体与客体的中介与桥梁，马克思的本体论则"从两极到中介"，彻底摆脱了传统本体论要么在客体中，要么在主体中寻找本体论的思路；三是具有鲜明的辩证法特色，作为本体的实践始终是流动和不断生成的，**

是对着未来敞开着的。“我们过去讲对立统一，过分强调对立面之间的矛盾、斗争，而忽视了对立统一思想之以调和、和谐、相通为依归的主旨，这种观点应该加以改变。”（张世英著《境界与文化》，人民出版社 2007 年出版）生活实践使人与世界融合为一，人一生下来就处于这种一体之中。所以“主体”与“客体”融合为一的这种关系是第一位的。（张世英著《哲学导论》，北京大学出版社 2002 年 7 月）**简言之，实践是人的存在方式，是成己与成物、真善美和谐统一的基础。**

在我国，强调实践、实事求是，强调辩证统一、和谐发展成为充分体现在理论研究与治国理政的实际工作中的内在旋律。在此基础上，新时期马克思主义哲学（包括本体论）的研究，必将取得新的成果。

第三章

知识就是力量

——“真”的探索

本章导读 英国哲学家培根坚信,以掌握自然界发展规律为内容的人的知识本身就是一种巨大的力量,他提出:“人的知识和人的力量相结合为一”,“达到人的力量的道路和达到人的知识的道路是紧挨着的,而且几乎是一样的”。培根的这一观点被后人表达为著名的口号:“知识就是力量”。培根所说的人的知识是指自然科学知识,现在人们对于“知识”的理解要丰富得多,指的是人类在实践中认识客观世界(包括人类自身)的成果。它可能是关于理论的,也可能是关于实践的;它包括自然科学知识和社会科学、人文科学知识(可以分别归入“自然科学文化、社科人文科学文化”)。它不仅可以成为改造自然、社会的巨大力量,也可以成为改造人自身的巨大力量。在哲学中,关于知识的研究叫作“认识论”,也可以称为“知识论”(汉语中“认识”既可以作名词,又可以作动词,而“知识”则仅可作名词,以下不做严格区分)。简言之,知识论、认识论谈论的就是真理,“真”或者探求真理、求真的问题。

日常生活中,人们常问:“这是真的吗?”对此稍加分析我们就会发现,人们是在多种意义上使用“真”这个概念的。总结人们对“真”的不同使用,“我们可以把‘真’的问题概括为三个方面:一是‘有没有’的问题,即所谓‘存在论’或‘本体论’问题;二是‘对不对’的问题,即所谓‘认识论’或‘逻辑学’问题;三是‘好不好’的问题,即所谓‘价值论’或‘伦理学’、‘美学’问题”。

“有没有”是“真”问题的最基本方面。从这个方面来看,当人们说“这是真的吗?”的时候,或者是在问一个对象是否存在,或者是在问对象是否具有某种属性。总之,都是关于对象的意识。此时,“真”就是“存在”、“实在”的意思,与虚妄之“妄”相对。

“真”的第二层含义,往往指正确的知识,近于现在所谓的“真理”。中国文化中作为真理的“真”,更多以“是”的形态出现,所谓“是非之辨”,便涉及认识意义上的“真假”。认识意义上的“真假”所关心的是人们的认识是否与对象符合,人们的认识是否具有客观的、普遍的必然性,获得必然性知识的条件、判断认识是否具有必然性的尺度是什么。简言之这时的“真”就是“对”、

“符合”、“必然性”、“真理”的意思。

“真”的第三层含义是“诚”，与“伪”相对，常指真诚的人格、德行或行为。这是“真”问题的第三个方面。此时的“真”是指一种“善”。“真”第四层含义指审美意义上的自然或本然，“本真”之美常常与人为矫饰相对。这两种具有价值、意义上的“真”，在中国哲学中极为常见。

本章讨论的“真”，是“真假”之真，“真善美”之“真”，指的是本体论、认识论意义上的真实存在、真理等。**需要说明的是，这里所谓的知识、真理，主要是指科学知识、科学真理。**本单元选文简要阐述认识论的主要内容：真理是什么？人类认识真理的途径、方法；检验真理的标准及对此的几种说法。一种所谓“符合论”，就是说我们的认识是主观的，如果与客观相符合，那么它就是真理，这就是所谓的“主观与客观相互和谐”，也可以说具备了“合规律性”。一种是所谓“融合论”，是说某种认识是“真”的，这种认识的自身系统内部必须自圆其说，不能自相矛盾，不妨说认识本身内部没有矛盾，能够内在地和谐，也可以说是具备了“合逻辑性”。如果与人们的习惯的认识、习惯的认识体系也不矛盾，那可谓“外在地”和谐。皮亚杰的说法，人的认识（主观认知结构）与外来信息、刺激两者之间存在“同化—顺应”反应，说的就是人的主观认识与客观世界之间由矛盾到和谐的过程，波普尔说人类的认识是一个不断“证伪”的过程，说的是人们在认识中总会发现原来认识的矛盾错误，经过协调临时达成某种共同认识（实现和谐），但是又总会发现新的认识体系的新的矛盾——当然还得追求新的和谐，人类的认识于是不断前进。这些说法中仍然可以找到共同点：人类无论个体、还是整体，总在不断发现矛盾，解决矛盾，追求和谐，周而复始，以至无穷：**求真的过程就是发现矛盾，解决矛盾，追求和谐的过程。**探求真理离不开主体智力的培养发展。如何培养发展我们的智力水平？我们介绍了相关心理学知识，其中同样一以贯之蕴含着“实践”、“和谐发展”的哲理。**本章第五节介绍了两种文化（即两种知识）的区别与联系，不仅有助于我们掌握正确的学习方法，对于我们今后的和谐发展也将大有裨益。**

关于真理问题，张世英先生指出：由于人与世界万物的关系，存在着“主客二分”与“天人合一”（主客融合）这两种根本不同的看法——其实就是两种本体论——因此，面对当前的事物，也有两种追问的方式：一种是“主客二分”本体论指导下的追问方式：外在的客体“是什么”？这是西方传统的概念哲学所采用的、由感性中的东西到理性的东西的追问方式。它是沿着“纵向超越”的路线，为着对外在的客观事物根底的把握，达到抽象同一性或普遍性概念，以把握事物的“相同点”。它所采用的主要是抽象思维、理性思维的方式。它评判真理的标准是“符合论”，即作为真理的观点必须与客观事物相符合（或者说是事物与观点相符合）。另一种是“天人合一”本体论指导下的追问方式：事物是如何相互联系、相互作用、相互影响，“万有”是如何“相通”的？人是“怎么样”与世界万物融合为一的？这是西方现当代的哲学家所采用的、从一些现实事物到另一些现实事物的“横向路线”的追问方式，它所采用的主要是想象、联想的方式。它所说的探求真理，就是从“显现”或“在场”的东西到“隐蔽”或“不在场”的东西的追问。它并不摒弃概念、普遍性，而是要超越“在场”的“事理”，进入“不在场”的“事理”，以把握世界万物的“相通”，达到万有相通、万物一体的境界。这就是海德格尔的“去蔽论”的真理观。

海德格尔认为，符合论所说的符合中，一方面是独立自在的客观物质对象，一方面是人们对它的判断或认识，这两种不同类型的东西是无法符合的，只有在主客融合的基础上，才能讨论符合不符合的问题。海德格尔强调，绝对不否认事物离开人而独立存在，但是关于事物的真理，关于事物的价值，肯定离不开人，离不开人的“去蔽”。任何客观的事物，都只是因其呈现于人面前而显示其意义。事物在没有被人陈述或判断时，处于遮蔽状态，对人没有意义；而当一个陈述或判断，揭示出事物的本来面目时，事物就达到了“去蔽”的状态而为人所见，这个陈述或判断便是真的。他们并不否认事物离开人的独立存在，但却认为事物的意义，包括事物之“成为真”，是离不开人的揭示。**这种人文主义哲学是针对科学主义思潮孤立地强调理性、主体性、功利性而提出的，与马克思主义注重实践的哲学有相通之处。张世英先生主张“主客二分”基础上的“主客融合”，并在这种本体论思想基础上，提出“符合论”与“去蔽论”相融合的真理论，是对马克思主义认识论在新形势下的探索、思考。本单元谈论认识论，还是在“主客二分”基础上，我们国家还需要大力发展科学，大力提倡科学精神。了解“去蔽论”可以帮助我们避免重蹈西方社会片面追求理性、功利之覆辙，注重和谐发展的道理。**

一、探索真理的漫漫长路

沈湘平

阅读提示　人类追求真理的历程：从古希腊对本体论的探求，到近代先验论与经验论这两大派别之争，以及对上述“可知论”自始至终持怀疑态度的发难，都是人类探索真理的足迹，都将为人类进一步探索真理提供启迪和智慧。本文的第二部分介绍了检验真理的七种标准，第三部分介绍了哲学认识论的现代走向。探索真理之路确实是漫漫长路。

1. 真理：追求与怀疑

自从有了人类就有了人类对世界和自身的认识，认识的结果形成了所谓知识。知识是以信息方式存在的人类把握世界的全部成果。问题在于，不同的人们获得的认识、知识往往存在着差异，甚至大相径庭。这就出现了一个**何种认识是正确的认识、正确的知识的问题，也即真理问题**。真理总喜欢“隐藏”自己，人们决不可能随便找到它。庄子曰：“天地有大美而不言，四时有明法而不议，万物有成理而不说。”确实，“真理能引起痛苦，能使人灰心绝望。然而它，不问内容如何，单单由于是真的，也就能令人深得安慰了，因为：真理毕竟是有的”（[德]雅斯贝尔斯：《生存哲学》，上海译文出版社2005年出版）。哲学史决不是意见的博物馆，古往今来，无数的哲学家及其他优秀的分子都以追求真理为要务，甚至为真理而献身。大哲学家亚里士多德有句名言：吾爱吾师，吾更爱真理；孔子、斯宾诺莎、马克思为了他们各自追寻的真理，有生之年颠沛流离，甚至穷困潦倒；苏格拉底、布鲁诺、谭嗣同则为了他们坚信的真理献出了宝贵的生命。**真理是我们人生在世的一个大问题，更是哲学的大问题，而它直接是认识论的核心问题。**

在哲学上，**人们对真理的关注与追求发端于古代哲学寻求“本体”的困惑之中**。在古希腊，人们认为真正、完整的智慧（包括知识论意义上的真理）只存在于彼岸时，就意味着真理的超感性，我们只能以对智慧的爱的方式——哲学——去接近真理。**巴门尼德首次把真理理解为与意见对立的知识，意见来自于感觉经验，真理只有通过理性思维才能达到。**巴门尼德还第一次明确了思维与存在的同一性问题。事实上，直至今日，人们一般都认为，**认识论研究知识的来源、方法、检验标准等问题，其实质是研究人与世界、思维与存在关系中的同一性问题**。可见，巴门尼德既是西方本体论的奠基人，也是西方认识论的奠基人；哲学的本体论与认识论从产生来看是合而为一的。苏格拉底在确认自己无知的基础上，十分强调人类追求知识的极端重要性，他的一句名言就是：美德即知识。**柏拉图在阐发其本体论性质的理念说的同时，将经验与超验、感觉与思想、现象与本质、意见与真理的对立确定下来，成为哲学，特别是理性主义哲学的基本信念。**

柏拉图在其《理想国》中有一个著名的洞穴隐喻：有一群囚犯在一个洞穴中，他们手脚都被捆绑，身体也无法转身，只能背对着洞口。他们面前有一堵白墙，他们身后燃烧着一堆火。在那面白墙上他们看到了自己以及身后到火堆之间事物的影响，由于他们看不到任何其他东西，这群囚犯以为影子就是真实的东西。最后，一个人挣脱了枷锁，并且摸索出了洞口。他第一次看到了真实的事物，他返回洞穴并试图向其他人解释，那些影子其实只是虚幻的事物，并向他们指明光明的道路。但是对于那些囚犯来说，那个人似乎比他逃出去之前更加愚蠢，并向他宣称，除了墙上的影子之外，世界上没有其他东西了。这个隐喻一方面表明真理不在日常生活及感觉经验之中；另一方面也表明追求和获得真理的哲学家往往为人所误解。

在古代哲学中，哲学的主题主要是本体论（自然的、神学的），认识论只是处于从属的地位。特别是在中世纪,上帝成为真理的化身,认识真理只在于信仰上帝,真理与人无关。正是在批判中世纪宗教统治的启蒙运动中,西方近代哲学诞生了。**西方近代哲学的核心问题是认识论问题。一般认为,哲学史上这一“认识论转向”是由笛卡尔奠定的。笛卡尔哲学的划时代变革可以从“我思故我在”这一命题集中体现出来。“我思”成为一切真理之具有确实性的唯一出发点。“我思”之“思”虽然仅仅是理性之思,但毕竟是“我”之思,思维从此具有了主体内在性,真理从超越的天国降落人间,认识也成为第一位的哲学问题。认识论在于追求真理,因此探索真理所由而来的路径就是认识论的一个焦点问题。知识、真理从何而来?或者说“人的正确思想从何而来?”总的来说,哲学史上的回答都可以划分为两种对立的观点:先验论和经验论。**

知识先验论的典型是笛卡尔所谓天赋观念论。笛卡尔认为,在人们各种观念中,天赋的观念是最可靠的。我们人人都天赋有这一理性能力,只要通过回忆、自明性的直觉、必然性的演绎,就能达到真理性的知识。斯宾诺莎、莱布尼兹等欧陆唯理论哲学家都持这样的观点。其实,这一思想最早可以追溯到柏拉图的理念与回忆学说。柏拉图认为,灵魂是不死的,它在进入我们的肉体之前已经轮回了多次,拥有世间一切的知识,也就是理念。但是,当灵魂进入肉体的时候,也就是在我们出生的时候,灵魂受到肉体的玷污而忘掉了本来具有的知识。后天的教育只是让人回忆起本来就拥有的知识。

中国的孔子认为:“生而知之者,上也;学而知之者,次也;困而学之,又其次也;困而不学,民斯为下矣。”(《论语·季氏》)可见,他是承认有生而知之的人存在的,不过他认为自己是学而知之者。孟子发挥了孔子关于“生而知之”的思想,认为仁义礼智等“非由外铄我也,我固有之也”,“万物皆备于我”。所以,“学问之道无它,求其放心(寻求失掉的本心——引者注)而已”,(《孟子·告子上》)尽心、知性,即可知天。到了宋明理学中,认为世界本有一理,万物分有其理,天理昭昭,只是一个如何保存的问题。陆九渊则把心与理等同,“道不外索”,只要“存心、养心、求放心”即可。王阳明更明确“心外无物”,心的本体就是良知。“是非之心,不虑而知,不学而能,所谓良知也。”(《传习录》)尽管以上中国哲学家的思想中都是联系伦理来谈知识来源的,但从性质上看,都可以划为先验论。

近代知识经验论的奠基人是培根。培根崇尚自然知识,提出了著名的“知识就是力量”的口号。他明确地指出,知识来源于经验,认为人们若非想着发狂,则一切自然的知识都应求之于感官。洛克将培根的思想向前推进了一步,针对先验论的天赋观念,提出了著名的“白板说”。他认为,每个人的心灵本来都是一张白纸,上面没有任何记号和观念。那么人的知识是从哪来的呢?一句话,是从经验得来的。我们全部知识是建立在经验上面的;知识归根到底都是导源于经验。贝克莱、休谟等英国经验论哲学家都持这样的观点。洛克的白板说一般被认为是继承和发展了亚里士多德的蜡块说。

中国哲学中的孔子虽然承认有“生而知之者”,但其重点还是倡导人们“学而知之”。荀子、王充、王夫之等唯物主义哲学家都比较鲜明地反对认识上的先验论,强调知识来自后天的经验学习。

先验论与经验论关于知识来源的对立其实也就蕴涵着认识方法上的分歧。先验论强调自明性直觉和演绎分析的方法。因为知识是天赋的,问题只在于使这明晰地呈现。所谓自明性直觉,就如笛卡尔认为的,凡是我们十分明白、十分清楚地设想的东西,都是真的。演绎分析是从普遍、整体到特殊、部分的逻辑方法,其结论已经蕴涵在前提之中,所以只要前提是真的,结论必然是真的。**经验论则强调从特殊到一般的观察、实验、归纳的方法。康德认为,构成科学、正确的知识必须具备两个条件:一是具有普遍必然性,二是必须能够扩大人类的知识内容、提供新知识。先验论与经验论事实上是各持一端,都有局限性。他认为克服两者局限性的途径在于把两者结合起来,从而形成所谓的“先天综合判断”。**康德断言,人具有三种先天的认识能力:感性、知性和理性能力,人的认识活动是用先天的认识能力(“形式”)去整理后天的感觉经验(“质料”)。应该说,康德关于知识来源与方法的论述无疑是划时代的。但是,康德的理论并没能结束先验论与经验论的争论,许多经验论哲学把康德的哲学也归于先验论的范围,毕竟“先天的认识能力是如何可能”的问题并没有得到解决。

先验论与经验论的对立本身就折射出人类追求真理的艰难。确实,通往真理的光荣之路是狭窄的。认识达致正确、真理的困难是与人类自身的局限性有关的。作为先验论远祖的柏拉图以洞穴隐喻预示了这一点。近代经验论哲学的奠基人培根详细分析了人类知识真相、追求真理过程中的种种障碍,提出了所谓“四假相说”:第一是种族假相,即人的天性或人类种族的特点决定了人们总是根据自己个人的感觉,从主观想象、愿望出发来认识、解释世界,从而形成人类中心的主观主义假相;第二是洞穴假相,每个人所受教育、处境、习惯、身体结构、个性、爱好不同,而人的认识往往受这些东西的局限,使人像身处洞穴,坐井观天,从而造成对事物歪曲、片面的认识;第三是市场假相,人们在日常交往中往往运用一些选择得不恰当的词语,引起无休止的争论和混乱的认识,就像市场上的叫卖,混淆了真假好坏;第四是剧场假相,流行的思想都不过是舞台上的戏剧,尽管精彩,但不是真实的,人们却把不真实的东西奉为权威,这就会摧残科学和追求真理的事业。培根的四假相说的初衷是为了拨开宗教神学长期以来给科学和认识造成的重重迷雾,但显然具有普遍的启示意义。即使在今天,他的观点也仍然对我们有着警醒的作用。

正是基于追寻真理的困难性,一些哲学家对真理本身提出了质疑,本质

上是质疑人能正确地认识世界。这就是认识论中的怀疑论思想。怀疑论或不可知论思想古已有之。古希腊智者学派的高尔吉尔就曾经论证出这样的结论：无物存在；即使有物存在，人也无法认识它；即使可以认识它，也无法把它告诉别人。古代希腊怀疑论的创立者皮浪认为，事物根本不可以认识，对于任何一个事物都可以有两种排斥的意见，但我们不管是从感觉，还是从思想出发，都不能判断其真假，我们其实什么也不知道，甚至连自己是什么也不知道。所以，最高的善就是不作判断，不发表意见，以保持内心的宁静——这与苏格拉底关于"美德即知识"的论述正相反对。传说皮浪一次坐船遭遇了大风浪，船上其他乘客都惊慌失措，只有皮浪泰然处之。他说你看那船上的猪，照样吃喝，一点没受影响，人就应该像猪一样不动心，这就是最高的境界了。无独有偶，同时代的中国哲学家庄子认为，人们对于真理、是非的追求"日与心斗"，"寐以魂交"，致使精神"日消"，心近死亡。解决的途径就在于"齐是非"，不做判断。他甚至认为物与我的差别都应该消弭。他在《齐物论》中现身说法："昔者庄周梦为蝴蝶，栩栩然蝴蝶也。自喻适志与！不知周也。俄然觉，则蘧蘧然周也。不知周梦为蝴蝶与？蝴蝶之梦为周与？"既然没有物我之分、没有对错之别，当然也就无所谓对世界的正确认识了。

休谟和其他经验论哲学家一样，把感觉经验看成是认识的基础和源泉。但他认为感觉经验就是一切，也是我们所知道的一切。感觉经验从何而来是人类理性所完全不能解释的。我们永远不可能确定，感觉经验是对客观世界的反应，还是来自心灵的创造，还是由上帝所赋予。休谟还认为人们所具有的因果观念并不是先天具有的，也不是我们对客观世界必然关系的反映，而是在人的经验中形成的一种习惯性联想。例如，我们经常看到太阳从东边升起来，就会认为这是一个必然性的规律。事实上，这只是一种恒常的偶合，所谓必然性是人心中形成的习惯。实际上，谁也不能断定明天太阳会不会从西边升起。休谟的怀疑论使得我们日常知识中的最基本的原理和生活中最重要的指导原则都得不到辩护。休谟的思想影响了康德，康德为人的认识能力划定界限，认为人类没法认识自在之物。休谟和康德的这些思想也被称为近代形式的怀疑论。

非理性主义哲学家尼采以其特有的文学语言辛辣地讽刺了人类通过认识去获得真理的做法。他说："在那散布着无数闪闪发光的太阳系的茫茫宇宙的某个偏僻角落，曾经有过一个星球，它上面的聪明的动物发明了认识。这是世界历史的最妄自尊大和矫揉造作的一刻，但也仅仅是一刻而已。在自然做了几次呼吸之后，星球开始冷却冻结，聪明的动物只好死去。虽然他们自以为无所不知，但是他们最后还是无可奈何地发现，他们所知道的一切都是假的。他们死了，在临死时他们诅咒真理。那些发明认识的动物的命运就是如此。"（[德]尼采：《哲学与真理》，上海社会科学出版社 1993 年出版）尼采甚至说，所谓真理就是无可辩驳的谬误！

对于认识怀疑论，我们同意罗伯特·所罗门的看法："从古至今，怀疑论都是一种强有力的哲学立场。它与其说是对大的哲学问题的解决，不如说是令人懊恼地宣称——没有答案。当我们考虑那些关于知识的基本问题时，这似乎是无法让人容忍的。我们难道真能怀疑世界的存在或者像有果必有因这种日常预设吗？正因如此，**怀疑论通常更被认为是什么地方出了问题而应当加以避免，或是被当作一个需要迎接的挑战，而不是一种要去接受的哲学立场**。在你的思考中，怀疑论应当成为一种危险的信号，使你能够时刻对那些太过显然和教条而实际上又不能做出辩护的回答保持警惕。"（[美]罗伯特·所罗门：《大问题：简明哲学导论》，广西师范大学出版社2004年出版）雅斯贝尔斯亦曾明确指出，**怀疑论的积极功能只在于鼓励人们导向更为真实、深刻、彻底的确定性。人类的主流思想显然是可知论的**。就如恩格斯所说的，现代工业等的出现和极大成功从事实上对不可知论进行了最好的驳斥。但是，正是在怀疑论的不断刺激、预警下，人们一次次从独断论的梦境中醒转，在追求真理的道路上避免了更多的曲折与误区。

2. 认识及其检验

人们认识世界的终极目的是为了"改变世界"，而直接目的是为了获得真理。从哲学的角度看，人们追求真理的障碍不仅在于人类自身的种种认知能力的局限性，而且在于人们对于什么是真理，以及如何检验真理的聚讼纷纭。如果我们说认识论的核心问题是真理问题，那么，什么是真理？如何达到真理？如何检验真理？这是真理问题的三个重要内容。上一节事实上已经讨论了如何达到真理的问题。这一节我们将集中探讨另外两个问题。

综观人类哲学史，人们关于**什么是真理的看法，大致可以分为七类：符合论真理观、启示论的真理观、融贯论真理观、实用论真理观、主观论真理观、实践论真理观、存在论真理观**。

哲学上广为接受的，也是大多数情况下未曾言明的真理观乃是一种**符合论的真理观**。符合论真理观预设了思维与存在、意识与世界或主体与客体的相离，认为主体的思维、认识、信念、判断、语句等是否与世界、实在、事实、事物、对象——中国哲学则称为名与实——等相符合是判断真理的标准。凡是与客观事实相符合的认识就是真理；反之，就是谬误。一般认为，亚里士多德关于"真理是思想和物的符合"的论断是最经典的定义。亚里士多德说："首先我们若将'真与假'解释清楚，这就可明白，凡以不是为是、是为不是者，这就是假的，凡以实为实、以假为虚者，这就是真的。"一般而言，哲学史上的唯物主义大多持符合论的真理观。例如中国古代的荀子就认为"知有所合谓之智"。在现代哲学中，逻辑经验主义者罗素、早期维特根斯坦、石里克、早期卡尔纳普等，都认为命题与事实之间存在严格的同构关系，这也属于符合论的真理观。因此,符合论又称图像理论,真理指图像与描绘对象的一致,是实在与思想的一致,语义形式与语义对象之间也是一一对应的关系。后现代哲学家罗蒂把这种主客观相符合的知识观称为镜喻认识论,即将人的思维隐喻为一面镜子,认识只是一个照镜子的过程。

启示论真理观与宗教神学密切关联,或者说是一种神学真理观。在宗教神学中,既然确认了至上的神——例如上帝——是全知全能的,是真理的大全和化身,所以,人们的真理只能从神的启示、信仰中得来。神及先知的言论成为至高无上的金科玉律。在中国古代,"真理"一词最早出现于南北朝时期,其含义就是指当时的佛教教义。在西方中世纪,还出现过所谓"双重真理"的理论,邓斯·斯各脱、威廉·奥康等唯名论哲学大多持这样的观点,即认为真理有两种不同的形式:一是来自经验的符合论的真理,一是来自对上帝信仰的启示论的真理。这其实是当时唯名论与唯实论进行斗争及妥协的观点。在现代科学技术昌明的时代,科学、实验并不能解释和验证世界上发生的一切事物,仍然有很多人信仰宗教,寻求启示论的真理。我们必须正视这一事实。

对于世俗生活中的人们来说,启示论的真理固然虚无缥缈,而符合论的真理观也被认为存在巨大的局限。因为在哲学中,真理不仅有事实之真,也有逻辑之真。逻辑之真往往是先验的,例如"1 加 1 等于 2"。在一些哲学家,特别是有唯理论倾向的哲学家看来,感觉经验不可靠,不能提供真理。相反,逻辑的演绎才能提供真理。逻辑演绎得来的真理是概念与概念之间的符合与否,而不是概念与实在的符合。进而言之,在哲学的探究中,我们不是拥有了全部的经验,而只是拥有了一些相信的理由——论据、论证、原理以及我们的各种信念本身。"当我们谈论真理的时候,我们的意思其实是这样的:真的意味着最能与我们的经验和信念的整体网络相一致。我们之所以接受一个原理,是因为它能与我们的其他原理相匹配;我们之所以接受一则论证,是因为它源自我们所相信的东西,并且由它所导出的结论我们能够接受;我们之所以能够就证据达成一致,是因为它与我们的假设相合,而且能够形成一幅融贯的图像。"这就是所谓**融贯论的真理观**。笛卡尔、斯宾诺莎、莱布尼兹、黑格尔都是这种真理观的持有者。

实用论真理观又称工具论真理观。实用真理观既不满意符合论真理观把人放在从属的位置,也不满意融贯论真理观满足于逻辑演绎而不顾认识的现实有效性。他们认为一个命题或者一种理论是真的,并且仅当它是有效用的。尼采认为真理无非是主体用来满足自己的某种目的的工具、手段,"真理是强力意志的工具",并无客观和实在的意义。符合主体的目的、对主体有用的就是真理。或者说,真理本就是为了主体的目的而人为伪造、虚构的。美国的实用主义哲学家们是这种真理观的典型代表。皮尔士认为"有效果即真理”或“信念即真理”；詹姆斯则明确指出“有用即真理”。他认为真理之所以有用，是因为它是真的。或者可以等价地反过来说：它是真的，因为它是用的。实用论的真理观突出了人类认识的最终目的以及在认识中人的“在场”这一事实。但其把人性、方便性和实用性作为真理的主要特征，只关心知识运用的结果，而不关心原因、客观条件和过程，使得真理一方面庸俗化，如很多市侩的打算；另一方面导致真理的主观化、相对化或者说是近于取消真理之说，一如尼采的相关思想。

主观真理观其实是相对于所有客观真理观而言的。客观真理观相信真理具有不以个人意志、意见为转移的客观内容。相反，主观真理就是那些被认为是依赖于主体及其信念的真理。事实上，实用论的真理观一般也被归纳到主观真理论中。主观真理观最坦率的拥护者存在主义哲学家克尔凯郭尔，他认为，个人的真理、主观真理至少是众多真理中的一种，而且是最重要的一种，尤其是在科学不能给予我们明确回答的生活领域，例如宗教、伦理的领域，建立于信仰、信念的主观真理是十分必要的。因为主观真理使得个人的生活有意义。克尔凯郭尔认为，人生“关键在于去寻找一种为我的真理，找到那种将为之生、为之死的观念”。他还认为，客观的重音落在说什么，主观的重音落在如何说。也就是说，主观真理更为切近主体。循此理路，我们甚至可以说，许多客观真理的支持者其实都是基于一种信仰、信念。例如，爱因斯坦的客观真理观是建立在相信“上帝不会掷骰子”的前提上。可见，主观真理观不能泛泛地被理解为承认“公说公有理，婆说婆有理”的相对主义。主观真理观带来的有效问题是：一是人生的意义问题；二是客观真理的前提预设问题。

实践真理观。这是马克思主义哲学所坚持的真理观。马克思主义哲学认为，**真理既不能在离开主体的客体中去检验，也不能在离开客体的主体中检验，而应该以沟通主客体的桥梁，同时也是人的生存活动基本方式，即实践来检验。实践是一个过程，真理的检验也不是一次就可以完成，真理是时间的女儿；同时，实践标准论并不排除逻辑的证明。但是，马克思主义哲学认为，从归根到底的意义上和最高标准的意义上，检验真理的标准只能是实践。**马克思有句名言：“人的思维是否具有客观的真理性，这不是一个理论的问题，而是一个实践的问题。人应该在实践中证明自己思维的真理性，即自己思维的现实性和力量，自己思维的此岸性。”实践标准比之于证实标准，更具有生存论的优点，因为实践是人类的本质；实践标准比之于实用标准，更具公共性的优点，因为社会性是实践的根本属性。

在海德格尔看来，上述无论是诸多真理观，还是对这些真理观试图进行统一的真理观从根本上都错了。他认为，使真理成为真理的东西才是最为根本和重要的。海德格尔通过词源的考察，认为真理 aletheia 在希腊文中从来不意味着认识的某种性质、某种状态正确无误之类，它只意味着得到揭示的存在者，相应的动词 alethenein 则指：把存在者从掩蔽状态中取出来让人在其无蔽状态中看。当然去蔽需要一种特殊的存在，即此在(人)。“真理本质上就具有此在式的存在方式，由于这种存在方式，一切真理都同此在的存在相关联。”(《二十世纪哲学经典文本》，复旦大学出版社 1999 年出版)**因而真理就是无蔽、开敞，是存在的澄明、显现。**他认为，“科学在根本上不是真理的发生，而总是在已经敞开了的真理领域里的扩充，特别是靠理论和论证那些在此领域显现为必然正确的东西”。([德]海德格尔：《诗、语言、思》，文化艺术出版社 1991 年出版)如何才能把握真理呢？海德格尔认为，我们从感性个体的本真生存状态出发，倾听自然的声音，思到诗意的语言中，看护存在的家，也就把握了真理。海德格尔的这种真理观从人的生存出发，试图超越主观与客观的对立。这种真理观被称为存在论的或生存论的真理观。中国古代的道家主张通过“坐忘”和“心斋”的方式体悟道。所谓“坐忘”，即超脱形体局限，消除各种贪欲和智巧，从个体小我达到宇宙之大我；所谓“心斋”，即要求心中无知无欲，达到清虚境界，便能通达万象。道家这些主张虽有神秘性，但基本可以归于存在论的真理认识方式。毫无疑问，存在论的真理观已经不再是认识论意义上的真理，它将真理问题融入本体、历史、意义的整体之中。

很多哲学家也试图把上述真理观统一起来。美国哲学家希拉里·普特南(Hilary Putnam，1926—)通过对“真理自洽论”、“证实论”、“多元论”和“实用论”进行综合，提出以信念与经验的理想融贯为核心的内在实在论的符合论真理观。中国著名哲学家金岳霖通过对融洽说、一致说和有效说进行分析后，认为这三种真理观各有不妥之处，也提出以符合说为主线，将融洽、一致、有效三说融洽起来，指出：我们感兴趣的融洽是表示符合的融洽；感兴趣的有效，是表示符合的有效；感兴趣的一致，是表示符合的一致。

3. 哲学认识论的现代走向

近代哲学的主题是认识论，近代认识论也是哲学认识论的经典形态。无论近代认识论内部有什么分歧，但作为经典形态的认识论主要关注两个方面的问题：“第一，寻求和确定一个绝对的知识标准，从而把知识与意见、谬误和未曾经受科学批判的常识区别开来；第二，为符合这种标准的科学知识的可能性寻找理论根据、理由和基础，从而达到论证和辩护此种知识标准及与相关联的科学知识观的目的。”(黄颂杰等：《西方哲学的多维透视》，上海人民出版社 2002 年出版)但是，随着社会、科学发展和学科的精细分类，在现代社会，经典认识论的很多问题已经从哲学中分离出去，成为心理学、物理学等经验科学的内容。20 世纪初，无论是在科学领域，还是在哲学领域，经典、纯粹的认识论遭遇了巨大的挑战。在科学领域主要表现为相对论和量子力学等物理学成就的出现。根据量子力学原理，1927 年海森堡提出了测不准原理，认为某些物理现象不能凭借实验设备和计算手段来测出其发生和发展，这不是仪器本身的缺陷所致，而是因为这种现象的出现具有一定概率，用宏观手段无法精确测量。也就是当你观察到事物的时候，你已经在不可避免地改变着你的观察对象了。测不准原理似乎宣告了对世界进行精确认识在根本上是不可能的，怀疑论似乎在科学中卷土重来。在哲学中，经典认识论也逐渐被扬弃。我们可以**从科学哲学、现象学、语言哲学、解释学、后现代主义的有关走向来简单了解一下现代认识论的特征。**

一般认为，**科学哲学是现代哲学中最为集中涉及认识论或知识论问题的哲学流派。**科学哲学由实证主义经逻辑实证主义演化而来，但科学哲学不再试图为科学知识提供先验的哲学基础，而是侧重于科学方法与知识演化、认识发展的研究。

现代科学哲学的奠基者是**波普尔，波普尔对传统经验论的归纳、证明逻辑进行批判，认为一切知识、理论都是一种假设，提出了否证（证伪）的理论，**并对人类全部知识按照否证的原则进行了科学与否的划界。在否证论的基础上，他提出了科学知识演进的四阶段模式：P1→TT→EE→P2……"P1"表示科学开始于问题；"TT"表示针对问题提出各种相互竞争的猜想与假设；"EE"表示各种猜想与假设之间进行激烈的批判，并筛选出最"逼真"的假设；"P2"表示理论假设被否证，产生出新的问题。波普尔这一科学演进模式使认识论研究走向了整体的、历史的研究，并且贯穿了敢于犯错误、敢于批判、敢于革命的科学精神。

继波普尔而起的**库恩着眼于科学的历史与现状，将社会因素、科学家及科学家集团的心理、价值、信念等引入科学哲学的研究。库恩最大的贡献在于提出了著名的"范式"理论。**"范式"又称为"专业母体"，主要指某一科学家集团在某一专业或科学中所具有的共同信念。这种信念规定了他们共同的基本理论、基本观点和基本方法，为他们提供了共同的理论模型和解决问题的框架，从而形成为该学科的一种共同的传统，并为该学科的发展规定了共同的方向。库恩认为科学发展就表现为"范式"的不断转变。但库恩认为范式的转变并不是认识的深化，而是心理的变化；科学家们认识的世界并不是客观外在的世界，而是主观约定的世界，其"模样"完全取决于科学家们的共同信仰。比方说，日心说代替地心说，与其说是因为科学观测的结果，不如说是出于科学家信仰的转变。这样一来，不同范式之间是不可通约和比较的。库恩的理论尽管有些极端，但他使认识论从纯粹返归了历史的真实，他也成为科学哲学中所谓历史主义的奠基人。其范式理论被拉卡托斯精致化后被广泛运用于人文社会科学研究之中。

费耶阿本德将非科学因素对科学研究的影响推向极端，**由历史主义走向了相对主义。费耶阿本德有三本著作的名字就可以反映他思想的核心精神：**

“反对方法”、“告别理性”、“怎么都行”。他认为，科学和宗教、神话等非科学形态有着密切的关系，很多科学成就的取得都是非理性支配的结果。历史也似乎能找到许多这样的例证，例如牛顿，无论是科学家、诗人还是宗教家看来，他都被定格为科学家的典范和理性的化身。但是，后来人们发现了牛顿的神学手稿。著名经济学家凯恩斯在研究牛顿的神学手稿后认为，与其说牛顿是遵循理性前进的科学家，不如说他是“历史上最后一位自然法术师”。牛顿的墓志铭甚至是这样写着的：“对于自然、历史和《圣经》，他是一位勤奋、敏锐而忠实的诠释者。他用他的哲学证明了上帝的威严。”所以，在费耶阿本德看来，科学完全不应该，也不可能凭借自己的力量排斥非科学形态，科学探索应该有一种民主、自由的风气，只要能增进知识，促进创新，什么样的方法都可以用（包括宗教、神话、巫术）。最可笑的神话有可能成为科学，科学也可能成为神话。他甚至认为，科学（包括自然科学和人文社会科学）取得进步的唯一方式就是追溯到它的原始形态，从古老的观念中焕发出青春。

在现代哲学中，自觉继续近代认识论主题的是**胡塞尔开创的现象学**。

针对19世纪末20世纪初西方社会中的自然科学危机和社会危机，胡塞尔认为哲学的任务就是追求绝对真理。以往哲学之所以未能找到绝对真理，是因为它们没有找到哲学的真正对象。**他宣称哲学的研究对象是“纯粹意识”，即抽去了时间和空间、并清洗掉一切经验因素的意识本身**。人都有一尘不染的先验自我意识，这是不可怀疑的。因为对自我意识的怀疑本身就证明了它的存在。通过对纯粹意识的把握，就可以对自然科学、精神领域以及社会生活中的所有问题做出解答。而这一切之所以可能，是因为意识的意向性特征。所谓意向性是指意识在自身活动中构造出种种对象的能力。对象不是在自我意识之外，而是包容在自我意识之内，它是自我意识构造出来的，并且被赋予了意义的。正由于意识具有指向对象的“意向性”和构造对象的能动性，我们才能通过反省主观意识获得对本质的认识，从而使经验世界具有意义，使科学知识得以成立。胡塞尔**还提出了著名的现象学还原方法，又称“悬搁法”或“括号法”，就是把一切传统知识和外部世界的存在问题统统置于括弧中存而不论，不问它们是正确还是错误，根本不予考虑。我们只面对呈现在个人意识中的各种现象，这样才能获得绝对真理。**

但是，胡塞尔对近代认识论的心理主义倾向（笛卡尔）进行批判和拒绝，认为心理主义容易走向相对主义。尤其是**胡塞尔晚年提出了生活世界的观念，认为生活世界是直观的，它先于科学世界和哲学世界，有了科学和哲学以后，生活世界依然存在，只是被改变了描述的方式——科学和哲学是生活世界的“理念的服装”。归根结底，科学和哲学都可以还原为生活世界，生活世界是唯一真实的世界。主要是从胡塞尔开始，“回归生活世界”逐渐成为哲学以及整个人文社会科学的一个重要口号**。当海德格尔用“此在”代替胡塞尔的“纯粹自我”之后，以存在主义继续的现象学更为自觉地认识到**人的生存、实践活动比人的认识活动更为根本和原始，知识的问题逐渐被存在的问题和意义的问题所代替。**

语言分析哲学直接把矛头对准近代以认识论为核心的庞大思辨体系哲学，以语言分析的方式取消传统哲学问题，建立全新的认识论，使哲学从体系时代进入分析的时代。

在语言分析哲学早期，虽然哲学家们使用的是语言分析的新方法，但是除开消解形而上学之外，其根本精神与近代认识论并没有根本的差别。这可以从罗素的逻辑原子主义和维特根斯坦早期的图像论中看出。两种理论都认为，语言与世界是一一对应的，具有相同的结构——当然也只有在此基础上，语言分析才是可能的和合法的。但是，在后期语言分析哲学中，这种旨趣发生了很大的变化。

后期的**维特根斯坦提出了语言游戏说**。据说，他是受了一场足球赛的启发而产生这一思想的。他在看球赛时想到，足球的意义和用途只有在足球赛中才能看出，如果脱离了足球赛，足球本身的意义也就无所依托了。所以，他**认为语言只有在使用中才能获得确定的意义，语言的使用其实是一种游戏。孤立地谈一个语词的意义是错误的，它的意义不是固定的、不变的。语言就是生活的一部分，是生活形式的一部分。这样，维特根斯坦在把哲学及认识论还原为语言问题之后，又将语言问题还原为了生活、日常生活实践的问题。**后来，后现代哲学有利奥塔将维特根斯坦的语言游戏说做了进一步发挥，认为异质多样性是后现代文化的知识状况的基本特征。

奎因则提出了著名的译不准原则，即一种语言表达的意义，不可能在它原来使用的意义下，无歧义地翻译为另一种语言。这一原则的哲学意义在于，对于同一经验证据可以给出不同的解释，形成不同的理论，而且这些理论是等价的。罗蒂利用库恩的范式理论将奎因的思想进一步极端化。罗蒂认为，不同文化、范式在根本上是不可公度的；一个人的知识根本就不是看你对事实的把握程度，而是看你的观点以及提出观点的方式是否符合某种社会行为方式、语言习惯。所谓知识，不过是社会的被辩护的信念。至此，认识的问题再次被归结为社会、历史、价值的问题，纯粹的认识已经消于无形了。

哲学解释学直接以对意义的理解为主题，认识论在新的视野中得到发展又走向了消弭。

传统认识论的视觉隐喻（罗蒂）更多的是关于对自然的反映，人文社会现象要么在其视野之外，要么被视之与自然等同。施莱尔马赫、狄尔泰将解释学引进哲学，指出人文社会科学有着同自然科学完全不同的把握方式，即以解释、理解的方式进行。不同于反映性认识，理解、解释是一种生命直观、心灵创造的活动。通过海德格尔、伽达默尔，**理解和解释被本体化了，理解本质**

上不是一种方法，也不是一种主体认识客体的主观意识的活动，而是人存在的一种根本方式。或者说，人具有一种不可避免的解释学情景，人理解故人在。

在哲学解释学看来，**理解的历史性是其本质属性**。这种历史性主要体现为任何人的理解都是以先见、偏见、传统为前提的，传统先我而存在，不能避免。当我们去理解历史的时候，我们已经在历史之中，我们获得的是一种效果历史，而不是像传统自然认识论一样获得与主体、意义无关的客观存在的反映。在伽达默尔看来，理解的传统是一种先于认识活动而存在的前判断体系，决定着对意义和真理的预期，这就是**理解的视域**，它是理解的出发点。同时，被理解的人文对象，无论是人还是文本，都拥有其自身本来的视域。当我们去进行认识、理解时，其实是多个视域融合成新视域的过程，这就是所谓**视域融合**。在新的视域中扬弃了传统，又诞生了新的传统。而且，无论是对文本，还是对整个世界，理解是一个面向未来的无限敞开的过程。

从现代哲学中科学哲学、现象学、解释学关于认识论的内容来看，我们看到普遍地存在对传统、经典、纯粹认识论的扬弃与超越，而且尽管角度不同、程度不一，但在扬弃和超越中，都走向了对认识的社会历史性、认识主体的价值诉求的凸显。

值得补充强调的是，**在中国传统哲学和印度哲学中，从来就没有纯粹和经典的认识论。**以中国为例，**道家认为“言不尽意”，其强调的坐忘、心斋决不是西方认识论意义上的认识方法，而是一种返璞归真、提升境界的方法。中国儒家则主张“尊德性而道问学”，把追求知识与道德统一起来，认识论只是“内圣”之学的一个组成部分。**儒家认为认识对象包括天理与人性，人的认识要达到“穷理”与“尽性”的统一。《中庸》说：“自诚明，谓之性；自明诚，谓之教。诚则明矣，明则诚矣。”“诚”是尽性所得道德，“明”是穷理所得知识。两者是互通的，通过知识可以到达道德，通过道德也可到达知识。可见，中国传统哲学即使涉及认识论，这种认识论也始终具有生命实践和伦理规范的特征。

（本文节选自沈湘平《哲学导论》，中国社会科学院出版社 2008 年 6 月出版。题目为编者所加。）

思考与实践　1. 为什么说真理总是喜欢隐藏自己？

2. 如何评价认识论上的怀疑论？

3. 在各种真理观和认识检验标准中，你服膺于哪些观点？为什么？

4. 思考中国传统哲学对于认识、真理问题的独特看法。

5. 哲学认识论在现代有什么新的走向？有什么启示？

二、同化、顺应与信息加工:认识的过程

阅读提示 本文介绍了皮亚杰的发生认识论原理与信息加工理论。皮亚杰认为:认识过程中,认识与人的意识、认知结构,是相互作用、辩证发展的;“图式就是认知结构”,“同化”就是“把外物的刺激纳入已有的图式中,进行过滤和改变”,“同化”会使原有图式的使用范围扩大并得到了强化。“顺应”是由于同化失败引起的,没有同化就谈不上顺应,主体不可能只同化客体而不顺应客体,或者只顺应而不同化。认识过程中同化与顺应之间不断由不平衡达到平衡。信息加工理论把认识过程看成是主体、客体之间信息的输出、接受、储存、加工,最终达到主客体和谐平衡的过程。

1. 知识和认知结构的发生和发展

马克思主义认识论非常重视知识和认知结构的同时发展。恩格斯认为人的思维或认识能力是在实践中形成和开发,并在认识过程中发展的。而皮亚杰则具体地阐述了两者的发展过程。

皮亚杰认为,认识的发展包括两个方面:第一,认识过程中认知结构的发展;第二,新知识形成的机制。不只是人类认识在发展,认识主体自身的认识能力或认知结构也在发展。两方面相辅相成。形成新知识离不开已有的认知结构、新认识又推动着认知结构从低级向高级发展。他用**图式、同化、顺应与平衡**这几个概念来说明认识的成长过程。**图式就是认知结构。同化就是把外物的刺激纳入已有的图式中,进行过滤和改变。同化使原有图式的使用范围扩大并得到了强化。当外界刺激不能被同化(或拒不接受同化)时,主体就要对原有图式进行改变或创新,以适应外部环境,这叫顺应,顺应是由于同化失败引起的,没有同化就谈不上顺应,主体不可能只同化客体而不顺应客体,或者只顺应而不同化。同化与顺应之间达到合适的比例称为平衡。平衡也表示主体为达到平衡所做的一系列努力,这种努力就是主体的自我调节。儿童也好,成人也好,每当遇到新事物,总是先试图用已有的图式去同化它,如获成功,便暂时得到认识上的满足;反之,则顺应外界刺激。这种在试错中的探索,一直要持续到达到平衡为止。在认识中,暂时的平衡又会被新的认识活动所打破,如此循环往复,这就是认识发展的基本过程。**

2. 信息的接收、储存与加工

人的认识作为社会的高级反映活动,自始至终伴随着信息的过程。主体和客体在认识中的统一,主体观念与客体的一致是以信息为媒介的。**人能否认识客体,关键在于能否通过对客体信息的选择、解析、重组和编码过程,以符号化和逻辑化的方式在人脑中建立起与客体具有同构性的信息组合。**因

此，在认识活动中，**主体**作为能知系统是客体信息的获取者、加工者和组织者，即**信宿**。**客体**作为所知系统是信息的发出者和提供者，即**信源**。主体和客体结合起来，形成一个信息接收、存贮、加工和输出的过程。没有上述信息过程，或者在主体尚未获得关于客体的一定量的信息时，就谈不上主体对客体的正确认识。人们为了认识某一客观事物或现象，必须通过各种信息传输的媒介即信道，从多方面获取有关客体的各种信息。人们在实践中所获取的客体的信息量愈大，信息的保真度就越高，就越能接近于实现对事物或现象的确定性反映；反之，主体的观念就会由于充满了不确定性，而丧失正确认识客体的可能性。

应当强调，主体和客体在认识活动中所发生的信息变换过程，不同于其他一般的物质系统在相互作用中伴随着材料和能量的变换而发生的信息变换过程。它是凭借主体大脑中社会地形成丰富的信息性结构，对所获取的信息进行加工、改造和重组，建立和构成新的信息组合系统的过程，即信息建构过程。**认识的主体对于客体信息的这种建构，即是主体能动性的突出表现，同时也是主体实现对于客体的相符性反映的必要条件。**

人作为能动的主体不是被动地接受对象的信息，而是通过改造客观对象的认识活动、实践活动，主动地从客体获取信息，并以大脑中的信息结构作为认知和思维的定势，在知、情、意多种因素的统一参与下对来自客体的信息进行有组织地加工。客观世界的事物是多种多样的，所包含的信息也是多种多样的，由于客观事物本身包含多种属性、多种规定，因此，每个事物都可能包含多种信息模式、多种信息含义。对此，每个具有不同信息背景结构的人会从不同的意义上予以理解和接受。当客体发出多种多样的信息时，人们总是根据一定的需要和目的，并在自己神经系统信息的背景结构的支配和制约下，有选择地接受不同的信息，并把这些经过筛选和加工的信息置于自己原有的信息结构中，同时去对储存的背景信息进行比较和分析，运用各种逻辑方式，使这些被观念地分解了的客体信息，在主体的大脑中借助于抽象的语词符号，以概念、判断、推理以至知识体系的形式重新有组织地建构起来，也就是人反映事物的本质和规律、创造科学知识的能动过程。人们通过对客体信息的一次性建构，往往不能获得关于客体的完整的、真实的和准确的知识，为此，主体必须利用大脑作为信息加工系统所具有的输出和反馈的功能，使自己的认识向实践转化，在指导实践改造的活动中检验自己观念的建构物是否同客观对象相符合。在认识与实践、主体信息加工系统与客体信息源系统之间不断进行的输入、输出的反馈调控活动中，不但观念建构的产物即作为一定信息组合的认识结果得到检验、充实和发展；而且人的信息背景知识也在不断地沉积、充实、丰富和更新着，从而人的信息背景结构也处于不断的转化和建构过程中。

（节选自王刚主编、蒋念祖副主编《知识就是力量》，凤凰出版社 2012 年 10 月出版）

三、主观客观之矛盾统一：认识的本质

阅读提示　本文认为，认识是主体对客体的能动的革命的反映。认识之所以可能，首先是认识主体能够主体与客体分离，而“客体与主体的分离，只有在婴儿意识到自己是自己活动的来源，主动地对活动加以协调，才能区分出自身与外物，分别产生出自我意识和对外物的意识”。

主客二分、自我意识是认识得以开始的条件，认知主体与客体之间的相互生成、相互转化、相互制约，这就是认知过程中的唯物辩证法。

认识论作为对认识的认识，它有一个重要的任务就是揭示认识的本质，即认识究竟是怎么回事或什么是认识。我们只有通过对认识主客体的分化、主客体的相互作用的分析来阐述认识的本质。

（一）认识主体与客体的形成

人类活动的主体与客体的分化和统一，是在人类活动过程中形成的。马克思主义认为，人的认识活动也是认识主客体分化形成的基础。皮亚杰的发生认识论理论正好补充了这一思想。

皮亚杰认为：传统认识论之所以在认识起源问题上有两种答案即经验论和天赋论的（前者认为主体在认识中是被动地求教于客体的，后者认为主体在一开始就具有先天的认识结构，并能把它们加给客体），是由于一个共同的假设，即在任何水平上，主体和客体都已经分化好了，主体具有完善的自我意识，感知能力和形成概念的能力。皮亚杰认为上述假设是毫无根据的。事实上，当儿童开始认识时，他还不能把自己同外部环境区分开来，他处于自我中心态之中，客体与主体的分离只有在婴儿意识到自己是自己活动的来源，主动地对活动加以协调，才能区分出自身与外物，分别产生出自我意识和对外物的意识。婴儿总是首先把自己的活动当作认识的客体，成年人的认识也要先从认识自己的活动开始，不可能一上来就把外物当作认识对象，这时外物还没有被思想从活动中离析出来。一个人有时会漫不经心地扫视天上群星，尽管他也在进行感性活动，但不能说他在进行认识，因为当感性活动没有上升为企图在思想上掌握外物时，认识活动还没有发生，群星也不是他认识的客体。毛泽东在《实践论》中指出：“人的认识，主要地依赖于物质的生产活动，逐渐地了解自然的现象、自然的性质、自然的规律性、人和自然的关系；而且经过生产活动，也在各种不同程度上逐渐地认识了人和人的一定的相互关系，一切这些知识，离开生产活动是不能得到的。”在生产活动中，自然的属性、人与自然的关系、人与人的关系一开始就是混为一体的，并不单独呈现给

人。皮亚杰认为,儿童在开始认识时,不仅不能把自己(主体)同外部环境(客体)区分开来,而且他和环境之间也不存在固定的中介。认识的中介是在主客体相互作用中产生和发展起来的。认识中介(即认知结构包括主体的数学逻辑结构和主体的物理经验)产生的过程,就是主客体从未分化状态走向分的过程。造成分化的最初条件是主体的活动。我们回到毛泽东的论述上来,人之所以能在生产活动中逐渐分别和了解自然本身、人与自然的关系及人与人的关系,当是源于人对整个生产活动的自觉思考。只有在主体的意识活动中,人才能把生产活动分解为自然,人与自然的关系及人与人的关系等部分,才能把主客体离析出来。

(二)认识主客体之间的关系

我们曾从人类活动与主客体的分化和统一考察了活动中主客体的关系,我们知道**主客体是相互生成、相互转化和相互制约的**。在这里我们主要从认识活动这一方面来加以考察。

1. 认识主客体相互生成

马克思曾说过:"生产不仅为主体生产对象,而且也为对象生产主体。"这同样适用于认识活动,正如前面所述,**认识活动的主客体都是在认识活动中逐渐分化形成的。**

客体的生成离不开主体,它渗透着主体的本质力量。爱因斯坦曾经形象地把人的认识比作一个圆圈,圈内代表已知的东西,圈外代表未知的东西。他指出,照一般人看来,知之愈多,不知就愈少,而事实上人知之愈多,由于知与不知的界面扩大,反而更感到自己无知。主体的知识多,认识的客体就广,对客体的认识深,对未知的觉察就强烈,有利于更多的东西进入认识活动,成为认识的客体。把某物当作认识对象,仅是认识客体形成的第一步。更重要的是,主体要在思想上反映它、建构它、改造它,从而掌握它,在认识过程中,客体逐渐变得清晰、丰满、具体。人在认识中,还创造出世界上原来不存在的精神客体。

认识主体的生成也离不开客体,客体体现着主体所拥有的本质力量。认识的客体影响着主体的自然结构、社会结构和精神结构,无论从个体发生还是从种系发生看,主体的思维能力、感知能力、实践能力以及相对应的主体三种结构的形成和发展,都离不开主体在认识活动中和客体的相互作用。

2. 认识主客体相互转化

当人们把自己当作认识对象时,主体同时也就变成了客体。在认识活动中,主体通过制造工具(工具可以在某种意义上说是主体相应器官的延长),把客体转化为自己的一部分。更重要的是精神客体与主体之间的转化。主体不是赤裸裸的自我。人类认识的精神产品,是主体精神结构的组成部分,从这个角度看,它属于客体。已有的精神产品作为后来认识的出发点,体现着主体认识的能力；作为认识对象，说明认识不会停留在一个水平上。当主体把目光转向新的认识客体时，总是伴随着对已有认识的再认识。

3. 认识主客体相互制约

在认识活动中，主体为了扩大信息来源，常根据已有知识对客体进行变革和隔离，这是主体对客体的制约。同时，这种变革和隔离也有限度，它不能破坏客体存在的条件与环境，不能隔离掉有用的信息，不然获取的信息就不再是被研究的信息，就不能反映客体的本质，这又是客体对主体的制约。在认识活动中，主体已有的知识为他提供了观察客体的棱镜，这是主体对客体的制约。但是，认识活动总是要发现已有理论所不能说明的新现象，主体需要构造出新理论说明这些现象，这又是客体对主体的制约。

（三）认识的本质

马克思主义认为：**从本质上讲，认识是主体对客体的能动的革命的反映。**但这里所说的反映并不是培根式的反映。培根说，“知识就是存在的影像”，“人是自然的仆役和解释者，因此他所做的和所能了解的，就是他在事实上或思想上对于自然过程所见到的那么多。也就只是那么多”。他显然是马克思主义所批判的机械的反映论。

皮亚杰的发生认识论在某种意义上，可以说是把马克思主义关于认识的反映本质的思想进一步具体化了。他认为认识或知识是主体用自己的数学逻辑结构加工物理经验建构客体的结果。尽管在主体建构之前，“客体就存在着、客体本身的结构也存在着”，但是，“客体只是通过被建构才被发现的。换句话说，我们能逐步地接近客体，但是没有把握说终究会达到客体”。如前所述，主体对客体的认识、主体的自我认识，除了从协调动作的活动中抽象出数学逻辑结构外，还包括不断地消除自我中心化。如把数学逻辑结构归因于客体之间的相互作用等。在消除自我中心化的过程中，数学逻辑结构和物理经验获得统一，“主体的解除自身中心化和客体的建构是同一个整合活动的两个方面”。这就是皮亚杰的认识—建构说。

（本文节选自卫刚主编、蒋念祖副主编《知识就是力量》，凤凰出版社2012年10月出版。）

思考与实践　什么是认识的本质？认识过程如何体现唯物辩证法？为什么说“认识或知识是主体用自己的数学逻辑结构加工物理经验建构客体的结果”？为什么说“认识是主体对客体的能动的革命的反映”？

四、对于“智商”的哲学—心理学解读

阅读提示　以下这些材料，从心理学角度谈论智力发展问题，但是处处体现了联系、发展、矛盾的辩证观点。

（一）智力的问题

什么是智力呢？我们给智力所下的定义是：保证人们有效地进行认识活动的那些稳定心理特点的综合，它包括观察智力、记忆智力、想象智力、思维智力、语言智力和注意智力六个基本因素。为了更深刻地理解这一点，我们还必须说明如下三个方面：

第一，智力与认识过程有关，也可以说它是人的认识活动在认识客观事物的过程中逐步形成的一系列稳定心理特点的总称；但智力并非认识过程本身。就是说，我们既不能把智力和认识割裂开来，但也不能把两者等同起来。智力主要是指认识方面的某些特点而言，一般性的认识不能算是智力。

第二，构成智力的各种认识特点必须比较稳定。就是说，我们不能把那些变化无常的认识特点称为智力。

第三，智力不是六种基本因素机械相加的结果，而是由六种因素有机结合所构成的。就是说，智力本身是一个完整的独特的心理结构，而不能把它还原为：智力＝观察智力＋记忆智力＋想象智力＋思维智力＋语言智力＋注意智力。

智力的六因素并非各自为政，而是交互渗透、交互制约，组成一种以思维智力为核心的完整而独特的心理结构。

必须指出，我们不能用六因素中的任何一项智力来表示整体智力，智力只能用六因素整体结构来表示。正如一部汽车，我们不能用发动机或轮胎等任何一个部件来说明汽车的性能，汽车的性能只有用整个汽车的结构来表示。因为光是某一个部件好，别的部件不好，或者各个部件都不错，但彼此搭配得有问题，那么，一部汽车的性能还是不行的。智力的好坏也是如此，光是思维智力的水平高，别的组成因素的水平不高，或者六个组成因素的水平都很高，但彼此未处在良好的结构之中，那么，智力的水平还是不会高的。

不仅如此，智力的结构与汽车的结构还有所不同，对于汽车，一个部件的好坏只会影响汽车的性能，尚不会影响另一些部件的性能，轮胎坏了，汽车不能行驶，但别的部件（如发动机）却依然如故，不会受什么影响。智力则不然，一个组成因素的水平，不仅会影响到整个智力的水平，而且会影响到其他五个因素的水平。仍以思维智力为例，如果它的水平低，则注意智力、观察智力、想象智力、语言智力和记忆智力的水平都要受到影响，整个智力的水平自

然也要降低了;反之亦然,依此类推。

智力虽然是一个完整的独特结构,但它的六个基本因素在整个结构中所占的地位与所起的作用各有千秋。这正如别的事物一样,从结构看,确实有其统一的性能;但分开来考察,各个部件却又具有各自所独有的性能。智力六因素各自的独特地位和作用可以概括为:记忆智力是智力活动的仓库,又是智力活动的基础;观察智力是智力活动的门户,又是智力活动的源泉;想象智力是智力活动的翅膀,又是智力活动富有创造性的条件;思维智力是智力活动的核心,又是智力活动的方法;语言智力是智力活动的重要信息源,又是智力活动的交流工具;注意智力是智力活动的警卫,又是智力活动的组织维持者。

(二)认知规律

1. 思维与感知不可分割的规律

感知是思维的基础,没有感知就不可能有什么思维;同时,思维是感知的加工,没有思维,感知就不可能得到提升。再者,在感知中,必然包含有思维的成分;同样,在思维中,也必然包含有感知的成分。由此看来,思维与感知的统一是内在的、客观的,而不是外在的、人为的。也就是说,在感知的基础上开展思维,在思维的参与下进行感知,这是必须遵守的一条认知活动规律。

2. 思维与记忆互为基础的规律

在感知中,没有记忆的参与,它照样可以进行,只不过是感知的效果很差;可见感知不必以记忆为基础。思维则不然,它必须以记忆为基础,离开了记忆,没有记忆贮存库为之提供信息,思维就会寸步难行;失去记忆的思维,只能是一种胡思乱想。思维也可以是记忆的基础,没有思维的积极参与,就不会有理解的意义记忆,甚至连死记硬背的机械记忆也难以存在。

3. 认知与非认知相互依存的规律

认识与意向两者也是相互依存、不可分割的。具体地说,有认知,就一定有非认知;同样,有非认知,也必然有认知。这是一种情况。另一种情况是,在认知活动中,总会有非认知的参加;同样,在非认知活动中,也总会有认知的参与。在实践中,我们既要调动认知的积极性,也要让非认知主动参与,使两者相辅相成,相得益彰。

4. 认知与行为辩证统一的规律

前面提到,我国古代即提出了知行的二分法。据考察,古代思想家曾从难易、先后、轻重、分合四个维度来处理知行关系,从而形成了12种观点,即知易行难、知难行易、知行并难;知先行后,知后行先,知行并进;知轻行重,知重行轻、知行并重;知行分离、知行合一、知行统一。在这些观点中,**知行统一**的观点最为重要,因为它最合乎辩证法与客观实际。所谓知行统一,就是以知指导行,用行提高知,亦即知—行—再知—再行,如此循环往复,以至无穷。

这就是知行统一的辩证法。

（三）智力因素、非智力因素与学习

学习活动是掌握新知识、新技能，提高主体自身能力、素质和品德修养的过程。影响学习过程的心理因素，按其参与学习活动的性质、深度和方式，可分为智力因素和非智力因素。智力因素包括观察力、记忆力、想象力及抽象思维能力等，它们直接参与人的学习、认知活动，是获取和掌握知识的基础和前提。非智力因素包括需要、动机、兴趣、信念、情绪和情感、意志、性格等，它们是激发、锻炼、调节、控制学习状态和趋向的内部力量。学习的成功和个体的成才，是主体智力因素与非智力因素共同作用的结果。

1. 智力因素与学习的关系

智力是以抽象逻辑思维能力为核心，并由观察力、记忆力、联想力、思维的灵活性、评价的能力、产生思想的能力、运用语言的能力等构成的整体认知能力。

智力与知识有密切关系，但两者不完全相同，也不必然成正比。首先，知识是认知活动的结果，是人类认识的结晶，是在发挥智力功能的基础上得到的；智力是人的认知能力，它是人对外部世界的事物进行反映并内化为主观形式的认识，转化为自身知识结构之部分的实际操作活动的能力。作为认知操作能力的智力，既对能否获得知识有至关重要的作用，又不等同于作为认知成果的知识。其次，知识和智力的发展速度和趋势不同。知识可以在短时期内得到迅速发展。随着年龄的增长、阅历的增加、学习活动的开展而日益丰富，永无止境。智力却难以在短期内得到显著发展。在幼年成长的关键期，人的智力发展迅速，直到青年时期达到智力发展的高峰，随后在智力的某些方面会出现下降趋势，例如中、老年记忆力的衰退。再次，知识和智力都有迁移性，但知识迁移的范围较窄，人们获得的某一方面知识，仅运用于解决相类似的问题；而智力迁移范围较广，智力水平的提高可以对人在一切领域的学习、认识活动起促进作用。

知识和智力又是相辅相成、相互促进的。这主要体现在掌握知识的学习过程与智力发展之间的一致关系上。一方面，一定的智力的代价和掌握知识的牢固程度。另一方面，学习是发展智力的主要途径，正确掌握知识的过程是促进智力发展的过程。掌握知识的过程必须调动智力因素，在运用智力的同时，也就锻炼和发展了智力。尤其是主动、能动的学习，能够调动一切积极的心理因素，有利于培养人的观察力、想象力、思维力等智力因素。对学生进行素质教育，要协调好文化知识学习与良好的智力因素、非智力因素的培养的关系。

2. 非智力因素对学习的影响

非智力因素指除智力因素以外的全部其他心理因素，主要包括需要、动

机、兴趣、信念、情绪和情感、意志和性格等心理成分。

非智力因素对学习的影响主要表现如下。

首先,非智力因素对学习活动起激励和驱动作用。人的任何活动,包括学习和认识活动都是有动机的,动机是直接推动个体活动以达到一定目的的内部动力。动机是在需要的基础上产生的,是需要的动态表现。需要、动机是激励人们行为的原因,是主体积极性的源泉。人们的情绪、情感、意志、兴趣、信念等心理因素对认识活动也有激励和驱动作用。

追求真理的激情和理智感,解惑释疑过程中所体验的焦虑或喜悦,获取知识的充实和欢愉,强烈的兴趣,坚定的信念,无不激励和驱动着认识活动不断向前。

在学生学习知识、认识世界的过程中,是主动积极,紧张严肃,还是被动消极,松懈懒散,这主要取决于学生的非智力因素。学生任何方面的素质的培养,都离不开学习和锻炼。培养优良的非理性素质,是保持学习的热情,锻炼和强化学习活动的强度,控制行为,克服困难,坚持到底,从而获得良好素质的必要环节。

其次,非理性因素对学习和认识活动具有导向作用。人们在认识事物时总是要以需要、动机、情感、兴趣、信念等非理性因素自觉或不自觉地决定着人们对认识对象的取舍和解释。在主体动机、愿望、兴趣等之外的东西,往往不能为认识所关照和理解。意志过程是人类自觉地确定目的,支配和调节自己的行动,克服困难以实现预定目标的心理过程。追求真、善、美过程中的意志努力,使人能够克服一切困难,调整方向,不使其偏离,最终引导认识达到理想目标。"在科学上没有平坦的大道,只有不畏劳苦沿着陡峭山路攀登的人,才有希望达到光辉的顶点。"(马克思)这是意志努力的结果。信念表示人对现实、真理、理想等的高度信赖、信任和相信,信仰是得到升华和强化的信念,它们作为人类重要的精神支柱,在认识中起到鼓舞、支持、引导人类精神的作用。

再次,非智力因素对学习内容具有整合作用,影响到对信息的理解、接受和学习的效果。在主体接受和解释事物信息时,主体的愿望、信念、兴趣、情感、想象、直觉、灵感等都会参与其中,使主体按自己主观意识对事物信息进行取舍、解释和整合,从而影响认识的形成。在学习认识活动中,人们已有的认识、情感、意志、动机、兴趣、信念等作为一种心理定势,形成对学习内容和认识对象的心理准备状态。当新的认识与已有的心理定势相一致时,非智力因素会对认识做出积极的整合;当新的认识与已有心理定势发生矛盾冲突时,由于非智力因素的拒斥作用,新的认识难以与原有的认识进行合理整合,甚至会不惜做出歪曲事实的理解。正如怀有阶级情感的人们看待任何事情都免不了阶级立场、观点的制约。

（四）多元智能理论

多元智能理论是由美国哈佛大学教育研究院的心理发展学家霍华德·加德纳在1983年提出。这个理论对于我们理解智力、开发智力均具有重要意义，建议查阅有关资料，谈谈你的理解和感受。

（本文节选自卫刚主编、蒋念祖副主编《心灵的奥秘》，凤凰出版社2012年10月出版。）

思考与实践　1. 阅读周国平《哲学：对世界的认识》（东方出版社1999年10月出版），联系本单元学习，谈谈你对“认识论”的理解。

2. 阅读、整理以上材料，撰写一篇小论文，题为“如何提高智商”。

五、两种文化

萧　峰

阅读提示　曾任英国政府科学顾问的小说家、物理学家查尔斯·斯诺在1959年发表了题为“两种文化”的影响深远的演说，指出了科技文化与人文文化在价值观念和思维方式上的差异及其对创造、突破带来的障碍，主张这两种文化的相互融合。科学文化与人文文化之间的关系，又关系到西方文化与东方文化（中国文化）之间、科学哲学与人文哲学之间、科学素质与人文素质之间、“成物”与“成己”之间、工具理性与价值理性之间、健全人格培养、和谐社会建立等一系列重大问题。两种文化的融合，尤其是科学精神与人文精神的融合，真理观与价值观的融合，“主客二分”与“主客融合”这两种思维方式的融合，密切相关，这些具有前瞻性的理论，对于我们青少年的健康成长、全面发展，具有重大启发。

（一）“理科”和“文科”：科学文化与人文文化

从现代文化的学科分类上，科学和人文可以构成某种意义上最大层次的分类（即“sciences”和“humanities”），从日常的用法中，人们通常把它们等同于“理科”和“文科”。从学科的性质上，我们可以把科学看作是关于对象（尤其是人之外对象）的理性研究及其规律性的知识成果，而人文（学）则是对人本身或与人（尤其是人的精神）有关的种种现象的认识及感受。或者说，科学作为一种文化，主要体现的是人对自然的认识和改造以及由此积累起来的知识和方法，而人文文化则主要是认识与发展人类自身的价值和由此而创造的精神成果。

科学文化包括科学知识、科学方法和科学精神。科学知识是严格地从观察和实验得来的经验事实中推导出来的在客观上被证明了的知识。它具有客观性、规律性、系统性、实证性等特点。科学方法是获得科学知识所必须借助的方法，包括观察、实验、逻辑思维等，科学方法表现出一种非情感的特性。科学精神是科学探索中必须具备的、与科学活动内在地直接地相关的，是从事科学活动的人较普遍地具有的追求真实、推崇理性、注重实证判据、注重最大功效的精神。人文文化是与科学文化相对应的文化形态，包括人文知识、人文方法和人文精神。人文知识即关于人类价值和精神的人文主义的学科。人文知识包括下列人文学科：现代与古典语言、语言学、文学、历史学、哲学、考古学、法学、艺术史、艺术批评、艺术理论、艺术实践等。人文科学方法是获得人文知识所必须借助的方法，它具有我向性、情感性、感悟性、形象性、多义性、模糊性等特征。人文精神是从人文学科中提升出来的文化精髓、价值观念等，它一般与人文活动内在地直接地相关的，是从事人文活动的人较普遍地具有的，体现为以人为中心（开掘主体的内在感受）、推崇觉智、追求美好、重在达就良善、实现浪漫情怀、向往健全完美的人格等价值理想。

（二）什么是科学方法与人文方法

1. 科学方法

科学文化研究、学习中通常采用实验方法，体现了它经验性特征；采用理性方法，体现了它逻辑性与理性化特征；采用形象思维的方法，但是具有感情中立的特征。科学由于其定量化程度高，可预见性强，有可重复性等特点，因此其理论能够遵循一套相对确定的可接受性标准，其方法也有一些公认的特点，如皮尔逊做了这样的概括："科学方法以下述特征为标志：(1) 仔细而精确地分类事实，观察它们的相关和顺序；(2) 借助创造性想象发现科学定律；(3) 自我批判和对所有正常构造的心智来说是同等有效的最后检验。"

科学方法的这些特点使得通过这种方法而产生的科学成为一定范围内的普遍共识。科学作为抽象的过程就是不断走出个别性的过程。这样，科学和科学方法就具有了超越一切个人的性质。科学理论虽然是一定的个人活动的结果，但要成为科学，就要消除起源上和表述上的个体性痕迹，正是由于科学知识的这种不依赖于个体性，它才具有了相对于具体的历史时代的独立性，才成为了一切时代一切人群都可以理解的"共同知识财富"和"公共语言"，才有了所谓"科学无国界"的事实。

2. 人文方法

人文科学研究学习中通常使用的方法是我向性的、感悟的、形象的、具体生动的，因此缺乏科学那种客观性、普遍性、规律性等特点。

人文方法是一种"我向"的方法或"人化"的方法，它不将自己的视线投向无人的世界，而是对准人类活动的舞台。这与科学方法中力求弃除主观性的特点形成鲜明的对照。

人文方法是诉诸情感的方法。注入了人的情感的人文世界，绝非以同一副面孔对准我们，而是随着人的情感世界的变化而变化，人的性格、气质、意志、心境、人生态度、生活期望等，都构成不同情感图景的变数。

于是，当科学力求以“共识”作为其成功的标志时，人文则以多样化作为自己丰富性的象征。人文认识的方法多是感悟性的，尽管它并不绝对地排斥理性分析和推理计算，但在它那带有诗意般感性光辉的世界中，绝不能“滥用”科学的方法。

理性与智力相关，而感悟则与智慧接缘。人文方法作为对人间世界的体验，作为对人生之道的追求，仅有智力是不够的，因为在这种活动的面前，横亘着许多不确定性和无限性，分析的方法只能触及其局部，只能深陷于细枝末节，不能获得整体性的感知。此时，那“洞察一切”的智慧便成为其灵魂，有了它，就能对人文对象做出深刻的感悟。

在科学那里极受推崇的精确的数学的方法，对于有人的因素参与并发生作用的人文系统就不那么有效。于是模糊思维或模糊方法就成为人文领域的重要认识方法。或许可以提出“人文思维”这一说法，它的模糊性、体悟性就从一个方面反映了人文方法的特点。体现这一特点最鲜明的可能要算中国的道家：比如对于概念范畴的使用，几乎不下定义，与追求精确性的科学思维迥然相异，在道家看来，哲学思想——人文思维的一种重要形式——要靠领悟去把握，不能靠定义来传授，受定义界定的范畴，已经不是它本来的样子了。“道可道，非常道；名可名，非常名”，就表达了这种意向。

人文的教化功能，使得它在塑造人格，改变人的思想状态、价值观念和行为方式上有重要作用，但由于教化的多样性，对人文现象说明的难寻一致，所以不像科学那样可以找到公认的可接受性标准，其理论的预言作用也是有限的。在科学中普遍有效的实验方法，在人文研究中常常受到限制。

作为最能体现人文方法实质和内核的，恐怕要算“解释学”的方法。

解释学的核心是“理解”问题，它通过作者、本文和读者的意义关系的研究，考察解释过程中整体与部分的关系，弄清历史传统对理解的影响，区分说与听以及写与读这两种对话模式，探讨作者心态对原文意义的涉人，阐明理解原文意义以及读者自我理解的互动关系。

解释与人文认识或人文思维的种种特征相关，比如与价值有关。与知识论相反，解释学认为，谈论事物的方式，比占有真理更为重要。解释性的启迪话语，是借助异常的力量使我们脱离自我而成为新人，它具有陶冶的功能，它只是追求一种人生价值。所以自然科学的方法不是解释性的，自然科学的发展使一切成为“计算”问题，“计算”不等于理解和解释，真正的解释是“使某物在先验性上得到理解”。狄尔泰、海德格尔、伽达默尔和利科尔可以看作是现代解释学发展中的几个最重要的代表人物。（具体介绍此处略）

3. 什么是科学精神与人文精神

科学精神体现着以物为尺度、追求真实、推崇理性、重在获取真知、实现最大功效等价值和观念体系，而人文精神则体现以人为中心、追求美好、推崇觉智、重在达就良善、实现浪漫情怀等价值理想。

可以说，科学精神和人文精神是人类在探析对象和发现自己的活动中形成的两种文化或知识成就的升华，是人对外在的物性和内在的人性的把握中产生的两种观念和价值体系，也是人类寻求生存和发展的产物。透视科技现象和人的活动及相关问题，就不能不看到这两种精神的功能，它们可以将我们对物性与人学的认识引向纵深，并对人与世界的关系做出新的综合。因此，这两种精神在现代文明中表现着相互融合的趋向。

4. 科学精神与人文精神的相互融合

科学精神与人文精神的相互融合，在当代有着多种多样的其他表现，比如科学家的人性意识日益增强及科学家内在的人性觉悟的日益唤醒，在自己的视野中日益重视科学事业及其成就对于人的利弊功害，乃至对人类命运的影响。将科学的兴衰与人类的发展紧密地结合，用科学造福人类而不是造祸人类，日益成为有良心的科学家们的共同准则，“为认识而认识”的科学正在走向“为人类的幸福而效力”的科学。

又如，科学是讲究效益的，但科学甚至也需要人文那种不记功利的心胸来获得终极性的动力。对功利追求的残酷性和永无满足性，使人局限在其中时总会落入一种“人生的痛苦”或惆怅，如叔本华所揭明的：拘泥于功利，人生就注定要与痛苦和无聊结伴，功利不满足时就会痛苦，得到满足时又会无聊，并很快陷入新的痛苦中去。而无功利性的求知，会使人所从事的科学在某种意义上获得更为持久的动力，爱因斯坦也是在这样一种境界上谈论科学的动机，他认为从事科学就“是要逃避日常生活中令人厌恶的粗俗和使人绝望的沉闷，是要摆脱人们自己反复无常的欲望的桎梏。一个修养有素的人总是渴望逃避个人生活而进入客观知觉和思维世界，这种愿望好比城市里的人渴望逃避喧嚣拥挤的环境，而到高山中去享受幽静的生活，在那里，透过清寂而纯洁的空气，可以自由地眺望，陶醉于那似乎为永恒而设计的宁静景色”。

寻求科学精神与人文精神的融通，已成为现代认识活动的“主旋律”，偏激的科学主义与人文主义，其说服力显得日渐苍白，在认识活动中，我们正面临着科学精神和人文精神的互通互融。

在两种精神的融通中，我们对“客观事物”有了新的理解：客观事物的存在是不以人的意志为转移的，其优先存在是不容质疑的，否认了这一点就抛弃了科学精神；但它的“表现”，在人面前显示出来的种种属性，以至于变化的可能性，都是与人相关的，是随着人的观察角度、认识和实践能力的变化而变化的，即它必须表现于同人的相互作用中，使得我们视野中的世界必然带有人的痕迹,不承认这一点,就是背离了人文精神。

用两种精神的融通去看人,人就不仅仅是按自然法则从生物界中产生出来的一种更高级的生物,而是有着人之为人的那些特性。比如,人因其有思想而产生的随意性使得人群活动与进化的展开伴有种种与必然性不那么吻合的偶然性,人的自由意志与社会发展的客观规律交互作用,构成了社会的人和人的社会之丰富变幻,它的进程不可能像计算物理事件那样被精确地描述,但它的总体趋势又横亘在每一个人面前,不由得人不去正视它。人就是在这种历史的决定性与同时留给他们的广阔的选择性之间展开着自己的人生。科学精神的秩序确定性与人文精神的朦胧和不确定性同时贯串其中,所以这个由我们自身同时充当观察者和被观察者的领域才那么耐人寻味。

科学精神和人文精神的融合,也可构成我们人生体验中的张力。在现实的人生中,我们体验善与恶、爱与恨、团聚与离散、冷峻理性的深沉与崇高德性的感化;我们体验科学理性那刚性的作用力与人际间柔情似水的抚慰;我们体验对物性的科学把握而生成的明晰性与对人性的捉摸不透而产生的困惑;我们体验用科学手段驾驭有限时的崇高,也体验人与无限对话时的若有所失;我们体验"有"的富足与贫穷,也体验"无"的空洞与充实;我们体验人在必然规律和宏大宇宙面前的谦恭,也体验精神意志在内心世界翻腾时那气吞山河的英雄气概;我们体验客观限定时的自我克制,也体验主观自由状态时的无拘无束;我们体验充当手段时的感动,也体验达到目的时的满足;我们体验自觉地从事眼下并不觉得快乐的活动时之异化境地,也体验给人身心带来高层次愉悦的自我实现……总之,两种精神使我们的体验世界将外在与内在、环境与本能、规律与感受组合起来,向无限的疆域延伸。

人的文明程度几乎是与其内心体验的丰度成正比的。在科学精神与人文精神的两极张力中,人的内心体验也日益扩展其丰富性。科学与理性揭示了世界的规律与秩序,确立了人在宇宙中的位置,使人在与环境相互作用的漫长历程中,能体验到客观进程的确定性,因此,他们可以设计自己的需求与目标,可以"规划"人生,使自己的潜能"有计划"地释放,把握自己命运的大致走向。人还可以用科学的方法认识自己,了解自己的才能类型和长短所在,将来"人类基因组计划"完成后,每一个人甚至可以根据自己的基因图谱更清楚地从生理上和心理上认识自己,从而明确可以干什么、不可以干什么,什么样的发展方向才能获得最大的成功,在自己的一生中大致可以取得多大的成就,如此等等。这样,人对自己的人生体验,就不再只是漂浮不定、神秘莫测,完全陷入一种被"命运"摆布的无助感。人所掌握的科学理性越多,对于掌握自身命运的信念就越强,这种确定性的人生体验也会越明显。

无论科学理性使人对人生的体验多么地确定和有序,都不可能穷尽每一个细节,也不可能做到绝对的准确无误。我们生活中大量的不确定性因素,主客体相互作用进程中每每要出现意想不到的例外，历史必然性的展开中常常伴随而来的种种偶然性，都使得以人为主体或与人有关的运动过程不可能遵循机械的决定论的规律。因此，**总有科学理性所不能预期的东西，每一个人的人生历程，总会有这样那样的“漂浮不定”，使我们对人生的未来总要保留一定的未知性与神秘感。**相反，如果生活将未来的一切都清楚明白地展示给我们，生活反而会成为索然无味的东西。所以，我们的生活中还需要科学之外的东西，需要些盲目与糊涂，需要从未知中体验“命运”的希望与魅力。

总括起来，已确知的未来使我们对人生感受有踏实稳固的基础，不致对每一个未来的时刻都产生“吉凶未卜”般的恐惧与焦虑；而不确知的未来使人生的旅途富有无穷的吸引力，不致因过分的确定性而使人感到生命的展开犹如机器的运转那样单调枯燥。**人生的历程中，由科学的确定性和人文的不确定性共同构筑了一个有序与混沌相贯通的体验世界。**

理性科学所揭示的客体运动的铁的必然性，使人把自己必须放在尊重客观规律的地位上，不能随主观意愿在客体面前为所欲为。人生的体验中，为探究身外物性机理的奥秘，为探索利用客观规律的有效方式，油然而生起一种为对象耗费自身生命的感受，其极端形式就是人的异化，即人被物所奴役，被自己所创造的手段所统治。人服从规律，人充当手段，表现出人在科学面前的渺小，人在客观物质世界中的“第二性”位置，人的不自由状况，或者至少是为了将来的自由而在眼下不自由的状况。这是人为了达到目的、为了获得“主人”地位而必须付出的代价。**科学的理性使人能够冷静地看待人生的这种“境遇”，并自觉地、心甘情愿地去充当客观规律的服从者。**

然而，人毕竟是有豪迈之情的主体，他富有的高于其他一切存在物的智慧和本质力量，使得他必须寻找机会“抒发”自己的这种感受。人要通过自己在自然王国的基础上所建立的社会王国，体验到做人的自由与豪迈，即使是通过幻想来提高自己的地位，也要以此来显示外物的渺小，从而体验到人在万物中的珍贵，以弥补人在物质生产中服从自然规律的“受命感”，以及物欲纠缠所带来的痛苦。人文精神颂扬人力的伟大，歌颂人生的意义，追求人性的自由，便是在对那个凌驾于人之上的神性的否定中，所达到的一种自我实现的人生体验。

显然，没有科学的理性法则，没有我们对自然规律的遵从，人在自然面前将一事无成；而没有人文精神对人之崇高、伟大与自由感情的抒发，人将被铁一般的自然规律压得喘不过气来，他的能动性和主体气概也不可能扩充，人的真实力量也会受到限制。人生的体验正是这种渺小与伟岸、服从与自由的交融，故而人才能够在主客体两极性关系中，既有唯物的态度，又有能动的气魄；我们的人生，才既是科学的实在的人生，也是艺术的浪漫的人生。

基于上述特点，人在“科学地”体验人生及周围万物时，须时刻清醒地意

识到自己与他物的“有己”、“有待”的两极性关系，将自己与外界严格区分开来。“我”作为主体与“外界”作为客体之间不能混淆不清，唯此才能进行有效地认识与变革客体的活动。**而在科学之外，当人的丰富性得以施展时，当其想象力和情感得以发挥时，他则可以在精神的王国中消融自己与外界的界限，达到“天地与我同在，万物与我合一”的“无己”、“无待”的境界。**这种境界既存在于哲学和宗教所建造的形而上的世界之中，也存在于文学家们的具体时空之中，正如高尔基说：“动物学家在研究牧羊的时候，没有必要把自己想象为牧羊；但是，文学家描写吝啬汉时，虽然不是吝啬东西的人，也必须把自己想象成吝啬汉；描写贪婪的时候，虽然没有贪欲，也必须要感到自己是个贪婪的守财奴；虽然意志薄弱，也必须带着确信来描写意志坚强的人。”文学家们的浪漫想象还可以走得更远，将自己消融于人以外的万物之中，法国女作家乔治·桑在她的《印象与回忆》中就如此抒情地写道：“我有时逃开自我，俨然变成一棵植物，我觉得自己是草，是飞鸟，是树顶，是云，是流水，是天地相接的那一条横线，觉得自己是这种颜色或那种形体，瞬息万变，来去无碍。我时而走，时而飞，时而潜，时而吸露。我向着太阳开花，或栖在叶背安眠。天鹨飞举时我也飞举，蜥蜴跳跃时我也跳跃，萤火和星火闪耀时我也闪耀。我所栖息的天地仿佛全是由我伸张出来的。”人生正是在这种“有己有待”又“无己无待”的交错体验中，才将自己的内涵不断开掘出来。

在这种“主客二分”基础上的“主客融合”的境界中，现代主体的心灵世界可以培育起一种与科学理性接缘的人文精神或包容着人文情怀的科学精神，从而成为现代人全面发展的一个重要方面。正因为如此，探讨科学与人文的关系无论对于科学还是对于人文或是对于人类的整体文化，以及对于人的充分而全面的发展，都有着不容忽视的意义。

（本文节选自萧峰著《科学与人文的当代融通》，江苏人民出版社 2001 年 5 月出版。）

附录：中西方文化的差别

中国文化崇尚“天人合一”，与西方文化的“主客二分”截然不同。中西方文化的差别，大致是人文文化与科学文化的差别。从价值观念上看，中华民族趋向于“求善”，西方民族趋向于“求真”；从思维方式上看，中华民族偏重于感性、直觉、整体思维，西方民族偏重于理性、逻辑、分析思维；可列表说明如下：

中国	西方
天人合一	主客二分
重精神之探讨	重自然之研究

续表

中国	西方
求善	求真
重本末、体用之别	重现象、实在之别
重直觉、顿悟	重推理、分析
重义轻利	重功利
淡宗教	重宗教
重内向探求	重外向开拓
重人生	重认识

（附录节选自滕守尧主编、蒋念祖、易晓明编写《国家艺术教育课程标准》，北京师范大学出版社 2001 年 10 月出版。）

思考与实践 1. 理科学习与文科学习有什么区别与联系，阅读[英]贝佛利奇《科学研究的艺术》（科学出版社 1979 年 2 月出版）、邱仁宗主编《成功之路》（人民出版社 1987 年 8 月出版），谈谈人文学科的知识、观念、方法和人文精神对理科学习和科学研究的意义。

2. 参阅第六章相关内容，谈谈你对“科学精神与人文精神相互融合”的理解与感受。

3. 科学文化与人文文化之间，可以通过四种层次的融通，这就是：观念层次上的相互启发，方法层次上的相互借用，学科层次上的共同整合，以及精神上的相互交融，实现相互融合。萧峰所著《科学人文的当代融通》（江苏人民出版社 2001 年出版）有精彩论述，可拓展阅读。

4. 科学文化与人文文化的关系，也涉及中西方文化之间的关系，是关系到全世界、全人类文化发展、文明进步的宏大话题。请参看本书第六章第五节、全书附录以及关于中西方文化特色、交流的有关资料。

第四章

头顶灿烂星空，道德律在我心中
——“善”的践履

本章导读　伦理学是论述如何制定、遵守道德律令，如何为人处世的科学。一般说来，论述如何为人处世，应该涉及对人和事的评价，那就要回答：什么是“善”和“恶”的？什么是应该做的？什么是不应该做的？这些就是“伦理判断”。我们平时比较多的接触的是“认知判断”——这是什么？那是什么？这些事物之间有何关系？那些事物之间有何关系？认知判断追求的是“真实”，伦理判断追求的是“善良”，审美判断追求的是“美”。

英国哲学家休谟最早发现了认知判断和伦理判断之间的区别和联系，也就是“真”与“善”之间的区别和联系。求真、探求真理，比较容易求得一致，比如自然科学，就有若干已经取得一致意见的公理定理系统。而求善、探求伦理标准，可能比较难以达到一致，这就是人们常说的：价值观无定论。罗素说过：“哲学在其全部历史中一直是有两个不调和地混杂在一起的部分构成的：一方面是关于世界本性的理论；另一方面是关于最佳生活方式的伦理学说或政治学说。这两个部分未能充分划分清楚，是来自大量混乱思想的一个根源。”（《西方哲学史》下卷，马元德译，商务印书馆 1976 年版）他所说的这两个部分，其实就是关于存在、事实的知识的真理学说与关于（包括伦理与政治在内的）价值学说。为什么会这样呢？求真，似乎只需要“符合客观事实，与事实一致”，而伦理标准，往往各方面的利害关系很难求得一致，所以众口一词说“好”，说“应该”是很难的。这是因为制定伦理标准，除了需要符合客观实际，还需要符合利益的需要。价值论是当代哲学的重要组成部分。伦理学、美学等人文科学大多属于价值哲学范畴。（李德顺主编《哲学概论》，中国社会科学出版社 2010 年 5 月版）

伦理学有许多争论已久的话题，提供给大家思考。

1. 伦理标准是否有客观性？是否能够制定“普世伦理”——全世界大致认可的伦理原则？1993 年发布的《走向全球伦理宣言》，把孔子思想和西方基督教、印度佛教中均有相近意义的名言“己所勿欲，勿施于人”等等，统称为“黄金法则”，标志着人类正在寻求全球的伦理底线。《宣言》指出，我们的世界正在经历着一场根本的危机,我们谴责所有的祸害,我们宣告它们全都是不需要的。在世界各宗教的学说中,已经存在一种伦理,可以用来反击这种全球性祸害。当然,这种伦理没有为世界上所有难题提供直接的解决办法,但它的确为一种更好的个体和全球秩序提供了道德基础。没有新的全球伦理,便没有新的全球秩序。然而,人类是否能够找到这样一种"普世伦理",价值的多元性告诉我们在伦理原则上只能尽量寻找共识。

2. 人们实行某些道德规范,是自律的,还是他律的? 是以"道德"为最终追求,还是为了幸福、功利? 是"义务论",还是"功利论"? 对此,康德提出了自律论即义务论。康德提出"头顶灿烂星空,道德律在我心中"。第一句话强调自然规律是客观存在的,人们对自然规律必须存有敬畏之心,按照必然规律办事;第二句话强调人之所以为人,因为人如何为人处世,可以按照自己的意志办事,按照道德律办事。详见下文《头顶灿烂星空,道德律在我心中——康德哲学述评》。当然,其他思想家也有自己的不同看法。

3. 评价一个人或者一件事,是着眼于动机,还是着眼于结果? 人之所以按照道德律办事,全部出自"善良意志"即"良心",不图任何好处,因此是"自律"的。判断一个人是善的还是恶的,就看他的动机是否出自善良意志。人们所按照的道德原则是否正确,看其是否具有普遍性。边沁、密勒提出了功利论。功利论认为行为是否道德,取决于行为产生的效果是否给人们带来最大效益。

4. 人性是善的,还是恶的? 对于这一问题,古今中外的思想家可谓仁者见仁。孟子主张性善论。荀子主张性恶论。告子主张性无善恶说。董仲舒提出性三品说。朱熹等提出理欲说。西方谚语:人半是天使半是魔鬼。首先肯定人性中有生存、追求幸福生活的愿望,这无所谓善和恶。认为人的这种特性是"善"和"恶",全在如何定义。将合理的欲望定义为恶,本身是错误的判断标准。

5. 什么是理想的人格(圣人、真人、佛、主)? 什么是理想的生活(幸福——何谓幸福)? 什么是理想的社会(公正、仁爱)? 这些属于"美德伦理学"。美德伦理学讨论的是什么样的道德品质是美德。

6. 伦理学的分支:前面说"我们应该怎么做","为什么应该这么做",这些问题讨论的是人们的伦理规范,被称作"规范伦理学"。规范伦理学讨论的是什么样的行为是规范的、应该肯定的、赞许的行为。历史上最早出现的哲学家,注重讨论美德伦理,中国的先秦诸子、希腊的柏拉图、亚里士多德等,都侧重讨论如何成为具有美好德行的人。西方到了中世纪,谈论做人的种种戒律,那就是在谈论"伦理规范"——"规范伦理"了。到了近现代,西方哲学出现注重语言的倾向,在伦理学方面就出现专门讨论伦理学中常用的概念的伦理学——元伦理学,专门讨论什么是"善",什么是"应该"、"正义",等等。在规范伦理学中又出现讨论伦理学在各个领域的具体运用的学问——应用伦理学。比如生命伦理学,研究安乐死、试管婴儿、克隆人、死亡的界定等问题。

本章中我们不可能详细探讨上述所有问题,只能抓住要点。首先我们将要简要介绍古圣先贤关于“道德”、“善”的思考;其次介绍一下义务论与功利论这两大派别的主要特点,重点介绍康德的道德哲学;接着介绍北京大学王海明的伦理学说,并介绍王海明、赵汀阳、周国平等关于幸福和道德问题的一组短文,在此基础上简要介绍当代价值哲学的基本常识,伦理学就属于价值哲学的一个分支。

伦理学是教人求“善”的,也就是追求人与自我、人与社会、人与自然之间的和谐的。人生最高的“善”,一是实现社会理想——充满仁爱、体现公平的社会;二是实现人生理想——事业的成功、生活的幸福、人格得以和谐发展。而这些无一不需要我们发现、解决矛盾,实现和谐。什么是“善”呢?如果说认识了“真理”就是具备了“合规律性”,那么实现了“善”就是“合目的性”。可是这个世界上人与自然、人与社会、人与他人、甚至个人自己,你有你的目的,他有他的目的,各有各的目的,这样免不了就产生各种各样的矛盾,这就是人们常说的“价值观”的冲突。伦理学探讨的就是如何制定一些规矩条文,引导人们的行为,消除人与自然、人与社会、人与他人、人与自我之间的矛盾冲突,一言以蔽之,如何“创造和谐”,如何践履“善”。

当然,我们不可能提供遵循、培养美德的整齐划一的规矩条文,只希望让各位感觉到,伦理学同其他学科一样,充满理论趣味,需要我们积极的探究、思考、对话,在这个过程中增进智慧、开阔视野和胸襟。

在伦理观方面,张世英先生认为,人生之初,不能区分主体—客体,故无自我意识,亦无善恶之分,无道德意识;随着岁月的增长,逐渐有了主体—客体之分,并进而辨别善恶,也就有了道德的意识和道德实践;只有达到高级的“天人合一”,才能超越道德意识。它不是不讲道德,而是自然地合乎道德。张先生指出:“要回复到一种既有理性、文明和人欲,又能超越它们而在更高的基础上保持原始的同类感的领域,这就要求我们把道德意识的同类感建立在万物一体的本体论基础之上,要求达到超道德意识的审美意识的领域。”既然如此,提高道德意识,就不能单靠道德说教,而要“多提倡一点审美意识的修养和崇高境界的培养,也就是多提倡一点超主客关系的精神”。和王海明推介的“社会主义初级阶段”伦理学相比,张先生谈的是比较高远的境界。目前达到这个境界的途径,主要还是需要“主客二分”、认识矛盾、解决矛盾,经历磨炼,逐步达到“主客融合”,高远的理想境界并非没有用,先能够指引我们、激励我们前行,这就是哲学、世界观的作用。

一、中西方伦理思想述评

阅读提示 下文介绍、评价了中西方传统伦理思想，条理清晰、简明扼要，为我们进一步阅读理解有关伦理学的文章提供一个简要的知识背景。

（一）中国传统伦理思想述评

中国伦理思想源远流长，博大精深，是世界文化发展史上的一大奇观，它展现了中华文明的独特类型，至今仍以不同的形式和程度存活于中国人的心中，成为我们民族迎接新的时代的挑战，进行新的历史创造所特有的文化心理背景和必须面对的历史资源。在建设社会主义市场经济的今天，中国传统伦理思想中的许多基本道德精神仍然具有重要的现实意义，这主要表现在：

其一，在个人与国家、社会的关系上，强调整体观念，重视为社会、为民族、为国家而奋斗的爱国主义精神和“以义为上”的价值观。范仲淹的“先天下之忧而忧，后天下之乐而乐”，王夫之的“以身任天下”，林则徐的“苟利国家生死以，岂因祸福避趋之”，孙中山的“天下为公”，正是这种精神的表达。在中国古代，每当民族和国家面临危机的关头，总有一批志士仁人挺身而出，反对祖国分裂、抵抗外族入侵。他们是中华民族的脊梁，在他们身上体现的精神是中华民族生生不息的精神推动力。而这种爱国主义精神是建立在“以义为上”的价值观基础上的，国家和民族的利益是大义，应该将其置于个人利益之上。为了国家和民族的利益，应该“杀身成仁”、“舍生取义”。这种道德价值观要求人们将“以义为上”的“君子”作为心目中的理想人格。不论是“天下有道，以道殉身；天下无道，以身殉道”的执着道德精神，还是“为天地立心，为生民立命，为往圣继绝学，为万世开太平”的高尚道德理想，都是要求人们超越个人的私利、私欲，以国家、民族、人民的正义事业作为个人行为的最高准绳。在社会主义市场经济条件下，个人与国家、社会的关系依然是道德建设的热点问题。在全球化的国际背景下，中国古代的爱国主义精神对于增强当代青年的民族自尊心和自豪感，提高社会的责任感有着重要的现实意义。在价值观上，市场经济的运行主要是以物质利益为驱动力的，它更多的是以人的活动效益来衡量一个人的价值和能力，其负面效应就是容易造成极端个人主义、拜金主义的蔓延和滋长。中国古代“以义为上”的价值观鼓励人们追求高尚的道德境界，对于克服市场经济条件下见利忘义、“一切向钱看”的倾向，有着不可替代的重要作用。

其二，在人与人之间的关系上，提倡人伦价值，强调尊老爱幼、孝敬父母等中华美德。中国传统伦理思想重视人伦关系的道德价值，强调每个人在人伦关系中应尽的道德义务是中国人历来的道德传统。《尚书》提出“五教”，即

“父义”、“母慈”、“兄友”、“弟恭”、“子孝”。孟子提出“五伦”，即“父子有亲，君臣有义，夫妇有别，长幼有序，朋友有信”。《礼记·礼运》主张“十义”，即“父慈、子孝、兄良、弟悌、夫义、妇贞、长惠、幼顺、君仁、臣忠”。这些典籍都从不同的人与人之间的关系角度，规定了每个人为维护良好的人伦关系应当遵守的基本道德准则。其中包含的有益因素，对于改善当今家庭与社会的人伦关系，维护良好的社会秩序，仍有不可忽视的重要作用。中国传统的人伦思想强调个人在不同的关系中应当遵守相应的道德义务。儒家特别重视家庭伦理关系的和谐有序。对长辈的“孝”即尊敬、善待，对小辈的“悌”即关心爱护，被认为是一切道德的根本。孔子说：“孝悌也者，其为人之本与！”不仅如此，儒家还认为，一个有道德的人不但要孝敬自己的父母，而且还要敬重其他的老人；不但要悌爱自己的小辈，而且要关心其他人的幼孺。孟子说“老吾老，以及人之老；幼吾幼，以及人之幼”，这是十分崇高的人伦精神。在我们的现代生活中，竞争的激烈、压力的增大不可避免地引起了人情的淡漠、家庭关系的疏离。因此，我们应当大力倡导敬老爱幼、孝敬父母、夫妇有情、朋友有信等美德，使中国人传统道德中一切有价值的人伦道德精神在新时代得以发扬。

其三，在人与自然的关系上，将追求“天人合一”、人与自然和谐交融的境界作为道德价值的最终目标。中国古代伦理思想是中国古代哲学的重要内容，而中国古代哲学与西方传统哲学所取的“主客两分”的理论架构不同，采取的是一种天人合一的理论架构。这一理论架构也贯穿在中国古代伦理思想中。中国古代思想家是从认识“人”与“天”之间不可分离的依存关系开始，逐步认识“天人合德”，发现“人道”与“天道”，即人与自然之间存在的某种不可分割的内在联系的。“天人合一”，“天地合德”，这是中国先哲在深入思考人的生存方式的基础上提出的极其重要的伦理道德思想，也是中国传统伦理思想追求的最终价值目标。西方“主客两分”的传统在人与自然的关系上强调战胜自然、驾驭自然。而中国传统道德一直推崇“天人合一”，崇尚人与人的关系，而且要爱万物，也就是依循和推动大自然的化生。这无疑是中国传统对人类保护自然的伦理观念的一个贡献。

其四，在人的自我完善上，强调积极和坚定地追求高尚的道德理想，强调积极进行自我道德修养。儒家把“仁”作为最高道德理想，并把对道德理想的追求同“自强不息”、“刚健有为”的进取精神联系在一起。孔子本人就是一个自强不息的典范，“其为人也，发愤忘食，乐以忘忧，不知老之将至云尔”！同时，儒家强调“三军可夺帅也，匹夫不可夺志也”，追求理想和志向应有“知其不可而为之”的坚定的人生态度。一个人在人生的道路上，不论遇到什么困难，都要“不降其志，不辱其身”，都要有一种“富贵不能淫，贫贱不能移，威武不能屈”的执着精神。中国的传统道德认为，“修身齐家治国平天下”，一个人要在社会中实现自己的理想，有所作为，必须从“修身”起步，即“天降大任于斯人也，必先苦其心志，劳其筋骨，饿其体肤，空乏其身。行拂乱其所为，所以动心忍性，增益其所不能”。为此，中国传统伦理思想史上的重要思想家都在道德修养的方法上提出了自己的见解，孔子的学思结合，孟子的“存心”、“养气”、“寡欲”和“反躬内求”，儒家的经典《大学》中的“正心”、“诚意”、“格物”、“致知”，宋明理学的“居敬穷礼”、“自存本心”和“省察克礼”等。中国道德修养论的一个重要特点就是将道德论和认识论融为一体，突出主体内心的理性自觉，同时强调躬行践履、习性而成，达到“知”和“行”的统一。在当代中国，古代的道德修养方法依然不失其价值。

中国传统伦理道德思想中，既有许多中华民族世代相传至今仍具有重要意义的可贵道德精神，也不可避免地包含着糟粕。它表现在：

第一，从整体上分析，中国传统伦理思想中的道德原则是建立在封建宗法血缘关系及其等级制度之上的，不可避免地带有封建社会的烙印。这种道德原则集中表现为等级森严的伦理纲常，即“君为臣纲，父为子纲，夫为妻纲”，“君君臣臣父父子子”。这种封建的伦理纲常渗透至社会生活的各个领域和最深层，维护了中国几千年古代社会的稳定，但扼杀了个体的独立人格，泯灭了个体的自我意识，造成了中国古代社会个体权利观念的缺失。它主张圣道不可违，祖法不可变，因而倡导因循守旧，安分守己，束缚了人们改革的精神，阻碍了中国古代社会的发展。

第二，主张男尊女卑，否定男女之间的平等观念。中国传统伦理思想强调人的尊卑、亲疏观念，在根本上否定人与人之间的平等观念，特别是否定男女之间的平等观念。孔子认为“唯女子与小人难养也”，有轻视妇女的倾向。封建的伦理纲常主张男尊女卑，将女性置于社会的最底层，提倡“三从四德”、“从一而终”，推崇针对女性而言的“贞德”，大树大立“贞节牌坊”，大褒大奖“贞女烈妇”。宋明理学甚至提出“饿死事小，失节事大”，赤裸裸地表现了封建礼教的“杀人”本质。

第三，轻视自然科学知识，影响了中国古代科技的发展。孔孟认为，人有伦理知识，懂得上尊下卑，便不会犯上作乱，社会就会安定。以道德知识为主而不是以自然知识为主。这种以伦理知识为主要内容、排斥其他知识的教育思想显然不利于科技知识的传播和发展。另一方面，技术的继承又往往只靠家族的秘传或行会师授，使得技术长期被封闭在某个家庭或行会这样有限领域内，除了关系到整个民族生存发展的水利等公益事业外，大多数作为天下之公器的科学技术都是秘方，常常造成失传。靠个人经验的积累发展科学技术，毕竟是有限的，大大不利于中国社会的发展。

正确分析和评价中国的传统伦理思想，对于当代中国经济、政治、文化的发展有着重要的现实意义，也激起了许多理论工作者的研究兴趣。围绕着这个问题，学者专家见仁见智，有着不同的观点。但是，我们必须防止两种极端的倾向，一种是“全盘否定论”。这种观点认为，传统伦理是一种以血缘为纽带的封建宗法式的伦理文化，是为巩固封建等级制度服务的，其中的糟粕太多，完全不适合甚至阻碍市场经济条件下以血缘为纽带的现代化人际关系和社会的发展。因而，传统伦理应全盘否定和抛弃。这种观点显然片面夸大了传统伦理中消极的因素和传统伦理与市场经济的冲突，把“婴儿和洗澡水一齐泼掉了”。另一种是“儒学复兴论”。这种观点认为，儒学文化是中国传统文化的核心，它维持了中国几千年发展的延续，其中包含着许多珍贵的文化遗产。在市场经济发展的过程中，它完全可以代替其他文化推动中国走向现代化。他们甚至认为亚洲“四小龙”经济的飞速发展，儒家伦理起了不可估量的推动作用。因此，中国只要复兴儒学传统，中国的经济就会腾飞，中国的道德面貌和社会风气就会大为改观。这种观点过分夸大了儒家伦理中的积极成果，而忽视了其中的糟粕内容及其在中国几千年的消极影响，也是不可取的。

中国传统伦理思想经历了几千年的发展，内容丰富，影响巨大，其对社会的作用及现代价值是复杂的，难以用一个简单的结论来概括。对中国传统伦理思想必须贯彻取其精华、去其糟粕的原则，但对于具体的问题必须具体分析。一般来说中国传统伦理思想可以分为三类：一类是精华，一类是糟粕，但也有些内容难以明确地归于其中一类。例如孝的问题在中国古代伦理思想中占有重要地位，“百善孝为先”之说就证明了这一点。“孝”既反映了以宗法血缘关系为纽带的古代社会的伦理要求，它所包含的相当一部分内容属于封建糟粕的内容，与时代的要求已格格不入，但它所体现的下一代人对上一代人应尽赡养义务的精神却在当代社会体现出它的重要价值。中国近代有位思想家认为：“非新无以进，非旧无以守”，这就是说固守传统，没有创新精神，一个民族就不可能发展；否定传统，割断历史，一个民族就没有立足的根基。在实现中华民族复兴的21世纪，当代中国伦理学的发展必须继承和发扬中华民族的传统美德，同时要不断创新，反映时代的精神，才能完成历史赋予的崇高使命。

（二）西方传统伦理思想述评

西方传统伦理思想在几千年的发展过程中，形成了与中国传统伦理思想不同的特点，对现代社会产生了重要影响，这主要表现在以下几个方面。

1. 崇尚“知识”，以理性为道德基础

古希腊时期，苏格拉底提出“美德即知识”的命题，认为人只有具备对道德的理性知识，才有可能成为有德之人，开创了西方传统伦理思想的理性主义的先河。即使在属于信仰时代的中世纪，托马斯·阿奎那依然认为“明智为诸德之首”。在近代社会，以康德和黑格尔为代表的德国伦理思想把苏格

拉底的理性主义伦理思想发展到了新高峰。培根的名言“知识就是力量”对近代社会发展产生了重大影响,而这一名言正是植根于西方伦理思想的理性主义传统中。西方传统伦理思想中的理性主义对科学技术的发展乃至人类文明的进步有着重大意义。在科学发展日新月异的21世纪,崇尚“知识”,以理性为道德基础,将真与善统一起来,是时代的要求。吸取西方传统伦理思想中崇尚“知识”的合理因素,对于改变我国科学技术落后的面貌,全面建设小康社会是大有裨益的。

2. 强调“公正”原则在人伦关系和社会秩序中的重要地位

梭伦是古希腊著名的改革家,他在一首诗中写道:我所给予人民的适可而止,他们的荣誉不减损,也不加多;即使是那些有财有势之人,也一样,我不使他们遭受不当的损失,也不加多;我拿着一只大盾,保护双方,不让任何一方不公正地占据优势。梭伦认为公正就是不偏不倚。古希腊的著名思想家几乎都对公正问题发表了自己独特的见解,苏格拉底说:“凡是做规矩所认可的事情的人,是合乎公正的。”柏拉图理念论的核心即是公正,在他看来,公正就是各司其职、各守其序、各得其所,这是实现社会均衡和谐的首要条件。亚里士多德指出,“公正为百德之总”,可分为政治公正、平均公正、比值公正、自然公正等。1971年美国著名伦理学家罗尔斯出版了《正义论》一书,在国际上产生了广泛的影响,足见公正问题在当代社会生活中的地位和价值。在我们建立社会主义市场经济的今天,如何正确认识公正原则,并以它来调节个体与国家、社会之间的关系、群体与群体之间的关系,实现权利与义务的统一?如何正确处理公平与效率的关系?这些问题都是道德建设的突出问题。吸取西方公平观中的合理内容,对于中国特色的社会主义道路建设不乏积极意义。

3. 尊重人权,强调人是目的的人道主义精神

古希腊智者派代表人物普罗泰戈拉就提出了著名的命题“人是万物的尺度”。文艺复兴时期的思想家竞相歌颂人的意志自由、个性解放和独立自主,强调人的尊严和价值,提倡为自己而生活。法国启蒙思想家宣扬天赋人权,提倡自爱和自我保存。这种以人为中心的人道主义矛头直指当时的封建制度和宗教神学。德国古典哲学家康德提出:“不论是谁在任何时候都不应把自己和他人仅仅当作工具,而应该永远看作自身就是目的。”康德认为人与人之间的道德关系必须以人与人之间的相互尊重为特征,尊重人就是把人看作有绝对价值的行为者,从而承认不应该把他们当作只是具有有条件的价值的、为我们的目的服务的东西。把人仅仅作为手段来对待,就是按照我们自己的目的来使用他们,好像他们不是道德的行为者。费希特还说:“人本身就是目的,他应当自己决定自己,绝不应当让某种异己的东西来决定自己。”这种强调人权,尊重人权的人道主义精神在今天仍有着它的积极意义。社会主义中国将人道主义作为处理人与人之间关系的道德规范，提倡关心人，尊重人，理解人，维护人的尊严和权利，促进人的全面发展，应该从西方伦理思想中吸取合理的成分。

4. 重视功利，追求人生的快乐和幸福

古希腊居勒学派和伊壁鸠鲁学派的快乐主义以感觉论为基础，把人生的目的、人的行为的动机归之于追求快乐，即“快乐是幸福生活的开始和目的”。爱尔维修把人的本性归之于“趋乐避苦”，并提出著名的利益学说，认定利益在社会生活中起支配作用。作为西方功利主义创始人的边沁和密尔则在此基础上提出了完整的功利主义，认为如果一种行为能够或有趋势为相关人群的最大多数带来最大利益，那么这种行为就是善的，否则就是恶的。功利主义在一定程度上论证了经济动机在道德上的正当性问题，肯定了人们的正当的物质利益要求，把矛头直指西方的禁欲主义。传统的功利主义在近几百年来产生了广泛的影响，不但成为西方主流经济学的伦理前提，而且在各种形式的道德决策中得以广泛运用。发展社会主义市场经济，必须研究西方的功利主义，以利于物质文明和精神文明建设。

西方传统伦理思想中也存在不少糟粕。它表现在：第一，西方传统伦理思想中一方面突出人的地位，强调个人的价值、尊严、自由及平等；另一方面又认为“人是自私的”，强调个人的感性欲望，追求个人的最大的利益、快乐。这种以个人为中心，以个人利益的满足为出发点和归宿的道德观，成为物欲横流、个人至上的西方社会病的文化土壤。第二，西方传统伦理思想中强调以人为中心，但同时把人与自然界割裂开来、对立起来，这种主客两分的倾向与现代生态环境中倡导的人与自然和谐统一的原则是背道而驰的，在学习和研究西方传统伦理思想时，这是必须认真注意的。

（本文节选自卫刚主编、蒋念祖副主编《追求和谐的人生——中学生伦理学初步》，凤凰出版社 2012 年 10 月出版。）

二、头顶灿烂星空，道德律在我心中

——康德哲学述评

张志伟

阅读提示　“头顶灿烂星空，道德律在我心中”是康德的名言，表达了他对自然规律与道德律令的尊崇，前者是在对必然规律的认识、遵守中表现人的理性；后者则更能体现人的自由、人的理性：自由就是自己制定道德律令自己遵守。因此这两句话凸显了人的可贵之处——人的主体性、人的理性，但是尤其凸显了人出于理性的自律——自由意志，这是康德道德哲学的基石。

康德在《实践理性批判》一书的“结论”中指出：“有两种事物，我们越是经常、持续地对它们反复思考，它们就总是以时时翻新、有增无减的惊叹和敬畏充满我们的心灵：这就是头上的星空和内心的道德法则。”康德这段话集中体现了他的哲学的基本精神。据说康德**墓志铭就是这段话：“位我上者，灿烂星空；道德律令，在我心中。”**

“头上的星空和内心的道德法则”代表着康德哲学的两大原则，一个是自然（必然），一个是自由；一个是科学，一个是道德。康德穷毕生之精力就是要证明这两大原则各自的根据。

“头上的星空”代表的是宇宙自然，体现着森严的自然法则。“内心的道德法则”代表的则是自由自律，体现着人之为人的价值和尊严。帕斯卡曾经说，人与他在宇宙中的地位不相称，因为人脆弱得就像是一棵茅草，但是他是一棵有思想的茅草。康德也是如此，他竟然把人的道德与宇宙自然相提并论，不但相提并论，甚至在他的心目中，内心的道德法则远比头上的星空要高得多，这就是说，道德法则远高于自然法则。

“头上的星空”和“内心的道德法则”，两者都与人类的本性——理性——息息相关。前者从我在外部感觉世界中所占的位置开始，并把我在其中的联系扩大到重重世界、层层星系的无限空间之中，和体现着它们的循环运动、生成与延续的无限时间之中。后者则开始于我的无形的自我、我的人格，并把我呈现在一个具有真正无限性的世界之中，尽管这是只有理性才能思想的理智世界，然而我自己觉察到，我和这个世界的联系不是单纯偶然的而是普遍必然的，而且可以通过这个具有本体意义的世界与所有那些有形世界发生关系。虽然这两个世界都与我的存在密切相关，但是它们对我的意义却截然不同。就有形的感觉世界而言，我们只是一种有限的自然存在物，只是自然之无尽的因果链条中的一环。在广阔无垠、浩淼无边的宇宙中，我们生长于斯的家园——地球，不过是沧海一粟，无足轻重的一粒沙尘，我们则是生活在这粒沙尘上的一种微不足道的生物，它与一块石头、一棵树没有什么两样，不知道自己因为什么被赋予了极其短暂的生命，亦不知道自己究竟何时何地将化为灰尘，又重新加入自然之永恒的元素循环之中去了。就此而论，我们越是认识宇宙的伟大，就越是感到自己的渺小，就越是感到人没有价值，没有尊严。认识自然能够证明人的能力吗？恰恰相反。

然而，人不仅是自然界中的一个成员，而且也是有理性的存在，作为理智世界的成员就无限地提高了人作为一个人格、一种理智的价值。在这一人格中，道德法则的自律性给我呈现出一种独立于动物性，甚至独立于全部感觉世界的生存方式，它表明人作为有理性者具有自己为自己立法，完全由其自身决定自己存在的真正的自由。当他遵守道德法则而行动时，他就摆脱了仅仅作为一个物件的他律地位，而具有了超越感性界限、超越于一切自然存在之上的独特的尊严。尽管我们不可能在认识上确定这个世界的实在性，但是在实践领域，它至少可以通过道德法则为我的存在所提出的目的规定（至善）而推断出来，而且这个目的规定决不仅限于今生今世的条件与界限，它使我的存在指向永恒。

康德这段脍炙人口的名言以及他对这段话的解释表明，在他看来，不是科学知识而是道德行动标志着人之为人作为理性存在的价值和尊严。由于人同时是两个世界的成员，因而他同时受到两种法则的作用。不同的是，自然法则是他不得不遵守的必然法则，而理性的法则不是必须遵守而是"应该"遵守的法则，所以康德称理性的法则为"道德法则"，正是这个"应该"的道德法则无限地提高了人的价值和地位。如果人只是自然存在物，那么对他来说就只有一种法则起作用（自然法则）。如果人是纯粹的理性存在，对他来说也只有一种法则起作用（理性法则）。现在，有两种法则同时对他起作用，于是就出现了这样的情况：他虽然是自然存在物但却有能力排除自然法则的限制，完全按照理性的道德法则而行动。举个极端的例子：当一个不怎么会游泳的人看到有人落水时，他明知自己去救人很可能会搭上自己的性命，但是他认为应该救人，于是就不顾一切地跳进了水里，结果他也被淹死了。显然，无论应该不应该，自然法则是无情的，它决不会因为"应该"就不起作用，但是反过来说，人的确可以藐视自然法则，不惜牺牲生命去实现"应该"。正如康德所说，自然既不可能产生一个应该，也不可能制止一个应该。自然法则决定了违反自然的行为是不可能成功的，但是道德法则却的确可以使人"明知不可而为之"，古人云"有所为，有所不为"。顶天立地者，人也。因此人作为两个世界的成员（自然界与理智界），他有可能——不是必然而是可能——树立起高于一切自然存在物甚至高于上帝的价值与尊严。因为上帝是万能的，他的荣耀无以复加，他产生任何奇迹都不会令人感到惊讶。人不是万能的，不仅不是万能的，他还是有死的。如果他竟然能够排除自然的限制，自觉地按照理性自身的法则行动，那才真正值得尊敬。

康德以他特有的方式证明了无论作为自然存在物的人多么渺小，他却敢于以其精神的力量向不可抗拒的自然法则挑战，尽管在现实生活中我们不可能因为良好的意愿而改变自然法则，但是它却有可能将我们带入无限的自由境界，那虽然是人有生之年无法企及的理想，但是却可以作为理想成为我们追求的目标，正是在这一追求之中，我纯洁了自己的人格，体现了人之为人的尊严，将自己有限的生命融入了无限的理想境界之中。

"头上的星空"代表的是现实，"内心的道德法则"代表的则是理想。我们需要认识头上的星空，它可以使我们在认识世界改造世界的过程中活得越来越好,然而同时我们也需要内心的道德法则,我们毕竟不是单纯的自然存在物,我们也不满足于做一个单纯的自然存在物,这就需要解决为什么活着的问题,亦即人生在世的目的、价值、理想等问题。这些问题都是难题,都不可能有最终的答案,但是我们却不能不去追问它们,因为那是我们赖以生存的精神归依。

(本文节选自张志伟主编《西方哲学史》,中国人民大学出版社 2002 年 8 月出版。)

附录:康德的"义务论"与边沁的"功利论"

康德认为"人是有理性的"。这个"理性"表现在两个方面:一是人有一整套的"认知结构",外部世界的感觉进入这个"认知结构",才会被整理成为"知识"。此前经验论认为,知识是来自外部世界的刺激而产生的感觉;理性论认为,知识来自天赋的观念。康德将两者综合起来,提出知识是人的认知结构与外来刺激下产生的感觉的结合。这个观点突出了人在认识中的主体作用:人为自然界立法。自然界的知识,体现了事物之间的因果关系、必然联系,人出于理性,必须遵循这些必然规律。

康德同时认为,在意志、实践领域,不像在知识领域,存在必然规律,人是完全自由的,人的认识是不起作用的,起作用的是信念、信仰、善良的"道德意志"。就是说,做什么,不做什么,全部由人自己做主。人的主体性、人的伟大、人的理性在这里就表现为"人为自己立法"。人无条件地决定:做善良的人善良的事情。这个决定既不是被迫的,也不是出于功利的目的(比如获得幸福、荣誉),就是说,康德认为真正的道德,不是出于个人或社会的功利的需要,完全出于真正的人的"义务"。这充分表现了人的理性、人的主体性、人的伟大。

到底什么是道德的,什么是不道德的?道德的基本原则是什么?康德提出三条:一是普遍性原则。判断一事情好坏,须将心比心,"己所勿欲,勿施于人"。二是目的原则,即"一切以人为目的"。任何事情再多的实惠,如果损害人的人格、尊严,都是不道德的。三是自律原则。善良的道德行为必须出自自己内心。所以康德的伦理学被称为动机论。当然只谈论动机不顾结果肯定是荒谬的,康德认为结果应该在确立动机时的考虑之中。

"至善"与三个假设。康德说的至善是说,具有德行的同时享有幸福,但是实际上,在现实生活、有限人生之中,难以两全。所以康德提出三条假设:人有意志的自由;灵魂不朽;上帝存在。第一个假设,是使得人可以有选择实践行动的自由,第二、第三条假设使得人们树立起希望:依靠自己的德行修养配享幸福。(它不可能让你谋取幸福,只能让你"配享幸福")在假设的基础上建立的理论,具有理想性。

与此相对的,具有比较广泛影响的是边沁、穆勒等主张的"功利主义"或者“目的论”伦理学。功利主义，即效益主义是伦理学中的一个理论。提倡追求“最大幸福”。主要哲学家有约翰·史都华·密尔、杰瑞米·边沁等。功利主义认为人应该做出能“达到最大善”的行为，所谓最大善的计算则必须依靠此行为所涉及的每个个体之苦乐感觉的总和，其中每个个体都被视为具相同分量，且快乐与痛苦是能够换算的，痛苦仅是“负的快乐”。不同于一般的伦理学说，功利主义不考虑一个人行为的动机与手段，仅考虑一个行为的结果对最大快乐值的影响。能增加最大快乐值的即是善；反之即为恶。边沁和密尔都认为：人类的行为完全以快乐和痛苦为动机。边沁在《道德和立法原理导论》一书中进一步阐明功利原理，并把它应用于法学、政治学、经济学、伦理学之中，以此作为判断一切行为和立法措施的准则。

思考与实践　1. 朱光潜《西方美学史》中关于康德哲学思想体系的介绍，深入浅出简洁明了，了解他的哲学思想体系，不仅有助于了解他的伦理思想，对于了解什么是哲学也将大有裨益。

2. 伦理学中，“义务论”与“功利论”争论由来已久，两者之间有何不同？给我们什么启迪？

三、伦理学的新视域

——王海明《伦理学原理》评介

阅读提示　王海明《伦理学原理》（北京大学出版社2001年8月出版）认为：现实的人性如何，这是制订道德学说的依据之一。现实的人性趋乐避苦，因此实施道德是需要吃苦的，但是最终应该给人带来利益。道德的目标是利益最大化，但是不损害一人的利益。人的趋乐避苦的目的，转化为行为有四类：利；害；人；己。由此推出，人的目的、行为分为十六种。逐一分析可以得出结论：“善”包括无私利他（最高的善、至善）、为己利他（基本善、最重要的善）、单纯利己（最低的善）；“恶”包括纯粹害己（最低的恶）、损人利己（基本恶、最重要的恶）、纯粹害他（最高的恶、至恶）。

传统的“集体主义原则”，是以集体本位为特征的。新伦理是以个人本位为特征的。前者主张：“大河有水小河满”，而后者强调“小河无水大河干”；前者主张“集体的事再小也是大事，个人的事再大也是小事”，后者强调“集体的事未必就是大事，个人的事未必就是小事”，“群众利益无小事”，更加注重维护个人的正当合法权益。

新伦理在明确利己的道德价值的同时，又肯定了必要时无私利他与自我牺牲的道德价值，并提出了损人利己之为恶是绝对的。由以上基本原则，推出应该提倡的伦理行为包括:社会:公平;人道;个人:幸福;贵生。

由这些伦理行为推出道德七原则:诚实、贵生、自尊、谦虚、智慧、节制、勇敢和中庸,以及品德教育、修养的方法。

它是一种新的伦理学。新在哪里?概而言之,一是体系新,二是观点新。《伦理学的新视域》一文对王海明的《新伦理学》(《伦理学原理》是在《新伦理学》研究基础上撰写的大学教材,阐述更加简明清晰)做了简要评价和介绍,一共讲了七点。

1. 创立了新的伦理学体系

(1) 强调建立伦理学的逻辑性。以下(二)至(七)(对全书内容的概括介绍)构成一个严密的逻辑论证系统。(2) 处理好"事实"与"应该"的关系。《新伦理学》不是凭空预设人类应该具备的道德,而是从"事实"出发,先论证人的本性如何,从人性的事实出发,推导出人性能够达到的境界,再进而论证如何实施这些道德,这就成功地将元伦理、规范伦理、美德伦理有机地结合在了一起,从而构造出了一个完整、严密的伦理学理论体系。(3) 什么是道德(应该做的)?道德与法一样,就其自身来说,不过是对人的某些欲望和自由的压抑、侵犯,因而是一种害和恶,就其结果和目的来说,却能够防止更大的害或恶(社会的崩溃)和获得更大的利或善(社会的存在发展),因而是净余额为善的恶,是必要的恶,是人类为了达到利己目的(保障社会的存在发展)而创造的害己手段(压抑、限制每个人的某些欲望和自由)。(4) 强调了道德的他律性。道德的最终目标是为了获得利益的最大化,所以,道德不是自律的,而是他律的;不是为了道德和品德自身,而是为了道德和品德自身之外的利益、幸福;不是为了道义,而是为了功利。(5) 社会应该以功利吸引人们做有道德的人。(6) 哪种道德是适合的,要看实践效果——效益最大化。

总之,《新伦理学》基本属于功利论、他律论、效果论。它的理论体系适应了社会主义初级阶段的需要。

2. 新人性论

(1) 何谓人性。所谓人的伦理行为,是利害人己的行为。核心概念就4个字:利、害、人、己。人的行为,是由目的、手段以及原动力构成的。目的是为什么,手段是怎么办,即不仅提出问题,而且要解决问题。仅仅提出问题还不是行为,那是思想,只有做了,才是行为。只有是在利害人己意识的支配下去做,才是伦理行为。意识的核心是目的,做必有手段,两者结合可以表述为:

手段	目的(利己	利他	害己	害他)
利己	完全利己	为他利他	利己以害己	利己以害他
利他	为己利他	完全利他	利他以害己	利他以害他

续表

手段	目的（利己	利他	害己	害他）
害己	害己以利己	自我牺牲	完全害己	害己以害他
害他	损人利己	害他以利他	害人以害己	完全害他

这就是人的全部的伦理行为，这就是人的伦理行为的事实如何，这就是人性。这样，人性就不再是一个抽象的概念，而是可以具体分析评价的行为类型。

（2）何谓评价上述行为的善恶。如前所说，道德目的是“一总两分”，总标准：增减全社会和每个人利益总量。分标准：最大利益净余额和不损害一人地增加利益总量。对照这个标准，逐项分析可得出如下结论：

① 符合道德目的，即道德的、应该的、善的行为，主要有7种。4种目的利他行为（第二列，为他利他、完全利他、自我牺牲、害他以利他——除去害大于利的害他以利他）；3种利己行为（第一列前三种：完全利己、为己利他以及害己以利己——除去害大于利的害己以利己）。此外，还有惩罚他人的“目的害人”与自我惩罚的“目的害己”2种行为，虽然害人、害己，出发点情有可原。

② 不符合道德目的，即不道德、不应该、恶的行为主要有9种。4种目的害他行为（第四列；除去出于复仇的等害交换的惩罚他人的行为）和4种目的害己行为（第三列；除去出于内疚感、罪恶感等害交换的自我惩罚的行为）以及损人利己（第一列第四项）。此外，还有害大于利的害他以利他和害己以利己2种行为。

③ 目的害人、害己的根源是恨人之心（嫉妒心、复仇心；罪恶感、自卑感）；引发害他目的与害己目的恨人之心（除了以等害交换的惩罚他人的复仇心）；自恨心（除了以等害交换的惩罚自己的自卑感、罪恶感），总体上看是恶的。引发利己目的与利他目的的自爱心与爱人之心（同情心、报恩心），除了损人或害大于利的害己手段实现的，总体上看是善的。

④ 总之，最为深刻的人性，即引发每个人一切行为和情欲的终极原因、原动力——趋乐避苦的利己心——就其自身来说，是善的，因为它符合道德目的。就其结果来说，由于对于己他利益的不同处理，则是善与恶的共同源泉。它表明，人性不论就其“用”，亦即行为来说；还是就其“体”，亦即引发行为的情欲来说，皆亦善亦恶。

趋乐避苦的利己心就自身而言是“善”的；就结果而言，是善与恶的共同源泉。

⑤ 总的来说，人性善大于恶，否则社会就无法存在与发展。社会说到底是人们共同缔结的一个利益共同体而已。在这个利益共同体里，所有以利己为动力的个体都面临着与他人、社会如何相处的问题，在大多数情况下，己他

是应该两利也可以两利的，它们的一致性，决定了人性善的一面。但如果不能正确处理这种关系，由利己走向自私，人为地破坏了这种一致性，就会由善变恶，如损人利己。为了维护这个共同体，在必要的时候，应该牺牲“小我”成就“大我”，因为共同体利益的价值大于重于个人利益的价值。可见，以个人为本位也能导向集体主义。

3. 善恶六原则

弄清了人类全部伦理行为之善恶，也就可以制定规范人类一切伦理行为的善恶道德原则了。这样，新伦理学便通过道德目的、道德终极标准，从人类全部伦理行为事实如何的客观本性中，一方面推导出无私利他、为己利他、单纯利己三大善原则及其相互关系；另一方面则推导出纯粹害己、损人利己、纯粹害他三大恶原则及其相互关系。

这善恶六大原则及其相互关系可以用一个数轴来表示：

善
- 无私利他（最高的善、至善）
- 为己利他（基本善、最重要的善）
- 单纯利己（最低的善）

恶
- 纯粹害己（最低的恶）
- 损人利己（基本恶、最重要的恶）
- 纯粹害他（最高的恶、至恶）

不难看出，三大恶原则的适用范围都是绝对的：任何人在任何条件下都既不应该纯粹害己，也不应该损人利己，更不应该纯粹害他。然而，三大善原则的适用范围却都是相对的。单纯利己显然仅仅应该指导与社会或他人没有直接利害关系、而只与自己有直接利害关系的伦理行为，如一个人跑步、游泳、游山玩水、观花赏月等。反之，无私利他与为己利他则是每个人与社会或他人有直接利害关系的伦理行为的道德原则。

不过，为己利他仅仅适用于利益一致而可以两全的伦理行为。因为在利益冲突不能两全的情况下，每个人显然若不自我牺牲便必损人利己，而决不可能为己利他。反之，无私利他则仅仅适用于利益发生冲突而不能两全的伦理行为。因为无私利他，如前所述，与自我牺牲是同一概念：任何无私利他，至少都必须压抑、牺牲自己一定的利己的欲望和自由以及自己一定的时间和精力。这样，在利益一致的情况下，无私利他便因其压抑、牺牲了自我欲望、自我利益而违背了在利益一致情况下“不损害一人地增加利益总量”的道德终极标准，因而是不应该、不道德的、恶的。

在利益一致的情况下，之所以应该为己利他而不应该无私利他，还因为在这种情况下，为己利他比无私利他更能增加社会和每个人的利益总量。这可以从两方面看。一方面，无私利他似乎没有增加社会利益总量，因为它虽然增加了他人利益总量，却减少了自我利益总量；反之，为己利他则显然增加了社会利益总量，因为它不仅增加了他人利益总量，而且增加了自我利益总量。另一方面，即使无私利他增加了社会的利益总量，也必定远远少于为己利他所增加的社会利益总量；因为只有为己利他才具有——无私利他却不具有——增进社会利益的最强大的动力：个人利益追求。所以，西季威克说："正是在自我利益的激励下，大多数人的积极的能量才会最容易和最充分地发挥出来。如果去掉这种激励，普遍幸福就会因劳动本身及其所获得的幸福手段的严重减少而减少。由于这些原因，在实际生活中，如果每个人都像关心自己幸福那样关心他人幸福，是不会促进普遍幸福的。"

那么，在利益一致的情况下，是否完全不应该无私利他而只有纯粹的为己利他才是应该的？不是。在这种情况下，"人己兼为"、"己他两利"也是应该的、道德的。所谓人己兼为、己他两利，也就是目的既为自己也为他人而手段则利他或既利他又利己的行为，因而也就属于为己利他与无私利他的混合类型。例如，一个家庭主妇操持家务，往往既为自己又为该家庭的其他成员，因而属于为己利他与无私利他的混合行为。这种混合行为显然与为己利他一样，完全符合利益一致情况下的"不损害一人地增加利益总量"的道德终极标准，因而是道德的、应该的。

由此可见，我们多年来所倡导的不应该为自己而只应该为祖国成名成家便是不道德、不应该的。因为成名成家显然既有利于自己又有利于社会，属于自我利益与社会利益一致的行为。所以，要求一个人为祖国而不为自己成名成家，便因其压抑、牺牲了自我欲望、利益而违背了在利益一致情况下"不损害一人地增加利益总量"的道德终极标准。优良的道德只应该要求人们为自己成名成家或既为自己又为祖国成名成家。因为不但只有如此才符合在利益一致情况下"不损害一人地增加利益总量"的道德终极标准，而且为自己成名成家比为祖国成名成家更能增加社会和每个人的利益总量：只有前者才具有而后者却不具有增进社会利益的最强大的动力：个人利益追求。

另外，新伦理认为：一方面，在一切恶行中，唯有损人利己才可能是恒久的，而纯粹害他只能是偶尔的。所以，损人利己给予社会和他人的损害必定最大、最多，必定远远多于纯粹害他给予社会和他人的损害。因此，纯粹害他是最高的恶，却不是最大的恶，不是最重要的恶，不是最重要的恶原则，不是最重要的不道德原则；损人利己不是最高的恶，却是最大的恶，是最重要的恶，是最重要的恶原则，是最重要的不道德原则。另一方面，在一切善行中，唯有为己利他才可能是恒久的，而无私利他只能是偶尔的。所以，为己利他给予社会和他人的利益必定最大、最多，必定远远多于无私利他给予社会和他人的利益。所以，无私利他是最崇高的善，却不是最大的善，不是最重要的善，不是最重要的善原则，不是最重要的道德原则；为己利他虽然并不崇高而被康德贬为巧于算账的原则，却是最大的善，是最重要的善，是最重要的善原则，是最重要的道德原则。

总之，无私利他只应该作用于利益冲突领域；而一切利益一致行为所应遵循的道德原则只应该是“为己利他”或为己利他与无私利他的混合：“人己兼为”、“己他两利”。不过，在这种混合原则中，由于每个人的行为必定恒久为自己而只能偶尔为他人，所以，无私利他的成分只可能是偶尔的，而为己利他的成分则必定是恒久的。这样，“人己兼为”、“己他两利”的主导行为仍是为己利他而非无私利他。

“为己利他”既然是利益一致情况下的道德原则，那么也就应该是恒久的道德原则，应该是指导人们恒久行为的道德原则；反之，“无私利他”则因其是利益冲突情况下的道德原则而只应该是偶尔的道德原则，只应该是指导人们偶尔行为的道德原则。因为不言而喻，人们的利益一致是正常的、一般的情况，因而是恒久的、多数的；反之，人们的利益发生冲突、不可两全则是例外的、非常的情况，因而是偶尔的、少数的。至于“单纯利己”，显然也只应该是偶尔的道德原则，只应该是指导人们偶尔行为的道德原则。因为它所适用的与社会、他人无直接利益关系的伦理行为，在每个人的行为总和中，无疑是偶尔的、极少数的行为。

进言之，无私利他和单纯利己不但只应该是，而且也只可能是偶尔的道德原则；反之，为己利他不但应该是，而且也可能是恒久的道德原则。因为关于伦理行为规律的研究告诉我们：每个人的行为必定恒久为己利他或损人利己，而只能偶尔无私利他、单纯利己、纯粹害人、纯粹害己。这一伦理行为的客观规律无疑意味着：无私利他和单纯利己以及纯粹害人和纯粹害己四大道德原则都只能引导、规范每个人的偶尔行为；而唯有为己利他与损人利己才能引导、规范每个人的恒久行为。于是，综上所述：

首先，无私利他便是最高且偶尔善原则，是最高且偶尔道德原则，它只应该且只可能指导每个人的偶尔行为；其作用是使每个人在自我利益与社会或他人利益发生冲突而不能两全时，能够无私利他、自我牺牲而不致损人利己。反之，纯粹害人则是最高且偶尔恶原则，是最高且偶尔不道德原则，它也只应该且只可能指导每个人的偶尔行为；其作用在于禁止每个人的对待他人的行为纯粹害人，而使之不断减少以至于零。

其次，为己利他便是基本且恒久善原则，是基本且恒久道德原则，它应该且能够指导每个人的恒久行为；其作用是使每个人在自我利益与社会或他人利益一致的情况下，能够为己利他而不致损人利己。反之，损人利己则是基本且恒久的恶原则，是基本且恒久的不道德原则，它也应该且能够指导每个人的恒久行为，其作用在于反对每个人在一切与社会和他人有利害关系的行为中损人利己，而使之不断减少以至于零。

最后，单纯利己便是最低且偶尔善原则，是最低且偶尔道德原则，它也应该且只能指导每个人的偶尔行为，其作用在于使每个人在与社会和他人无直接利害关系的行为领域，能够单纯利己而不致纯粹害己。反之，纯粹害己则是最低且偶尔恶原则，是最低且偶尔不道德原则，它也应该且只能指导每个人的偶尔行为，其作用在于阻止每个人的与社会和他人无直接利害关系的行为纯粹害己，而使之不断减少以至于零。

这样，六大善恶原则各自的定义及其所规范的行为的数量和范围便可以表示如下：

名称	定义	适用的行为数量	适用的行为范围
(1) 无私利他	最高且偶尔善原则	偶尔行为	利益冲突而不能两全的行为
(2) 为己利他	基本且恒久善原则	恒久行为	利益一致而可以两全的行为
(3) 单纯利己	最低且偶尔善原则	偶尔行为	自我与社会或他人无利害关系的行为
(4) 纯粹害己	最低且偶尔恶原则	偶尔行为	自我与社会、他人无利害关系的行为
(5) 损人利己	基本且恒久恶原则	恒久行为	自我与社会或他人有利害关系的行为
(6) 纯粹害人	最高且偶尔恶原则	偶尔行为	对待他人的一切行为

这就是被伦理行为客观规律和道德终极标准所决定的善恶六大原则的各自的定义与所适用的行为数量及其范围。它的基本且现实的意义在于表明，把无私利他奉为评价行为是否道德的唯一准则以指导人们一切行为，既是不应该也是不可能的：它不应该，因为无私利他只应该指导利益冲突而不能两全的行为；它不可能，因为每个人必定恒久为自己而只能偶尔为他人。所以，不论无私利他多么高尚纯洁尽善尽美，也只应该且只能够被奉为偶尔道德原则，只应该且只能够被用来引导人的偶尔行为。只有为己利他，只有这不那么高尚完美而被康德和冯友兰斥为巧于算账的原则，才应该且能够被奉为恒久道德原则，才应该且能够用来引导人的恒久行为。只有无私利他和为己利他以及单纯利己三者联合起来才是全面的善原则，才应该且能够引导人的全部的善的行为；从而使每个人在利益冲突时能够无私利他，在利益一致时能够为己利他、己他两利，在无关社会和他人时能够单纯利己，在任何时候都不做纯粹害己、损人利己、纯粹害人等一切不道德的行为。这就是道德完人之极限！这就是最优良的道德的全部作用之极限！谁要超越这个极限，谁要把无私利他奉为唯一道德原则用以引导人的一切行为，妄图造就恒久无私乃至完全无私的楷模，谁便会被伦理行为客观规律碰得头破血流，谁便注定只能造就伪君子而已！

总而言之，善恶六原则——无私利他、为己利他、单纯利己以及纯粹害人、损人利己、纯粹害己——乃是规范人类全部伦理行为的道德原则，因而是道德总原则。但是，道德总原则，如上所述，由两方面构成：一方面是善恶总原则，亦即善是利他与利己和恶是害他与害己；另一方面是善恶分原则，亦即善恶六原则。善恶六原则虽然源于善恶总原则，却比善恶总原则更为重要。因为善恶总原则极其普遍宽泛而不区分目的与手段，因而不能准确衡量一切行为之善恶。要准确衡量一切行为之善恶，善恶总原则必须具体化而区分目的与手段，从而演进为含有目的与手段之分的“无私利他”、“为己利他”、“单纯利己”和“纯粹害人”、“损人利己”、“纯粹害己”善恶六原则。因此，只有善恶六原则才能够——善恶总原则不能够——准确衡量一切行为之善恶：善恶六原则是精确的道德总原则；善恶总原则是非精确道德总原则。道德总原则无疑是人类最重要的道德原则。于是，人类最重要的道德原则与其说是道德总原则毋宁说是善恶六原则。

4. 新集体主义

传统的“集体主义原则”，是以集体本位为特征的，而新伦理是以个人本位为特征的。前者主张：“大河有水小河满”，而后者强调“小河无水大河干”；前者主张“集体的事再小也是大事，个人的事再大也是小事”，后者强调“集体的事未必就是大事，个人的事未必就是小事”，“群众利益无小事”，更加注重维护个人的正当合法权益。但这又没有影响新伦理得出利他必要性的结论。新伦理在明确利己的道德价值的同时，又肯定了必要时无私利他与自我牺牲的道德价值。并提出了损人利己之为恶是绝对的，而自我牺牲之为善却是相对的创新之论。

以上观点，既符合集体主义原则，又超越了集体主义原则。例如对“无私奉献”和“自我牺牲”的道德价值的肯定，明确是在不可两全的情况下的一种正确的道德选择，在可以两全的情况下，就不是正确的道德选择，从而不具有最大的道德价值。以往集体主义理论的偏差在于，不区分“可不可以两全”的具体情况，而是片面地一味肯定个人无私奉献和自我牺牲的道德价值，从而形成一种实际的误导，似乎“越左越革命”。因为，没有明确为己、利己行为的道德价值，从而否定了人利己的正当性和应有的道德价值，也就不能正确指导人们的道德选择。

另外，新伦理明确指出，从总体上说，当利己与利他发生冲突、不能两全之时，每个人只有自我牺牲，才能保障社会存在；而只有社会存在发展，每个自我才能生存。这样，自我牺牲，就某一具体场合来说，可能得不偿失；但从总体上说，却既保全了社会，又有利于保全自我，因而利大于害，符合“最大利益净余额”的终极标准，因而是道德的、应该的、善的。对利他自我牺牲道德价值的这种肯定性分析，明确了在发生冲突时个人牺牲的必要性和价值，这又有效地解决了“张华救老农值不值?”的道德难题。

通过这些分析，已他两利主义实现了对集体主义的超越也就顺理成章了。新伦理的可贵之处正在于，它没有重复别人的东西，而是独辟蹊径、大胆创新；它不是跪在巨人面前，而勇敢地站在了他的肩上。因此，我们看到新伦理并非是对传统伦理的全盘否定，它实际上是一种超越，从而达到了新高度，进入了新境界。

5. 伦理行为应该如何

(1) 公正：社会治理的最重要的道德原则。

何谓公正？等利交换；等害交换。就道德境界说，公正低于仁爱宽恕，但是其效用远远高于仁爱宽恕。

公正的根本问题：权利与义务对等。社会应该按照贡献分配权利，按照权利分配义务。

社会公正的基本问题：完全平等原则（基本权利完全平等）；比例平等原则（谁的贡献大谁就可以享受比较大的非基本权利）。

(2) 人道：社会治理的最完美的道德原则。

人道主义：善待一切人。

人道主义：使人成为人（给人自我实现的空间——给人自由）。

(3) 幸福：善待自己的普遍原则。

幸福的界说：主观论——幸福就是快乐的心理体验。客观论——不以自己主观感觉而转移的自我完善、自我实现。

幸福是理想实现的心理体验，是对一生具有重要意义的需要欲望目的得到实现的心理体验（主观客观的结合）。心理体验是主观的，而人生目的实现则是客观的，这些目的是否实现了，是否有积极意义，也是有客观标准的。

幸福的类型：① 物质幸福；社会幸福；精神幸福（需要层次论——幸福层次论：生理—安全—归属与爱—自尊—认识与理解—审美—自我实现）　② 利己和利他　③ 过程与结果。

幸福获得的规律：体验律（越高级越淡泊，越低级越强烈）。

实现律：欲望—才能—努力—命运—德行—欲望。

德福律：德福一致。根据统计成正相关。

(4) 贵生：善待自己的根本原则。

神静、行动；饮食有节；起居有常。

6. 最重要的美德（八美德）

如何遵守规则 1 至规则 7？应该明辨如下：

规则 1　诚实：诚实者自己以为真的也让他人信其为真，自己以为假的也让他人信其为假；欺骗者自己以为假的也让他人信其为真，自己以为真的也让他人信其为假。撒谎者心口不一；失信者言行不一。诚实与欺骗都有善意与恶意之分。恶意诚实是诚实之例外，如传述真话以挑拨离间。不应该遵守恶意诚实。

规则 2　贵生：贵生者重生轻物，视自己生命为自己最有价值的东西，求健康长寿,以满足人类最重要最根本的求生欲。如果在保存自己生命与保存他人生命没有冲突时,应该贵生利己而不应该伤生利他;否则,应该遵守规则8。贵生之道在乐生,乐生之道在利生,利生之道在养生。养生是因知道生之可贵而自觉地利生而不害生,在有利健康长寿的前提下,乐生达欲,而非苦生禁欲。

规则3　自尊:自尊者恒有自信,自卑者恒无自信。自尊者自信能通过自己的努力而为自己和他人所尊敬。只得到自己而得不到他人对自己的尊敬,是为自傲。只得到他人而得不到自己对自己的尊敬,是为虚荣。

规则4　谦虚:谦虚者低己高人,以人为师。骄傲者高己低人,好为人师。谦虚者因有自信而低己高人,自卑者因缺自信而低己贬人。

规则5　智慧:人的认知能力只要在某一方面达到了相对完善,便具有该方面的智慧。道德智慧属于道德认知能力,是品德的指导因素,而非决定因素。在其他品德因素相同的前提下,道德智慧与品德高低成正比。应该兼备道德智慧与非道德智慧。缺乏道德智慧者没有利人的动机,缺乏非道德智慧者则没有利人的手段。

规则6　节制:节制者理智支配情欲,做明知应做之事而不做明知不应做之事;放纵者情欲支配理智,做明知不应做之事而不做明知应做之事。无论何事,当求则求,不当求则不求,欲求与否,唯理智是从,便是节欲。无论何事,当怒则怒,不当怒则不怒,当喜则喜,不当喜则不喜,喜怒发而皆中节,便是节情。情欲适度时便是合理情欲;情欲不适度时便是不合理情欲。情欲如合理,则无所谓节制;情欲如不合理,则应加以节制。理智不能直接压抑不合理情欲,只能通过培养合理情欲来间接压抑不合理情欲。节制者的最高境界是所有情欲都自然合理,从心所欲而不逾矩。

规则7　勇敢:勇者不惧。勇敢要合乎道义,要义勇而不要不义之勇;勇敢要合乎智慧,要英勇而不要鲁莽。怕该怕的事,而不怕不该怕的事,是为勇且怯也。

规则8　中庸:中庸既不是大小恶行之"中",也不是大小善行之"中",更不是恶行与善行之"中";而是两种特殊的恶行——即"不遵守道德"与"过当遵守道德"——之"中":中庸是适当遵守道德的善行;过与不及合为"偏至"而与"中庸"相对立。

如果同时遵守规则1至规则7的任意两项发生冲突时,则权衡轻重,只遵守此时价值较大的一项规则。因为价值大小因人因事因时而变易,所以具体情况需要具体权衡。

7. 如何实现美德

(1) 确定合适的道德标准(合目的,合实际)。

(2) 采用合适的道德教育方法。

社会：① 良心与荣誉（个人—社会）；② 提高道德认识；③ 陶冶道德情感；④ 锻炼道德意志。

施教者：言教、身教、奖惩、榜样。

受教者如何提升自己的道德修养：学习；躬行；立志；自省。

（本文节选自天涯论坛《伦理学的新视域》——王海明《新伦理学》简介。）

思考与实践　1. 阅读全文，梳理文章的思路，思考作者是如何从人的本性（趋善避害）一步步推论出道德原则以及八美德的，体会文章逻辑的严密性和语言的准确性。

2. 你认为哪些美德最为重要？参考本文对“如何实现美德”的一般论述，谈谈如何培养你认为最为重要的那些美德。

3. 马克思主义伦理学的观点是义务论与功利论的辩证统一。联系生活实践谈谈你的认识和感受。

四、幸福与美德

阅读提示　以下一组文章讨论了幸福与德行（美德）的关系。有人认为两者是矛盾的，有人认为两者是统一的。这些观点是如何展开分析（尤其是其中概念分析的方法）、论证的？你认为哪种观点能够说服你？

（一）什么是幸福

王海明

幸福是对一生具有重大意义的需要、欲望、目的得到实现的心理体验。什么是幸福？主观主义幸福论认为，幸福就是快乐的主观心理体验。客观主义幸福论认为，幸福是客观的、不以自己的主观感觉而转移的自我完善、自我实现、自我成就，是自我潜能的完满实现。幸福是一种主观与客观的统一物：就幸福的形式、样态来说，它是主观的，是主观的心理体验；就幸福的内在本性来说，它是客观的，它具有不以人的意志为转移的客观本性。

幸福包括若干类型。马斯洛认为人的一切需要归结为三大类型：一是低级需要，即生理需要或物质需要；二是中级需要，即社会需要，包括安全、归属和爱的需要、自尊的需要三个层次；三是高级需要，也就是精神需要，包括认识和理解的欲望、审美需要、自我实现的需要三个层次。幸福也相应地分为物质幸福、社会幸福、精神幸福三个层次。

对人一生有价值、有意义的无疑只能是利己和利他两种目的，所以幸福可以分为利己的幸福与利他的幸福两类。利他的幸福,是最高的正当的幸福;利己幸福包括三类:为己利他的幸福是基本正当的幸福;单纯利己的幸福是最低的正当幸福;损人利己的幸福是不正当的幸福。

人们必须经一定的过程,方能求得幸福,所求得的幸福可以叫作结果幸福。在追求结果幸福的过程中,达成一个个小的目的,经历一次次较小的幸福体验,这种幸福体验是过程幸福。结果幸福强大而短暂、纯粹而空虚;过程幸福弱小而漫长、不纯而充实,两者利弊互补、相反相成而成为幸福人生不可偏废之两翼。

(二)幸福实现的机制

王海明

人人都向往、憧憬着幸福,梦想着得到幸福。究竟怎样才能实现幸福的梦想同时又避免苦难和不幸呢?古往今来,这个问题引起众多学者关注,形成许多学说,但至今仍是个悬而未决的难题。要解决这个难题,首先要找到与实现幸福相关的基本要素。

就幸福实现的正相关要素来说,无论何种幸福,其实现皆需才、力、命、德四要素的配合。但幸福的类型不同,四要素的配合比例也不同。幸福的最重要的类型,正如早在孔子之前的鲁国大夫叔孙豹所说:太上有立德,其次有立功,其次有立言,虽久不废,此之谓不朽。这个著名的人生三不朽思想最具代表性。其中立言是获得学问方面的创造性幸福,如成为艺术家、科学家、哲学家、思想家等的幸福。这种幸福的实现,一般说来,天资的作用最大,努力的作用次之,品德的作用又次之,机遇的作用最小。立功是获得事业方面的创造性幸福,如成为政治家、军事家、企业家等的幸福。这种幸福的实现,一般说来,机遇的作用最大,品德的作用次之,天资的作用又次之,努力的作用最小。立德是获得品德方面的创造性幸福,如品德完善、成圣成贤的幸福。这种幸福的实现,一般说来,努力的作用最大,天资的作用次之,机遇的作用最小。似乎可以说,幸福的等级越高,天资的成分越大、境遇的成分越小;幸福的等级越低,境遇的成分越大、天资的成分越小;努力和品德所占的比例则与幸福的等级和类型没有必然联系。

无论何种幸福,其实现都需才、力、命、德四要素的配合。那么,这四要素配合起来,幸福就一定能实现吗?未必。幸福的实现不但需要才、力、命、德的配合,且还需要这四要素与欲望的配合。因为欲望,如前所述,是幸福实现的负相关要素:欲望越大,幸福就越难实现。反之,才、力、命、德则是幸福实现的正相关要素:才越高、力越大、命越好、德越优,幸福越易实现。这样,即使一个人的才高、力大、命好、德优,但如果他的欲望太大,也不能实现其欲望而获得幸福。反之,即使一个人才不算高、力不算大、命不算好、德不算优,但如果他的欲望很低，也能实现其欲望而获得幸福。

可见，幸福能否实现的关键取决于才、力、命、德与欲望的关系：如果欲望超过才、力、命、德，则虽然所希求的幸福大、多、高，却因不能实现而陷于大、多、高之不幸。如果欲望低于才、力、命、德，则幸福虽会实现，但失之低、少、小；只有欲望与才、力、命、德相称一致，幸福才会完美实现。欲望与才、力、命、德相称一致，才是幸福实现的充分且必要条件。

总之，欲、才、力、命、德是幸福实现的充足且必要的五要素。欲是幸福实现的动力要素、负相关要素：有欲望，才可能有幸福，但欲望越大，幸福越难实现；才、力、命、德是幸福实现的非动力要素、正相关要素：才越高、力越大、命越好、德越优，幸福越容易实现；只有欲与才、力、命、德相一致，幸福才能完美实现。这就是幸福的实现机制。

（节选自王海明《伦理学原理》，北京大学出版社 2001 年 8 月出版。）

（三）幸福的生活就是有价值的生活

赵汀阳

幸福的生活就是有意义有价值的生活，有了创造性的幸福生活，我们的生命过程才将具有真正的无法被一次性消费和分解掉的意义，生活才成为值得一过的，人才真正成为一个人，达到了人所意味的目的。这样就涉及如关于幸福的问题、关于人类的创造性的问题，以及关于人的目的等许多问题。

幸福和命运是哲学的两个最根本问题。如果没有这两个问题垫底，其他问题都是盲目漂流着的，无论是先验还是经验，分析还是解释，建构还是解构，独断还是对话，自由还是民主，制度还是规则，如果不以幸福和命运为前提问题，就都是无意义的。今天世界最大的危机就是人类命运的危机和人的幸福危机。

幸福是拥有健全生活的经验，是全部生活行为所追求的持续性状态而不是一个漂亮的大结局，幸福必须是能够留下永恒意义的事情。永恒性是幸福的一个特征。

（节选自赵汀阳著《论可能生活》，三联书店出版社 1994 年出版。）

（四）幸福是灵魂的事

周国平

在世上一切东西中，好像只有幸福是人人都想要的东西。你去问人们，想不想结婚，生孩子，或者想不想上大学、经商、出国，肯定会得到不同的答案。可是，如果你问想不想幸福，大约没有人会拒绝。而且之所以有人不想生孩子和经商，等等，原因正在于他们认为这些东西并不能使他们幸福，想要这些东西的人则认为可以给他们带来幸福，也就是说，在相异的选择背后似乎隐藏着相同的玄机,即都是为了幸福。

幸福的确是一个含糊的概念。人们往往把得到自己最想要的东西、实现最衷心的愿望称作幸福。然而,愿望不仅是因人而异的,而且同一个人的愿望也会发生变化。真的实现了愿望,得到了想要的东西,是否幸福还难说,这要看他们是否确实带来了内心的满足和愉悦。费尽力气争取某种东西,争到了手却发现远不如想象的好,乃是常事。幸福与主观的愿望和心情如此相纠缠,当然就很难给它定一个客观的标准了。

我们由此倒可以确定一点:幸福不是一种纯粹客观的状态。我们不能仅仅根据一个人的外在遭遇来断定他是否幸福。他有很多钱,有别墅,有豪华轿车,还有漂亮的妻子,也许令别人羡慕,可是,如果他自己不感到幸福,你就不能硬说他幸福。既然他不感到幸福,事实上他也就的确不幸福。外在的财富和遭遇仅是条件,如果不转化为内在的体验和心情,便不成其为幸福。

如此看来,幸福似乎主要是一种内心快乐的状态。不过,它不是一般的快乐,而是非常强烈和深刻的快乐,以至于我们此时此刻会由衷地觉得活着是多么有意思,人生是多么美好。正是这样,幸福的体验,直接包含着我们对生命意义的肯定评价。感到幸福,也就是感到生命意义得到了实现。不管拥有这种体验的时间多么短暂,这种体验却总是指向整个一生的,所包含的是对生命总体意义的评价。当人感受到幸福时,心中仿佛有一个声音:为了这个时刻,我的一生值了。若没有这种感觉,说"幸福",未免就是滥用了大字眼。人身上,必有一种整体的东西,是它在寻求、面对、体悟、评价整体的生命意义,我们只能把这种东西叫作灵魂。所以,幸福不是表面和零碎的情绪,而是灵魂的愉悦。正因为此,人一旦有过这种时刻和体验,便终生难忘了。

可以把人的生活分为三个部分:肉体生活,不外乎饮食男女;社会生活,包括在社会上做事以及与他人交往;灵魂生活,即心灵对生命意义的沉思和体验。必须承认,前两个部分对于幸福也不是无关紧要的。如果不能维持正常的肉体生活,饥寒交迫,幸福未免是奢谈。在社会生活的领域内,做事成功带来的成就感,爱情和友谊的经历,都尤能使人发觉人生的意义,从而转化为幸福的体验。不过亚里士多德认为,对于幸福来说,灵魂生活具有同等的重要性,因为其他的生活都要依赖于外部条件,而它却是自足的。同时,它又是人身上最接近于神的部分,从沉思中获得的快乐几乎相当于神的快乐。这意见从一个哲学家口中说出,我们很可怀疑是否带有职业偏见。但我们至少应该承认,既然一切美好的经历必须转化为内心的体验才能称其为幸福,那么,内心体验的敏感和丰富与否就的确是重要的,它决定了一个人感受幸福的能力。对于内心世界不同的人来说,相同的经历具有完全不同的意义——因而事实上他们也就并不拥有相同的经历了。另一方面,一个习惯于沉思的智者，由于他透彻地思考了人生的意义和限度，便与自己的身外遭遇保持了一个距离，他的心境也就比较不易受尘世祸福沉浮的扰乱。而他从沉思和智慧中获得的快乐，也的确是任何外在的变故不能将它剥夺的。考虑到天有不测风云，你不能说一种宽阔的哲人胸怀对于幸福是不重要的。

（节选自周国平《各自的朝圣路》，东方出版社 1999 年 10 月出版。）

思考与实践　1. 分析、厘清概念是理解论者思想观点的前提。几篇文章中谈论幸福与德行（美德），概念有何异同？对论者各自观点有何关系？作者如何将幸福的主观论和客观论，将幸福与德行统一起来的？

2. 王海明在《伦理学原理》中将幸福看作一种美德。但是我们常听到有人为了自己的幸福而做损德的事情，怎么解释？

3. 分析、综合各家观点，联系生活实践，谈谈你对幸福的看法。

五、当代价值哲学的形成

阅读提示　本文简要介绍了价值论的主要内容。价值论被认为是哲学中与认识论并列的两大部分，主要谈论“人应该怎样做”，伦理学、美学等人文学科均属于价值理论范畴。理解这一点，伦理学、美学中有许多众说纷纭的问题就可以理解了。文中介绍了工具价值与目的价值这两个概念，前者关乎科学文化，后者关乎人文文化，两者的区别、联系，意义重大。

应该说，哲学从一开始就意味着对价值问题的探讨。古代西方哲学一开始就把自己的视线引向宇宙，目的是为了安顿自身；中国哲学、印度哲学在本质上可以说就是一种价值哲学，它们的重点不在于探讨世界的真，而在于追问我们应该怎么做。中国古代的哲学家在探讨人生理想和人的行为的评价标准时，围绕着善与恶、义与利、理与欲等关系所进行的争论，本质上乃是一种价值观的争论。从亚里士多德开始，今天所谓价值论的问题在西方都蕴涵在实践哲学的讨论中，而实践哲学中的伦理学则一直是最集中体现价值论的论域。不过，在西方，价值论、伦理学的探讨一直是理性主义传统的。这集中体现在苏格拉底的一句名言：美德即知识。直到近代英国经验论哲学休谟的警醒，价值论才逐渐与认识论分离，最终获得了在哲学中的独特地位。

休谟认为，伦理学家们经常不自觉地把“实然”（to be）变成“应然”（ought to/should be），这是行不通的（在中国的文化传统中更不注重实然与应然的差异，例如，生活中人们往往把“有味道”与“味道好”等同）。也就是说，**价值判断是超出认识论范围的，它与人的信仰、情感、兴趣、文化情景相关。**在休谟的基础上，**康德首次在哲学中把人的意识活动区分为知、意、情三部分，从而形成其哲学的认识、实践、审美三部分。这样就将认识论问题与价值论问题完全区分开了。**

在现当代，价值问题是哲学的核心问题。人们总是追求着自由的，自由本身就是一种价值。“生命诚可贵，爱情价更高，若为自由故，两者皆可抛。”裴多菲这首脍炙人口的小诗就说明了这一点。同时，自由总是意味着某种现实的选择。对于现实的日常生活中的人们来说，我们的人生都是选择的结果。但是，任何一次选择都是以价值判断为前提的，即以“值不值得”、“有没有意义”的判断为前提的。作为现世智慧的哲学的目的不仅仅是描述生活，不仅仅是揭示“是”(包括外部世界与人的思维)之规律，不仅仅是为了使思维清晰、使思维方式更有效，而且是要为它所处的时代创造出具有根本性的、能引导好生活的价值理念，以作为人们生活、社会发展的向导。哲学超越性品质就在于保证人和人类的社会历史始终拥有无限的可能性。开掘这种未来的、应该的可能性正是哲学价值论的核心任务。**一般可言，哲学价值论的研究主要包括价值的性质、构成、评价等问题。**

价值的性质问题本质上是关于价值是什么，价值从何而来的问题。在哲学史上，大致有三种不同的观点。

第一种为客观价值论。这种观点认为，价值完全是独立于人之外客观存在的。即使世界上没有人类，甚至在人类出现以前，价值就存在于世界，存在于各事物本身。**第二种为主观价值论。**这种观点认为，价值完全是主观的，如果没有人类，就没有价值。进而，不同的人赋予同一事物以不同的价值。在西方哲学价值论中最为普遍的是主观价值论。**第三种为实践价值论。**这种观点主要是马克思主义的价值论。实践价值论认为，价值是客体满足主体需要的一种意义关系。价值源于客体，客体没有某种特定的属性，就不可能满足主体的需要；价值取决于主体，主体没有某种需要的话，价值、意义关系就不可能存在；价值产生于实践，世界不会主动满足人，人决心以自己的实践改变世界，使之满足人。因此，从归根结底的意义上，实践产生价值、实践创造价值、实践实现价值。

关于价值的构成或形态有很多划分方式，我们拟从三个层面进行简单介绍：

首先是自然价值、社会价值和人的价值。这一划分是就一般意义上世界三部分的划分而划分的。自然价值是价值生成、存在和演化的最初形态。关于这个问题的争论的焦点是自然自身是否是价值主体？它有无自在价值？一些宗教哲学和环境保护主义认为自然有自在的价值，需要我们尊重它、满足它。更多的价值论认为，价值主体只能是人，离开人无所谓价值，即使对自然环境的保护最终还是为了满足人。人是社会的存在物，任何人都是人类的一员，同时也从属于特定的民族、国家、组织，社会对于主体的价值是毫无疑问的。按照社会的层面，**社会价值又可以分为三个层次：类的社会价值、群体的社会价值、个体的社会价值。**人的价值是最为特殊的价值，因为人是实践的存在物，人的价值在本质上是能创造价值的价值。一般来说，**人们从生命价值、能力价值、道德价值、审美价值、个人价值与社会价值等多角度去把握人的价值。**

其次是物质价值与精神价值。正如马克思所说，任何人类历史的第一个前提是有生命的个体的存在。有生命的保障就是物质生活。物质对于人而言无疑是有价值的。**物质价值体现的是人的物质需要的满足。经济利益、物质生产和生活、肉体生理的维系、生态条件、社会人身保障等都属于此。**物质价值的满足是人们从事社会、精神的基本前提。马克思主义哲学社会存在决定社会意识的唯物史观不过是从这朴素的道理中深化出来的。**精神价值是无形的价值，在现实中可以体现为对文化、艺术、科学、道德、宗教、哲学等方面需要的满足。从人之为人的角度看，精神价值的追求和满足显然要高于物质价值。**作为现世智慧的哲学不可能直接提供或创造任何物质价值，它所能满足人们的恰恰是精神价值，并且是全部精神价值中最为精华的部分。

最后是工具价值和目的价值。在现实中，人们追求某种价值，往往不能直接达到目的，需要借助一些途径、中介。这些途径、中介本身也就具有了价值，成为了人们追求满足的对象。前一种价值可以称为目的价值，具有终极性；后一种可以称为手段价值，具有中介性。有一种观点认为，例如康德，认为人始终是目的，不能充当手段，既不能充当别人的手段，也不能充当自己的手段。还有一种观点认为，任何价值，包括自然价值，都既有工具价值，本身是一个尚在争议的问题。有一种观点则认为，至少在社会与个人、个人与个人之间应该是工具价值与目的价值的统一。马克思的一段话对此做了精彩的说明：“每个人为另一个人服务，目的是为自己服务；每一个人都把另一个人当作自己的手段互相利用。这两种情况在两个个人的意识中是这样出现的：(1) 每个人只有作为另一个人的手段才能达到自己的目的；(2) 每个人只有作为自我目的（自为的存在）才能成为另一个人的手段（为他的存在）；(3) 每个人是手段同时又是目的，而且只有成为手段才能达到自己的目的，只有把自己当作自己目的才能成为手段。”

人人都在追求价值，但每人的需要是不一样的，因而相对于大多数人认为的真理是一元的而言，大多数人认为价值天然具有相对性、多样性。常言道：萝卜白菜，各有所爱！其实，当人们进行价值判断时总是依据着某个标准的。依照某个标准对价值的认定就是人们的评价活动了。“我选择，我喜欢”。表征自由的选择总是以评价为前提。在生活中，人们总是自觉不自觉地进行着评价活动。现实的情况是，每个人的标准都是有着差异的：有些人注重物质，有些注重精神；有些人注重数量，有些人注重质量；有些人注重自我价值，有些人注重社会价值；有些人注重人们活动的动机，有些人则注重行动的效果；有些人注重目前现实的标准，有些人注重长期的历史的标准；有些人则认为价值的标准就是良心，所谓“公道自在人心”……评价标准的差异其实是价值观差异的体现，价值观的差异就意味着价值冲突在根本上是不可避免的。如何解决价值差异导致的价值冲突问题是价值论的重要内容。

（节选自沈湘平著《哲学导论》，中国社会科学出版社2008年6月出版。）

思考与实践　1. 关于真理的学说与关于价值的学说，与科学文化（科学知识、科学方法、科学精神）、人文文化（人文知识、人文方法、人文精神）有何联系？与人的意识结构（认知与情感、意志）有何联系？

2. 党的十八大提出，倡导富强、民主、文明、和谐，倡导自由、平等、公正、法治，倡导爱国、敬业、诚信、友善，积极培育和践行社会主义核心价值观。富强、民主、文明、和谐是国家层面的价值目标，自由、平等、公正、法治是社会层面的价值取向，爱国、敬业、诚信、友善是公民个人层面的价值准则，这24个字是社会主义核心价值观的基本内容。

搜索相关资料，初步理解目前提出“社会主义核心价值观”的理论依据与实践意义。（提示：注意“实践、和谐”这两个关键词）

第五章

美在和谐

——“美”的欣赏与创造

本章导读　日常生活中，“美”字的含义有三种。第一种，表示感官的快适。比如，“这道菜味道美极了”，“美美地睡上一觉”，等等。第二种，表示伦理的评价。比如在对某人的高尚行为、品质表示仰慕或赞赏时，人们往往也用“美”这个词表示自己的情感态度和赞同立场。第三种，表示审美的评价。读抒情诗，听小夜曲，面对挺拔雄伟的崇山峻岭、旖旎秀丽的湖光山色，人们又用“美”这个词来表示自己的精神上的愉悦之感。这第三种含义，才是美学意义上的“美”。

这个“美”，是指所有我们认为美的具体事物的一些共同特性。首先它们必须是有具体形象的，就是说是可以感受得到(主要是看得到，听得到)的，美学本来意思是“感性学”，没有感觉得到的东西说它是美的，那是把美泛化了。比如心灵美，那不如说是“善”。心灵的“善”通过形象流露出来，那形象才可以称之为是美的。第二，美的事物的形象一般说来是符合形式美规律的，比如对称、均衡、多样化统一，简言之，是和谐的。第三，任何事物既然都有形式，也必然蕴涵它的内容，任何美的事物，它的内容一般而言既符合真，又符合善的，即所谓“合规律”与“合目的”的辩证统一——真与善的和谐统一。第四，美的事物必须是符合形式美规律的形式与这真与善的内容的和谐统一。这四个方面，是美的事物的特性。

但是具有这四个特点，只能说该事物具有了“美”的“潜质”，如果没有人欣赏，那这美的价值还不能得以实现；那事物所具有的美的特性，正好符合我们欣赏者的口味，它的“美”的“潜质”才能够实现——这也正是“审美主体与客体的和谐统一”。所以说“审美”最为理想的状况就是这五个环节上，均能实现“和谐统一”。哪个环节上产生矛盾，感觉到不和谐，那么肯定就会感到“不美”必须消除矛盾，实现和谐，才能够感觉到美。

举个例子说明。庖丁解牛堪称是美的典范。首先因为庖丁解牛的目标定位甚为高远，不是为了混碗饭吃，“臣之所好者，道也，进乎技矣”！取法乎上，不同凡响，善哉善哉；庖丁的工作态度兢兢业业，“每至于族，吾见其难为，怵然为戒，视为止，行为迟，动刀甚微”。庖丁解牛的技艺确实建立在合乎规律的科学基础之上，做到目无全牛、依乎天理、游刃有余。他的劳动实践不仅合目的，而且合规律，其外在形式“莫不中音”，富有节奏感，“合于《桑林》之舞，乃中《经首》之会”。庄子笔下的轮扁凿轮可以与之比美，老木匠得心应手、运斤如风、神乎其技，真是酷毙了！一介屠夫、一个无名木匠，之所以成为美的典范，就在于他们的劳动实践合规律、合目的，合乎形式美，体现了多层次的和谐统一。借助庄子的解说，我们能够成为庖丁解牛、轮扁凿轮的知音，这些本该属于粗俗下流的事物在我们眼中便成了美的典范，让我们不禁击节称赞。

所以大体上可以说：美，就是和谐；美感，就是和谐感；审美教育，就是以和谐的方式追求人的和谐发展的教育。这是我们对“美”、“美感”、“审美教育”的看法。美、美的欣赏具有感性直观、超越功利的特点，在理性主义泛滥、功利主义横行的当今世界，追求美，追求美的欣赏，对于成物、成已，对于世界、人类的和谐发展，无疑具有不可忽视的补苴罅漏之效。古希腊毕达哥拉斯说过：美在和谐。希望我们的看法不是简单的老调重弹。

本章关于美的讨论，先介绍古今中外对于美的本质的探讨，接着介绍实践存在论美学的基本主张，然后逐一阐述“和谐”与美、美感、美育之间的关系，希望以实践存在论、和谐发展论的本体论作为阐述美学的哲学基础。最后介绍了《意境杂谈》《多样统一的艺术理论》和《论节奏》等文章，阐述“美在和谐”的理论依据及其对于审美实践的指导意义。

关于审美，张先生说，“按主客关系式看待人与世界的关系，则无审美意识可言；审美意识，不属于主客关系，而是属于人与世界的融合，或者说天人合一”。婴儿处于原始的天人合一境界中，尚无主客之分，可称为“无我”；有了主客二分，有了自我意识，可称为“有我”；超越主客二分，达到高级的天人合一，即达到了“忘我”。审美意识是超越主客的产物，属于忘我或“物我两忘”之境。西方传统艺术哲学基本上以“典型说”为其核心，认为艺术品或诗就在于从特殊的感性事物中，见出普遍性、见出本质概念，它要求说出事物“是什么”。而一些西方现当代哲学家，如海德格尔等人，则要求显示事物是“怎么样”的，也就是要显示事物是怎样从“隐蔽”中构成“显现”于当前的这个样子的。按照这种新观点，文艺作品不再是以写出具有普遍性的典型性格为主要任务，而是要求通过“在场”的东西，显现出“不在场”的东西，从“显”中看出“隐”，这就是“显隐说”。张世英先生在“主客二分基础上的主客融合”这种本体论思想基础上讨论美的问题，视野更加高远广阔，目前对我国美学研究已经产生重要影响，可以参看本章朱立元《实践存在论美学的基本主张》。

一、对于美的本质的探讨

胡家祥

阅读提示　西方对于美的本质的探讨，体现了“主客二分”的本体论的哲学思想，中国古代有的是对道德、艺术、人物的评鉴，把这些说成是“对于美的本质的探讨”，是从我们的观点出发、用我们的语言言说的。这正体现了中西方哲学、美学的区别与联系。

达·芬奇说过，凡是能够到源头去取泉水的人，决不喝壶中之水。当代有关美的界说不可胜数，其源头不外二端，一是直面事物本身，一是继承前人学说。两者本当兼顾，不过我们首先从后者开始——追溯人类思想历程，倾听中外先辈声音，从中也许能获得启迪。

1. 西方美学史上关于美的本质问题的探讨

历史是具体的，具体之所以是具体，在于它是多样性的统一。理论是抽象的，抽象之所以有必要，在于它便于人们对事物作知性把握。历史是一条奔腾不息的河流，理论不能不从逻辑上将它有所分割，企求寻出“理路”找到“脉络”。两千多年的西方美学思想史，有关美的本质问题的探讨似乎存在三个阶段。

(1) 从客观事物的本原上探讨美。

从古希腊到中世纪，这种倾向居于上风。早期希腊的哲人们将注意力主要集中于作为大宇宙的自然的探讨，所以一般被称为自然哲学家。毕达哥拉斯学派对美的看法最为著名，他们把宇宙看作是“一个神秘的百音盒”，宇宙的本原是“数”，数的比例、和谐便是美。柏拉图深受毕达哥拉斯学派的影响，他要求人们不停留于引起快感的形式层面，主张进而探求其中“数的永恒规律”，有所不同的是，他似乎更注重构成宇宙本原的结构图式，传说他创办的学园门口张挂一块牌子，上写“不通晓几何者勿进”。柏拉图认为，宇宙万物的本原是“理式”，事物分享了美的理式才有美。普洛丁是古希腊哲学的殿军、中世纪神学的始祖，作为新柏拉图派的创始人和领袖，他也认为物体美是由于分享了理式而美，这理式来自神明，因此真、善、美统一于神。普洛丁对艺术很有研究，就艺术活动而言，他认为理式先存在于艺术家心里，赋予艺术媒介后因而产生艺术美。

不要以为这种观点只属于热衷于穷究宇宙生成论的古希腊人，其实它一直延续着。中世纪的奥古斯丁虽然承认感性美，但他由事物外形而追根于“数”，由数溯源于上帝——绝对美之所在。圣·托马斯也认为，事物之所以美，是由于上帝住在它们里面。直到现代，持此论者还时有出现。19 世纪法国有名的哲学家库申，仍坚持上帝是美的根源，他认为物质美是外壳，智性美是“真”的光辉，道德美即是“善”（正义、慈爱等），真、善、美统一于上帝。

总体看来，这是一种偏于唯理主义的倾向。它首先有一个设定，然后以此为基础进行演绎，美学观成为宇宙观的直接延伸。这类观点也许很难证伪，却同样难于证实，称之为有“神秘色彩”是不为过的。

（2）从客观事物的外部特征探讨美。

另一视角是从客观事物的外部特征探讨美之所在，这从亚里士多德的美学言论中已见先声，他认为美要依靠体积与安排，即体积要大小适中，材料安排要达到秩序、匀称与明确。不过，这种倾向真正占上风的也许是文艺复兴时代。该时代的巨人们似乎不太重视玄思，更多专注于实践创造。15世纪著名的艺术家阿尔伯蒂把美定义为和谐与好的比例。其后，达·芬奇也认为，美感的根源在于事物本身，“完全建立在各部分之间神圣的比例关系上”。诗人塔索称“美是自然的一种作品”，事物具备了比例适当、颜色悦目的条件就会是美的。

一般说来，艺术家阶层持这类观点的人很多，文艺复兴时代过去以后也是如此。我们知道，常有论者将荷加斯的名字同作为几何图形、作为最高审美标准的蛇形线联系在一起，按照荷加斯对“美”的分析，他得出的结论为：美是适应、多样、单纯、复杂和尺寸的共同合作形成的。近代以来的种种形式主义的美学（主要着眼于事物的外形式）也当归入这一类。

比较而言，这是一种偏于经验主义的倾向。它的确在捕捉美的事物的一些看得见、摸得着的特性，然而，要从事物的外观找到美的法则是很困难的。克罗齐曾批评“替美找出自然科学规律者”是“江湖骗子”，并且遗憾艺术家们也往往采用经验的教条。他举例说，米开朗琪罗留下一个秘方给他的学生柯德宾纳，教他“常画一个金字塔形的蛇形的形体，以一、二、三乘它”，这秘方却没能挽救这位弟子的平凡。美不只是存在于事物外观，并且什么样态才是美的外观也必须由人来评判。

（3）从主体——人的身上探讨美的根据。

从美学思想史的角度看，也许可以说，启蒙运动才是人的真正觉醒，很多思想家相继抛弃了从外在自然找美的根源的思想路线，转而将视线移向人自身来探索美的奥秘。斯宾诺莎，这位17世纪的唯物主义哲学家，历史上破天荒地第一次提出美的根据在人的观点，他说：“外物接于眼帘，触动我们的神经，能使我们得舒适之感，我们便称该物质为美；反之，那引起相反的感触的对象，我们便说它丑。”其后休谟更明确地指出，快感和痛感构成美和丑的真正本质，“美并不是事物本身里的一种性质。它只存在于观赏者的心里，每一个人心见出一种不同的美”。他并未否认对象“有某些属性”适宜于形成美，但坚持美的根据在人心中，就圆形来说，“美只是圆形在人心上所产生的效果,这人心的特殊构造使它可感受这种情感。如果你要在这圆上去找美,无论用感官还是用数学推理在这圆的一切属性上去找美,你都是白费力气”。我们虽然不能同意将美与快感等同起来,但必须承认这种观点振聋发聩。休谟的思想给康德很大的启发,使他从独断论中惊醒过来。康德的批判哲学是主体性哲学,认为审美判断不是系于事物的实际存在本身,关键在于人从对象的表象中看出什么来。审美由于只关注对象的形式,因此是无功利性的愉快。黑格尔历来被看作客观唯心主义者,其世界观接近于柏拉图,他将美定义为“理念的感性显现”,很容易让人们误解他也是从客观事物的本原上寻找美;其实,黑格尔的美学是艺术哲学,这一命题放在艺术的考察上,“理念”就只能存在于人类心灵中,因此黑格尔明确指出,所谓自然美只是“心灵的那种美”的反映。他还多次谈到,审美是人从外部事物中观赏到自己性格的复现。对我国当代美学颇有影响的车尔尼雪夫斯基,断定“美是生活”,是我们在事物里面看出依照我们的理解应当如此的生活。此外,如桑塔耶那提出“美是客观化的快感”,克罗齐认为直觉即表现,美是“成功的表现”,等等,考察重心均在人而不在物。

可以说,近代以来,审美尺度存在于人身上这一点已逐渐成为西方美学界的共识。这种共识超越了唯物主义与唯心主义、经验主义和唯理主义的对立,因而更见其基础的广泛性与牢固性。

当代西方美学竭力回避美的本质问题的讨论,但是这一问题是如此重要,“以至于一些扬言美的本质的讨论已变得毫无意义的西方美学家,实际上也仍然不断地在对美的本质发表意见”。并且,西方当代美学界在这一问题上总的倾向很明确,那就是走向人,走向人的心灵。

2. 中国美学史上关于美的探讨

我国先秦时代的美学思想包含着后来各种美学观念的胚胎和萌芽。先秦两汉时期可能以儒家的审美观念最为显目,其现实感与功利性切合人类早期美善相乐的普遍经验,美与善的关系是该时期美学的中心问题。到魏晋南北朝,道家主张超越世俗、超越功利的审美观念自觉不自觉地日益成为人们普遍化的审美取向,美与善在观念上的分离是一次质的飞跃。儒、道两家的美学思想都对后世产生深远的影响,两者尽管观点多有矛盾,有一根本点却是叠合的,即都致力于完美人格的塑造。

中国的先哲们对美的理解不像西方思想界那样大幅度转折,从一开始就紧紧地将美的问题与人自身联系在一起,不过细辨起来,仍可分出几个阶段。

(1) 在道德评价中论美。

汉语的“美”字,从羊从大,肥大的羊是很好的膳食,满足人们的实用需要,因此是善的,也是美的。许慎的《说文解字》指出,“美与善同意”。的确,先秦时两者通用情况明显,有人统计,《论语》中“美”字凡十四见,其中十次是

“善”、“好”的意思。例如孔子提倡“尊五美”，即“惠而不费，劳而不怨，欲而不贪，泰而不骄，威而不猛”，明显指的是五种德行，且与“屏四恶”相对（《论语·尧白》）。孟子提出“充实之谓美，充实而有光辉之谓大”（《孟子·尽心下》）。所谓“充实”是指道德修养的充实，如朱熹所解释的：“力行其善，至于充满而积实，则美在其中而无待于外也。”（《孟子集注》卷十四）这里“美”与“大”之分联系着人格的品位，“大”所以比“美”更高，在于它更接近于成圣（“大而化之谓之圣”），焦循注释道：“充则畅于四体，光则照于四方。”（《孟子·正义》）荀子称“君子知夫不全不粹之不足以为美”（《劝学》），“全”与“粹”都由道德修养形成，而道德修养在荀子看来是化性起伪，因此他又说，“无伪则性不能自美”（《礼论》）。

美善通用不限于儒家，在先秦是一种普遍情况。早于孔、孟的伍举就曾指出：“夫美也者，上下、内外、大小、远近皆无害焉，故曰美。”（《国语·楚语上》）楚灵王与伍举一道登上章华台，问这台是否美，伍举否定了以声色娱人的东西为美，却将政治和伦理道德上的善说成美。这是我国见之于文献记载的关于美的最早定义。

（2）在人物品藻中论美。

东汉末年，人物品藻之风盛行。对人格的品评，先秦即人们所注意，如孔子将人的气质分为“狂”、“狷”、“中行”三类（《论语·子路》），他还讲过，“质胜文则野，文胜质则史。文质彬彬，然后君子”（《论语·雍也》）。如果说儒家的理想人格注重于修养的充实，那么道家的理想人格则注重于心灵的清虚。庄子学派所倾慕的是，“其为人也真，人貌而天虚，缘而葆真，清而容物”（《田子方》）。汉末魏晋时期的人物品藻经历了从儒家标准为主到以道家标准为主的转变。徐复观先生指出：

这种人伦鉴识，开始是以儒家为鉴识的根据，以政治上的实用为其要达到的目标；以分解的方法，构成他们的判断。而其关键之点，则在于通过可见之形，可见之才，以发现内在而不可见之性，即是要发现人之所以为人之本质。……及正始名士出而学风大变；竹林名士出而政治实用的意味轻薄；中朝名士出而生命情调之欣赏特隆；于是人伦鉴识，在无形中由政治的实用性，完成了向艺术的欣赏性的转换。自此以来，玄学，尤其是庄学，成为鉴识的根底……

三国时代刘劭的《人物志》系统地总结了汉末以来人物品藻的经验和理论，既坚持了儒家提倡的“仁、义、礼、智、信”的标准，同时又受曹操“唯才是举”思想的影响，突出了“智”的地位，其序言指出：“夫圣贤之所美，莫美于聪明。”这已明显见出从强调群体性的伦理道德到强调个体性的聪明才智的过渡。

刘义庆撰的《世说新语》多记述一些名士风流，集中反映了魏晋时代人们的审美时尚。当时的人物品藻有几个明显的特征：一是赏容貌。如《容止》篇记述："潘岳妙有姿容，好神情，少时挟弹出洛阳道，妇人遇者莫不连手共萦之。""庾(亮)风姿神貌，陶(侃)一见便改观，谈宴竟日，爱重顿至。"二是重才情。《赏誉》中说："许掾尝诣简文。尔夜风恬月朗，乃共作曲室中语。襟怀之咏，偏是许之所长，辞寄清婉，有逾平日。简文虽契素，此遇尤相咨嗟，不觉造膝，共叉手语，达于将旦。既而曰：'玄度才情，故未易多有许。'"帝王与士人以才情相近而相处如友。三是标放达。追求"纵心调畅"，"性情自得"，具有"玄味"的生活，如孙长乐作王长史诔云："余与夫子，交非势利、心犹澄水，同此玄味。"(《轻诋》)容貌、才情、放达三者构成完满、自由的个性，亦即审美化的人格。

(3) 在艺术的创造与欣赏中论美。

魏晋时代是我国历史上"文的自觉"时代，其背景是"人的自觉"。人物品藻的审美化极大地促进了人们审美意识的自觉，直接而广泛地影响着艺术的品评，并且影响了整个美学思想史。宗白华先生写道：

中国美学竟是出发于"人物品藻"之美学。美的概念、范畴、形容词，发源于人格美的评赏。……中国艺术和文学批评的名著，谢赫的《画品》，袁昂、庾肩吾的《画品》，钟嵘的《诗品》，刘勰的《文心雕龙》，都产生在这热闹的品藻人物的空气中。

兹举几例。首先看"形神"。这对范畴本是考察整体人格的尺度，形是形体，神是精神。于是很自然地进入人物画的品评。刘安写道："画西施之面，美而不可说；规孟贲之目，大而不可提；君形者亡焉。"(《淮南子·说山训》)这里的"君形者"便是神。《世说新语·巧艺》记述，顾恺之画人"或数年不点目睛。人问其故，顾曰：'四体妍蚩，本无关于妙处。传神写照，正在阿堵中'"。眼睛是心灵的窗户，传神特别在此。后来这一范畴辐射到山水画、文学等艺术形式的批评中，连书法也不例外，王僧虔认为，"书之妙道，神采为上，形质次之，兼之者方可绍于古人"(《笔意赞》)。中国古代美学的主导观念是讲求形神兼备。

再看"气韵"。气与韵是一对矛盾范畴，其统一体就是"神"。"气韵"也最先出现于人物品藻中，《世说新语·任诞》中说："阮浑长成，风气韵度似父。""风气韵度"即"气韵"。河南荥阳出土的《郑道忠墓志铭》刻于公元522年，上写："君气韵恬和，姿望温雅，不以臧否滑心，荣辱考虑。"谢赫率先在画论中提出"气韵"范畴，《古画品录》写道："六法者何？一、气韵生动是也。"其后人们沿用于诗论、书论、乐论等领域，成为表征艺术风格美的两维：气胜为阳刚之美，韵胜为阴柔之美；而作为理想，人们总是追求艺术品"力遒韵雅"(谢赫)，也就是"气韵双高"(郭若虚)。

仅将上述两对范畴结合起来，我们就可窥见中国古代美学的突出特色，即对美的把握与对人的把握密不可分：

人 { 形————————————————
　　 神 { 韵——雅——系于墨——阴柔之美 ; 气——道——系于笔——阳刚之美 } } 美

冯友兰先生曾谈道：“中国哲学的特点就是发挥人学，着重讲人。”中国美学同样如此，美学范畴显然多由人学范畴转化而来。

（节选自胡家祥著《审美学》，北京大学出版社 2000 年 5 月出版。）

二、实践存在论美学的基本主张

朱立元

阅读提示　上面文章中讨论美的本质，西方的观点都是以主客二分的本体论观点为基础的，下面这篇文章，是以“实践存在论”作为哲学基础来论述关于美、美感、审美等观点的。超越了“主客二分”的思维模式，使得美学研究得以开拓出一片广阔天地，美学、美育的重大意义得以充分彰显。

（1）实践存在论美学仍然以实践论作为哲学基础，但将其根基从认识论转移到存在论上。在实践存在论美学看来，应该从存在论（本体论）角度把实践的内涵理解为人最基本的存在方式，理解为广义的人生实践，从而实现实践论与存在论的有机结合。具体来说，第一，人是在实践过程中才逐渐成其为人的，实践是人之成为人的一个原动力，也是人之为人的一个标志。第二，更重要的是，实践还是人存在的基本方式。我们用马克思主义实践论来阐释和改造海德格尔“此在（人）在世”的观点，**实践活动显然就是人的在世方式，或者更准确地说，人生在世的基本方式就是实践。我们每个人每天都要进行大量的各种各样的实践活动，包括学习、工作、经济、政治、道德、艺术、审美等活动在内。**这里，实践不仅仅是物质生产劳动，虽然物质生产劳动是人整个实践活动中最基础的，却不是全部。我们就是在各种各样的实践活动中生存和发展的。在此意义上，也就是在存在论意义上，我们说实践是人存在的基本方式。

（2）**审美活动不仅是人生实践的一个不可缺少的组成部分，而且也是一种人的基本存在方式和基本人生实践。**人类社会就是建立在包括审美活动在内的无限丰富的人生实践基础上的。人类的文明通过实践活动而得到建构和提升，作为人类文明标志之一的审美活动也在人类的实践过程中得到发展；反过来，审美活动也推进了人类实践整体的发展，推进了人类文明的建设。而且，审美活动是人走向全面、自由发展之非常重要的一个环节和因素。人如果只局限于物质生产劳动，而没有审美活动，那么其实践就是不完整的、片面的，这种实践造就的人也是片面的、不自由的。总之，审美活动是人的一种高级的精神需要，是见证人之所以为人、人超越于动物、最能体现人的本质特征的基本存在方式之一；它是人与世界的关系由物质层次向精神层次的深度拓展；它与制造工具、物质生产、科学研究、政治活动、道德行为和其他精神文化活动等一样，是人类不可缺少的一种基本的人生实践。

（3）**突破单纯的认识论框架，以实践存在论思路建构美学理论，在美学研究对象问题上，超越主客二分的思维模式，改变以往美学多以美或美的本质、规律为主要研究对象的观念，而是以人与世界的审美关系及其现实展开即审美活动为研究对象。**人在现实中可以发生多种关系，审美关系是其中之一。审美活动是在人类长期历史实践中，从人与世界的多种关系、多种活动中逐渐独立出来的；美和审美主体都不是先在、现成、固定不变的存在者；只是在审美活动中，现实的美才生成，现实的审美主体才生成。包括实践美学在内的以往各派美学，在解释人对世界的审美关系时，隐含着主客分立在先的观念，即是说，认为先有审美主体和审美客体，而后有认识论意义上的审美关系和审美活动。实践存在论美学则认为，不存在脱离具体审美关系、审美活动的审美主体和审美客体，审美主客体都是在具体的审美关系、审美活动中现实地诞生的。这就是说，在审美活动中，审美客体（美）与审美主体（美感）才同时现实地生成。从时间上讲，审美关系的建构、审美活动的开展与审美主、客体的生成是同步的，没有先后之分；但逻辑上审美关系、活动在先，美和美感在后，而非先有美，再有美感，或者先有美（客体）和美感（主体），后有主体对客体的审美关系和活动。这样，无论从逻辑上还是从时间上讲，在审美关系、审美活动之前和之外，无所谓美（审美客体）和美感（审美客体）。因此，实践存在论美学就把审美活动（审美关系的现实展开），而不是美和美的本质作为美学研究的主要对象和逻辑起点。这是试图在美学研究对象上超越主客二分的思维模式。

（4）**与此紧密相关，实践存在论美学的一个基本主张，是用生成论取代现成论。**主客二分的思路必然持现成论的思路。现成论美学的基本立足点，是把“美”作为一个早已客观存在的对象来认识，预设了一个固定不变的“美”的先验存在。由于已经先在地把“美”设定为一个现成的客观的实体，所以必须找到一个唯一的答案，为“美”下定义，从而总是追问“美是什么”、“美的本质是什么”这类问题。这个提问方式就是现成论的。因为在我们追问“美是什么”时，实际上已假定和预设了美的实际存在，已经是现成的对象。**实际上，没有一个客观固定的美先在地存在于世界的某个地方，美只能在具体现实的审美关系和活动中动态地生成。**所以，用现成论的思考方式是无法解决美学基本问题的。实践存在论美学的思考方式不再问“美是什么”而是问“美何以存在”、“美如何存在”，这个改变乃是从现成论向生成论的重要改变。

（5）**对这一问题的解答也可以推及对自然美的看法。**我们不同意那种认为自然美是自然界的客观属性，是从来就有、万古不变的，自然界中的美甚至在没有人之前就是美的看法。在实践存在论美学看来，自然美同一切形态的其他美一样，是生成的，而不是现成的。自然是相对于人而言的，在没有人之前，与人相对的自然也不存在，更谈不上自然美了。那时，我们现在称之为自然的存在物就无所谓美不美，因为在人类产生之前，根本没有、也不可能形成一种自然满足人的审美需求的价值关系，即审美关系，外在于审美关系的自然事物就只是自然事物，无所谓美与不美。自然美是人类发展到一定阶段，社会文化、审美活动、各个民族的历史积累等进展到一定的阶段，人与自然开始形成某种超越于实用功利关系的审美关系（或者至少是具有明显审美因素的关系），自然界中一些事物才逐渐成为审美对象或准审美对象。

（6）**审美是一种高级的人生境界。**人在各种生存实践活动中，在与世界打交道的过程中，会形成与世界不同程度的统一、圆融的关系，这种统一关系着重体现在人对自身生存实践的觉解与对宇宙人生意义的体悟的不同程度、层次和水平上，于是会形成不同层次的人生境界，审美境界是其中一个比较高层次的境界。审美有一个基本条件是要求人与世界之间实现比较高程度的"交融"，即中国美学所说的"物我两忘"、"天人合一"。如果主客体始终处于隔离、割裂、矛盾的状态，那就不太可能是审美的。从心境来说，审美境界较大程度上超越个体眼前的某种功利性和有限性，达到相对自由的状态。所以，我们认为，审美境界属于比较高层次的人生境界，审美境界不同于、高于一般的人生境界之处，在于它是对人生境界的一种诗意的提升和凝聚，也可以说是一种诗化了的人生境界。

（7）实践存在论美学的逻辑建构，遵循上述审美关系、活动在先的原则，并不正面去寻找、界定美的本质，而是首先以审美活动（作为审美关系的具体展开）作为逻辑起点，探讨审美对象和审美主体如何在审美活动中现实地生成，以及审美活动的性质、特点。接着分别从对象形态和主体经验两个方面论述审美形态和审美经验，认为审美形态可理解为人对不同样态的美（广义的美）即审美对象的归类和描述，它是审美活动中当下生成的自由人生境界的对象化、感性表现形式和具体存在状态；而审美经验则体现为在审美活动中主体直观到了超越现实功利、伦理、认识的自由人生境界、体验到了人与世界的存在意义而产生的自由感、幸福感和愉悦感。然后论艺术和艺术活动，由于艺术最集中、典型地体现、凝结了审美活动的诸方面，因此，美学应该通过研究艺术和艺术活动来把握一般审美活动。最后落实到审美教育即美育，美育指有意识地通过审美活动，增强人的审美能力，提高人的整体素质，焕发人的精神风貌，提升人的生存境界，建构人向全面发展成长的存在方式，促进人向理想的、自由的、健康的、精神丰满的人生成。综上所述，**实践存在论美

学的逻辑构架是：审美活动论—审美形态论—审美经验论—艺术审美论—审美教育论。本人主编的《美学》（修订版，高等教育出版社 2006 年出版）就是按照这一逻辑思路展开论述的。

（节选自朱立元著《走向实践存在论美学》，苏州大学出版社 2008 年 4 月出版。）

思考与实践　1. 说说本文的美学观点与哲学本体论的关联。

2. 联系第六章第二节，谈谈美学、美育在培养健全人格、创新人格中的意义。

三、审美与和谐

阅读提示　“和谐”，《现代汉语词典》的解释是：“配合得适当和匀称。”唯物辩证法认为，矛盾是普遍存在的。矛盾就是不适当、不匀称、不均衡，就是问题、差异、矛盾、冲突。可以这样理解：任何事物都存在矛盾，都是对立面的统一。所谓“和谐”，就是事物内部或者事物之间所存在的矛盾双方，处于相对统一的状态。那么“和谐”和“美”、“美感”、“审美”有什么关系呢？

“美”指的是客观事物所具备的一种特性，它涉及事物内部外部若干因素的和谐统一；“美感”是我们感受到“美”的事物时的那种精神愉悦的感受，它也涉及感觉、想象、联想、直觉、思维、情感等心理活动的和谐统一。美和美感，前者是客观存在，后者是主观思想感情。事物是否美？我们感受时是否觉得美？这就需要“审美”。事物的确是美的，审美过程中我们也感到的确美，这个审美过程中就实现了“主观”与“客观”的和谐统一。所以可以说：“美”、“美感”、“审美”与“和谐”都有关系。下面顺次解说。

1. 和谐与“美”

在美学上，“美”这个词有三层含义。第一层含义是指具体的美的事物，即所谓审美对象。比如桂林山水、黄山风光、维纳斯像、《蒙娜丽莎》、贝多芬的《月光曲》、丰收的原野、壮阔的劳动场景等。第二层含义是指所有审美对象所具有的共同的美的特质。人类在认识某个具体事物时，总希望由对具体事物的认识上升到更加具有普遍性的认识。面对第一层含义所指的那些具体的美的事物，人类希望找出它们的共同点。比如从古代的数学家毕达哥拉斯到当代的实验美学家柏克霍夫等人，他们认为事物之所以美，就是因为它们合乎形式美的规律。形式美的组合规律之一是调和与对比。调和是各种非对立因素之间相联系的统一，对比是各种对立因素之间的统一。**多样统一，(也称“变化与统一”)、比例与尺度、对称与均衡、节奏与韵律等，都是形式美的规律，都体现了和谐之美。**

那么符合形式美规律的事物肯定是美的吗？不一定。世界上任何事物都既有特定的内容，又有特定的形式，内容决定形式，事物的美也是如此。离开具体的内容，有时往往难以确定哪种形式是美的，因此形式美只是一种重要的审美素质，而不是美的本质，美的本质和根源问题，是美的哲学的第三层含义，也是美的哲学的根本问题。

就人类而言，实践中要从事认识活动，认识活动的目标是了解外部世界、自然界的规律，就是追求“真”。“真”，就是“合乎规律性”，就是人类的认识与外部世界、自然界的规律的和谐、统一，或曰“主观与客观的和谐、统一”。

在认识客观世界的基础上，人们又根据自身的需要，对其加以评价、选择，符合自身需要的，被认为是“善”的。“善”，是人们对于事物“合乎自身目的(需要)”的评价。

当一个事物具有“合乎规律性”或者“合乎目的性”，具有“真”或者“善”的性质时，或者既合乎规律性，又合乎目的性的时候，我们就可能用“美”、“美好”之类的词语形容它、称赞它，但是这个“美”还是广义的“美”字，它表达的是对“真”与“善”的赞美之情。狭义的美，美学意义上的“美”必须具备两个条件：一是具备可以感知(或者通过想象可以“感知”)的形象；二是这个形象必须符合形式美的基本规律。黑格尔说过：美是理念的感性显现(就是“理念”与“感性形象”的和谐统一)，我们可以进一步解释说，“美”，就是“真”与“善”统一的内容以符合形式美规律的形象显现出来。这是我们所说的美的本质，也就是“美”的第三层意思：**“美”是和谐：是真与善和谐统一的内容与合乎形式美规律的形式的和谐统一。**

黑格尔关于“美”的定义，其实是关于“艺术美”的定义。与艺术美并列的，还有“自然美”、“社会美”。

“自然美”比较偏重于形式，我们欣赏自然美，并不一定非得联想到它是否具有“真”、“善”的内容。但是欣赏自然美有时也会经由联想，赋予自然山水以人的情感、品行，这就是所谓“一片风景便是一片心境”，达到“情景交融”、“物我同一”的和谐统一。

“社会美”比较偏重于内容。人的容貌、身材合乎形式美的规律，自然让人一看便觉得美，但是如果了解到这人的品行为人非常恶劣，我们的美感就会大打折扣；一个人容貌、身材不那么合乎形式美的规律，如果为人品行很好，同样非常可爱，而人“因可爱而美丽”那是正常的。当然到一定程度，一个人的品行、学养、内涵往往在举手投足中自然显露出来，那就是所谓的风度、风韵，那种美，就是内在美、外在美的和谐统一。

简言之,美,就是和谐。有人说美的事物未必都具备“和谐”的特性,例如喜剧、幽默往往就是由不和谐、不协调的因素造成的。这种说法不恰当。其实,幽默的美也是和谐美,是喜剧层面的和谐。是一种意料之外的“超常态”的和谐。它是出乎常人意料之外的,经过思索后才能恍然大悟的发现的和谐美。

美学研究审美活动(实践)。不存在离开人的审美实践的美的本质,美存在于审美实践之中。从实践哲学的观点看,不存在离开人而独立存在的纯粹的客观世界,也不存在离开“客观世界”而独立存在的纯粹的主体。这些只是理论的抽象。在现实、实践中,人与世界,主体与客体,精神与物质,都是具体、现实地联系在一起的。据此,现在的美学家不愿意孤立地谈论美的本质。本书中却依然专章论述“美是和谐”。我们的意见是:尽管离开审美实践,美就无从谈起,但是,能够在审美实践中被称赞为“美的”事物,必定有它们的共同点,哪怕没有被纳入审美实践之中,但是它们依然存在某种“美”的潜质,或者如维特根斯坦所说的,具有某种美的“家族特性”。这样的理解似乎可以与把美学看成是研究审美实践的看法并行不悖。

我们还应该看到,艺术是不断发展创新的,形式美的法则也在不断突破。因此在古典艺术和现代派艺术中,美呈现出不同的形态。在古典艺术中,基本美学原则是“再现”,强调忠实地模仿客观物象,大多严守形式美的法则,遵从形式创造的规律来进行创作,其艺术作品形态完整、典雅、和谐。无论建筑、雕塑、绘画、音乐,均体现出在这种强调再现生活、追求真实的美学原则指导下的和谐统一的选择和表现,例如建筑艺术中金字塔、泰姬陵、紫禁城等;绘画艺术中西方的油画,中国的水墨画,日本的浮世绘等;雕塑中的《米洛的维纳斯》《拉奥孔》《思想者》、敦煌莫高窟的佛像等;音乐中莫扎特、贝多芬的古典乐派的创作,柴可夫斯基等浪漫主义乐派的创作,德彪西等的印象主义乐派的创作等;文学创作中古典主义、自然主义、批判现实主义、浪漫主义的作品,中国古典诗词等,均呈现出典雅、和谐的整体意趣与形态。到了20世纪,现代艺术发生了重要转型,以“现代派”艺术为主流的现代艺术,背离古典艺术强调“再现”客观现实的美学原则,转而强调“表现”主观世界,多用抽象手法,大胆突破传统的形式美规则,对色彩、形体、声音等形式美要素按主观感受加以夸张变形,用象征意味浓厚的新奇组合来表现个人对客观生活的认识。如马蒂斯的“野兽派”绘画,达利的美术和雕塑作品,文学中的意识流小说、荒诞派戏剧、象征主义诗歌等,音乐中的先锋派的创作等。成功的现代派艺术形态达到形式美的新的和谐与平衡。例如毕加索的立方主义绘画,就是非常成功的形式美探索成果。

2. 和谐与“美感”

美感,审美感觉,有两种不同的含义。一是指人们的审美理想、审美能力、审美感受等，这是广义的美感，又可称作审美意识；这个“美感”是各种审美心理机能的和谐统一。一是专指审美感受，即人们在欣赏美和创造美的活动中的一种特殊的心理现象，这是狭义的美感。这个审美感受是审美意识的核心部分。它们都是客观存在着的美的事物在人们头脑中的能动的反映，也可以说，**美感，是美的事物与具有审美能力、审美趣味的人的和谐统一。**

美是在社会实践中产生的，同样，人类最初的审美意识也是在社会实践中产生的。原始人类的劳动活动及其产品由于具有合规律而又合目的形式，因而成为美的事物，对这种劳动活动及产品的感受就是最初的美感。在原始艺术活动中，原始人类自觉地创造出美的事物，他们的美感也就相应地得到发展。这就是人类美感的起源和本质。至于个人的审美意识的形成和这个人所处的社会环境、阶级地位，所具有的思想感情、文化素质，所经历的审美实践都有关系。由于美是客观存在的，在长期的社会实践中，人们的心理结构也形成许多共同之处，因此，对于客观存在美的事物，人们的美感是可能有共同之处的，美感是有客观标准的；由于人们所处的社会环境、阶级地位，所具有的思想感情、文化素质，所经历的审美实践是不尽相同的，因此，对于客观存在美的事物，人们的美感又是不尽相同的。**所以，美感是客观和主观的和谐统一，共性和个性的和谐统一。**

审美感受作为个体欣赏美、创造美活动中的一种特殊心理活动，具有直觉性、超功利性的愉悦性。

所谓直觉性，一是说审美活动始终要在形象的、具体的、直接的感受中进行，不能通过别人的介绍以及抽象的概念去感受美。二是说在审美活动中，人们无须借助抽象的思考，便可不假思索地判断对象美或不美。比如面对丰收的原野、壮阔的劳动场面，我们事实上不需要想到它们是“真和善的统一”，是“人的本质力量的显现”，立刻就会感到它们是美的。其实美感是具有直觉性，并非是与理性认识无关。没有正确的审美观念，面对丰收的原野、壮阔的劳动场景未必感到美，而审美观念的形成是与个人所爱的文化熏陶等分不开的。这当中便渗透着理性的思考。所以美感是以直觉的形式表现出来的，但在直觉的形式下面又包含着理性内容的历史积淀，**美感，是形象思维与理性思维的和谐统一。**

所谓超功利性，是指人们在审美活动中没有实用功利的考虑。正如蔡元培所说：“马牛，人之所服用者，而戴嵩所画之牛，韩干所画之马，决无对之而作服乘之相者。”必须强调的是，在美感活动中，没有个人的直接功利性，但是就社会而言，个人的无功利性，却潜藏着社会的功利性，只是这种功利性经过历史长期的积累演变，常常不为审美的个人所觉察罢了。正如鲁迅所说，“美的愉乐的根底里，倘不伏着功用，那事物也就不见的美了”。另外，人们在审美活动中，陶冶了情操，这不也是一种社会的功利性吗？可见美感是在个人的超功利性中，包含着社会的功利性。**美感，是功利性与超功利性的和谐统一。**

所谓愉悦性，是指在审美活动中会产生一种精神上的愉悦之情，即审美快感。有些美学家将审美快感等同于生理快感，其实审美快感包含着生理快感，但是又不等同于生理快感。首先，审美快感主要依赖于视觉和听觉感官，这两种感官，按黑格尔的说法，是认知性感官，由这两种感官产生的快感，实际上包含一定的认识因素，涉及理解、想象、情感等多种心理功能，而一般的生理快感主要依赖于听觉、嗅觉等感官，只能调动感知这一种心理功能。其次，一般生理快感必须占有或消耗客观对象，审美快感则无须如此。比如肚子饿了，吃了食物，才会感到满足的快感，欣赏一幅画，无须占有它，就会产生审美快感。**美感是人的各种心理功能和谐运动而产生的愉悦之感。**

在审美感受中，各种心理功能，如感知、想象、情感、理解等组合起来。它们的不同比例的配合便构成不同类型的美感，有的偏于想象，有的偏于理解，有的偏于情感，这样就构成美感的表现形态。上文说过，社会美、自然美、艺术美一般都可以包括优美、崇高、悲剧、喜剧等几种形态，美感作为美的反映，可以根据美的形态进行分类，如优美感、崇高感、喜剧感等。其中，“优美感”可以说是美感的“主流”，它让人感觉到和谐、统一、舒适、愉悦。

3. 审美与人的和谐发展

在大众文化时代，人类面临的许多问题，其中重要的是人的片面发展和人格的异化。审美教育可以在克服技术统治和平民文化所带来的问题方面做出独特的贡献：恢复人性完整，唤醒人的感性，建构全面和谐人格。美的效应是激发、诱导、发展人的各种本质力量，使人得到健康、全面的发展。具体地说，审美教育可以产生如下功能：认识功能、教育功能（这里的教育特指道德教育，以下同）、娱乐功能三个方面。

在审美活动中，人的感知、想象、理解、情感，以及个性、趣味等多种心理要素协同作用，形成审美判断和审美领悟，产生审美快感，完成一个完整的审美过程。在整个过程中，感知、想象、理解、情感等，既相互依赖，又相互促进。感知如果没有理解和想象的参与，就会成为生物性的快感；想象如果没有情感和理解的参与，就会成为一种胡思乱想；情感如果没有理解和想象的参与，就失去了规范和载体，成为生物本能性欲望的发泄；理解如果没有想象和情感的参与，就失去了感情特征和潜力，成为在抽象概念中游离的逻辑思维。可以说，感知是美感的出发点，也是其归宿，想象是美感的枢纽和载体，情感是美感的中介和动力，理解是美感的制导和规范。在审美活动中，一旦这四种心理活动相互作用和相互补充，便使人获得越来越丰富的审美体验。审美体验的不断增加，又反过来使人的审美心理结构不断优化，审美能力不断发展。**审美教育主要就是培养人的感知、想象、理解、情感等心理活动能力，让**

人科学素质和人文素质、感性和理性、形象思维和理性思维，都得到和谐发展的教育。

美育还能帮助我们学会生活、学会善待生命。如何生活，如何对待生命，这是每个人应当思考的问题。在竞争日趋激烈的现代社会，这个问题尤其显得重要。中国古代的儒家和道家，对如何生活，都曾提出自己的主张。儒家的审美观有浓厚的功利色彩。他们认为，人生应当有所作为，“天行健，君子自强不息”。道家则认为，人生应当活得潇洒，大可“逍遥游”，不要斤斤计较功利得失。优秀的艺术作品告诉我们，生活中的审美态度，是现实主义、理想主义、幽默感和敏感的一个合适的比例。没有对人生的现实主义，要想挚爱人生，认真生活，养育深厚的感情，都是不可能的。但是现实主义如果没有理想主义的提挈，那就会成为无原则、无目的的彻尾的庸俗。幽默感是一种深沉的智慧，而不是轻薄。幽默可以使现实主义和理想主义都达到明智和适宜。因为不管是现实主义也好，理想主义也好，都是对生活和人生热烈的心性，如果它们加上敏感这副催化剂，那就有可能出现两种危险：或是为现实所榨干，或是为理想所焚毁，而幽默却使人们既与现实又与理想（主要是过于不切实际的空想）保持合适的距离，它使我们能够酷爱人生而不过度，向往理想而不矫情，能够站在超越现实的地位，却不敌视现实。它总使我们对人生执着情深而又旷达超脱。人生的目的是什么？人生的目的是人自身。我们当然憎恶那种不劳而获的享乐主义，但是我们同样反对把人作为生活的工具，而不是作为生活的主人的观点。生活的主人意味着他是生活的目的，他创造生活，同时充分享有生活。充分享有生活不仅意味着物质上的占有，而且意味着从精神的、感情的方面同自己的生活进行交往，超越动物性的本能生活，超越本能生活所划定的狭隘范围，开拓一片广大的精神空间，获得只有人才有的，不仅能生活而且能观照的自由。只有这样，才能把我们的胸襟像一朵花似地展开，接受宇宙和人生的全景，了解它的意义，体会它的深沉的境地，成为一个有志气、有见识、有作为的朝气蓬勃的人。审美教育就是教育我们实现“儒道互补”、“理想主义”与“现实主义”的和谐统一，实现积极进取与“审美化的人生”、“艺术化生存”、“诗意地生存”的和谐统一。审美教育的终极价值在于健全人格的塑造。

根据以上阐述，我们可以认为，**和谐，是美和美感的重要特性，而审美教育就是通过这类活动，促进人的和谐发展。至于其他各种类型的美和美感，审美中未必全都具备和谐的特性。比如喜剧对象的特征恰恰是不协调、不和谐，壮美的景物会让人感到震惊、惊奇，而非和谐、舒服，但是也会在某些方面、某些环节上具备和谐的特性，比如艺术作品总会有内容与形式的和谐，无论壮美、悲剧的审美对象总会让我们经由不和适、惊奇等感受而感到矛盾消除、情感宣泄后的和谐、平和，总会有助于人的和谐发展。事物总是不断发展**

的。人类总是不断地从和谐中发现矛盾，既而解决矛盾，达到新的和谐，相应地，人类的审美活动的疆域也会不断扩展，发现、创造新的审美对象，适应、享受新的审美感受。

4. 和谐与优美、崇高、悲剧、喜剧

审美中存在着不同风格的美，各具特色，但是多与和谐相关。下面仅以优美、崇高、悲剧、喜剧为例简要说明。最初，狭义的美只指优美，随着人类实践活动的丰富，审美活动的视野日益广阔，一些本来不美的事物也成为审美的对象。随着人类的发展，审美中美的风格必将日益丰富多彩，这也从特定角度反映了人类的认识、实践不断消除矛盾、创造和谐的历程。

(1) 优美。

优美即美，或秀美。优美事物使人赏心悦目，令人愉快，形式上比较完美和谐。如莫扎特的小夜曲、秀丽的山水景色。

优美的事物有三个特点：一是引发快感。优美令人愉快，引起的是快感，内心感受是舒服和顺的。二是完美。优美事物的特点是无缺陷，或被感受为完美无缺。三是和谐。优美事物的各部分关系是互相适应的、融洽的，而不是紧张的、剧烈冲突的。

优美，是实践主体和客体的和谐统一所显现出来的美。这种和谐，体现在主、客体的统一关系中，常常突出地表现为合目的性的理想与合规律性的类的完满性的浑然交融。希腊雕刻家的雕塑、提香和鲁本斯的美丽人体、莫扎特、舒伯特的美丽音乐，无不显现着人类的体格、精神和情感的完满性与理想化交融一体的和谐美。这种和谐，特别明显地体现在优美对象内容与形式的统一关系上。内容与形式的统一关系及其独特方式，是决定并显现特定美学范畴、美学特征的重要因素。宁静和谐的审美感知和情感上的平静的愉悦等心理功能突出，是优美感的基本特点。里普斯说："我这里特地再说一下，凡不是猛烈地、粗暴地、强霸地，而是以柔和的力侵袭我们，也许侵入得更深些，并抓住了我们内心的一切，便是'优美'的。"这是一种通过感官便能直接感受领略的美，对优美的审美感受，由想象所趋向的情感和理解，是偏重于合规律性的自由形式的玩赏与领悟，始终伴和并增添着赏心悦目的快感。

(2) 崇高。

崇高事物以它巨大的体积、数量和力量之势，使人受到震慑、惊叹，并进而使人的心境得到升华。如雪崩、海啸、嶙峋的巨石、无边的荒漠、深不可测的山渊、遥远无际的星空等。对它的感受不是快感，而是痛感，或如康德所说，先有痛感，然后通过向比人更高一级的存在（理性、造物主、绝对的伟大等等）升华而转化为快感。崇高感是由痛感转化而来的快感。这种转化我们可以视为一种升华。但是，有些关于崇高的理论也有偏颇。例如黑格尔反对将自然视为崇高感的一个来源，认为自然低于人，所以不可能被人视为高于自己因而要加以敬畏的存在。这是一种人类中心主义的观点,是极端主体论哲学的论调。这与康德关于自然的观点也是不符的。

崇高是在实践主体提出了理解、征服和掌握现实客体的历史要求,并且已经或必将趋于现实的历史条件下产生的。它以现实客体压倒实践主体为其外表特征;而其实质则在于受到压抑的实践主体,充分激发起人的本质力量,转而征服、掌握客体。归结到一点,崇高不是主客体的和谐统一的静态美,而是双方在对立、冲突之中趋向统一的动态美。崇高感的特点,是由恐惧转向愉悦,由惊赞转化为振奋。在这里,人的本质力量的显现,呈现为实践主体迫使现实客体与之趋向统一的过程。

可见,虽然崇高感的产生过程当中,并未与作为和谐的美和美感有直接关联,但可以说崇高的最终结果,是引领主客体双方最终走向统一,这,也可以看作是和谐美的一种辩证法。

(3) 悲剧。

悲剧通过展示有价值的东西的毁灭,触及宇宙人生的根本,激发人的同情,带来快感。

① 毁灭。宽泛地说,凡是有价值的东西在两种力量的冲突中失败或毁灭,都是悲剧。这一来自鲁迅的说法抓住了有价值的东西的毁灭这个要害,给悲剧做出了根本的解释。在这方面,日常的悲剧观念中有两个误解应做纠正:一是认为只有好人失败或毁灭才是悲剧,好人指道德高尚者,正面英雄。事实上,在一些广受指责的恶徒(例如被判有罪的犯人)那儿也发生着悲剧,因为他们也有价值的东西,如生命、情感等。这些东西的毁灭,而是这种价值的实现,如莎士比亚的《罗密欧与朱丽叶》。这后一点并不是悲剧性的,而是喜剧性(就道德完满的结局而言)的。当然就《罗密欧与朱丽叶》中的两位主人公的殉情而言,他们生命的消逝这一点具有悲剧性。

② 挑战与局限:宇宙人生根本之思。悲剧都是毁灭,但是毁灭背后的原因更值得深入追问。在涉及悲剧原因之处,我们不能不将亚里士多德以来的西方主要悲剧理论考虑进来。这些理论无一例外都将悲剧与一种大于人、支配人、作为人的根据的力量相联系,认为人的有限性以及他要冲破这种有限性的雄心之间的矛盾,导致了一种本体论意义上的悲剧。例如亚里士多德(及整个古希腊)的"命运",谢林的"必然",黑格尔的"神性"或"永恒的正义",尼采的"永恒的生命"或"存在之母"。借助于悲剧,人们不断被提醒:人类不是主宰,人有无法克服的盲目性;而同时,人不可避免地要去触及自身的极限,在极限处挣扎,这种源自人的生存本体论的悲剧性令人感慨激愤,产生出对支配性力量和搏斗着的人两方面的敬意。俄狄浦斯受制于命运,他看不见他的命运,但他从未停止追问他是谁这个问题。而因了这种追问,他亲自揭开了自己悲剧的帷幕。哈姆雷特和奥赛罗受制于性格,莎士比亚的这两个

悲剧人物向我们展示了人是如何陷入自己性格缺陷所布下的圈套而走向毁灭的；在哈姆雷特，这是犹豫，在奥赛罗，这是嫉妒。但是，例如在哈姆雷特身上的犹豫，难道不是对自身命运的两难处境的一种挑战方式吗？海明威《老人与海》中的桑提亚哥，他的悲剧源自他向存在极限的挑战。他行驶渔船达三天之久，已经没有口粮，没有回程所需的物资；他到了一片人迹罕至之深海；他遇到了一条从未见过的大鱼。他越过了人应有的界线，造就了悲剧的全部条件。所以，如命中注定的，他在长达八十四天未有收获和情况下，又一次以打鱼失败告终。他被视为"背运倒霉"的老人，不过，在他渔船后拖带着的那条比船还大的大马哈鱼的骨架，就像梦的残余，令人们肃然起敬。

人是有局限性的，但是人又不得不挑战这种局限。失败和毁灭是这种挑战的代价。所以某种意义上说，悲剧性是人生的一种基本命运。

悲剧涉及宇宙人生之根本。所以那种仅仅是悲苦或悲哭的情节并不构成典型的悲剧。这就是黑格尔说偶然事故导致的灾难不构成悲剧的原因。

③ 同情：悲剧都会引起剧烈的情感。亚里士多德说悲剧引起的是怜悯与恐惧之情，其中怜悯就是同情。观众哭，是因为同情。对悲剧涉及的宇宙人生之根本的思索，是一种伴随着强烈情感的思索，并且，因为有这种情感，思索触动人的神经。

问题是，这种情感是积极的，还是消极的？

亚里士多德说，悲剧借引起怜悯与恐惧而使这种情感得以陶冶，也就是宣泄和净化。这意味着，悲剧的同情是一种积极的情感，因为同情心是以感动为前提的，感动提供给人以快乐。这两种理论都认为悲剧提供给人积极的情况。这可以解释人们为什么明明知道看悲剧是会哭的，却还要去享受它的原因。

这样，悲剧的主要价值可简单概括为：① 它能触及社会与自然界事物的本源和某些内在意义，引起人们的深思。② 它给人以情感的巨大冲击，满足人们的同情心，导致心理上的健康。

悲剧这一美学范畴和崇高密切相关，但整体上并非呈现一种和谐的审美特质。亚里士多德的悲剧定义展示了人和命运之间的强烈冲突，黑格尔也是用辩证的矛盾冲突学说来说明悲剧。但是，亚里士多德提及著名的概念"卡塔西斯"（从罗念生说译作陶冶）："悲剧……引起怜悯和恐惧来使得感情得到陶冶"，罗念生指出："卡塔西斯作为医学术语，除了'宣泄'的意思外，还有'求平衡'的意思，即求生理上的平衡。……文学艺术的力量可以使情感降低，也可以使情感加强，以求达到平衡。"罗念生并引亚里士多德《尼科马科斯伦理学》里的话证明这样的结论："只有在适当的时候，对适当的事物、对适当的人、在适当的动机下、在适当的方式下所发生的情感，才是适度的最好的情感，这种情感即是美德。"可见，在亚里士多德的定义和论述中，悲剧在其感染效果层面，能够有效调和情感，呈现出比较重要的和谐特质。

而黑格尔的悲剧理论在对于悲剧感的分析中，也比亚里士多德有所发展，认为“在单纯的恐惧和悲剧的同情之上还有调解的感觉。这是悲剧通过揭示永恒正义而引起的”。黑格尔的悲剧理论重视冲突，而且强调是具有普遍意义的重大力量之间的冲突；这种冲突合乎规律地发展，必将导致悲剧结局。他说的冲突特指精神性的普遍力量之间的冲突，是两种伦理力量之间的冲突；冲突的结果是双方同归于尽，从而达到矛盾调和，显示“永恒正义”的胜利。也就是说，黑格尔认为悲剧展示的过程是不和谐的过程，但结局则是两种力量的调和，永恒正义的胜利，这却是由矛盾冲突走向了和谐，这也是黑格尔哲学中“正—反—合”模式的具体呈现。

(4) 喜剧。

喜剧就是在事物中发现无危害的荒谬性，通过笑而对人产生积极价值的审美现象。

第一，荒谬性是喜剧的首要因素。喜剧的发生是因为对无价值的事物或者事物的无价值方面的发现，这些无价值性在喜剧中以荒谬的不合常理的形式露面。无价值性也可以在其他形式中露面，它可以显得可恶，而不一定可笑，例如在某种无价值的丑中出现。而它在喜剧中出现就一定显得是荒谬的、不合常理的。人们笑吝啬鬼，是因为他的行为不合常理，他对自己财产的吝惜到了荒谬的程度，财产完全失去了它的意义。喜剧现象并不一定是丑恶现象，尽管它总是具有无价值性。卓别林扮演的夏洛是善良但有虚荣心的城市流浪汉，他之所以可笑，是因为做出许多悖理的事情，如他的穿着和他身份之间的悖理：他是个穷流浪汉，却要拿起拐杖，戴上礼帽，还要穿西服，但却极不合身(上衣太紧，裤子又太大，皮鞋又太长)。荒谬性是我们对喜剧的直接观感。

第二，无危害性。任何审美现象都与主体无利害关系，滑稽也不例外。滑稽的利害关系通常表现在受嘲笑，成为嘲笑目标上。无危害性是指主体不处在受嘲笑的位置。当主体(欣赏者或创作者)处于被嘲笑对象的位置时，他受到滑稽的伤害，就不会有喜剧感。只有在当事人意识到他的目标无足轻重，不感到损失，超然于失败时，才有真正的喜剧性。这样，我们就明白为什么自嘲是一个真正的喜剧性的概念。自嘲意味着，嘲笑者嘲笑的虽然是自己，但此时的他已与被嘲笑的他分离了，他不认同原先的自己，他在嘲笑一个与己无关的“我”，或者说他超越了原来的自己，当然就不受嘲笑的伤害了。

第三，智慧性。滑稽所涉及的无危害的荒谬性，是被智慧发现的。即使在艺术作品中，品味喜剧性也需要智慧。一个笑话，听者没有悟性，没有幽默感，就不知道它可笑在哪里。从这个意义上看，喜剧不同于闹剧。闹剧是死皮赖脸地、过分夸张地要把可笑的东西撕破给人看，生怕观众不明白，少了含蓄,更少了对观众智慧的信赖。

第四,喜剧通过笑产生积极的价值。这种价值可以分为两个方面:一是使得每一个人与愚蠢分手。通过嘲笑他人的不合理性与荒谬性,使自己避免陷入这种荒谬性;而由于喜剧性总是产生于主体的不认同条件下,这也使得人们能够在轻松的情况下与自己的愚蠢告别。二是喜剧通过智慧的发现导致笑带来了身心的健康方面的补偿。喜剧现象虽然无价值,但对喜剧的发现却肯定了发现者的智慧和审美能力,笑成为对智慧的奖赏。开心带来轻松,如康德所言,它导致身心的健康。所以,幽默感是一个成熟的人,尤其是男人的必备素质。

与喜剧有关的几个必备因素,这是前人的理论共同认可的。

第一,喜剧是对无价值的荒谬现象的发现。对其无价值性,柏拉图称之为"恶",康德称之为"虚无",里普斯称之为"期待的落空",伯格森则称之为"机械僵化的东西",等等。这些无价值性,在喜剧中表现为荒谬:柏拉图指出,喜剧的主人公对自己的恶(缺陷)居然无意识;康德、里普斯提到的期待居然从最大落到最小;伯格森指出喜剧人物用机械僵化的东西试图束缚活的生命,这些都导致荒谬。

第二,喜剧情感的特殊性。喜剧现象要用理智,不动感情,才能发现,笑作为感情的表现是理智发现的后果。对柏拉图的理论而言,恶的发现当然涉及理智;康德所谓的虚无,是在情感期待久久未能实现后,理智冷静地做出的判断;里普斯指出笑是因理智对愚蠢的发现而产生的;伯格森则专门指出观念的不动感情是喜剧性的必要条件;鲁迅说的"撕破"也是需要智慧的。

第三,喜剧的无危害性。这一点柏拉图提到了,他说,因为被嘲笑的对象是弱者,不会对我们形成危害,所以我们会笑他。这说明,喜剧现象的发现者必须处于不被危害之处,这是喜剧的条件。伯格森虽然提到喜剧对象不利于社会,但他认为这种不利没有到构成威胁的地步,所以社会的回应是笑。亚里士多德《诗学》中的喜剧理论已经失传,但留下的片言只语中提到,"滑稽的事物,或包含谬误,或其貌不扬,但不会给人造成痛苦或带来伤害"。黑格尔则认为,喜剧的主体(发现者)是不受喜剧讽刺的伤害的,"凡是一方面情况应引起痛感而另一方面单纯的嗤笑和幸灾乐祸都还在起作用的地方,照例就没有喜剧性"。

第四,喜剧具有审美的价值。虽然喜剧发现的是无价值的现象,但经典理论家都认为喜剧本身却是有价值的。伯格森提出喜剧具有社会功利性,有益于纠正个人陋习,以及社会的平衡与发展;里普斯指出喜剧通过幽默的产生而形成对人的审美能力的一种肯定形式;康德甚至提出了喜剧在个人心理生理健康方面的疗效。

喜剧是一个大的审美范畴。与喜剧性相关的小的概念一直是很多的。

它们丰富了关于喜剧的表达。这儿仅开列一些常见的属于喜剧性大范畴的概念。

嘲笑(对某事感到可笑);滑稽;谐谑(善意的取笑,逗笑);玩笑(说笑话,开玩笑);诙谐(有幽默感的谈吐);幽默(发现可笑有趣的现象,但不带恶意);讽刺(带恶意的嘲笑);愚弄(拙劣的模仿以引起哄笑);有趣(好玩,有意思);荒谬可笑(突出某事的荒谬性);自嘲;反讽(冷嘲;通过说反话嘲弄);戏拟(滑稽的模仿;通过模仿演示某种可笑现象);逗,好玩(引人笑;以笑来消遣)。

四、如何欣赏自然美、社会美、科学美、艺术美

下面简要介绍如何欣赏自然美、社会美、科学美、艺术美。

1. 自然美

自然美,就是自然领域的美。无论是蓝天白云、高山流水、花香鸟语、彩虹落霞等自然风光,还是烟波浩淼的大湖洞庭、巍巍耸立的三山五岳等游览胜地,都属于自然美的范围。高尔基说:“在环绕着我们并仇视着我们的自然界中是没有美的。”只有当人类在漫长的实践中逐渐掌握了大自然的规律,开始有效地控制和利用大自然时,只有当人类开始从自然的枷锁下解放出来,成为大自然的主宰时,自然界才可能成为美的对象。所以说,自然界之所以美,归根到底,是人类社会实践的结果。

自然美有两种不同的形态。一种是经过劳动加工的自然美。比如沙漠林带、千里海堤、高峡平湖、阡陌纵横的田野、人工培植的花木等。它们都像一块磁石,凝聚着人类扭转乾坤的意志和才能,也像一面镜子,反映出人类创造新生活的本质力量。还有一种是未经加工的自然美。比如清风明月、幽林曲涧、花香鸟语、崇山峻岭、大漠长风、电闪雷鸣等。前一种自然美直接显示了人类的本质力量,所以和社会美十分接近。后一种自然美的社会内容比较隐秘,它们主要以自身的自然形式取悦于人,形式美是从体现一定内容的美的形式中概括出来的。由于人们在审美活动中直接感受到的是美的事物的形式,经过成千上万次重复,人们仅仅看见美的事物的“样子”(形式)而不用考虑它的内容,便会产生美感。这类自然景物之所以美,往往还由于它的某些自然特征引起了人们的联想、想象,成为人和人的生活的暗示和象征。比如在十五之夜,一轮明月悬挂在蔚蓝色的天空,皎洁的色泽、温和的光亮、恬静的气氛,这些形式因素便足以引起我们的美感。朦胧的月色,美妙的神话传说,又带给我们无穷无尽的遐想,正因为如此,它才成为历代诗人吟咏的对象:“小时不识月,呼作白玉盘”,“举头望明月,低头思故乡”,“明月几时有,把酒问青天”,“但愿人长久,千里共婵娟”,“美人透兮音尘绝,隔千里兮共明月”。当然自然美的这两种形态并不是截然分开的,它们往往是相互渗透,相

互转化的。比如那汹涌澎湃的长江水，昼夜不息，滚滚东流，显示出雄壮之美；引起多少哲人高士的喟然长叹；“子在川上曰：‘逝者如斯夫’”，“大江东去，浪淘尽，千古风流人物”，千百年来，人们不断地改造它，利用它，到如今，更是“风樯动，龟蛇静，起宏图。一桥飞架南北，天堑变通途”。可见同一自然景物，便可以同时具有这两种形态的美。

自然景物又具有各不相同的风格。比如人们熟知的便有所谓“泰山之雄，华山之险，峨眉之秀，青城之幽，黄山之奇”，等等。但是从总体上看又可分作两种风格：一为壮美，一为优美。比如同是奇景，奇雄、奇险属壮美，奇秀、奇艳属优美。一般说来，壮美的景物着重显示自然界的雄伟、险峻、壮阔，它作用于人，往往使人产生崇高、敬畏之感。比如奇峰陡峭、松柏参天、怪石嶙峋、海浪啸云、旭日东升等便属于壮美。优美则着重显示自然界的幽静、秀丽，它作用于人，使人产生精神愉悦之感。比如小桥流水、清风明月、莺歌燕舞、芳草萋萋、弱柳柔丝等，便属于优美。

自然美和艺术美相比，艺术美已经经过了艺术家对生活原型的加工。如果说，欣赏需要采取特定角度，那么在欣赏艺术美时，这角度已经由艺术家在某种程度上作了规定，而自然美则依然保持着它自身的自然形态，具有分散、流动、易逝、多角度、多侧面的特征。这就需要我们引导学生学会在欣赏中对自然景物进行重新组合，把分散的、互不联系的自然景物放在一定的视角框架之内，处在一定的氛围之中，从而获得最佳的审美效果。比如桂林的象鼻山如果从东向西观看，那不过是一座毫无特色的石山，只有从北向南观看，才能“发现”它是大自然造化出来的艺术品。陈从周先生在谈欣赏园林艺术时指出，要领略借景、对景之妙，关键在于选择一个恰当的观察角度。郭熙在《山水训》中说“春山淡冶而如笑，夏山苍翠而如滴，秋丘明净而如妆，冬山惨淡而如睡”，欧阳修在《醉翁亭记》中也说过“朝而往，暮而归，四时之景不同”，可见在不同的时间季令，同一景物可以给人以不同的审美感受。又比如扬州中学的树人堂，站在它的脚下，采用仰视的角度，让它处在蓝天、白云的映衬之下，让它沐浴在灿烂的霞光之中，它将显得更加雄伟壮丽；而站在远处，采用平视的角度，让它处在绿荫丛中，让它披上晨雾的轻纱，它将显得柔美秀丽。可见欣赏自然美，本身已是一种审美创造。自然美具有多义性。这不仅由于在不同的时间、地点欣赏者所见的自然景物的形态特征各不相同，而且还由于欣赏者审美心理结构各不相同。审美心理结构的形成，和多方面的因素有关。在欣赏自然美的过程中，我们则应当尽可能地激发学生积极的情感活动，在观察的基础上，展开联想和想象，从自然景物上发现其与人或人与生活的联系，在更高的层次上体味自然景物所包含的审美意蕴。

2. 社会美

《庄子·天运》中有段文字道：“西施病心而矉其里，其里之丑人见而美之，妇亦捧心而矉其里。其里之富人见之，坚闭门而不出，贫人见之，挈妻子而去之走。”这就是“东施效颦”的故事。原意大概是讽喻那些缺乏自知之明、胡乱模仿的蠢人，但也说明了，人的美丑是人们所普遍关注的。从历史上看，人类对人体美的追求由来已久。从原始民族崇尚图腾，到古希腊的人体雕塑，从唐代敦煌的飞天仙女，到杭州飞来峰上的元代少女像，到处都留下了人类追求人体美的足迹。其实人体美只是人的美的一方面内容，而人的美也只是社会美的一方面内容。社会美，包括人的美亦即实践主体的美，还包括实践活动的美和实践成果的美。风起云涌的农民起义，为保家卫国而进行的浴血奋战，农民们翻土播种、挥镰收割，高炉边钢花飞溅、铁水奔流，鳞次栉比的高楼大厦，琳琅满目的商品，同事间的深情厚谊，情侣间的深切爱恋，文雅的举止，翩翩的风度……可以说，现实生活中的美，除了自然美之外，都属于社会美。

社会美的最大特点是与社会实践有着直接的联系。美来源于实践，但各种美与实践的关系，并不是一样的。比如自然美与实践的关系就是间接的。因为自然界天造地设，非人力所创造。它的美，只是由于人类的实践活动，改变了它与人类对立或无关的状态，才显示了出来。而社会美则是直接从实践中创造、产生出来的。而且由于主客观条件的限制，人们只能欣赏自然美和艺术美，一般不能从事自然美的创造，也不一定能从事艺术美的创造。而对于社会美，人们则不仅能欣赏，而且也能参与创造。引导学生参与社会美的创造，是审美教育的重要目标和主要内容。社会美的第二个特点是以内容取胜，与社会功利有着比较密切的联系。比如人的美，包括外在美与内在美两个方面。外在美指人的相貌（体态、语言、仪表、风度等方面的美），内在美指人的心灵（品格、情操、智慧、情感等方面的美）。这些从根本上说都属于“善”的范畴。外在美当中的相貌、体态等形式美的因素，很大程度上取决于先天条件，语言、仪表、风度等则不仅与先天条件有关，而且与内在美有着密切关系。生活中有些人尽管在相貌、体态方面有所不足，却仍能给人以风度翩翩之感；相反，有些人尽管五官端正，举手投足却使人感到猥琐、鄙俗，其道理就在于此。古代哲人曾经说过的“里仁为美”，“充实之为美”，“吾既有此内美兮，又重之以修能”，都是强调内在美亦即所谓“善”在社会美中的地位。社会美的这一特点，使得它与思想品德教育有着更为密切的联系。运用社会美进行美育，就是要借助于社会美的直观形象，陶冶感发学生的心灵，使得社会的思想品德规范成为学生的内在的自觉要求。

3. 科学美

科学中的美存在于三个方面。

一是科研对象的美。天文学家眼里的星系、宇宙，物理学家眼里的粒子运动径迹，等等，这些对象如果仅仅从人们欣赏自然美的眼光来看，可能并无特别的美感，但是科学家却能感受到它们吸引人的美的特质。比如密立根就把自己探测到的宇宙射线称为“天堂的音乐”、“原子降世时的啼声”。虽然科研对象也是自然界的组成部分，但科学家感受到的美，并不是自然美，因为它不同于由物质对象的感性直观形式所构成的美。比如同是观察太空的银河，普通人欣赏的是它纵横苍穹的气势，以及在夜幕衬托下那缥缈、淡泊的景致，而科学家眼里的银河的美，则不仅在于它无限生机的奇境，而且在于它与我们生活的这个渺小的地球的和谐、统一。

二是科学实验的美。从事科学研究需要多种才能，其中最基本的是实验。历史上一些著名的实验，如伽利略关于惯性的理想实验，卡文迪许利用扭秤装置测定引力恒量的实验，焦耳测定热功当量的实验，斐索测定光速的实验，汤姆逊求出电荷质比的实验，都体现了实验美。科学实验的美，来源于实验指导思想的创造性、实验装置设计的新颖性和实验技术的艺术性。美国著名实验家迈克逊，运用他设计的干涉仪，把光栅的分析能力提高了一个数量级。他和莫雷一起进行了“以太漂移实验”，成为狭义相对论思想的基础实验之一。爱因斯坦说：“我认为迈克逊是科学中的艺术家，他的最大乐趣似乎来自实验本身的优美和使用方法的精湛。”

三是科学的理论美、公式美。科学理论、公式是对客观规律的正确反映，它具有真理性，人们用以指导自己的实践，才能获得成功，实现“善”的目的。科学理论具有“真”的品质和“善”的功能，这是科学美、公式美存在的基础。一般说来，人们谈论得比较多的是事物以其外在的感性形式所呈现的美，它可以凭感官直接感受到，而科学的理论美、公式美则是一种理性美。科学理论是科学家们运用思维规律和思维艺术巧妙构成的艺术品，当那些本来看上去孤立零乱的事实被加工、组合成有机统一整体时，自然界本身的内在结构所具有的美的特质就清楚显示出来。理性美是科学家的理性创造力与自然界的完美结构的和谐统一。要能欣赏这种美，必须具备相当的理性认识水平，但是这种美一旦创造出来，它就是客观存在的。开普勒说他以难以置信的欢乐心情欣赏哥白尼的太阳中心说，爱因斯坦称赞波尔的电子壳层模型及其定律是“思维领域最高的音乐神韵”，“给人以壮丽的感觉”，而他的广义相对论则被誉为“现代物理理论中美的统一”，“像一件被人远远观赏的艺术品”。科学的理论美、公式美，归结为一点，就在于它的多样化的统一。多样化统一，也叫和谐，是形式美的主要法则。布鲁诺说：“自然界像合唱队的领队那样，指导着相反的、极度的和中等的声音唱出统一的、最好的你想多美就多美的和音来。”科学的理论、公式作为自然规律的反映，同样也应当具有多样化统一的特点。多样化的统一，首先表现为对称、均衡。在数学中，方程与图形的对称，处处可见。同心、对称、轴对称、镜像对称，都是使人愉悦的形式，代数中多项式方程及其虚根的成对出现，函数与反函数图像，线性方程的矩阵，也都呈对称性。笛卡尔建立的解析几何是在代数和几何图像间建立了一种对称，狄拉克预言的正电子，与通常所说的带负电荷的电子是对称的，凯库勒的苯环结构式，门捷列夫的化学元素周期表，都显示了一种对称均衡的美。多样化的统一，还表现在以简单的形式表达丰富的内容。欧几里得几何学是受到历代科学家赞美的理论体系，它从十条公式和十条公理出发，通过演绎推理，形成内容丰富的理论体系。牛顿力学运动三定律和万有引力定律概括了开普勒、伽利略的成果，把地上和天上的力学运动现象全部包括其中；爱因斯坦则在更高的层次上以两个假设（光速不变和相对性原理）为基础，建立起狭义相对论，把牛顿力学作为宏观低速状态下的一种特例而包括其中。由此可见，简单的形式包含丰富的内容，一是说理论体系自身具有自洽性、内在的逻辑性，它的各部分之间存在着密切的联系，同时各部分又组成一个不可分割的整体；二是说理论体系能够与这个领域的传统理论进行联系，并能很好地概括原有理论的基本思想。这两层意思，前者可称作理论体系内在的和谐，后者可称作外在的和谐。人们评价科学理论，历来坚持逻辑标准和经验标准，前者指逻辑上的无矛盾性，后者指实践的检验。多样化统一，作为科学理论的美学标准，与前两个标准之间存在着内在的联系。需要说明的是，科学理论是否可以作为审美对象，是有争议的。如果强调美的形象性，科学理论之美似乎难以成立。

4. 艺术美

艺术美指艺术作品的美。艺术美来源于客观现实生活，同时又渗透着艺术家的思想感情。郑板桥说："江馆清秋，晨起看竹，烟光日影露气，皆浮动于疏枝密叶之间，胸中勃勃遂有画意。其实胸中之竹，并不是眼中之竹也。因而磨墨展纸，落笔倏作变相，手中之竹又不是胸中之竹也。"这里所谓"眼中之竹"是指现实中竹的形象和画家的思想感情相结合而形成的意象，而"手中之竹"则是经过画家的笔墨技巧、创造性劳动所表现出来的形象。艺术美主要就在于艺术形象中所反映的客观现实美与所表现的艺术家的思想感情之美的统一，就在于形式和内容的统一。

艺术分类有两个标准。一是内容标准。艺术的内容侧重于主观表现的叫表现艺术，比如音乐、舞蹈、建筑、抒情诗等；偏重于客观再现的叫再现艺术，比如雕塑、绘画、小说等。二是形式标准。这主要看构成艺术形象的物质手段是什么。大致说来，物质手段有三种，即音响、形体、语言。这样艺术便可分作三类：音响艺术、造型艺术和语言艺术。当然艺术的分类并不是绝对的，比如表现艺术中便可能有再现的因素，再现艺术中也可能有表现的因素。下面谈谈如何根据音响艺术、造型艺术的特点，在音乐、美术教学中进行审美教育。

审美教育主要通过艺术欣赏来实施。艺术欣赏一般是从形象的感知，进入情感体验和想象、联想，达到审美理解。在欣赏中这四种心理因素是彼此影响、相互渗透的。

音乐是通过音响结构及其运动所形成的音乐形象表现感情、反映现实的艺术，它有着独特的表情达意体系，即所谓音乐语言。音乐语言的要素主要有旋律、节奏、速度、力度、音色等。指导学生欣赏音乐，首先要培养他们辨别音乐音响的能力。如果一个学生连2/4拍子和3/4拍子都分辨不清，那他就难以听出进行曲和圆舞曲的不同音乐效果；如果学生对各种乐器的音色缺乏辨别力，那就会影响他对丰富多彩的管弦乐作品的欣赏。其次要培养学生对音乐音响的感受力，亦即对音乐音响及其结构形式的感受力。它包括旋律感、节奏感、多声部的音乐感以及对乐曲结构的整体感知等几个方面。其中旋律具有最重要的意义，因为音乐的艺术表现主要是通过旋律来实现的。音乐感知能力主要是在音乐欣赏的实践中逐步培养起来的，所谓“操千曲而后晓声”就是这个意思。联邦德国奥尔夫音乐教学体系使用一种简单的节拍器，促使学生手、耳、脑并用。实践证明这种做法能够有效地增强学生对音乐节奏的感知。

音乐艺术主要是通过音乐的运动形态和情感的运动形态之间的类比(异质同构)关系来表达感情的，音乐欣赏中的情感体验具有一种较为直接的性质。因此要让学生正确地把握、体验乐曲的感情，关键就在于让他们正确地感知音乐音响。在歌曲中情感体验则可借助于歌词的帮助，至于乐曲，它所表现的情感带有比较宽泛的性质。欣赏中的情感体验，在基本性质一致的前提下，在具体表现形态上出现种种差异，那是完全正常的。指导音乐欣赏，可充分调动平时积累的生活经验和情感体验，使欣赏中的情感体验在主客观的辩证统一中得以充分展开。

造型艺术是通过塑造客体形象来表达思想感情的。欣赏造型艺术，一般说来首先是要感知作品塑造的客体形象，从中获得对生活的认识，然后才能从中间接地体会作品的思想感情。雕塑存在于三度空间，从不同角度观察，可以获得不同的印象。我们可以通过比较，让学生学会选择观赏的最佳角度，并使观赏的感受达到单纯与丰富的统一。绘画存在于二度空间，和雕塑相比，它虽然不具备三度空间的实体性，但是却能更为具体细致地描绘客体形象。在欣赏中可在把握总体形象的基础上引导学生注意细节的刻画。《韩熙载夜宴图》中，主要人物韩熙载的性格鲜明突出，他的苦闷郁抑，从那传神的眼睛中便可分辨出来。而达·芬奇的画《蒙娜丽莎》，则以那微微斜视、柔和明亮的眼神，表露了人物微妙的心理活动，一双丰腴柔软的手搭在一起，使人感到她是那样的悠闲自得。

雕塑的艺术语言是形体。欣赏雕塑美，侧重于引导学生注意形体的组合变化，体会其中表现的感情。比如古希腊时期的《米洛阿芙洛狄忒》，形体变化上形成四个画的转换,转换的幅度很小,微妙而协调,表现了女性温柔典雅的气质,给人以优美之感。文艺复兴时期米开朗琪罗的《被缚的奴隶》,一脚挺立,一脚上抬,形成一个大面,整个身子剧烈扭转,形成另一个大面,通过这两个面的强烈对比,给人以强有力的感受,突出了奴隶的挣扎。绘画的艺术语言主要是线条、色彩和构图。比如线条,不仅标出了形体的空间界线,同时也凝聚着画家的感情。线条的硬软坚柔、轻重缓急、光辉滞涩、清晰含混等品格,线条的长短、粗细、疏密、干湿、曲直、快慢等节奏变化,都可以表现出无限丰富的感情层次。中国画的线条,情感意味更为丰富。比如山水画中的披麻皴,由近于平行的线条组成,运动徐缓,延绵层叠,疏密相间,给人以宁静、谐和、淡远的感觉;斧劈皴,由粗壮的短线和断线组成,运动疾速、锋利逼人,给人以激越、兴奋的感觉。引导学生感受绘画中线条、色彩和构图的情感意味,将会使欣赏活动达到较高的层次。

无论在哪一种艺术样式中,生活现象的某些方面是直接反映的,而另一些方面则可能是间接反映的。某种可视可听的感性材料所构成的艺术现象,诉诸欣赏的想象力,通过他们的想象、联想,就可以过渡到对形象的间接性的感受,使他们获得更为丰富的认识和情感体验。音乐擅长通过音响表现感情。虽然有些音乐家也致力于运用音乐语言描绘客观世界的真实画面,揭示感情赖以产生的基础,但他们所描绘的毕竟还是一种音乐形象,只有通过欣赏者的想象联想,才能把它们转化为客观世界的形象。描绘性的音乐作品是通过对现实音响的艺术模拟来引发欣赏对相关生活形象的联想。李斯特的钢琴曲《雷雨》,运用强有力的和弦连奏和震音以及音阶的快速行进等手法,造成对雷雨声的艺术模拟,德彪西的管弦作品《夜曲》第一首《云》则是运用有层次的声音运动唤起欣赏者对云层缓缓移动的视觉形象的联想。情节性音乐作品主要是对戏剧情节的气氛、意境,特别是人物感情的发展变化进行艺术概括,并通过这种概括来表现乐曲的主题。培养学生的想象、联想能力,可以从对这两类乐曲的欣赏入手。首先,经由音响感知,让学生获得初步的情感体验。在此基础上,欣赏前一类作品,教师可用形象化的语言,描绘作品中希望再现的形象,以引发学生产生类似的想象、联想。欣赏后一类作品,教师可对乐曲所依据的文学题材、基本情节作简要的介绍,使学生根据这些预示展开想象、联想。在欣赏以上两类作品的基础上,可引导学生欣赏非标题性作品,这类作品一般没有对现实生活的形象描述或情节性的音乐,想象联想是在音响感知和情感体验的基础上自由展开的。

与音乐相比,造型艺术具有较多再现的因素,但是静态的空间形象,难以反映事物发展的动态过程。艺术家们为了克服这一局限,在创作中往往选取生活流动过程中关键的一瞬间加以表现,这一瞬间既包含着过去,又暗示着未来,留给欣赏者以驰骋想象的广阔空间。列宾的油画《归来》描绘的是一个革命者从监狱中出来刚刚跨入家门的一瞬间情景。革命者的从容，家人的惊喜，表现得很突出。从这凝固的一刹那间，我们不是完全可以让学生想象出一个完整的故事来吗？中国山水画创作中所谓“计白当黑”的艺术手法，即把与作品无关的景物一律删除，画面上留下一大片空白，留待观赏者去想象、补充。如马远的《寒江独钓图》，只画一叶扁舟漂浮在水面上，一个渔父垂钓船头。画面四周除了寥寥几笔微波，几乎全为空白。了解了这一特点，学生将会有意识地调动自己的想象、联想，把握作品深邃的意境。与绘画相比，雕塑创作往往没有背景，对人物的姿态神情也不作细致的刻画，这就要求雕塑家对现实作更为集中、概括的反映，同时也要求我们在欣赏中借助于语言的暗示充分调动学生的想象和联想。欣赏造型艺术，还须引导学生发挥联想的作用，这样眼前的艺术形象就会成为有声有色、生气贯注的形象。罗丹曾说，每当他见到巴黎凯旋门墙上吕德雕塑的《马赛曲》，就好像听到那自由女神正发出震耳欲聋的呼喊：“武装起来，公民们！”最后必须强调的是，艺术欣赏中的想象、联想活动，应当建立在对作品本身准确而深刻的感受与理解的基础上，这样，想象和联想才不致成为与作品无关的主观幻想。

艺术欣赏是一个由浅入深、情理交融的审美过程。在欣赏中，结合对具体作品的赏析，让学生了解各种艺术语言的情感意味，了解各类艺术的特性，了解作品创作的背景，艺术家的风格特点、创作意图，在欣赏活动的最后阶段，组织学生对作品展开评价活动，这些都将有助于提高学生的欣赏能力。当然艺术欣赏是音乐美术教学中实施美育的主要内容，与此同时，我们还应注意技能训练，把这两方面紧密结合起来，相辅相成，协调发展。

在文学鉴赏中进行审美教育，一般过程是经由语言的感知、理解，把握作品的形象，从而领悟作品的思想感情，在这过程中领略作品的语言美、形象美和思想感情美。当然这样说只是为了表述的方便，事实上文学作品中语言、形象、思想感情是一个辩证统一体，对语言美、形象美和思想感情美的欣赏活动，也是相互渗透、相互循环的。文学作品可分作两大类。一类是侧重于再现生活的叙事性作品，如小说、叙事散文、叙事诗等；一类是侧重于表现作家主观感情的抒情作品，如抒情诗、抒情散文等（戏剧可归入两类作品中）。它们在语言、形象、思想感情的表现等方面各有不同的审美特点。

先谈语言，语言的美在于能够妥帖地传达内容。首先在于遣词造句、各种修辞手法的运用能够妥帖地描摹形象、传达思想感情。鲁迅在《故乡》中描绘故乡的冬景：“苍黄的天底下，远近横着几个萧索的荒村”，“苍黄”、“横”，不仅传达出作者远望故乡时产生的视觉形象，而且反映了故乡的萧条衰败、毫无生机。如果说在叙事性作品中“妥帖”是指描摹物象准确传神的话，那么抒情性作品中“妥帖”则是指艺术地传达出作者的主观感情。“白发三千丈”，从表现事物特征的角度看，“三千丈”显然是夸大其词，但唯其如此，才足以表现作者深广的忧愤。语言的妥帖，其次是指声韵节奏的安排，也能有助于传达作品的思想感情。鲁迅在《社戏》中描写初夏静谧的月夜，河面上听到笛声的一段文字，读来抑扬顿挫，跌宕绵延，也如同从横笛中吹奏出来的一般。诗歌中尤其重视声情和谐之美。比如柳永的《雨霖铃》，全阕共用了十个入声韵，而且除了三个句子是用平声落脚外，其余全是仄收，词中多用上一下三、上一下四的特殊句式，多用拗犯的音节，听来好似一片哽咽凄切之声，与词中表现的感情是完全一致的。所谓妥帖，还指文章的语言风格与思想感情的和谐一致。同样是朱自清的散文，《背影》和《荷塘月色》前者朴实，后者华美，风格殊异，却都各尽其妙。如何让学生领略作品的语言美？平时我们多采用比较、置换、填空等方法，这些固然是行之有效的，但是从根本上看，语言美既然在于妥帖地描绘形象，表现思想感情，那么领略语言美就不能离开对作品中形象、感情的观照、领悟。《背影》中描绘父亲背影的一段，语言可谓精巧，但是如果一味寻章摘句，左分右析比较，学生既不能得其要领，还可能感到索然无味。教学中可首先要求学生把握这段描写中人物形象的总体特征，主要是突出父亲的步履艰难，这不仅表现出父亲的一片爱子之情，而且也是父亲坎坷遭遇的缩影，所以这步履艰难的背影上寄托了作者对父亲的感激、同情、怀念等种种感情。而一系列词语的选用，无一不是为了突出背影这一特征，结合对作品形象、感情的观照、领悟，便能自然地领会词语的妙处。最后想强调一下朗读在领略语言美中的作用。在没有具体了解作品内容之前，出色的表情朗诵便可以令人倾倒，一位朗诵家读一份菜单子居然引起喝彩便是一个例子。在反复朗读中，不仅可以使阅读分析中得到的片断印象整合成一个总体形象，从而领略到语言与形象的妙合无间，而且可以从中领略到声情和谐之美。

其次谈形象和思想感情。形象美具有独立的审美价值。杜甫绝句："两个黄鹂鸣翠柳，一行白鹭上青天"，黄、翠、白、青四种颜色，点缀得错落有致，而且由点到面，向着无限的空间延伸；画面有动有静，富有鲜明的立体节奏感。不必谈它的意蕴，形象本身便给人以美的享受。形象与思想感情的统一，在表现性作品中便构成意境。领略意境之美，首先是领略作品所描绘的境界如何形神兼备，以形传神。"红杏枝头春意闹"，所以说"着一闹字，境界全出"，就是因为一个"闹"字传达出春天那勃勃的生机。其次是领略作品中所表现的感情之美。这感情应当是情与理的统一，而不是泛滥无归的一己之情。"朱门酒肉臭，路有冻死骨"抒发的是反映了生活本质的情，所以才成为千古名句。

最后是领略作品中意与境的和谐统一。高适的《别董大》与王维的《渭城曲》同为送别之作，前者描绘的画面雄浑开阔，抒发的感情豪迈慷慨；后者描绘的画面清新秀丽，抒发的感情缠绵悱恻。它们分别构成了壮美、优美的意境，做到了“意与境谐”，给人以不同风格的美感享受。叙事性作品（主要谈小说）中，与意境相对的范畴是典型。典型形象的审美价值在于通过富于鲜明个性的人物形象描写，展示某种历史的规律。鲁迅笔下的阿Q就是这样的典型。他的言谈举止，包括他的破毡帽、小辫子，都是他所特有的；同时在他的一举一动中始终表现出半封建半殖民地社会中所形成的国民性——精神胜利法，可见典型的审美价值同样在于形象与思想感情的和谐统一。典型的塑造，是通过情节的安排、环境的描写和人物的具体刻画来实现的。引导学生欣赏小说的艺术美，不在于给人物形象下几条干巴巴的评语，而在于让学生通过对情节安排、人物刻画、环境描写的感受、理解，“神与物游”，真正进入作品所描绘的境界。这样作品中的人物才可能在学生大脑中成为一个活生生的人物；他与周围的环境有着种种矛盾，因而自然而然地生发出一个个激动人心的故事。这样作品中的形象体系才成为一个有机的整体。情节安排、环境描写和人物形象的刻画，除了为塑造人物服务而外，自身也有其独立的审美价值。情节美的美学标准是“既在意料之外，又在情理之中”。比如《警察与赞美诗》《项链》等篇的结尾便是如此。它往往形成审美心理的一种强烈的“落差效应”，掀起一股有力的波澜，将余波悠韵向深远处荡漾开去，令人回味无穷。有些小说的环境描写构成诗味浓郁的境界，被称为“诗意小说”。如孙犁的《荷花淀》，便是环境描写具有独立的审美价值的例证。

（节选自蒋念祖著《美育与中学语文教学》，东北师范大学出版社2000年12月出版；卫刚主编、蒋念祖副主编《探索美的的奥秘——中学生美学初步》，凤凰出版社2012年10月出版。）

思考与实践 “美是和谐”这个命题是古希腊毕达哥拉斯提出的。随着时代的发展，人们赋予它日益深刻的内涵。谈谈你对这一命题的看法。

五、“意境”杂谈

李泽厚

阅读提示 “意境”是文艺欣赏、评论中常用的重要范畴，讨论“意境”的文章汗牛充栋。这篇文章高屋建瓴、要言不烦，把意境与典型概括为“意”与“境”的和谐统一，而“意”又是“情”和“理”的和谐统一，“境”则是“形”与“神”的和谐统一，足见其哲学思维的功力。

读一首诗，看一幅画……总之，欣赏艺术，常常是通过眼前的有限形象不自觉地捕捉和领会到某种更深远的东西，而获得美感享受。齐白石的画，在还不懂事的小孩眼中，不过是几只不像样的虫、虾；柴可夫斯基的音乐，在“非音乐的耳”中，最多也不过是一堆有节奏的音响。然而，也就在这虫、虾、音响之中，却似乎深藏着某种更多的东西，藏着某种超越这些外部形象本身固有意义的“象外之旨”、“弦外之音”。看齐白石的草木虫鱼，感到的不仅是草木虫鱼，而能唤起那种清新放浪的春天般的生活的快慰和喜悦；听柴可夫斯基的音乐，感到的也不只是音响，而是听到如托尔斯泰所说的“俄罗斯的眼泪和苦难”，那种动人心魄的生活的哀伤。也正因为这样，你才可能面对着这些看来似无意义的草木虫鱼和音响，而“低回流连不能去”了。艺术的生命、美的秘密就在这里。就在有限的偶然的具体形象里充满了那生活本质的无限、必然的内容，“微尘中有大千，刹那间见终古”。艺术正是这样把美的深广的客观社会性和它的生动的具体形象性两方面，集中提炼到了最归度的和谐和统一，而用“意境”、“典型”这样一些美学范畴把它呈现出来。诗、画（特别是抒情诗、风景画）中的“意境”，与小说戏剧中的“典型”（典型环境中的典型性格），是美学中平行相等的两个基本范畴，这两个概念并且还是互相渗透、可以交换的概念，正如小说、戏剧也有“意境”一样，诗、画里也可以出现“典型环境中的典型性格”，它们的不同主要是由艺术部门特色的不同所造成，其本质内容却是相同的。它们同是“典型化”具体表现的领域，同样不是生活形象简单的摄制，同样不是主观情感单纯的抒发；它们所把握和反映的是生活现象中集中、概括、提炼了的某种本质的深远的真实。在这种深远的生活真实里，艺术家主观的爱憎、理想也就融在其中。哲学家常喜欢说人生有各种“境界”。社会生活中常有各种不同的方面，各种不同的高度，从而有各种不同的“境界”。甚至对一个人来说，他的思想、行为、情感乃至一笑一颦，也都只是社会生活的产物，可以是一定生活境界的表现。

“意境”和“典型”一样，是比“形象”（“象”）、“情感”（“情”）更高一级的美学范畴。因为它们不但包含了“象”、“情”两个方面，而且还特别扬弃了它们的主（“情”）客（“象”）观的片面性而构成了一个完整统一、独立的艺术存在。所以，“意境”，有如“典型”一样，如加以剖析，就包含着两个方面，生活形象的客观反映方面和艺术家情感理想的主观创造方面。为简单明了起见，我们姑把前者叫作“境”的方面，后者叫作“意”的方面。“意境”是在这两方面的有机统一中所反映出来的客观生活的本质真实。下面对“境”和“意”两方面加以分析。

“境”和“意”，本身又是两对范畴的统一：“境”是“形”与“神”的统一，“意”是“情”与“理”的统一。在情、理、形、神的互相渗透、互相制约的关系中或可窥破“意境”形成的秘密。

“形—神”的问题实质上就是典型形象的问题。艺术基本的单位是形象。“意境”的基础首先就是“形象”。要诗、画有“意境”，那最基本的要求就是

“意境”必须通过“形象”出现。这“意境”中的形象，是怎样的形象呢？它应该是“形”与“神”的统一。这就是古代艺术家常常谈到的“形似”与“神似”的问题。

首先，要求“形似”：“意境”的真实首先“必求境实”，古典艺术要求形象必须在外部造型上基本忠实于生活中的原型，符合于、近似于生活的本来面目（现实主义与浪漫主义在外部造型的真实上有许多差异，另文再谈）“山下尽似经过，即为实境”（笪重光）。“画无常工，以似为工；学无常师，以真为师”（白居易），“夫象物必在于形似”（张彦远），“未有形不似而反得其神者”（邹一山）。所以，学画必先模物写生，吟诗亦常咏物模仿。这是一方面。另一方面，就要求在“形似”的基础上达到“神似”，不独外形像，而且精神像。要求形象传达出现实生活中更内在更深刻的东西，而这才能达到真正的所谓生活的真实。强调这一方面是中国美学思想的传统和特色所在，无论是在诗歌中绘画中，无论是在理论上实践上，反对自然主义、要求典型化的“神似”，中国古代艺术在这一点上是表规得十分鲜明强烈的。顾恺之早提出过“传神”，所谓“一象之明昧不如悟对之通神”，要求肖像画传达出人物的内在的精神面貌和思想品质。人们传说着，这位大画家特别重视于“点睛”。这就正是因为在人的形体中，眼睛是最能够细致深刻地表达出人们内在的品德情绪的，所谓“神在两目，情在笑容”也。

“情”与“理”的问题，从研究艺术家主观创作情况着眼，构成了研究“意境”问题的另一方面。

中国美学一直强调情感是艺术的内在生命：“诗缘情而绮靡”（陆机：《文赋》），“情者文之经”（《文心雕龙》）、“非长歌何以骋其情”（《诗品》）。情感由外物的刺激而起（“人禀七情，应物斯感”），而又艺术地以外物为对象抒发出来，“情”与“物”就这样互相结合，融为一体。黄宗羲说：“诗人萃天地之清气，以月露风云花鸟为其性情，其景与意不可分也”，“情者可以贯金石，动鬼神。古之人情与物相游而不能相舍……唯其有之（正因为艺术家有情感），是以似之（于是其艺术作品才能真实于生活）”。很清楚，艺术的“意境”所以能是生活的“神似”的境界，正在于它不是生活境界的自然主义的复制，正在于这“意境”中包含着艺术家主观的情操性格，正在于这“意境”是通过积极能动的主观所反映、把握了的客观。也因为这艺术的客观中包含着艺术家的主观，由艺术家主观能动地创造出来的客观，才是最真实的最大的生活的客观。所以，由“形”而“神”的过程，典型意境的塑造过程，也就是艺术家主观情绪感受的表达过程；反映的过程，就是生产的过程；“神似”的获得的过程，也就是“性灵”抒发的过程。它们是合而为一的。

应该强调主观情感的作用，但艺术家主观情趣的抒发，也正是为了更深刻地反映。我们说，有“情”才能“神”。列维丹之所以优于施什金，石涛之所以优于四王，其道理就都在此。景中溶化着艺术家主观的强烈的情感，使景不只是自然物的外部形貌声色简单的复制，而变成能深刻反映客观社会生活的艺术。自然美本身也获得了深刻而新颖的揭示。

这里进一步的问题在于，既然“情”——艺术家主观的情趣爱憎是为了反映生活而抒发，那么，怎样的“情”才能起这样的作用呢？艺术家的情感等主观因素必须有它的客观必然的规定性，必须是与生活本质相一致相符合的主观。也就是说它本身也必须是正确反映了客观的主观。只有这样的主观，在艺术创作的意境塑造中才能起它可能起和应起的作用——忠实地去把握住客观，反映出客观，把握反映出那种深远的生活的本质、规律和理想。例如，在“新鬼含冤旧鬼哭，天阴雨湿声啾啾”的阴暗的“意境”中，包含了诗人主观对这种不义战争的不满、愤怒和憎恶。诗人的这种正义的愤怒是生活真实的反映，是正确反映了客观的主观，正因为这样，这种主观积极的能动作用就更能够反过来帮助他的艺术作品去反映出真实的客观。这也就是说，诗人的感情愈强烈，对这种非正义战争愈愤恨，那他描写塑造出来的这个战争的形象就愈真实，它的诗篇就愈美好，愈动人。

在中国古代美学思想里，这就是所谓“情”与“理”的问题。中国古代美学指出：“情”不能是泛滥无归的“情”，而必须是合乎“理”、“止乎礼义”的“情”。“情”必须以“理”为准则、为规范。“缘情”不能离乎“言志”，“言志”也就正是为了“载道”。

“理”实际上就正是事物的内在的客观逻辑(规律)的正确的主观反映，也就是指正确的思想、思想性。“理”、“思想”，反映了客观事物的本质、规律。所以，“理”与“神”常常被连在一起谈道：“思理为妙，神与物游”(《文心雕龙》)，“理字即神韵也”(翁方纲)。“造乎理者能画物之妙，昧乎理者则失物之精……造其理者，能因性之自然究物之微妙，心会神溶，默契动静，察于一毫，投乎万象，则形质动荡，气韵飘然矣。”(张放礼)真正美好艺术的“情”，总是合乎正确思想的“情”。“情”与“理”在这里是不可分割地统一着的。有“情”而无“理”，就是背“理”的“情”，是主观任意的抒发，是违背生活真实的主观主义的艺术；有“理”而无“情”，就是光秃秃的道理，这种艺术就只能是失去生活真实的公式化、概念化的枯燥的推理论文。黄宗羲说得好：“文以理为主，然而情不至，则理亦郛郭耳”。所以，“情”、“理”一体而不可分。这不可分的整体就构成了作品和“意境”的“意”。所以，“意”不仅是“情”，也不仅是“理”，它可说是“情”化的“理”，也可说是蕴“理”的“情”。“意”(情理的矛盾统一)是艺术能达到神似，能创造典型和意境的主观创作方面的必要条件。

“情”与“理”，“形”与“神”这两对中国美学的古老范畴，深刻概括了艺术创作的内容，对于我们今日创作美好的诗的意境、典型仍具有理论意义。《文心雕龙·神思篇》赞曰：“神用象通，情变所孕；物以貌求，心以理应。”这四句对创作“神思”的总结，也可以作为我们这里对艺术“意境”的分析的总结。因为它已把主观的“情”、“理”（“意”）与客观的“形”、“神”（“境”）的互相渗透制约的辩证关系精炼地概括了：生活的风神必须通过形象来表现，主观的情感在这里起了催生的作用；虽然对象仍必须根据事物的外部形貌塑造出来，但其深入的本质却已早为心灵所把握和领会。

（节选自李泽厚《美学论集》，上海文艺出版社 1980 年 5 月出版。）

思考与实践　联系实际，收集有关意境说的资料，谈谈你对李泽厚意境说的理解和体会。

六、多样统一的艺术理论

张道一

阅读提示　艺术辩证法是辩证思维在文学艺术中的体现。比如文学作品中讲究所谓情景、虚实、疏密、繁简、开合、抑扬等矛盾的统一，都是作家自觉、不自觉地运用艺术辩证法的结果。引导学生体会作品中的艺术辩证法，将辩证思维与文艺鉴赏结合起来，不仅可以帮助学生理解作品，提升欣赏水平，而且可以培养辩证思维，培养高远、通达的哲学眼光、哲理兴趣。宗白华、方东美、朱良志等认为中国艺术体现了一种生命精神，中国美学是生命美学，从内容到形式，均通过艺术辩证法的运用，表现出生生之美。

世间的万事万物无时不在变化，而变化之中充满着矛盾。有矛盾，又有统一，使世界变得五彩缤纷。研究这种对立矛盾与和谐统一的学问是辩证法。辩证法是一种哲学学说，它是从古代的朴素的辩证法逐渐发展完备的。古代哲学家进行辩论时靠了它揭露对方议论中的矛盾，以取得胜利。所以，辩证法是关于矛盾、变化的一般规律的学说，是同形而上学相对立的方法论。它之所以能够放之四海，是因为可以用在政治上、经济上、军事上、生产上，解释一切现象，从而做出正确的判断。毫无例外，艺术家在进行形象思维和创作时，同样可以运用辩证法。因此，“艺术辩证法”便成为研究艺术的重要方面之一。

一些从事艺术实践的人，不论是音乐、美术、舞蹈、戏剧或是电影、电视、曲艺、杂技等，也不论是从事创作、设计、表演、演奏，在自己的具体活动中，处处都使用着和表现着辩证法；它的普遍性甚至使人感觉不到，有意无意地、出自本能地在运用它，就像在生活中体现着哲学一样。因为人们用语言和文字表达的方式很多，不用这个词不等于与它的内涵无关。比如，在艺术作品中事件发展和人物情节的矛盾冲突，人物形象塑造的刚与柔、俊与丑、动与静、开朗与阴郁、大方与小气、豁达与猥琐等，都是在处理具体的矛盾关系，也就是在实际地运用辩证法——因为内在的规律是相通的。艺术上有一条普遍公认的规律叫作“多样的统一”，实际上也就是“矛盾的统一”。但是，长期以来主要运用在对于形式的处理上，所以又称作“形式美的规律”或“形式美法则”。从美学的角度看，所谓“多样的统一”也就是“寓变化于整齐”。艺术再现或表现生活，而生活是丰富多彩的，艺术家的任务就是要在丰富变化中探寻和谐与有机整体的规律。这是美的基本规律之一。事物的矛盾和发展变化，构成了世界的多样性与复杂性，然而，事物的内在一致和对立因素的平衡协调，又构成了世界的统一性与整体性。多样统一的美学原则是人们在长期的审美实践活动中发现并逐渐总结出来的，是事物对立统一规律在人们审美活动中的具体表现。

早在公元前6世纪，古希腊的毕达哥拉斯学派，其成员大多数是数学家、天文学家、物理学家，他们主要用自然科学观点研究美学问题，认为“数”是万物的本原，提出了“美在和谐”的观点。他们把“数”、“和谐”、“秩序”的概念带进美学研究，着重探求事物形式上的数量比例关系和产生美的效果的数量比例。认为“音乐是对立因素的和谐的统一”，音乐节奏的和谐是由高低长短轻重不同的音调按照一定数量上的比例所组成；人体美来自身体各部分之间的比例对称；艺术作品的成功亦依赖其各部分之间精确的数的比例对称。毕达哥拉斯学派的观点虽然是客观唯心主义的，但具有辩证法的因素，所提出的有关美的比例的一些经验性的规范，如认为最美的图形是圆球形，最美的线形为长与宽成一定比例的长方形（“黄金分割”与“黄金矩形”）等。这些法则至今流传。

千百年来，美的比例与线形在实际应用中得到更深的认识，并总结出一套行之有效的方法和原则。以建筑艺术和工艺美术为重点，及至近代图案学的建立，通过几何形纹样的构成与组合，将形式美的法则做了较完整的归纳。诸如整齐与变化，动感与静感，均齐与平衡，对称与相衡，节奏与变异，调和与对比，组合与照应，单独与连续，适合与填充，统觉与错觉等。一对一对的矛盾与统一，通过对构图、组合、配置、色彩和艺术手法上的处理，达到完美的效果。艺术虽然分成若干不同的门类，所谓“隔行如隔山”，主要是指艺术语言的不同和艺术技巧的差异，但在艺术的基本原理上则是“隔行不隔理”，道理大多是相通的。在图案学上通过几何形图案所表现出来的形式美的法则，因为已有其形，往往被理解成一些专用的方法，实际上可当作是形式美的图解。这是由于几何形是抽象的，一般都是点、线、面的组合，不表现具体的现实物象，所以在体现美的法则上比较直接，看得清楚。不明此理的人，只当作具体的纹样制作和运用，却不知道其中所蕴含的奥妙。唯有了解了这个道理，才能将其内涵释放出来。既然是形式美的法则，就能够用来解释一切艺术，它在各种艺术上的作用是很大的。现代抽象派画家康定斯基洞察到这一点，并在他的艺术实践中加深了认识，悟出了一些道理，写了一本书叫《点·线·面——抽象艺术的基础》，实际上主要就是这些法则的变通与运用。变戏法的艺人有一句开场语叫"会看的看门道，不会看的看热闹"，而艺术理论的任务就是要说清楚艺术的门道。

到目前为止，不论哪种艺术（包括作为语言艺术的文学），讨论美的论说很多，还没有像几何形图案那样，讲得这么完整、系统、清楚。舀一瓢大海的水，不说明就是大海。事实上，所谓"形式美的法则"，不过是为了解决艺术的形式处理问题，并非局限在单纯的形式上。诸如艺术与内容的关系、艺术结构与艺术情节的处理等，无不与辩证法有关，矛盾的统一（或说多样的统一）是贯穿在艺术创造的全过程的。明乎此，便自然看出艺术辩证法的重要。

（节选自张道一为姜耕玉著《艺术辩证法》所做的序言《多样统一的艺术理论开拓》。）

思考与实践　1. 宗白华先生所著的《中国艺术表现中的虚与实》入选高中语文教材，宗先生在《美学散步》中多处论述"虚实结合"这个中国美学的中心话题。这与本文谈论的是同一个话题。联系自己艺术欣赏的实践，从艺术辩证法角度撰写一篇文章。

2. 阅读朱良志《中国艺术的生命精神》《中国美学十五讲》，体会其中阐述的艺术辩证法。

七、论节奏

劳思光

阅读提示　节奏本指音乐中交替出现的有规律的强弱、长短现象，后来成为文艺欣赏、评价中的一个重要范畴，成为形式美的一个重要原则，它的比喻与运用范围更是无远不及。本文论述了节奏是自然、社会、包括人自身在内的万事万物存在的基本原则，作者的目的是论述作为形式美原则的节奏，之所以引发美感的生理、心理依据。本文切入口虽小，论述的话题堪称有深度、有广度、有重大意义，文中既有严密的逻辑推理，又有大胆的揣测想象，旁征博引、令人目不暇接，颇能激发哲学思考的兴致。

1. 节奏的概念及其特征

国内节奏研究专家是闻一多、郭沫若、朱光潜。而最有成效者，也许是朱光潜。他在研究诗的本质的时候，曾经比较深刻而全面地论述过节奏。

“节奏是宇宙中自然现象的一个基本原则。自然现象不能彼此全同，亦不能全异。全同全异不能有节奏，节奏生于同异相承续，相错综，相呼应。寒暑昼夜的来往，新陈的代谢，雌雄的匹配，同波的起伏，山川的交错，数量的乘除消长，以至于玄理方面反正的对称，历史方面兴亡隆替的循环，都有一个节奏的道理在里面。艺术反照自然，节奏是一切艺术的灵魂。在造型艺术则为浓淡、疏密、阴阳向背相配称，在诗、乐、舞诸时间艺术，则为高低、长短、疾徐相呼应。”(《朱光潜美学文集》第二卷，第 108 页)

朱光潜的定义，值得注意者有两点。

第一，“节奏是宇宙中自然现象的基本原则”。这高度地概括了“节奏”存在的普遍性和重要性。如果宇宙中缺少了节奏，那就失去了特定的秩序、合理的组合和排列，而陷于一片的混乱之中，所以它是“基本原则”。古希腊时代的毕达哥拉斯学派，已经清楚地做了回答，他们认为世界是由数与和谐构成的，而音乐就是数与和谐的结晶。这实际上就是把节奏看作宇宙和一切事物的根据和起源。列宁所论述的哲学史发展的规律——圆圈、螺旋式，这本质上，就是一种“重复”，一种社会节奏。因此**节奏是宇宙中自然现象、社会现象(含艺术现象)和思维现象的“基本原则”**。

第二，产生节奏的哲学根源——事物异同性。

由于世间事物纷纭交错，千差万别，然而又统一在一起，它们之间的联系不是绝对的同一，也不是绝对的差异，而是同中有异，异中有同，所以就必然有各式各样的联系方式，其中“节奏”则是一种同相关的联系方式。朱光潜认为节奏作为事物间“异同”联系方式，有三种情况：① 同异相承续；② 同异相错综；③ 同异相呼应。“相承续”显示了事物在节奏中的线性运动特征，具有单一性；“相错综”，显示了事物在节奏中的交互渗透特点，具有重复性；“相呼应”，显示了事物在节奏中的跳跃、回环特征，具有对应性(目的性)。因此，节奏规律的特征，大致就包括在单一性、重复性、对应性(目的怀)三者之中。如中国诗词的平仄规律一样，“粘”为音韵的“异中之同”，“对”是音韵的“同中之异”，唯其独具“异同二象性”，才达到事物的定向和谐一致、错落谐调。

节奏概念产生的哲学基础，除了事物运动的异同性之外，我们以为应进一步规定为“时空”的可重复性。格罗塞说：“节奏的本质形态，是某一个特别单位的有规则的‘重复’。”(《艺术的起源》商务版，第 112 页)本来时空是一个统一体，是无法分开的，但是，从“重复”性的角度上说，“时间”却是节奏的载体，或者说，节奏的存在方式是“时间”。因而节拳在时间艺术(音乐)中，就有极其重要的意义，空间艺术虽然也离不开节奏，但是空间节奏是时间节奏的给予，所以谢林说，“建筑是凝冻的音乐”。以音乐比拟建筑，即证明了时间节奏的可扩散性。

世界不是一堆庞然杂物，而是时空的规律性运动。“宇宙内的东西没有一样是死的。就因为都有一种节奏在里面流贯着。做艺术家的人就要在一切死的东西里面看出生命来，一切平板的东西里面看出节奏来，这是艺术家的顶要紧的职分。”（郭沫若:《论节奏》，见《郭沫若论创作》第 243 页）概括地说，节奏就是时空显示生命力的象征。节奏是一种力，一种生命力，它在“重复”中，显示自身的突进和永恒。宇宙间任何向上的事物，都充满了节奏运动；哪怕是趋于死亡的事物，在死亡的临界点尚未出现之时，尚有一丝半点的“生命”，则仍然伴随有节奏，换句话说，**节奏是生命的规律和象征。**

如果我们可以把节奏定义的“时空显示生命力的象征”的话，那么这就有时间和空间两方面的生命力的象征，它们各有自身的“理想”和“至善”。在空间，是“结构的完美”（笛卡尔语），这是静态的、凝冻了的节奏；在时间，是对立统一与和谐（毕达哥拉斯语），这是动态的、有序的节奏，毕达哥拉斯学派用数（有序）和音乐（和谐）来构造世界，就是用时间来构造世界。世界的完美，在数的有序中，在音乐的和谐中（有序亦是一种和谐，和谐亦是一种有序）。由于节奏具有显示完满生命力的模式（在空间是“结构完美”，在时间是和谐一致），因而节奏就具有两个明显的作用：

第一，**节省精力（时间维度）**。

“节省精力”是格罗塞的观点（见《艺术的起源》），即在紧张劳动中，借助节奏而节省精力。这是节奏的实践功能。劳动是一种体力、脑力都参加的复杂过程，是一种连续性运动，劳动者要提高劳动效率，就得充分利用节奏，在筋肉紧张、精力凝聚、集中的瞬间，发挥干劲，做“突破”性运动；在筋肉放松、精力收敛时，则储聚能量，放松休息，做“突破”的准备；吸气用力，呼气放松，“一张一弛，文武之道也”。人们就是如此回环地用“张、弛、紧、松”去组织劳动以及其他一切活动。劳动者在这“张、弛、紧、松”的节奏张力状态中，显示了劳动主体的强大生命力，从而获得乐趣，这就是一种美感。鲁迅说的“吭唷派文学”，便是在这种显示生命力的劳动中产生出来的。其实，格罗塞等人认为节奏在紧张劳动中“节省精力”，这是从消极方面来看的。从积极方面看，应该是组织运动、显示生命力，或者说就是组织生命力的运动，如苏珊·朗格所说的：“节奏的本质是跟随着前事件完成的后事件的准备……节奏是前过程转化而来的新的紧张的建立。它们根本不需要均匀的时间。但是其产生新转折点的位置，必须是前过程的结尾中固有的。”（《情感与形式》第 126 页）节奏的后继冲力，是对前逝冲力的继承和扬弃，因而后继冲力，是一种重新建立起来的“新的紧张”，正如刚刚送走黑夜后的一轮朝阳，召唤着光明，充满着力量。因而节奏的运动史，就是生命的运动史。节奏一旦中断，生命力的运动随即减弱、消退，乃至于停止。

第二，是一种**“直观的认识方法”（空间维度）**。

这是古代希腊毕达哥拉斯学派的重要观点。**节奏(和谐、比例、对称)可以使人的智慧从容舒展、一目了然,毫不费力地便能抓住中心,认识的方法(从和谐比例等节奏中——引者)正是这样。**要学会在一切种类动物以及其他事物中很轻便地就认出中心,这不能凭仗初次接触,而要经过极勤奋的功夫、长久的经验以及对于一切细节的广泛的知识。对于雕塑家、雕刻家、写生画家以及凡是按照每一种类事物去刻、塑或画出最美的形象的人来说,情形至少如此。例如就人或马,牛或狮子做出最美的形象,都要注意每一种类的中心。(《西方美学家论美和美感》第13页)毕达哥拉斯学派认为,对节奏(比例、对称、和谐等)规律的长期实践的结果,例如各种造型艺术家通过自己的创作经验,就可能把握住节奏的真髓。节奏的积极本质及其表现情绪的力度,并不是某种绝对平均值,而是系列的中心。所谓中心,有两种含义:① 就整体(种类)来说的中心,例如人和马的“中心”,就各不相同,人的“中心”是人类灵魂的窗户眼睛,马的“中心”是四个健跑如飞的蹄子;牛的“中心”是健壮的身躯,狮子的“中心”是雄伟的头部。这些,实际上是事物的本质象征。② 就节奏的“细胞结构”来说,例如波浪的起伏,它的“中心”是“起”,而不是“伏”;就人体来说,右手、右脚、大脑左半球都是“中心”。这里的“中心”,实际上是一种“重心”。而把“中心”(或重心)当作节奏的一般本质,那么节奏则正是把握事物本质的一种方法。从人类认识的发展史来看,人首先是通过自身去把握对象,然后才是通过对象去把握自身的。人对节奏规律的认识,也恰好体现了人类这种认识过程。人通过自身去把握对象,在精神方面,则是通过“梦”去推演鬼神世界的存在;在肉体方面,则通过对称,平衡、匀称、比例、协调、和谐等一切肉体节奏,去推演世界的和谐和事物的对立统一,这就是笛卡尔所说的“结构的完美”。随着近现代科学的高度发展,人们以对象世界返照自身,包括返照自身的节奏。由上看来,节奏是人用机体世界(音乐、舞蹈节奏的强烈冲动)把握对象,和用对象世界把握机体的一种认识方法,而且是一种非常直观的方式。例如朱光潜在谈到美感的生理特征时,就意味深长地谈到里普斯的“移情说”和谷鲁斯的“内模仿说”(听音乐而打拍、看跑马而踏脚)。如果说,“内模仿说”是审美主体用自身的机体(节奏化机体)去把握审美客体,那么,“移情说”则是通过“空间意象”用审美主体自身的精神(精神化节奏),去把握审美客体。总之,这两种方法,都是审美主体用自身节奏去把握对象的方法。这种方法,不是什么抽象推演,而是直观把握。这种直观是人类最原始的直观,然而又是最富有魅力的直观。

总之,节奏是一种平凡但又充满神奇力量的东西。从总体上说,它是时空运动的生命力的象征。它的功能,一方面是组织肌肉运动和精神张力运动,使之达到最优化;另一方面,它又是人的一种最原始、最内在而又最直观的“认识方式”,是人用自身把握对象世界,和人用对象世界把握自身的一种直观方法。

2. 人是节奏的存在物

按马克思的观点，"情欲（又译为激情——引者）是人强烈追求自己的对象的本质力量"（《1844 年经济学哲学手稿》第 122 页）。人是情欲的存在物，也就是节奏的存在物。

任何生物都是时空发展的成果。节奏，作为时空运动生命力的象征的积淀，是"生物钟"的形成。生物钟在时间主体中的形成，不单纯是一个准确给予"时间值"的问题，而是人的生活、情绪、秩序的习惯化与机体化，它为时间主体提供生命活动的能动性和准确性，还给节奏提供"函数"与"模式"。人作为生物界之灵，他的"生物钟"的形成，则有更深远的意义，他可以把外部时间转化为内部时间，把时间的被动性转化为主动性，还可以把自身的一切节奏统一于"生物钟"之内。总之，生物钟，以一个总体框架积淀了机体的一切节奏，作为一种深层结构潜藏于人类大脑神经系统中和心理结构中。这为生理能转化、升华为心理能做了极深层的准备。人的"生物钟"是作为人的生命节奏总体存在。现代人的"生物钟"从改变了人的"农业—散漫"型节奏模式，而演化为"工业—快速"型节奏模式。从总趋势上说，中国京剧的呢喃拖腔延缓慢节奏，被华尔兹的快速三步舞节奏所代替……当然，在任何条件下，快节奏和慢节奏都是一种对立统一，没有慢节奏就没有快节奏，反之亦然，同时两者的区别又是相对的，而非绝对的。但从理想型结构考察，无疑地应是快节奏与慢节奏的协调和谐、交替，然而作为人的"生物钟"的节奏系统质，却总是倾向于"工业—快速"的明快节奏，因为任何节奏（最后积淀为"生物钟"），都是物质生产、求生活动的一种内化。作为时代象征的艺术，则是这种内化的舒泄和表现。

节奏能产生快感，这是众所周知的事实，然而产生快感的根源，却是一个说不出所以然的秘密。人类生理快感是很广泛的，但按照很多生理学家、心理学家的观点，节奏快感的最原始、最底层的根源，或者说，最原始的快感结构，是人类延续生命的性行为。节奏就在"人的自身再生产"的激情活动中，显示了巨大的飞跃力量，完成了生命个体的"超脱"任务。因此，性行为的节奏快感，就成了其余一切快感的生理基础，正如人自身的生产成为其余一切生产的基础一样。由于性征的多级展开，第二、第三性征不断受到"文化—道德"的洗礼，因而性快感便在文明的浸透中成为一种美感，爱情是崇高的行为，而不是性欲挑拨，这就是一种旁证。冯特虽然没有说过"性快感"与审美快感的直接关系，但是他却说过"激情"与快感的关系。"冯特十分清楚地指出，节奏本身只表示'情感表现的时间方式'，个别的节奏形式是对性感过程的描绘，但因为性感进行的时间方式是激情本身的一部分，所以节奏这一形式的描绘也能引起激情本身。冯特归纳说，总之，节奏的审美意义就在于它能引起它描绘其过程的那些激情，或者，换句话说，由于情绪过程的心理定律，节奏成为激情的组成部分。它又反过来引起这种激情。”(转自《艺术心理学》第283页)冯特在这里谈的节奏的审美意义，亦即节奏与激情间的相互生展的关系。人的激情的运动方式是节奏，节奏(作为生理能)所强化的是它的对方(心理能)，亦即激情。因此，真正的审美节奏是“激情—节奏”的反馈关系。在这里，有决定性意义的是人的“激情”，它有别于人的一般感情，所谓“激情”，就命理量来说，是一个饱和体，就情绪质来说，是“实践—意志”的前奏，它要求迅速的舒泄，达到机体与环境的平衡，“爱者在十分冲动时写给被爱者的信不是范文，然而正是这种表达的含混不清，极其明白、极其显著、极其动人地表达出爱的力量征服了写信者……热恋所造成的词不达意和语无伦次博得了被爱者的欢心”(《马克思恩格斯全集》第42卷，第182—183页)。这是马克思对情书中“激情运动”的描述。情书的灵魂和魅力，不在于它的“范文”性质，而在于它的情感节奏运动方式——激情的直接表露。从语法上说，尽管情书“含混不清”、“词不达意”，乃至于“语无伦次”，但在激情上说，却是“极其明白、极其显著、极其动人”表达出爱者的力量。个中的秘密，不是别的，正是热恋时的那种惊心动魄的激情和节奏感。追根人类激情的深蕴结构，不容掩饰，正是弗洛伊德所倾心专注的“里比多”，它是人的身、心冲动(激情)的始发契机。

人作为节奏、激情的存在物，不但根植于人是一种生物和动物，要进行自身的再生产，而且也根植于人是一种：“社会关系”和“观念的总体”(马克思语)，或出自一种“人格—知识”结构。孔子对人生的节奏做过这样的描述：“三十而立，四十而不惑，五十而知天命，六十而耳顺，七十而从心所欲不逾矩。”这里每十年为一节奏，每一人生节奏都有新内容、新境界。人们一般都不甚注意孔子所说的其他方面，而把“三十而立”作为人生节奏的总体发端。什么叫作“立”？曰“自立能守”也。这有精神方面的“学业”意义，但更有生理方面的“本体确立”的启示，阿Q向吴妈求爱，就是感发于此。因此，只有从“人格—知识”二重结构中去理解孔子的人生节奏，才能把握它的真正含义。儒家所谓的“无后为大”，“男大当婚，女大当嫁”，“食色，性也”……这是中国人激情系统中的“深层结构”。从这里，也可道出人生激情(节奏)的半边发源地。

如果说弗洛伊德发现的“里比多”是人生微观节奏的底层发源地，那么，孔子的“而立”理论，则是人生宏观节奏的社会发源地。两者都从不同方面导出了人是节奏的存在物，也就是说，人是一种激情的存在物。“激情—节奏”都潜藏于深层结构中。探索审美的“激情—节奏”，如果用经济决定论去代替它，那岂不是堵塞了一条理解“快感与美感”关系的重要途径么！

3. 节奏的二重性

节奏与情感的关系，是一种相互激发的关系，“一切情感，加上时间要素，便要成为情绪的。所以情绪自身，便成为节奏的表现。我们在情绪的气氛中的时候，声音是要战颤的，身体是要摇动的，观念是要推移的。由声音的战颤，演化为音乐。由身摇动，演化为舞蹈，由观念的推移，表现而为诗歌”（郭沫若：《论节奏》）。从音乐节奏、舞蹈节奏、诗歌节奏等一切艺术节奏中，我们发现了节奏的二重性——生理方面和心理方面。生理方面表现为生理能，心理方面表现为心理能。心理能积淀降沉为生理能，前面已经说到，是通过“生物钟”的总体框架的。生理能如何转化为心理能？这是现代生理心理学研究的重大课题：“外部刺激力”如何实现“向意识事实的转化”？这也是意识论的重大研究课题。

诗歌、音乐、舞蹈在起源上三者合一，不但为中国艺术史所证明，而且也为世界艺术史所证明。诗歌侧重于“意义”，音乐侧重于“节奏”，舞蹈侧重于“姿态”（身形）。于是一个艺术事实，便由内（义）、外（形）、韵致（神）三个维度合璧而成。原始艺术结构使得节奏二重性（生理—心理）浑然一体，难解难分，而把三者（义、形、神）串联起来的主轴是“神”的韵致。有了节奏，三者才生动、活泼起来，“三人操牛尾”的冲动、乐趣和节奏感，才内化于艺术主体的大脑神经系统之中。声音（音乐）独立出来的时候，情绪便分明有“质”的区别了。

人的喜怒哀乐，是感物的结果，而并非人的天生本性。但是一因感物而产生的喜怒哀乐不同的感情，其调质是各不相同的。“哀心，噍以杀；乐心，啴以缓；喜心，发以散；怒心，粗以厉；敬心，直以廉；爱心，和以柔。”按情感二极性原则分类，哀、怒之节奏，是“噍杀”、“粗粝”；喜乐之节奏，则为“发散、啴缓”。倒过来，当人发出“噍杀、粗粝”之声，则必是哀、怒；当人发出“发散、啴缓”之声，则必是喜和乐。生理能通过规定的心理能的节奏转化而为心理能。

朱光潜认为，生理能转化为心理能有两个因素，一是节奏本身的调质（即相当于格式塔心理学派所说的大脑力场的张力结构或同型同构性），一是节奏质所引起的联想（调质的泛化）。闻一多在《诗歌节奏研究》中说，“诗的节奏促进想象的飞驰”（《闻一多论新诗》第 20 页，武汉大学出版社出版）。因而，调质和联想便是节奏所具备的两种过渡功能。

从文学艺术家到哲学美学家，无不对节奏充满神奇的猜想。节奏的巨大秘密，恐怕不单纯在生理一方，也不单纯在心理一方，而是在它们之间的交互运动、相互转化和相互扩展，而尤其是在生理能向心理能转化的性能中（列宁尤重“外部刺激力向意识事实的转化”）。因此，考察从生理能到心理能的转化性能，（或二重性）则有极其重要的意义。我们在上面已经提到过转化性能的两个因素，一是调质，二是联想（调质泛化）。调质以及节奏本身的结构、模式，是最基本的，因为它们本身就是一种生命力的运动和表现，是某种冲动和情绪的律动。而联想，是调质的泛化。考察节奏结构本身，是弄清转化性能的关键。

[节选自劳承万《论节奏》，原文发表于《华中师范大学学报》1988 年第 1 期，为《诗性智慧》(河南人民出版社 1997 年 10 月出版)一书的附录。]

思考与实践　1. 本文的主旨是探讨作为形式美基本原则的节奏之所以引发美感的生理学、心理学依据。模仿说、移情说、距离说、格式塔派“力的模式”说，也有同样的旨趣，建议参阅，并用以解释某些审美现象。

2. 美在和谐。许多学者将审美境界作为人生的最高境界，参阅第六章相关内容，谈谈你对和谐人生、人生的节奏、艺术的人生、审美的人生、审美的人生境界的理解、感受。

第六章
斯芬克斯之谜
——人性、人格与人生智慧

本章导读　西方一直流传着一个源自古希腊的神话：狮身人面的妖怪斯芬克斯盘踞在悬崖边上，让过往的行人猜同一个谜语，猜对的就放行，猜错的就被它吞食。这个谜语的谜面是：有一物，早上四条腿走路；中午两条腿走路；傍晚三条腿走路。谜底是人！其实，这个斯芬克斯之谜是一个千古的文化之谜、哲学之谜。

人是思想的动物，当在世界中进行思考时，人、世界、人与世界的关系成为了人最原始的思想对象。无论人们思考的是世界，还是人与世界的关系，核心都在于人。回顾中外哲学的历史，我们会同意卡西尔的下述结论：“在各种不同哲学流派之间的一切争论中，这个目标——认识人或自我——始终未被改变和动摇过：它已被证明是阿基米德点，是一切思潮的牢固而不可动摇的中心。”（[德]恩斯特·卡西尔《人论》，上海译文出版社 1985 年出版）

对人的哲学理解贯穿于哲学史。古希腊哲学早期关于宇宙的探索之时，就包含着对于人的起源、本质的猜想。雅典大政治家伯里克利明确提出“人是第一重要的”命题。普罗泰戈拉则认为，“人是万物的尺度，是存在者存在的尺度，也是不存在者不存在的尺度”。伟大的哲学家苏格拉底所探索的唯一问题只是“人是什么”，他对人之外的世界几乎不感兴趣。从苏格拉底开始，古希腊进入了人类学时期。中世纪基督教用上帝创始的神话给予人以起源、本质的解释，总的来说，哲学关注的焦点是上帝。但是，如费尔巴哈、马克思认为的那样，上帝本身不过是人的本质的异化，人们对上帝的研究本身就是间接地研究人。文艺复兴时期最为引人注目的是人文主义思潮的出现，人文主义的共同点是把焦点集中于人，而不是上帝，要享受尘世的感性生活，而不是来世的天堂；以人性论反抗基督教神学，确认和讴歌人类在宇宙的独一无二的地位。启蒙哲学时期，人，特别是人的理性特征和主体地位被极度地凸显出来。蒙田有句名言：世界上最重要的事情就是认识自我。近代哲学的真正奠基人笛卡尔那众所周知的“我思故我在”的命题，以天赋理性的方式确认了人在宇宙中的主体地位，哲学发生了一种向主体的转向。康德明确地把

"人是什么?"作为他思考的四大哲学主题之一——另外三个问题是:我可以认识什么?我应该做什么?我能够希望什么?康德哲学中一切都围绕"人"这个轴心旋转,他第一次全面地从哲学上论证了人在世界中的主宰地位和最高价值地位。他的所谓哥白尼式革命应该理解为把人作为世界的主体放到了哲学的聚光灯下。费尔巴哈把人代替了神,"将人连同作为人的基础的自然当作哲学唯一的,普遍的,最高的对象"。有人将费尔巴哈看成是西方人学的真正奠基人。**现代西方哲学区分为人文主义和科学主义两大思潮**。人文主义思潮包括唯意志主义、生命哲学、现象学、存在主义、弗洛伊德主义、西方马克思主义、哲学人类学、解释学等流派,其共同特点是认为哲学要研究人本身,人成为了哲学的唯一主题。科学主义经过一段时间的发展后,也与人文主义开始融合,人的问题在哲学中的地位逐渐突出。后现代主义表面上反对现代人文主义的一些"宏大"、"本质"的叙事,例如,福柯耸人听闻地宣称"人死了",其实不过是开始了另一种对人的哲学理解。

中国哲学的生命实践特征使得其一以贯之地把哲学的焦点放在人的现实生活和在现实生活中的人。在最早的哲学著作《易经》中,世界被分为三部分,所谓天、地、人三材。《尚书》记载周武王说:"唯天地万物父母,唯人万物之灵。"老子说,域中四大,人居其一。孔子开创的儒家哲学的核心思想在于"仁",什么是仁呢?孔子说:"仁者,爱人","仁者,人也"。我们可以说,儒家思想乃是以"人"为主题的哲学。儒家"诚意、正心、格物、致知、修身、齐家、治国、平天下"的渐次境界都是在"自我"身上下功夫。汉唐哲学的主旋律依然是儒家思想。董仲舒提出"天人感应"说,认为"仁"是"天心",人受命于天,秉有"仁义",这正是人高于万物的地方:"物……莫能为仁义,唯人独能为仁义",所以,"天地之精莫贵于人"。宋明理学依然以人性论为基础,但其"存天理,灭人欲"的总体倾向事实上制造了一个中国的"中世纪"时期。从明朝中期开始,就形成了对理学的反叛,直至20世纪的五四新文化运动。这个漫长的反叛或启蒙运动乃是人性解放的过程,这一思潮出现的标志,首推王阳明。他发扬陆九渊"宇宙便是吾心"的思想,认为人心是宇宙本体,"人者,天地万物之心也;心者,天地万物之主也,心即天,言心,则天地万物皆举之矣",以主观唯心主义的方式重新确立了人在宇宙中的当然主体地位。五四新文化运动把几千年的儒家文化定性为"吃人的礼教",在"科学"、"民主"的旗帜下追求个性自由与解放。这是中国思想,当然也包括人学思想脱胎换骨的时期。马克思主义哲学在中国的最终胜利,也就意味着马克思主义人学在中国的胜利。在20世纪60、70年代,中国发生了"文化大革命"这样对人性进行摧残的惨剧。从70年代末到80年代初,中国思想界掀起了一场声势浩大的关于人性、人道主义和社会主义异化问题的大讨论。正是在这场讨论中,现代西方人文主义哲学资源被广泛运用,哲学界对于现实的人的研究热情高涨。

在当代社会和哲学中,对人的自我理解则更为自觉与必须。这可以从哲学自身逻辑中心的转移和当代现实问题的焦点两个方面来说明。从应该状态来说,哲学是一种人们把握世界的现世的智慧。无论是本体论的追求、认识论的探索,还是价值论的思考,其实都是为了获得一个人与世界关系上的贯通,最终为人在世界中安身立命。也就是说,哲学的出发点和归宿都是人。本体论的追求最早可以追溯到神话,正如卡西尔所言:"在对宇宙的最早的神话学解释中,世界的起源问题与人的起源问题难解难分地交织在一起。"不过,哲学诞生后,宇宙论及严格的本体论在相当长的时间里都是与人无涉的。本体——无论是物质、精神,还是上帝,都外在于人的客观存在。现代哲学中存在主义促使本体论向生存论转向,马克思主义促使本体论向实践论转向,本体论才真正与现实的人的存在状态即在世状态紧密地结合在一起。认识论探索本来就是从认识人自身开始的。可是,当认识论发展到它的经典时期时,它所谓的认识主要指对自然的认识。而且,无论是经验论还是唯理论,都在追求一种纯粹的认识。然而,在现代哲学中,科学哲学发现认识是以范式存在的,而范式的核心在于人们的信念、习惯与传统。在现代哲学中,纯粹的认识论消失了,认识的价值因素被重点突出了,这就是对作为认识主体的人的因素的突出。哲学价值论主要从主体的需要和客体能否满足主体的需要以及如何满足主体需要的角度,考察和评价各种物质的、精神的现象及主体的行为对个人、社会的意义。从归根到底的意义上说,价值是人创造的,也是满足人的需要,由人来享用的,离开了人,就无所谓价值。在各种价值中,人的价值是唯一可以创造价值的价值,它也无疑应该是哲学价值论的重点。因此,哲学价值论的关键问题是对人的理解。

现代哲学从整体上呈现出向生活世界回归,向人及其存在聚焦的趋势——似乎又回归到了哲学诞生时的情景。当然,这一趋势也与现代社会面临的现实问题不无关系,因为真正的哲学是时代精神的精华,是思想中把握的现实。"爱人者人恒爱之"。只有在内容上始终关注人们现实生活的哲学才可能真正受到人们的接受和喜爱。

现代社会的问题归结起来主要表现在四个方面:自然环境问题、社会问题、人自身的问题、科学技术发展的问题。自然环境危机本质上是人的存在危机,社会在本质上是处于关系中的人自身。科学技术是人们把握世界、改变世界最为现实,甚至成为第一位的力量。但是,科学技术自身是盲的,科学技术究竟是拯救的力量还是毁灭的力量,关键取决于人。只有对人的深刻的自我理解才可能渐次解决这些现实问题。

有人说,现代学术中哲学已经"终结",人学代替哲学出场了。我们认为,人学本质上还是哲学,或对人的哲学思考。人的哲学就是人学,但与科学保持一定的距离,强调反思、批判的哲学特质,打开的是关于人的问题的开放性空间。本质上是对人的哲学理解、解读,或对人进行整体性的哲学思考,目的在于领悟和了解人的整体存在因素,为人的发展与完善做出探索。(以上节选自沈湘平著《哲学导论》,有删改)

本章对人学的介绍,分为五个部分。第一部分是对人性追问,在“人在世界之中”的背景之下,探讨“人是什么”的问题。第二部分从人所面临的现实出发,回答“人应该希望什么”,即人的价值、目标、态度、理想等人生观的根本问题。第三部分讨论“人应该怎么做”,即如何心怀理想、着眼现实,将人生理想化为现实的问题。冯契先生的名言:“化理论为方法,化理论为德性”,说的是我们学习哲学,就要转“识”成“智”,在实践中转化为人生智慧。第四、五两个部分探讨为适应时代需要,我们应该培养怎样的人格、个性,怎样借助科学文化、人文文化的涵养培育,培养具有丰富多彩个性的健全人格、创新人格。这两个部分,讨论人格、个性问题与文化问题,是前三个部分探讨人的话题的深化,也是全书所讨论的话题的落脚点。希望读者阅读本章时,注意到前面各章关于本体论、关于真善美的探讨与本章各个部分的逻辑联系。

一、人性论

阅读提示　人学的基础性问题是人性问题。下文分三个层次讨论人性与人的本质问题。我们可以体会到:人性具有矛盾性、联系性、发展性:人性是矛盾的统一体,是理性与非理性(参阅《理性与非理性》)、自然性与社会性的矛盾统一;人性与其产生的时代、民族的生活、实践,均具有千丝万缕的联系;人性随着人类社会实践的发展又是不断发展的。人性的探讨,离不开哲学,科学的人学是建立在实践唯物主义、辩证法的哲学基础之上的。

(一)人性与人的本质

人是什么?这是人学最为核心的问题。对于这一个问题的回答事实上可分为**三个层面:一是人的天性是什么?二是人与万物尤其是动物相区别的特性是什么?三是人之为人的内在根据是什么?**这些都属于广义的人性论的内容,但就现代哲学的观点来看,第一、二层面的内容属于狭义的人性论内容,而且第一层面的考察认为人性是与生俱来的属性。正如中国古代哲学家荀子的理解:“生之所以然者谓之性”(《荀子·正名》),“凡性者,天之就也,不可学,不可事……不可学、不可事而在人者,谓之性。”(《荀子·性恶》)董仲舒也理解为:“如其生之自然之资谓之性。”王充则说:“性,生而然者也。”在西方,这种意义上理解的“人性”以 human nature 称之。第二层面的“人性”是侧重于人与动物区别的类特性,在西方意义上以 humanity 称之。第三个层面事实上就是所谓的人的本质的问题，它是在追问人成为人的内在根据或本体，其对应的西文是 essence of human。不过，在长期的哲学历史中，这三个层面往往是交织在一起的，只是到了现代才有比较明晰的区分。

在相当长的时期内，中西方对“什么是人”的追问集中在第一个层面，此即传统的人性论。人生来是什么样的呢？他具有什么样的禀性？这主要可以归纳为四种观点：人性善论、人性恶论、人性无善无恶论、人性有善有恶论。

中国哲学中孟子是人性善的主要代表。孟子认为：“人之性善也，犹水之就下也。人无有不善，水无有不下。”“仁、义、礼、智，非由外铄我也，我固有之也。”（《孟子·告子上》）孟子的人性论思想成为中国古代人性论的主流。宋代启蒙读物《三字经》开篇就说：“人之初，性本善。”教育了无数代中国人。西方古希腊斯多噶学派认为人虽然有自利要求，但人天生具有理性，能把自身利益与他人利益按照理性的原则进行协调，从而取得和谐。18 世纪法国思想家卢梭则认为人性原来都是善的，原始社会的人都是生活在自由平等之中，快乐、天真而自由，只是由于历史发展与社会制度等原因才使人变恶了。

荀子旗帜鲜明地反对性善论而主张人性恶，他说：“人之性恶，其善者伪也。”（《荀子·性恶》）“伪”是人为的意思，也就是说，荀子认为人性本恶，善是后天人为的结果。西方基督教的原罪说是一种典型的性恶论。它认为人类的祖先亚当和夏娃因违背了上帝的意愿而偷吃禁果，犯下了罪错，亚当和夏娃的子孙们，自从来到这个世界即负有深重的罪恶——“原罪”。因此，人要用忏悔和努力的工作以及服从某种禁忌、戒律等来赎罪。霍布斯则认为，人性是自私或利己的。经济学（亚当·斯密）把人假设为是自私的，人总是追求自己的利益最大化。此外，奥古斯丁、马基雅弗利、休谟、叔本华的人性论思想都可以归结到人性为恶的观点。

中国最早提出性无善无恶论的是与孟子同时代的告子，他认为“性犹湍水也，决诸东方则东流，决诸西方则西流。人性之无分于善不善，犹水之无分于东西也”（《孟子·告子上》）。后世王安石、王阳明等皆持此观点。西方主张性无善无恶的，首推英国近代思想家洛克的人心白板说。该学说认为人之初，心都是空如白板，根本不存在善与恶的问题。善与恶的心理观念和道德品质，都是后天的因素造成的，尤其是教育因素造成的。杜威站在实用主义的立场上，认为善仅仅是能满足人们需要的事物而已，是相对的价值判断。而人性都有发展成善的可能性，只要有适当的教育，人是能养成善良的品性的。

中国哲学中的主张性兼善恶说的代表人物有周代的世硕，汉代的董仲舒、扬雄、王充，唐代的韩愈等。王充在《论衡》一书中记载：“周人世硕，以为‘人性有善有恶，举人之善性，养而致之则善长；恶性，养而致之则恶长’。”董仲舒则有所谓性三品说，即人分善品、恶品、中品。西方哲学中的柏拉图、亚里士多德的人性观可以归纳到性兼善恶说。柏拉图认为人有欲望、意志和理性。当理性能驾驭欲望和意志时,就能获得善。反之,就是恶。亚里士多德也认为人有理性和情欲。人生的目的在于用理性节制情欲于一个合理的状态,恰到好处,以获得人生的幸福。

在与生俱来的人性中,很多人都把人的自然属性看成不同的人以及人与动物的共同属性。所谓人的自然属性,就是人的生理构造和自然本能。例如,饿了要吃饭、遇到威胁要躲避、性成熟了要找配偶等。中国古代战国时期的告子早就说:"食色,性也。"**但是,不少的哲学家把人性理解为人与动物相区别的特质、基本属性,这就属于第二层含义上的"人性"了。这些观点归结起来主要有两类,一类强调人的精神属性,一类强调人的社会属性。**

把精神属性看成是人与动物的区别,或从精神属性角度来定义人、揭示人性,这是哲学史上最为常见的方式。所谓人的精神属性是指人是有意识的存在物,是有精神需要、精神能力以及精神生活的存在物,表现在人具有自我意识,能思维,有理性,具有情感、意志等非理性因素。从亚里士多德开始,西方大多数哲学家都认同"人是理性的动物"这一观念。近代启蒙运动,更是以高扬人的理性为旗帜,而且往往把理性与思维、思想等同。"人的全部尊严来自思想"、"人是会思想的苇草"、"我思故我在"都是"人是理性的动物"的另一种表述。在中国,古人把人看成万物之灵,尤其是王充把人看成是"万物之中有智慧者也",这些思想比较接近西方把理性看作人性的思想。人们也常把情感作为人性的标志,常言道:人非草木,孰能无情。康德、费尔巴哈等还比较明确地把人性归结为知、情、意的统一。在现代哲学中,还有些哲学家认为,人与动物的区别在于语言、符号。卡西尔就提出了"人是符号的动物"的命题。这些都是从精神属性的角度揭示人性。

社会是人类生活的共同体,人是社会的存在物。强调人性的社会属性,即突出人的群体性、交往性、合作性和归属性。在西方,亚里士多德最早认为,人是天生的政治城邦动物,天生具有社会本能。中国古代人性论一般强调从道德规范的角度与动物区分,即人是讲究礼、义、廉、耻的。这些思想也可以归结为对人的社会属性的强调。中国古代思想家中,直接把社会属性看成人与动物的根本区别的可能是荀子。他认为,"人之所以为人者,非特以其二足而无毛也,以其有辨也……人道莫不有辨,莫不大于分",又说,人与动物的差别在于,"人能群,彼不能群也。人何以能群?曰分"。也就是说,荀子看到了人与动物不同的合群、分工的根本特点。马克思主义十分强调人的社会属性,认为即使是人的精神属性,从根本上也从属于社会属性,因为人的思想、意识、情感、语言等都是在社会中形成,并在社会中发生作用的。而且,人的自然属性也与动物的自然属性有着很大的区别,那就是人的自然属性也打上文化,进而是社会属性的烙印。比如,同样是为了满足吃的欲望,人类却发明了各式各样的食品、吃法和与之相应的礼仪。这些都是社会的产物，是人的社会属性的体现。

那么，**人之为人的内在根据又是什么呢？这就是人性论的第三层含义了，这直接地是人的本质问题。**人的本质问题最早由费尔巴哈提出，在此之前，人的本质问题与人性问题是混同的。总的来看，人们无非是把人的本质归结为理性与非理性的两个方面，前者是主流，后者有如尼采、柏格森、弗洛伊德等非理性主义思潮。不过在马克思看来，这些都是一种寻求人的固定不变的人的本质的观点，是形而上学的。在马克思看来，人根本就没有固定不变的本质。或许卡西尔的一段话是比较合乎马克思的思想的。他说："如果有什么关于人的本性或'本质'的定义的话，那么这种定义只能被理解为一种功能性的定义，而不能是一种实体性的定义。我们不能以任何构成人的形而上学本质的内在原则来给人下定义；我们也不能用可以靠经验的观察来确定的天生能力或本能来给人下定义。"

在马克思关于人的本质的论述中，有两个著名的观点：一是"人的本质在其现实性上是一切社会关系的总和"；二是人是"实践的类存在物"。显然，马克思并没有给我们一个明确的答案——人的本质到底是什么，而只是告诉我们应该以什么样的途径去寻找人的本质，那就是在人的现实的社会关系和人的实践中去寻找。换言之，要了解人的本质，除了了解他的现实的社会关系和实践之外没有别的可能。这同时也就意味着，人的本质是会随着现实的社会关系、实践方式及水平的变化而变化着的，根本不存在不变的人性与人的本质。

有些哲学家，尤其是**后现代哲学家对人的本质问题本身就颇不以为然，认为人根本就没什么本质。**米歇尔·福柯就认为，我们所理解的那些对于人的规定性都是人们的发明，是一种自欺欺人。如今，这样的人如沙滩上的印记，已经被海水销蚀。他说："有一件事无论如何是确定无疑的了。人的问题既不是人类知识中最古老的问题，也不是最持久的问题；人只是新近的一个发明。""人无疑只是物之序中的一种裂缝，或者，无论如何，也只是一个构型，其轮廓是由他近来的在知识中所占据的新位置所确定的。……想别人只是一个近代的发明，一个尚未具有200年岁的人物，一个人类知识中的单一褶痕，想到一旦人类知识发现一新的形式，人就会再次消失，这是令人鼓舞的，并且是深切安慰的源泉。"事实上，**这样的观点只是表达了对以往人的本质的揭示之谬误的批判，提醒了人本身是一种生成的存在，并没有固定不变的本质与人性。**

（节选自沈湘平《哲学导论》，中国社会科学出版社2006年8月出版。）

思考与实践　本文将人性问题分作三层论述，头绪就清楚了。以自己的语言阐释本文关于人性的三层论述。

（二）理性与非理性

黄楠森　陈志尚

阅读提示　依靠大脑所具有的抽象思维能力，运用语言和概念、判断、推理等思维形式为中介，对通过感觉得来的材料进行分析、综合，透过现象获得对事物内在本质的认识，这就是人的理性；将理性看成是人的本质，这是理性主义。相反，将人的非理性因素，包括本能、欲望、情绪、情感、意志、欲望等看成是人的本质，这是非理性主义。本文认为理性与非理性的辩证统一，是人的特性，但不是人的本质，人的本质只能是社会性的实践或者说社会性和实践性。这个观点非常重要，它揭示了现实的人性特点，是讨论人的理想（包括人格理想）、人生智慧的出发点。

理性与非理性的辩证统一，是人的天性，是人性中第一个层面的特性。随着社会、人类的发展，人性也不断发展变化，但是人性中理性与非理性的辩证统一始终存在。理性与非理性，是人的意识中的两个具有不可分割的内在联系的因素。人们只是为了考察的需要，才把两者抽象出来。

传统理性主义与非理性主义的一个共同弊端就是把理性与非理性割裂开来。事实上，理性因素与非理性因素在人的精神活动中是辩证统一的。

在理性与非理性的关系中，理性居于主导和支配的地位。一是由于理性是仅次于实践，对人类生存、发展具有极其重要意义的特性。从生物发展史看，虽然动物和人类都要依靠本能才能维持自身的生存和种类的繁衍，但对人类来说仅凭机体的本能，就不能适应人的生存需要。20世纪俄国巴甫洛夫所创立的现代生理学已经证明，即便是动物，随着由低级向高级的演化，本能式的非条件反射活动也已不能适应周围环境的变化，必须建立通过后天“学习”而形成的条件反射活动，才能获得生存的条件。而当人类超越动物阶段演变成为人时，只是停留在动物那种具有接受外部的具体刺激而引起的条件反射能力（即第一信号系统）已远远不够了，而必须具有接受语言与符号的刺激而引起的条件反射能力（即第二信号系统）。而在后一种条件反射基础上建立起来的人的意识系统，已不只是动物那种被动的、凭感官直觉所获得的对外界表面现象的反映，而是能**依靠大脑所具有的抽象思维能力，运用语言和概念、判断、推理等思维形式为中介，对通过感觉得来的材料进行分析、综合，透过现象获得对事物内在本质的认识。这就是人的理性能力。**人类一旦有了这种能力，就能把握客观必然性，通过自己的实践，实现使世界服从自己的目的，从而获得人的生存条件和自由发展。所以，理性是使人脱离动物式的生存状态而成为人的一个重要因素。

理性不是神或造物主恩赐的，而是人类祖先自己奋斗的结果，是一代又一代，经过几百万年的持续生产劳动和社会交往的经验积淀、内化，通过进化和变异，才最终得以形成以大脑为基础的、具有思维能力的生理机制和心理系统。而对于每一个个体，则还必须在先天遗传的基础上，从出生开始在后天的社会生活中不断地学习和实践，才能使个体的理性能力从潜在变为现实，逐步成熟，进而得到发挥和发展。

在巴甫洛夫学说之后，现代脑科学、心理学、认知科学和哲学认识论等，都大大推进了对人的理性的认识。理性不仅使人具有能动的反映外部事物本质的能力，而且更重要的是具有在此基础上，结合主体的需要（即内在的尺度），创造出客观世界本来没有而为人所需要的新事物。这种创造能力是人的理性的集中和最高表现。而这正是开发人的本质的无限潜力的希望所在。

二是随着人类的不断发展，理性对非理性的支配和控制也不断增长，这主要表现于非理性之中越来越多地渗透着理性的内容，非理性已不再是纯粹的非理性。就本能而言，这种本能虽然仍是一种先天的行为模式，但在人和在动物那里已有不同，“人和绵羊不同的地方只是在于：他的意识代替了他的本能，或者说他的本能是被意识到了的本能”。虽然人和动物都要寻求生理需要的满足，但在人类那里，如何满足需要已有了本质的区别。正如马克思所说，“饥饿总是饥饿，但是用刀叉吃熟肉来解除的饥饿不同于用手、指甲和牙齿啃生肉来解除的饥饿”。即使是非理性主义者，也没有想要回到“用手、指甲和牙齿啃生肉来解除的饥饿”的那种茹毛饮血的时代。至于人的情绪、情感，心理学界一般进行了区分，虽然人的情绪与生理性需要相联系，但由于社会化的影响，情绪反应往往又会改变其原始的表现形态，如对死亡的恐惧，是人与动物所共有的，但对具有理性的人来说，认识到死亡是自然规律，是人生的必然，虽然也会有遗憾和悲伤，但在正常情况下，都能够以理性驾驭情感，坦然以对。特别是很多为真理而奋斗、为正义事业而献身的烈士，更能在深刻的理性思考的基础上形成坚强的意志，面对死亡临危不惧、视死如归。因而，不论是情绪还是情感，并非完全是非理性的，尤其是在情感中就有着较多的理性内容。

传统理性主义坚持抽象的人性论立场，把理性当成是人的本质，这是不对的。因为理性是建立在实践基础上的。无论是人的理性能力，还是理性的内容，理性作用的实现，归根到底，都是人的实践决定的。而对现实的人来说，不同时代、不同社会、不同阶层、不同的个人，彼此所具有的理性的具体状况也是存在着差别、矛盾甚至对立的，这只能从人的具体实践和所处的具体社会关系才能得到解释。所以，**人的本质只能是社会性的实践或者说社会性和实践性，人的理性尽管是人的重要特性，但不具备作为人的本质的资格。**

当然，肯定理性在人的心理结构中占主导地位，不等于否定非理性的存在和作用，非理性是理性的必要补充，在人的认识和各种心理活动中具有重要作用。一是理性之中也渗透着非理性的因素，人类的理性的认识和实践活动的进行，都要受到非理性因素的影响。人类的科学发现、艺术创造、理论探求，虽然是理性的结晶，但并不能离开他们的情感、意志、欲望、信念等非理性的因素。不同的情感和意志强度对于这些活动的进行可能产生重大的影响，这也是客观事实。再如，直觉这种理性思维中就明显地存在着无意识的心理影响。直觉的过程往往是在经过长期思考没有结果，却在无意识的状态下甚至是在梦中，使解决问题的答案突然闪现出来。科学家的发明创造中这种例子很多，德国化学家凯库勒发现苯的环形结构就是一个典型。他的这一重大发现是因为他梦见蛇的盘曲弯绕形象，而闪现出了他对苯的环形结构的灵感。**二是人类的理性的认识和实践活动的目的，就是要满足人的各种需要，如果否定与某一需要相联系的非理性因素，那就把一个完整的人割裂开来了。**马克思与恩格斯在批判霍布斯的唯物主义时指出，“唯物主义变得敌视人了”，这是因为“为了在自己的领域内克服敌视人的、毫无血肉的精神，唯物主义只好抑制自己的情欲，当一个禁欲主义者。它变成理智的东西，同时以无情的彻底性来发展理智的一切结论”。(《马克思恩格斯全集》第2卷，人民出版社1957年出版)

非理性主义肯定非理性因素的存在和作用，对传统理性主义的批判是有积极意义的。其错误主要在于片面夸大了非理性因素的作用，把它看成是人类的本质、社会的动因甚至世界的本质，结果只能导致唯心主义。

理性与非理性都是人的特性。理性主义与非理性主义在人性问题上之所以犯错误，深层的原因是在于他们都不了解社会实践对理性和非理性的作用。

人的真正本质是社会实践。正是社会实践，才形成了人的理性能力。非理性的一些形式如本能、欲望、情绪等虽是人与动物所共有的，可以说是一种自然属性，但在人身上这种人自身的自然已是人化了的自然，也就是说，这种自然属性已从属于人的社会属性，已具有了社会性的内容，即从属于人的社会实践，并直接从属于同样受社会实践所决定的人的理性。传统理性主义之所以会把理性作为人的本质，犯本末倒置的错误，从根本上来说，就是由于他们不懂得实践是理性的基础。非理性主义要求关注个体的生存，强调人的具体性和历史性，反对把具体的人消融于抽象的理性之中，以非理性来规定人，但他们的错误同样在于不懂得社会实践这一人的本质对非理性的意义，结果不但不能指明个体生存发展的正确方向，说明人的差异性和历史性，反而把人降到了动物的水平。所以，**人的特性，只能是理性和非理性在人的社会实践基础上的辩证统一。**

（节选自黄楠森、陈志尚主编《人学原理》，北京出版社2005年3月版。）

思考与实践　理性与非理性的统一，属于人性哪个层次？人性问题与人的理想有何联系？

（三）人在世界中

阅读提示　人的特性是什么？其实不可能孤立地给出答案，不可能不联系“人在世界中”进行思考。人与其他动物、植物不同，他是理性与非理性的统一体，他是自觉地生存于世的，因此虽然与世界相比，他是如此渺小，但是他能以自身的实践创造世界，能自觉意识、创造人生的意义与价值。所以尽管在认识中，需要把人与世界作为主体、客体而抽象、对立起来，但是永远不能忘记，人的特性与本质，无不在世界的变化中发展。人在世界中，人在矛盾中，人需要不断创造和谐，寻求那种本真的水乳交融的和谐状态。

天地万物，人居其间。人类生生不息，世代更替，创造了无数的人间奇迹。人类作为一个整体，确证着自己不同于其他万物的本质特征；作为无数个体，展现着无数精彩的人生。每个人的人生有成功，有失败；有喜怒哀乐、酸甜苦辣。每个人生都是不可复制的风景，或大气磅礴，或静谧陶然；或万众瞩目，或桃李无言。但这一切的一切都有一个“可以用纯粹经验的方法来确认”的前提，那就是我们首先得活着。“死去原知万事空”，活着，一切才有可能。正如马克思所说，人类历史的第一个前提无疑是有生命的个人的存在。哲学家海德格尔一语中的：人“在世界之中存在”，即在世。在中国人看来，活着也叫在世，所谓人生在世。从时间上说，所谓在世就是出世（出生）与去世（死亡）之间的状态；从空间上说，所谓在世就是“在世界中”。其实，“世界”不过是指涉时间和空间的概念。汉语中的“世界”本是从印度而来的佛教用语，过去、现在、未来曰“世”，天上、地下、人间曰“界”。因此，“在世”也就可以理解为“在世界中”了。任何事物都存在于一定的时间、空间中，人也不例外。现实的人须臾也不能离开他所在的世界。也就是说，“在世”或“在世界中”是人最基本的状态。

我们所说的世界有着复杂的含义，在比较普遍地被接受的含义上，有广义和狭义之分。广义的世界就是指整个宇宙。中国古人认为：“上下四方曰宇，往古来今曰宙。”这与前面所说的世界的含义基本一致，都是一个时空概念。狭义的世界一般指人类所居住的地球，尤其是生物圈。人所在的现实世界(人直接交往的世界)又可以分为三部分:自然、社会和人。一般而言,人们所说的自然界是特指人类所直接依赖的地球,它包括无机物、有机物、植物和动物,它们都是以自发的、无目的的方式存在着的。现代科学证明,我们所在地球起源于大约46亿年前,此后,随着物质的运动、变化和发展,逐渐从无机界中产生出生命,生命经过漫长的演化,直到二三百万年前才诞生了人类。有了人就有了人类社会,社会是人类活动的共同体,是人们交互作用的产物。人是社会的存在物,人不能离开社会。所以,当我们说"人在世界中"的时候,也就是指"人在自然中"、"人在社会中"、"人在人中"三者的统一。

人和人所在的世界都是存在着的,但他们存在的方式是不同的。人和所有的动物、植物都是以生命的方式存在,所以他们的存在可以称为生存,而非生物却仅仅是存在。人的生存又不同于一般生物的生存,他是以生活的方式生存的。生存与生活的本质区别在于:生存是一种本能地适应环境的生命活动,生活则是一种自觉的生存——不仅是自己意识到的生命活动,而且是创造生存意义的生命活动。马克思曾经形象地比较了灵巧的蜜蜂和蹩脚的人类建筑师。他说,蜜蜂建筑的精美蜂巢,使得人类的建筑师都感到惭愧。但是,即使是最拙劣的建筑师一开始就优越于最灵巧的蜜蜂。因为,人类的建筑师在建筑之前,已经在自己的头脑中把它建筑成了,而蜜蜂却不行。马克思还总结道:"动物和自己的生命活动是直接同一的。动物不把自己同自己的生命活动区别开来。它就是自己的生命活动。人则使自己的生命活动本身变为自己意志的和自己意识的对象。……有意识的生命活动把人同动物的生命活动直接区别开来。"(《马克思恩格斯选集》第1卷第46页,人民出版社1995出版)

比之于其他万物的存在,人的存在是被自己意识到的存在,这种意识就意味着人对自己在世状态的感悟与思考。由于包括人在内的世界是一个时空性的存在,人对于世界的感悟首先总是,或者归根结底总是时间和空间方面的。一当人们做这种感悟与思考时,就会发现自己在空间上的渺小和时间上的短暂。当然,这种渺小和短暂是相对于宇宙、世界的伟大与不朽而言的。

整个宇宙在空间上是无边无际的,在时间上是无始无终的。即使就人类目前能观测到的宇宙而言,空间上它的半径有180亿光年(光年是光在一年内走过的距离)之巨,时间上它已经存在了100多亿年。地球存在了46亿年,其空间体积相对于宇宙来说已然渺小;人类只存在二三百万年,不过是地球上物质演化这条长藤末梢的果实;每个个体的人则只能存在100年左右,相对于整个人类而言可谓微不足道。可见,人相对于地球,尤其是整个宇宙来说,在空间上十分渺小,在时间上十分短暂。难怪中国古人感慨:"人生天地之间,若白驹之过隙,忽然而已。"(《庄子·天下》)又若"寄蜉蝣于天地,渺沧海之一粟"(苏轼《前赤壁赋》),所谓"飘飘何所似,天地一沙鸥"(杜甫《旅夜书怀》)。即使是对于人所身处的社会,个人也经常有一种“人在江湖,身不由己”的无力感;一种“多我一个不多,少我一个不少”的无意义感。确实,和我们所处的世界比较起来,人,尤其是个体的人显得犹如九牛一毛,似乎无足轻重。

渺小和短暂是人在思考自己在世状态时最为直接的感受,这其实就是领悟到世界的无限(伟大与不朽)与自己的有限(渺小与短暂)之间的矛盾。这种领悟必然使人产生敬畏和焦虑:敬畏于世界的无限,焦虑不安于自己的有限。于是就有了“前不见古人,后不见来者,念天地之悠悠,独怆然而涕下”的感慨;有了“怅寥廓,问苍茫大地,谁主沉浮”的疑问。但是,人类认识到自己的渺小和短暂之后并没有从总体上走向一种消极与自卑。和世界上的万事万物相比较,人没有足够强健的体魄和技能,例如,人的眼睛不如鹰锐利,人奔跑不如狮虎迅猛,人攀缘不及猿猴敏捷,人的嗅觉不如犬类灵敏……甚至可以说,人是生物界最脆弱的一种。但是,能认识到自己的渺小和短暂恰恰是人的高明之处,因为只有人才能获得这种认识。帕斯卡尔有一段脍炙人口的名言:

“人只不过是一根苇草,是自然界最脆弱的东西;但他是一根能思想的苇草。用不着整个宇宙都拿起武器才能毁灭他;一口气、一滴水就足以致他于死命了。然而,纵使宇宙毁灭了他,人却仍然要比致他于死命的东西更高贵得多;因为他知道自己要死亡,以及宇宙对他所具有的优势,而宇宙对此却一无所知。因而,我们全部的尊严就在于思想。正是由于它而不是由于我们所无法填充的空间和时间,我们才必须提高自己,因此,我们要努力好好地思想;这就是道德的原则。能思想的苇草——我应该追求自己的尊严,绝不是求之于空间,而是求之于自己思想的规定。我占有多少土地都不会有用;由于空间,宇宙便囊括了我并吞没了我,有如一个质点;由于思想,我却囊括了宇宙。”([法]帕斯卡尔《思想录》,商务印书馆1985年出版)

确如帕斯卡尔所启示的,是因为思想,人才可以脱离当下,骛及八方而思接千载,可以包举宇内而自豪地宣称“天地在我心”、“万物皆备于我”。当人们用自己的思维来认识和反思自己在世界中的状态时,就试图超越自身的渺小和短暂——有限性,以达到伟大和不朽——无限性。“身无分文,心忧天下”是有限之人把握无限世界在空间上的写照;“人生不满百,常怀千岁忧”则是有限之人把握无限世界在时间上的表现。中国古代著名学者刘勰曾说:“生也有涯,无涯惟智”;“器分有限,智用无涯”。可见,思想和知识是人超越自己有限性的重要途径。不过,思想的尊严还不止于对世界的认识和反思,还在于认识、反思指导下的生命活动,即通过人们的生命实践活动创造出一个意义的世界:世界不能自动地满足人,人决心以自己的行动来改造世界。“一个种的全部特性、种的类特性就在于生命活动的性质,而人的类特性恰恰就是自由的有意识的活动。”这一自由的有意识的活动就是改变世界的实践活动。在整个世界中，正是因为人的能动活动，才改变了“自然”原来的模样。亚里士多德有云：我们当尽力以求不朽！人们通过自己的生命实践活动所创造的空间上的伟大和时间上的不朽并不是自然意义上的，而是社会价值意义上的。也就是说，人们通过自己的实践活动可能并不能使个体的力量变得无限伟大，也不能使个体的生命无限地延伸。但是，人能借助实践的力量结合起来，使整个人类的力量增强，使整个人类获得不断的发展。当每一个个体为人类的进步做出杰出（物质的、精神的）贡献时，我们就说他达到了伟大和不朽。或者说，人们是通过自己的生命实践活动创造价值，以超越有限，而达到无限的。对于人的伟大与不朽的表现，古今中外的说法很多，中国古人叔孙豹的说法十分精彩，在中国的影响也很大。他说：“太上有立德，其次有立功，其次有立言，虽久不废，此之谓三不朽。”（《左传》）可见，对于每个个人而言，自然生命的终结并不意味着价值生命的终结。相反，自然生命终结之时，有可能价值生命才刚刚开始。

从自然的存在方面看，人类及其个体注定是渺小和短暂的，而从价值存在的角度看，人又可以是伟大和不朽的。正如哲学家狄德罗说过的：说人是一种力量和软弱、光明和盲目、渺小和伟大的复合体，这并不是责难人，而是为人下定义。丹麦哲学家克尔凯郭尔认为，人生在世，“就是无限与有限、永恒与瞬间所孕育的孩子，因此它是持续不断地斗争着的”。软弱与力量、盲目与光明、渺小和伟大、永恒与瞬间，进而是有限与无限，其辩证转换的中介、桥梁就是创造价值、赋予意义的人类实践活动。可见，人所在的世界，既不是莱布尼兹认为的是可能世界中最好的世界，也不是叔本华认为的是可能世界中最坏的世界，人以自己的实践活动创造着真正属于自己的世界。

（节选自沈湘平《哲学导论》，中国社会科学出版社 2006 年 8 月出版。）

思考与实践　1. 有人说：讨论人的特性，不能以“人性善”、“人性恶”等为结论，因为这些是对人性的“评价”，你认为这种说法有没有道理？

2. 人的特性是什么？人的本质是什么？为什么？

3. 有人说“人在世之中”，人的特性是不断发展变化的，因此无法谈论人的特性。你对此有何看法？

二、人格论

阅读提示　下面的文章介绍了关于人的价值理论，这是探讨人生目的、人生态度和人的境界、理想等问题的基础，本节统称为“人格论”。探讨人生价值问题的基础、出发点则是上文关于人性、人的本质的学说。人性论是人格论的基础。人是理性和非理性的统一体，他不仅会追问人的特性是什么，而且会追问人应该怎么做人。英国学者莱斯利·史蒂文森指出：对于人性的不同见解，自然导致了我们应当做什么，以及我们能够怎样做的不同结论。所以，在阐述我们关于人生价值的观点之前，首先应明确我们所持的关于人性、人的本质和关于价值的基本理论（参见第四章第五节“当代价值哲学的形成”）。

（一）人的价值

章仁彪

1. 人的价值：社会价值和个人价值，贡献和需要

人的价值主要包括人的社会价值和个人价值两个方面。所谓人的社会价值，是指个人对他人及社会需要的满足。从这种意义上来说，人的社会价值的实质在于贡献。爱因斯坦说过：“人只有贡献于社会，才能找出那实际工作上短暂而有风险的生命意义。”“一个人的价值，应该看他贡献什么，而不应当看他获取什么。”把人的社会价值确定为贡献，是马克思主义哲学在对人与社会互动关系深刻理解上，对人的社会价值本质的正确揭示。一个人在任何领域对他人和社会的贡献，都是其社会价值的体现，他对他人、对社会的贡献越大，他的实践活动越能满足他人的和社会的需要，那么他的社会价值也就越大。奉献是美好的、崇高的。我们今天所拥有的，都源于前人的奉献。

人的个人价值，是指个人对自身需要的满足，在外观上表现为社会对个人的需求、尊严、人格和自由等权利所提供的物质与精神的保证。简言之，即社会对个人的尊重和满足、个人的正当需要得到了尊重和满足，得到了社会给予的公正待遇，也就实现了人的个人价值。**个人价值和社会价值作为人的价值中不可分割的两个侧面，既互相区别，又互相联系，两者是辩证统一的。**

2. 人的价值的实现，是社会价值与个人价值的统一，具体表现为贡献与获取的统一，权利和义务的统一，手段与目的的统一，社会进步与个人发展的统一

贡献与获取的统一是人的价值的实现即人的社会价值和个人价值的统

一的第一个表现。一般说来，一个人既从社会中有所获取，又对社会有所贡献。对于一个成年人来说，只有为社会做出了贡献，才能理所当然地享受到社会的承认和尊重；只有为社会创造了一定的财富，才能从社会那里获取自己所需要的东西。另一方面，社会也要尊重个人的个人价值，使个人获得应该属于他的东西。无论什么社会，只有能够较好地满足大多数成员的需要，才能使每个社会成员充分发挥其积极性、创造性，社会需要也才能进一步得以满足。

实现按劳动分配的分配形式，每个人都必须有所贡献，才能有所索取；必须有所创造，才能有所享受，贡献越大，索取就可越多，享受也就越多。这就实现了贡献与索取、享受的一致和相互转化，从而也就实现了人的社会价值和自我价值的一致和互相转化。

权利和义务的统一是实现人的社会价值与个人价值统一的第二个表现。人的权利，指的是个人从社会那里得到的权益。当他享有这种权利时，他便是实现其自我价值。人的义务，指个人对社会应尽的人生义务和责任，当他履行义务时，便是实现其社会价值。一般来说，一个人在社会中既享有一定的权利，又对社会担负着一定的义务，有什么样的权利，也应尽什么样的义务。权利和义务两者是统一的。但在实际生活中，我们目前还存在着一些不完善的地方，因此，必须通过改革，使人们的责、权、利三者高度地结合起来。否则就会损害人们的积极性、创造性，影响人的价值的实现。

手段与目的的统一是实现人的社会价值与个人价值统一的第三个表现。人的价值的实现，存在着手段和目的的关系。当个人为他人，为社会尽其义务时表现为手段，体现了人的社会价值；当个人从社会获得自我需要的满足时，也就是实现了人生目的，体现了人的自我价值。

手段与目的既是对立的，又是统一的，人既是手段，又是目的。人要自己解放自己，不能到人之外去寻找解放的手段，必须靠自己的努力奋斗，去创造自身解放的条件。这就是我们强调人的社会价值的原因。然而，人毕竟是目的，人们所做的一切，都是为了自己的解放和幸福，社会主义生产的目的就是为了满足人们日益增长的物质和文化需要，为了提高人的价值。不仅如此，人与人之间也互为手段和目的，人与人之间需要真诚的互助，正如歌中所唱的那样，"'人'字的结构就是互相支撑"。"只要人人都献出一点爱，世界将变成美好的人间。"当我们互为手段和目的时，就能各自从对方得到帮助和温暖，"我为人人，人人为我"体现了人的手段与目的的统一。

社会进步与个人发展的统一是实现人的价值的第四个表现。社会进步指的是人类社会合乎规律的前进和发展，它包括社会形态的更替、社会物质生活、精神生活的进步与变革。社会的进步和发展是通过一个个具体的个人和其他各种因素形成"合力"推动的结果。在这一过程中，个人的力量是有限的，而且作用的大小不一，表现在不同的方面，但所有的个人力量能汇合成一股强大的力量，成为推动历史前进的动力。每个人都能对社会历史的发展贡献自己的力量，这就体现了人的社会价值。而在社会的进步和发展中，促进了个人的发展与完善。每当社会发展进入一个新的更高级的历史阶段时，个人都不同程度地进入一个新的发展水平。

社会进步的本身包含着历史上千千万万个人的发展。人的发展意味着人的能力和整体素质的提高，从而能在更高程度上实现人的自我价值。对于一个人来说，推动社会进步与个人的自我发展是同一个过程中的两个方面。社会是人生活动的舞台，人只有积极投身于社会实践，在推动社会的进步过程中才能实现个人的发展，脱离社会实践，一个人关在空屋子里冥思苦想、修身养性是难以达到自我完善与自我发展的目的的。另一方面，个人的自我完善与发展既是社会进步的条件，又是社会进步的体现。完善自我的人格，发展自我的能力，这本身既是对社会进步的贡献，又是为社会进步做出更大贡献的必要保证。

3. 人的价值的实现条件——主客观的统一

社会客观条件，社会的经济、政治、文化状况是实现人的价值的客观条件。一般说来，社会的文明程度越高，人的价值的实现程度也越高。原始社会由于生产力水平极其低下，人的创造力极其有限，所以人的价值的实现也处在一个较低的层次上。进入阶级社会以后，随着社会生产力的发展，人们在与自然的关系中获得了一定的片面自由，但是在阶级剥削和阶级压迫的社会制度下，真正创造社会财富的劳动者的价值是难以得到正确的肯定与尊重的，各种形式的人身依附关系把人的价值异化了，使人失去了人的尊严感。只有到了社会主义社会，消灭了剥削、压迫，消除了两极分化，消灭了人与人之间的人身依附关系，才为人的价值和尊严的恢复奠定了现实的基础。

崇高的价值目标是实现人的价值的精神支柱。正确的价值目标，对人的发展和社会进步起科学的定向作用，因为它是对人类社会发展规律及人生意义的正确认识在奋斗目标上的体现，它能激励人们产生出巨大的向心力和凝聚力，使其朝着正确的方向走。一个人确立的价值目标越远大、越坚定，那么他的精神驱动就越强，表现出行为约束就越严，他的人生价值就升华得越高。所以，崇高的价值目标是鼓舞人们百折不挠、奋勇向前的精神支柱。

投身社会实践是实现人的价值的根本途径。人们的科学文化知识以及良好的思想文化素质，只能表明一个人创造价值的潜力或潜在价值，要实现自己的价值，就必须投身到社会实践中去。人的价值表现为对社会、对人类的贡献，是通过一定的成果形式表现出来的。歌德说，你若要喜爱你自己的价值，你就得给世界创造价值。人的价值不在于生命之短长，而在于奉献之多少。蜜蜂是弱小的生物，但它的一生都在为人类酿造甜蜜的生活。这就是无私奉献。在现实生活中,具有这种精神的人举不胜举。人们的好总理周恩来把一生奉献给人民,鞠躬尽瘁,死而后已,身后不留一把骨灰。

我国改革开放以来,经济、政治、文化生活各领域充满了生机和活力,为人们广泛地参加社会实践,实现自己的价值提供了良好的条件。党的十六届三中全会提出以人为本的科学发展观,这一问题的提出符合社会发展的最终目标和价值目标。因为人是社会发展的本质,社会发展的最根本目标不是经济的单方面增长,而是人的自由和全面的发展。应该使人的价值得到充分的体现,使全体人民过上幸福美满的生活。

(节选自章仁彪主编《哲学导论新编》,同济大学出版社 2005 年 8 月出版。)

(二) 人生目的

黄楠森　陈志尚

阅读提示　下面的文章在前面阐述人性与人的本质、人的价值的基础上,介绍了三种人生目的。在现实社会中,由于人们在社会结构中所处的地位、在社会生活中所充当的角色等具体境况的不同,决定了他们物质利益要求的多样性;还由于人们的世界观、价值观、人生观以及个人的修养等方面的差异,决定了他们所持的人生目的和追求也必然会有这样或那样的不同。任何社会都会根据当时的社会经济结构、文化发展水平和统治阶级的利益,提倡某种要求社会全体成员都应具备的人生目的。我国是社会主义国家,提倡的是与爱祖国、爱人民、爱劳动、爱科学、爱社会主义的国民公德相适应的、进步的、积极的人生目的,即充分发挥个人潜能,为社会积极创造价值的人生目的;反对极端利己主义、损人利己、损公肥私的腐朽的人生目的。(下文将会进一步讨论这些问题,参见第六章中的“培养健全人格”第三节“世界观为核心的多层次性格论”)

确立高尚的人生目的对个人来说,不是一朝一夕可以办到的,要靠长期、自觉的努力。学习科学的社会理论和人生理论,懂得社会发展规律和人类发展前景,体会人类长期实践积累的人生哲理,同时以此来指导自己的生活和实践,不断地学习人生、思考人生,这样才能不断提高自己的觉悟,牢固树立和实现健康向上的人生目的。

人生的意义只能在与他人、与社会的关系中获得,人生价值的评判尺度只能是在充分发挥个人的潜能与创造力,充分体现人的能动的创造性本质的条件下,在对他人、对社会的贡献中才能得到体现,那么,要真正体现出人生的价值，还要确定正确的人生目的，使得人生成为自觉的有崇高追求的人生。

目的是人们通过实践想要得到的结果。人生目的是人的一生中努力遵循的行为方针和根本愿望，体现着人对生命意义的追求，它代表了人的思想的内在倾向性，是行动的根本动因和终极指向。人生的目的性是人的本质的又一个重要表现。在人的一生中，充满着有目的的行动。**“人是有理性的动物”决定了人的行为就是众多目的的实现过程**。一般而言，人做每一件事情都会有一个具体的目的。饥餐渴饮是纯生理上的，欣赏音乐放松情绪是纯个人的。就整个人生来说，还要确立一个作为人生指针的根本目的。

在一个社会中生活的人们，其人生目的却不尽相同。这根源于不同的社会存在和经济基础，也是由人的认识差异造成的。从认识角度讲，确定人生目的的直接基础是对人的本质、个人对社会的关系、人生的价值尺度的认识。这种认识是由人们所处的社会环境、社会地位、所接受的教育、所持有的立场，经过自我的体验和生活的磨炼等多种因素决定的。人生目的往往有高尚、平庸、低俗、卑下之分。不同个人的人生目的可能一致、相似，也可能不同甚至截然对立。例如，有的人信奉“人不为己，天诛地灭”，也有的人执着于“全心全意地为人民服务”；有的人活着就是为了享受，也有的人生活是为了有所创造；等等。

人唯有明确自我的性质、特点，才会有明确的自我生存之道。认识自我就是认识人性、人的本质。人的这种认识在两个层次上进行：一是人作为类的共性。在和其他动物的比较中，发现人既有类似于动物的肉体物质欲望等自然性，又有不同于动物的特性，即理性、社会性。二是人作为个体的个性。在和其他个体的比较中，会发现个体间还有相互区别的个性。这种个性主要指每个个体心理上的独特的发展需求。如马斯洛所说，人皆有寻求自我实现，发挥其独特潜能的最高需要。而弗洛姆在《逃避自由》一书中揭示人皆有两种并存的心理需要：一是人对自由的需求以排除其“个性化”发展和“内在成长潜能”的障碍；另一是人与同类交往以逃避孤独。自我与他人即个体间关系该如何处理呢？

如果承认人皆有其个性，而人又都希望实现其个性的话，那么个体间的冲突、限制将是难免的。如萨特所说，他人的目光意味着限制，所以人人都惧怕这种目光，“他人即地狱”。客观地讲，限制是存在的，但地狱之说却是片面的。因为人在追求自由发展的同时，还须依赖他人或其群体。这种依赖除了物质基础之外，还表现在精神上的排遣孤独。事实上，当个体发展自身遇到社会阻碍时，他渴望自由以摆脱各种束缚；但一旦整个社会不再管他时，他又会觉得无所适从，失去安全感而惶恐、失落。在彷徨之中，他也许会选择放弃个性独立自主的发展，而与某人某事结合起来。就像叔本华说的，人就像一群豪猪，挤在一起怕刺痛，而分开又觉得寒冷。可见，自我与他人并非仅是界限、冲突,更是前提、基础。**所以,个人既需自我设计、自我奋斗以至自我实现,同时还必须取得他人、社会的理解、帮助。这才是正确的自我与他人的关系。**

利己主义视人性中的感性为其本质,由人皆趋乐避苦,推出把个人利益放在第一位的生活态度。它认为个人利益高于社会利益,把个人幸福看作一切行为合理与否的规范。近代荷兰的"勇敢的、诚实的"曼德威尔以《蜜蜂寓言》大胆提出:"私恶即公利"。他认为社会中每只蜜蜂皆损人利己,而这结果却使整个社会变成了天堂,所以利己是合理的。而霍布斯经由"人对人像狼一样",得出了同样的结论。这种观点因其极度的不公正,不久即为合理利己主义所取代。所谓合理即向理性、社会做一定妥协,而不只强调人的自然性。其结果便是个人主义。

个人主义盛行于19世纪上半叶,它的主要内容仍是个人利益是第一位的。但具体地,如美国思想家爱默生的个人主义,它强调以下内容:一是每个个人的神圣性,而非某些个人;二是个人的特殊性;三是个人的无限发展潜力;四是个人自由选择(其生活方式)及其责任自负。应该看到上述四点内容与利己主义是有区别的。它崇尚个性及个性潜力的发挥,应是符合民主平等社会的要求的。这种个人主义在强调个人选择自主性的同时,还要求责任自负,这比利己主义的所谓兼顾社会利益更为现实,具可操作性。尤其是这种个人并非个别英雄人物,而是每一个个体,所以是平民化的个人主义。它适应了现代社会的发展需要。现代文明中的自由企业、市场经济、民主政治,莫不以个人自由和权利作为基础。所以个人主义对反对个人崇拜、专制政治、忽略个人的意识具有极大的影响。但个人主义无论如何总存在个人与其类关系的矛盾,这是它无法克服的。

与利己主义相对,近代理性主义哲学强调人以其理性为本质,由此他们不强调个人利益,注重寻找社会共同的道德原则。康德完全不讲利益,强调"内心的道德法则";黑格尔主张国家至上的道德观,要求义和利、动机和效果统一。马克思主义从唯物史观的人的本质是其社会性出发,并不否认一定物质利益的正当性,但在个体与其类的关系上,提出了集体主义。即以集体为中心,个人利益服从集体利益。在实际中,人们对集体主义的理解也是不同的,主要有两种观点:一是"虚假的集体主义"。它完全否认个人正当利益,只追求所谓的集体利益。因而是虚幻空洞的。实际上,它往往成了统治阶级达到某种思想或政治专制的手段、工具。二是"真实的集体主义"。马克思主义的集体主义就是这种类型。它在强调集体利益的同时,兼顾个人利益。具体地说,它包含两层意思:个人利益是集体利益的基础,集体应服务于个人利益;同时,集体利益是个人利益的前提和保证,个人利益应服从于集体利益,即最大多数人的利益。个人与集体,既相互区别,又互相依赖。

总之，自我既应发挥其独特个性，又离不开他人、社会的理解、帮助。因此，现实的个人主义应同时考虑他人，而真实的集体主义又必须兼顾个人利益。

（节选自章仁彪主编《哲学导论新编》，同济大学出版社 2005 年 8 月出版。）

（三）人生态度

1. 谈人生

朱光潜

阅读提示　朱光潜先生的《谈人生》，谈的是两种人生态度，儒家的入世与道家的出世。实际上，儒道两种人生智慧有机地统一在中国古人身上，他们从儒家智慧中汲取积极入世奋斗进取的人生动力，从道家智慧中寻找到飘然出世自我解脱的精神寄托。人不是丛林动物，而是社会性与自然性的统一。作为社会人，不可能没有道德、责任、义务，为人父者，为人子者，为人夫者，为人妻者，各有自己的责任与担当。但一味强调人的社会性，则道德、责任、义务等将成为人性的枷锁；追名逐利，人性也将被异化，甚至“过劳死”。道家强调人的自然性，看重个体生命与精神自由，绝圣弃智，消解物欲，挣脱名缰利锁，返璞归真，实质上就是反异化。朱先生自己说自己的人生态度是“以出世的精神，做入世的事业。”儒道互补，巧妙融合，堪称人生大智慧。文章后面附录若干种类的人生态度，可以相互比较，启迪思考。

对人生，我有两种对待的方法。在第一种方法里，我把自己摆在前台，和世界上的一切人和物在一起玩把戏；在第二种方法里，我把自己摆在后台，袖手看旁人在那儿装腔作势。

站在前台时，我把自己看的和旁人一样，不但和旁人一样，并且和鸟兽虫鱼等诸物也都一样。人类比其他物类痛苦，就是因为人类把自己看得比其他物类重要。人类中有一部分人比其他人痛苦，就是因为这一部分人把自己看得比其余的人重要。比如穿衣吃饭是多么简单的事，然而在这个世界里居然成了一个极重要的问题，就因为有一部分人要亏人自肥。再比如生死，这又是多么简单的事，无数人和无数物都已生过来死过去了。一只小虫让车轮轧了，或者一朵鲜花让狂风吹落了，虫和花自己都不计较或留恋，而人类则在生老病死以后偏偏要加上一个“苦”字。这无非是因为人们希望造物主待他们应该比草木虫鱼更优厚。

因为如此着想，我宁愿把自己看作草木虫鱼的一类，草木虫鱼在和风甘露中是那样活着，在炎暑寒冬中也还是那样活着。像庄子所说，他们“诱然皆生，而不知其所以生；同焉皆得，而不知其所以得”。他们时而戾天跃渊，欣欣向荣；时而含葩敛翅，安然蛰处，都顺着自然所赋予的那一副本性。他们绝不计较生活应该是什么，绝不追究生活是为着什么，也决不埋怨上天待他们刻薄，让他们供人类宰割凌虐。对他们来说，生活自身就是方法，生活自身也就是目的。

根据草木虫鱼的生活，我得出一个经验：我不在生活以内另求生活方法，不在生活以外另求生活目的。世间少我一个，多我一个，活着我时而幸运，时而受灾祸侵逼，我以为这都无伤天地之和。你如果问我，人们应该如何生活才好呢？我说，就顺着自然所给的本性生活着，像草木虫鱼一样。你如果问我，人生生活在这变幻无常的世相中究竟为着什么？我说，生活就是为着生活，别无其他目的。你如果向我埋怨天公说，人生是多么苦恼啊！我说，人们生在这个世界并非来享福的，所以那并不奇怪。

这并不是一种颓废的人生观。你如果说我的话带有颓废的色彩，我请你在春天到百花齐放的园子里去，看看蝴蝶飞，听听鸟儿鸣，然后再回到十字街头，自己瞧瞧人们的面孔。你看谁是活泼，谁是颓废？请你在冬天积雪凝寒的时候，看看雪压的松树，看看站在冰上的鸥和游在水中的鱼，然后再回头看看遇苦便叫的那“万物之灵”，你以为谁比较能耐苦持恒呢？

以上是我站在前台对人生的态度。但是我平时喜欢站在后台看人生。许多人把人生看作只有善恶分别，所以他们的态度不是留恋，就是厌恶。我站在后台时把人和物也一样看待。我看西施、嫫母、秦桧、岳飞也和我看八哥、鹦鹉、甘草、黄连一样；我看匠人盖屋也和我看鸟雀营巢、蚂蚁打洞一样；我看战争也和我看斗鸡一样；我看恋爱也和我看雄蜻蜓追雌蜻蜓一样。因此，我只觉得对着这些纷杂扰攘的人和物，好比看图画，好比看小说，件件都很有趣味。

这些有趣味的人和物之中，自然也有一个分别。有些有趣味，是因为他们带有很浓厚的喜剧成分；有些有趣味，是因为他们带有很深刻的悲剧成分。

我有时看到人生的喜剧，也看人生的悲剧，悲剧尤其使我惊心动魄。许多人因为人生多悲剧而悲观厌世，我却以为人生有价值正其因为有悲剧。我们所居的世界是完美的，人类所过的生活——比好一点，就是神仙的生活，比坏一点就是猪的生活——呆板单调已极。因为倘若件件事都尽美尽善了，自然没有希望发生，更没有努力奋斗的必要。人生最可乐的就是活动所生的感觉，就是奋斗成功而得的快慰。世界既完美，我们如何能尝创造的快慰？这个世界之所以美满，就在于有缺陷，就在于有希望的机会，有想象的天地。换句话说，世界有缺陷，可能性才大。

悲剧也就是人生的一种缺陷。它好比洪涛巨浪，令人在平凡中见出庄严,在黑暗中见出光彩。假如荆轲真正的刺中秦始皇,林黛玉真正嫁了贾宝玉,也不过闹个平凡收场。哪能叫千载以后的人欷歔赞叹?以李白那样的大才,偏要和江淹戏弄笔墨,做了一篇《拟恨赋》,和《上韩荆州书》一样庸俗无味。人生本来要有悲剧才能算人生,你偏想把它一笔勾销,不说你勾销不去,就是勾销去了,人生反更索然寡趣。所以我无论再站前台或后台时,对于失败,对于罪孽,对于殃咎,都是一副冷眼看待,都是用一个热心称赞。

2. 东西方人生态度比较

阅读提示　人生态度,是指人们通过生活实践形成的人生问题的一种稳定的心理倾向和基本意愿。人生态度是人生观最直接的表现和反映,它要回答“人究竟应该怎样活着”的问题。下面这篇文章介绍了梁漱溟先生的观点,影响很大。你的看法如何?

梁漱溟先生曾研究这三种文化,并归纳出三种文化的不同特点及由此导出的不同生活方式,不失为我们比较各种人生态度的一个参考。

第一,西方人的文化,是意欲向前的,即意志、欲望是向前看的生活态度。如遇到困难,他们就想方设法去解决它、战胜它。所以西方人首先发展了科学、知识论,他们设法改造自然及社会以满足人类的欲望。相比东方人,他们更多功利主义、浪漫主义、英雄主义、意志主义和乐观主义等人生观的倾向。

第二,中国人的文化,是意欲适中的。即中国人遇问题时,向旁边看,随遇而安,寻求心灵的、精神的乐趣。这种解决问题的方式不是主动的、进攻性的,而是调和的。所以中国人形成了注重精神修养的道德本位传统文化,更强调折中主义倾向的人生态度。如一定程度的禁欲,或不彻底的享乐主义,或集体主义等倾向。

第三,印度人的文化,是意欲向后的。碰到难题即取消它,认为它根本就不存在,一切皆空,是无。这种文化主流可能导致禁欲的、悲观的或虚无的人生态度。

应该说,上述区别不是绝对的,如果说它是在民族传统的意义上进行区分的话,那么在现代社会发展中,民族性在时代性发展中,本身都在改变自己的形式和内容。在当今世界经济一体化的过程中,人生观亦在相互吸收有利因素,达到各自发展完善。

(四) 人生境界与理想

阅读提示　中国古代各家所谈论的理想人格,到近现代学者那里,吸收西方的思想,演变成“人生境界”的学说。王国维以境界说评论诗歌创作:“诗以境界为上。”又以“境界”评说学问、事业达到的阶段、品位:古今成大事业、大学问者，必经过三种境界：昨夜西风凋碧树，独上高楼，望断天涯路，此第一境也；衣带渐宽终不悔，为伊消得人憔悴，此第二境也；众里寻她千百度，蓦然回首，那人却在，灯火阑珊处，此第三境也。冯友兰、张世英等以境界论说人生，意味着追求人生的高远境界，追求人生的审美化、艺术化。冯友兰将人生分为四境界——自然境界，功利境界，道德境界，天地境界（《人生的境界》见高中语文教材）。四种境界的区分，在于对人生意义的"觉解"：处于"自然境界"，对人生意义没有觉解，顺性而为；功利境界为私利，为自己；道德境界"行义"，"行义"即是"为公"；天地境界则是"事天"、"知天"。前两种人生境界现实生活中都存在，后两种则是作者提倡的，自然仍有高下之分。冯友兰这种说法把是否"觉解"作为判断人生境界高低的唯一标准，强调了理性、自我意识的作用，但是人生境界应该不仅涉及理性问题，还涉及情感、感性问题、实践问题。

张世英将人生分为四境界：欲求境界—求知境界—道德境界—审美境界。这四种境界，第一种"未脱动物状态，也就无自由之可言，更谈不上有什么人生意义和价值"；第二、三、四种，分别为求真、求善、求美，按照我们理解，都是值得肯定的，作者又按照它们与"自由"的关系，分出高下：求得真理，人了解自然规律，必须遵从客观规律，所以还不是自由的；求善，不仅是追求成为一个有道德的人，而且追求成为自觉遵守道德规范的人，那就相当于"人为自己立法"（康德语），按照自己的自由意志办事，那么自由的程度就高一点了。"道德境界"不能停留在"推己及人"和"同情"、"怜悯"的水平，那是一种"俯视""他人"的态度，一种低层次的"道德境界"。高级的"道德境界"应是平等待人、尊重他人，对他人负责。只有具备这种道德境界的人，才是一个有高级趣味的人。但是无论求知境界、道德境界，都还属于"主客二分"境界，所以还不是最高境界。"审美的境界"才是最高境界，是因为审美境界完全超越了主客二分的思维方式，而进入了主客融为一体的领域。

如果把两位的说法联系起来做比较，可以将人生境界分为三个等级：

(1) 前主客二分——冯友兰的自然境界和张世英的欲求境界（浑浑噩噩，无自我意识）。

(2) 主客二分——冯友兰的功利境界、道德境界和张世英的求知境界、道德境界（有自我意识，追求功利、追求知识、追求道德，由此还可分出不同层次）。

(3) 主客二分基础上的天人合一——冯友兰的天地境界和张世英的审美境界（有自我意识，但是同时有"万物一体，民胞物与"的胸襟）。

两种"人生境界说"相比较而言，冯友兰的说法更加强调人生态度、人的自我意识，其世界观是"主客二分"的。张世英的说法的涉及内容则更为丰富。张先生的理论强调：人生的境界是一个"交叉点"，它是人的生活世界（时代背景、家庭出身、人生经历等)决定的,浓缩了此人的过去,表现于此人现在的各个方面,影响着此人的未来(有怎样的境界,就有怎样的表现、生活)。人生境界就是人的素质。张世英认为:主体客体的关系有三个层次:原始的物我统一——主客二分——主客二分基础上的主客融为一体。中国古代哲学中的老庄哲学为第一种;近代西方哲学为第二种;现当代西方哲学属于第三种。他提倡的人生境界是以主客二分基础上的主客融合这种哲学为基础的,是反对近代以来西方哲学的理性主义、本质主义、功利主义的。

人生境界、人格理想的问题,与健全人格问题密切相关,下文将会进一步讨论(参见第六章中“培养健全人格”第三节“世界观为核心的多层次性格论”)。

1. 人生的境界

张世英

人的精神境界,按其实现人生意义、价值的高低标准和人生在世的“在世结构”的发展过程可以分为四个等级。

第一个等级,即最低的境界,是“欲求的境界”。人在这种境界中,只知道满足个人生存所必需的最低欲望,《孟子》中所谓“食色,性也”(《孟子·告子上》),大概就是指的这种境界。这种境界,其“异于禽兽者几希”(《孟子·离娄下》)。

第二个等级,是“求实的境界”。人有了自我意识,能分清我与物、我与他人,能把自己当作主体,把他人、他物当作客体。人在这种境界中,不再只是满足于最低的生存欲望,而是更进而要求理解外在的客观事物(客体)的秩序——规律。这种要求就是一种科学追求的精神,也可以说是一种求实的精神。随着科学追求的进展,也随着个人的日益社会化,人同时逐渐领悟到天地万物的相互联系、相互作用、相互影响,简言之,领悟到“万有相通”,其中不仅包括领悟到人与自然物之间的相通,而且包括领悟到人与人之间的相通。而对于人与人之间相通的领悟,很自然地使人产生了“同类感”,从而也产生了道德意识。

这样,人就由第二境界进入了第三境界——“道德的境界”。人在这种境界中,以对万物一体相通的领悟作为自己精神追求的最高目标,作为自己所“应该”做之事而为之奋斗不已。但是,“道德境界”以现实与理想之间存在着距离为前提,以主客尚未达到最终的融合为一为前提。道德的实现与完成,既是道德境界的极致,也是“道德境界”的结束,这就开始进入了第四境界,即“审美的境界”。“审美的境界”属于“高级的主客融合”,它包摄道德而又超越道德、高于道德。在“审美境界”中,人不再只是出于道德义务的强制(尽管这是一种自愿的强制)而做某事,不再只是为了“应该”而做某事,而是完全处于一种人与世界融合为一的自然而然的境界之中。“自然而然”不同于“应然而然”，后者尚有不自由的因素，前者则是完全的自由。“审美境界”中的人必然合乎道德，必然做道德上应该之事，但他是自然地做应该之事，而无任何强制之意，自然在这里就是自由。美有优美与崇高美之分，我以为崇高美高于优美，它是审美境界的极致。具体地说，崇高美就是对万物相通之“一体”的一种崇敬感。我把这种感情称为“无神论的宗教感情”。

这四种境界在个人实际的人生中，彼此的关系是极其错综复杂的。一般地说，人往往是四种境界同时具有。大概不会有人低级到完全和禽兽一样，只有“欲求的境界”，而没有丝毫更高的境界；也不可能有人只有最高的“审美境界”，而无饮食男女之事的“欲求境界”。事实是，各种境界的比例关系在各种不同人身上有不同表现：有的人以这种境界占主导地位，有的人以另一种境界占主导地位。不同民族、不同时代的文化，其中占主导地位的境界也各不相同。一个民族、一个时代，可以是这种境界占主导地位，另一个民族、另一个时代，可以是另一种境界占主导地位。例如，有的民族和时代的文化以科学的“求实境界”占主导地位，有的民族和时代的文化则以“道德境界”或“审美境界”占主导地位；而且，对个人境界的高低层次之分，并不等于就是判定一个民族的文化高低之分，其间既有一定的联系，又有很大的区别。

（节选自张世英《境界与文化——成人之道》第279—280页，人民出版社2007年9月出版。原文较长，题为“人生的四种境界”，可参阅《哲学导论》，或在网上搜索、阅读。）

2. 人生理想

阅读提示 人生的价值、目的、态度和理想、境界问题，都属于应该怎么做人的问题。青年人最喜欢谈论理想，现在最热门的话题“中国梦”，其实就是引导我们追求美好理想。下面一篇文章讨论了人生理想问题。我们应该树立怎样的人生理想？联系前面几篇文章的内容，联系现实，谈谈你自己的认识和感受。

人生目的和人生理想是两个密切相关的概念。这里着重从做人的角度，探讨人生理想问题。

(1) 什么是人生理想。

人是有理性的社会动物，因此，他的生活中不能不充满着对未来的五光十色的憧憬和希望，否则，便很难说是严格意义上的人生。这些憧憬和希望，有些在日后的岁月里，经自己的努力能够实现；有些则归于破灭。究其原因可能各不相同。但有一点是肯定的，这就是正确的崇高的人生理想，总是符合社会发展的客观趋势，因而经过主体的努力，有转化成为现实的可能性。

否则,只能说是一种不切实际的空想或幻想。这就是说,理想是对未来事物和生活远景的有根据的合理的想象、希望和追求。人生理想是人对自己决心一生为之奋斗的事业的憧憬与美好愿望。人生理想体现着人生的目的,贯穿着人生目的,是人生目的的具体化;**人生目的则决定着人生理想,有什么样的人生目的就会形成什么样的人生理想。**

(2) 生活理想、人格理想和社会理想。

就层次而言,人生理想至少可以分为由低到高的三个层次,即一般生活理想、个人人格理想和未来社会理想。**一般生活理想**是指个人对自己的日常生活、社会地位诸方面的未来发展所抱有的希望和制定的目标,它既包括对生活舒适与丰裕程度的追求和设计,也包括对某种职业、技能发展、地位升迁的追求。**个人人格理想**,是指个人为使自己的身心得到全面而健康的发展所制定的人格发展目标,它包括对自己在德、智、体、美、技、情诸多方面所要达到境界的要求。**未来社会理想**,是指人们对未来美好社会的憧憬和对此长远目标的追求,它既包括对未来社会丰富而优越的物质生活和崇高的精神生活的向往,也包括对完美人格即人的自由全面发展的设定;既包括对人类社会发展的最终目标的执着(如古代大同社会的理想和现代的共产主义理想),又包括一个国家和民族的中、长期发展目标的追求(如我国实现社会主义现代化的理想)。现实生活中,并非所有的人都自觉具有以上这些人生理想,有的人只有自己的生活理想,而对自己的人格、对未来社会的发展及如何有益于社会、他人并不关心。应该说,这不是完满的人生,因为这样的人目光短浅、心胸狭窄,对待生活不能超越个人利益的羁绊。而具有崇高的人生理想并甘愿为之献身的精神,则是人的正确的自觉能动性高度发扬的表现。

人生理想的三个层次的关系是有机的整体,并非是截然分离、互不相容的,它们之间相互关联、彼此包含。对很多人来说,个人的生活理想,往往或多或少地反映着他所信奉的人格理想和社会理想。再说,一个人是在合情、合理、合法的基础上追求生活理想,还是为着个人的私利不择手段;是全身心地营造个人的物质享受,还是在生活的同时追求自己人格的完善和力求更多地贡献于社会;是执着地在改造社会的实践活动中以崇高的人格标准塑造自己,还是消极地满足于独善其身,甚至放弃人格的要求和社会的理想,甘于过"猪栏式的"生活,或堕落、同流合污、助纣为虐;这都不是毫不相干的。树立了崇高而远大社会理想的人,不会沉溺于个人安乐窝的营造,也不会满足于单纯的自我完善,更不会为丑恶势力推波助澜。只有丧失了人格理想和社会理想的人,才会为追求个人的一般生活理想而滑向邪恶。可见,**高层次的人生理想总是低层次的人生理想的指南针。**

在现实生活中,耽于一般生活理想追求的人,往往缺乏人格主体意识的觉醒,因而被动地受制于自然欲望和社会现实,为外物所役使;而始终不渝地塑造自己道德人格的人，则在一般生活需要之外，看到了完善自我人格的需要，因而，他可以超越某些生活的欲望，这正是人的主体性的表现；而有着崇高而远大社会理想并为之奋斗的人，不仅不会为单纯的个人欲望所羁绊，也超越了仅仅满足自己“出淤泥而不染”的独善境界，而是致力于整个社会的进步、繁荣，人民大众的幸福、和谐，这是为个人的一般生活理想追求和人格完善指明了方向。爱因斯坦曾经说过：每个人都有一定的理想，这种理想决定着他的努力和判断的方向。就在这个意义上，我从来不把安逸和快乐看作是生活目的本身——这种伦理基础，我叫它猪栏的理想。照亮我的道路，并且不断地给我新的勇气去愉快地正视生活的理想，是善、美和真。要是没有志同道合者之间的亲切感情，要不是全神贯注于客观世界——那个在艺术和科学工作领域里永远达不到的对象，那么在我看来，生活就会是空虚的。人们所努力追求的庸俗的目标——财产、虚荣、奢侈的生活——我总觉得都是可耻的。爱因斯坦的人生追求，印证了人生理想各个层次的优劣高下。

（节选自陈志尚主编《人学原理》，北京出版社 2005 年 3 月出版。）

(3) 儒道佛的人格理想。

“理想”一词在人格意义上被视作是每一种人的最高成就，中国文化的传统认为理想人格就是成为圣人。这圣人既是理想的，即超现实的；又是现实的，经过一定努力是可以达到的。所以它不同于宗教理想脱离尘世，也不同于肤浅的现实追求，不讲理想价值。中国哲学的精神，就是追求理想与现实的统一。因此，圣可能是政治之王，亦可能是医圣、艺圣或茶圣等现实的最高境界。就诸子百家而言，他们的政治主张、理论观点都各不相同，但崇圣、尊圣却是一致的归宿，只不过各家心目中之圣不一样。就影响而言，当数倡导仁义的儒家的圣贤人格占主导地位，追求弃仁绝智潇洒超脱、自然无为的道家的“圣说”影响不大，但其理论也体现一种主要理论趋势，故儒家及道家的理想人格学说，成了中国文化传统中，理想人格学说的范型。它们也成为文人士大夫的一种精神安慰，入世为儒，出世为道，儒道互补，进退自如。

儒家的“成人之道”自从孔子在《论语》中与其学生讨论“何以成人”始，“成人之道”即儒家的人格理想。儒家思想盖出于文士，其理想人格的整体倾向，是既要有仁、义、礼、智、信等道德信条，也要有建功立业、辅佐君王的雄才大略，就是所谓的“内圣外王”。但这两个方面中，更强调内圣，即心性修养，而轻视外在的事功。孟子以德定王。到了《大学》，内圣与外王体现为本与末的关系。“自天子以至于庶人，壹是皆以修身为本。”是故，格物、致知、诚意、正心、修身，接下来的齐家、治国平天下在儒家经典中成了末端。强调内圣尽管是中国文化的特长，但唯儒家最为突出，以至圣贤在大多数时候都成了儒家的专利。

儒家"内圣"的理想人格表现为多样的具体理论命题。从孔子开始，儒家在构筑内圣为本的理论大厦时，都强调"仁"是众德之首、之纲，仁是其学说的核心。"仁者爱人"并由爱亲（人）及爱民，推至爱物（宇宙一切事物），形成"万物一体"的博爱观。爱人，具体表现为"忠恕之道"，即"己欲立而立人，己欲达而达人"，"己所不欲，勿施于人"，就是说，仁人既要克己，又要爱人。所以，为了"仁"，人须成仁取义，重义轻利，乐天知命，先忧后乐，以至自强不息，养一身浩然正气，展示儒者的风流。

儒者的"仁"之人格，在实践中体现两极的意义。从积极意义讲，"爱人"的思想体现了人类内心深处的渴望，亦是社会之必需。这种对人的永恒关切，以及由此形成的弘毅进取的气概，具有超越时空的价值。但"仁"若离开民族及时代的具体性，将是空洞的、幻想性的。而内圣思想的极端化，亦会产生如"存天理、灭人欲"等消极社会影响。可以肯定的是，儒家的理想人格不仅是古代士大夫恪守的准则，也渗透到广大平民的思想及行为之中，因而最能代表中国传统，所以它是今人确立理想人格的不得回避的基础。

道家的"自然无为"道家思想盖出于隐者，但其思想影响超出了隐士之流。道家之隐，是为逃避一切人为的思想及生活方式，包括知识、技术及生活方式本身，而进入由自然的闲花野草、飞禽走兽、河流山川及繁多星座构成的天然田园之中。可见，道家崇尚的道，是为"万事万物之所不得不由、不得不依、不得不归的道"（金岳霖《论道》），即为自然本身的天性、规律。于是，自然无为成了道家的最高价值标准。自然无为的顺天人格成了道家的理想"圣人"。

自然无为实际上要求人们顺从自然，不"为"那些违反天性、自然法则之事，而不是叫人什么也不为。儒家的仁义在道家看来，是违反人性的虚伪的装饰，或是外在的欺诈、强制，所以庄子言："大仁不仁"，"至仁无亲"。为此，无为在操作上，首先要求人应返璞归真，最好致婴儿赤子般，然后任性逍遥，自由自在，天马行空，达到无己、无功、无名，以至长生久视，最后复归自然，真正达到天人合一的境界。

如果说从儒家的理想人格中，我们看到了道德、信心、力量和勇气，那么，在道家的人生理想中，我们感受到个性自由和精神的智慧、愉悦。对自然的热爱是人类无法回避的思考及追求。道家在很多方面与儒家是对立的，但它所推崇的正是儒家所缺乏的，两者具有一定的互补性。有人说，儒道结合才是中国传统理想人格的全部内涵，此话不无道理。

佛家伦理的"因果轮回"与施善人格。佛家以"成佛"作为修行的最高目标，它或宣扬忍辱、与世无争、"割肉贸鸽、舍身饲虎"式的自我牺牲；或追求远离尘世、寂然常往的"涅槃境界"。把"涅槃"寂静作为佛教的最终理想，可见"成佛"的实质无非是教人"无我"，特别是在世间苦难迫害面前，佛家的人格教化竟是学“绵羊”任人宰割，强调自己的出路则在于改变内在的主观世界和人格意识，把希望寄托于彼岸世界的“涅槃”，以肉体的消亡与精神的虚幻永存来换取人格憧憬中的慰藉。墨家宣扬“兼爱”、“利人”、“兴天下”，以提倡“杀己以利天下”的侠士风范和自我牺牲精神，过于高远不切实际。法家的以“智术能法之士”为人格理想，认定人性险恶，主张用法、术、势治国，主张“以吏为师”。法家是不讲人格理想的。

(4) 全面发展的人——共产主义社会的人生理想。

无论过去还是现在，人类孜孜以求生命的完善。关于理想社会和理想人生的设想层出不穷。产生于19世纪中叶以后的马克思主义哲学，在综合考察了人类生活的经济、政治和文化背景，又从人本身出发，提出了共产主义的理想社会以及理想的人生，这就是全面发展的人。散见于马克思、恩格斯著作中的关于全面发展的人的思想，包括以下几个方面内容：

第一，全面发展的人，能够适应不同的劳动需求，交替行使不同的社会职能。即“在未来社会里，任何人都没有特定的活动范围，没有固定的职业，每个人都可以随自己的心愿在任何部门发展，都能通晓整个的生产系统”（马克思恩格斯全集第37卷第460页）。而这以打破旧式分工为基础。

第二，在允许变换不同职能的条件下，全面的劳动，使人的一切天赋潜能及后天能力得到充分的发展。在“人全部才能的自由发展中”，必然产生“创造性的生活表现”（马克思恩格斯全集第3卷第286页）。而由于人具备一定的创造力，从而人的所有的潜能都得到开发、利用。

第三，“社会全体成员的才能得到全面发展”（马克思恩格斯全集第4卷第71页）。就是理想社会里的每一个人都得到充分的发展，而不仅仅是让个别人、少数人发展自己。最重要的是使广大人民的由于分工及社会条件造成的，被压抑的天赋得到充分的发展。正如“每个人都能成为出色的画家”，同时也“决不排斥每一个人成为独创画家的可能性”（马克思恩格斯全集第3卷第37页）。

第四，在个人全面发展的基础上，个体发展还应与社会的发展和谐统一。共产主义是以“每个人的全面而自由的发展为基本原则的社会形式”（马克思恩格斯全集第23卷第694页）。个人的发展与人的群体的发展过程不是两个过程，而是同一过程的两个方面。

应该说，马克思、恩格斯关于人的全面发展的理论是十分完整的。其四个方面的内容，也可视作四个由低到高的层次，逐渐发展。好比在唯物史观中我们所看到的，马克思在这里依然把物质生产力的发展作为社会发展的前提，进而打破旧式的脑力、体力分工所造成的人的片面发展。在此基础上，人才有可能激发他的潜力及创造力，才能获得个体的全面发展，并且最终和社会协调一致。在人的全面发展理论中，我们可以发现不少马克思所致力于的辩证统一。

经济发展与人自身发展的对立统一。马克思认为，社会的旧式分工以及私有制，造成人的片面的、畸形的发展。有着不同兴趣爱好的个人，为了谋取生活资料，而痛苦地似机器般地从事着自己不喜欢的劳动，由此，人的兴趣、能力都被扼杀了。人若要全面发展，按其本性就是自由自觉的活动，能按其自身需要，发挥自身潜能。因此，首要的是消灭旧式分工，使人不断改变工作岗位，提供人的发展的社会的经济的条件。也就是人的发展依赖于经济的发展，而经济的发展又需人的努力。

人的发展是享受和创造的统一。马克思主义并不反对人民享受生活本身，相反，他致力于经济发展以改善人的生活。但人的生活并不就是享受，它还包括创造。而且本质上只有创造性才体现人区别于动物的自由自觉劳动的意义。就像罗曼·罗兰说的：我创造，所以我生存。由于创造，人类社会才有产生、发展的历史过程。当马克思强调发挥每一个人的潜能时，他是在倡导人人发挥他的创造能力。因为就像马斯洛说的：第一流的汤比第二流的画更有创造性。社会整体发展，依赖每个人的享受生活与创造生活的统一。

个体与其类的协调一致。个人是社会的细胞，个人又离不开社会。每个个体具有不可抹杀的类的特征，他依赖于社会，作为自己发展的基础、前提，又不免受到社会的制约、影响。而社会在制约、限制个人发展的同时，又依赖于每个人的发展作为自己发展的条件。因此个人在寻求自身全面发展时，客观上也使社会得到改造和发展。所以，全面发展的理想人生必与共产主义的理想社会是辩证统一的。

(5) 现实的人生理想——科学论证和哲学基础。

马克思关于理想人生的上述辩证思想及其方法，被视为今天我们探索人生的理论指南。它包括确定经济发展与人的发展的统一、人的享受与创造的统一、个体发展与类的发展统一思想，以及辩证的分析认识方法。作为运用发展，它融入民族传统和时代精神之精华。当代中国思想家们努力将马克思主义与中国国情相结合，逐步创立自己的理想人格理论，如冯契教授所勾画的理想自由王国之路是：

第一，从群己之辩即集体和个性统一的原则来说，社会将成为自由人格的联合体。自由王国即是个性解放和大同团结统一的社会，是自由人格的联合体，是人类在克服了劳动异化，扬弃了对人的依赖关系和对物的依赖关系而达到的结果，是共产主义的理想目标。

第二，从合理的价值体系使人获得全面发展的原则来看，自由王国和人类走向自由之路，就是要使人的本质力量和人创造的文化获得全面的发展。自由王国就是文化和人的本质力量全面发展，具体地达到真、善、美统一的理想境界。

第三，从天人之辩、从合理的价值体系的自然和人道统一的原则来说，人类的自由王国是自然的人化和人道的自然化。即达到人和自然的统一，人道原则和自然原则的统一。它包括：一方面，使自然人化，形成由人主宰的价值界，使人生活的环境成为真、善、美统一的领域。另一方面，人道自然化。人道总是出于自然而归于自然。两方面结合，达到天人统一的自由境界。

现实的人生理想 这里所谓的现实的人生理想，指的是现时代大多数人经过自身努力可以达到的，也即是可行的，可操作的人生。它在近代以后，亦被称为平民化追求，强调每个人的追求，而非少数人。这里我们主要从两个角度出发，去探索现实的大多数可及的理想人生标准。

首先，人的发展问题，不仅是一个哲学问题，更是一个社会的经济学问题。马克思在这方面给我们做了榜样。站在经济学的角度看，人的发展不仅与生产力、社会分工有关，它还与社会经济形态、所有制形式、分配形式及人的生活方式等方面有关。具体探讨这些关系，将使人的发展呈现出具体性、历史性的特点。因为人的发展与社会的发展应是统一的过程，人的发展不能超越历史的时代特色，这使人的现实发展具有具体历史性。

其次，人的发展应以科学的人的心理认识作为基础。就像亚里士多德所说，美好的生活在于同人的真实本质和谐一致。心理科学的发展，为理想人生的确定提供了依据。心理学很早就揭示了，任何人的心理过程都包括认知、情感和意志三个具体的过程，是三者的统一。由此，人们一直把这三方面的最高境界真、美、善，当作人生的最高追求。全面发展的人，就是追求科学之真、艺术之美和伦理之善三者的和谐统一。而就实际活动的完成而言，人不仅需要一定的知识，还必须一定的能力。所以人的全面发展亦须在两方面同步进行，不可偏废。

应该说，心理科学的每一次重大发现都为人生思考多了一个角度，弗洛伊德的精神分析学揭示了庞大的潜意识领域，提示人的发展不可忽略意识的根源性本质的研究。华生的行为主义，又告诉人们不得忽视环境对人的发展的重要影响。体现现代意识的马斯洛心理学更是相信，人类具有无限的发展潜力，而且每个人都有寻求实现自我的需要。这种发展自我的需要是在人的低层次需要得到满足以后才有的超越性的高层次的追求。

综合上述两方面，现实的人生应实践真善美的具体的历史的统一，去追求具体的、历史的自我实现，即尽可能发展自身潜能、创造性，寻求超越的顶峰体验。这种追求的具体性、历史性，表明人的发展和社会发展的一致性。理想社会是人的自我实现需要满足的先决条件。社会应该被视作一个牵一发而动全身的整体，庞大的社会整体的理想设计，也许并非某些个人的研究所能完成。但理想社会就体现在每一个人向全面发展的过程之中。改革了社会，我们就改进了人；改进了个人，我们也改造了社会。现实地说，我们不应该等待一个简单的乌托邦式的关于理想的答案，而是用现今的行动，去追求一定历史条件下的，个性特色的自我实现过程。这个过程是具体的、历史的、发展的，由现今至未来。

更具体地说，试图寻找一种现成的、包罗万象的人生理论作为生活实践的模板几乎是不可能的。因为每一种人生观都是对复杂多样的现实的一种抽象。“虽然正是由于它们的抽象而适用于一切时代，但是就这个抽象的规定性本身来说，同样是历史条件的产物，并且只有对于这些条件，并在这些条件之内才具有充分的适用性。”因而当现代科学揭示人应追求个性的自我实现、全面发展时，它同样是一种抽象，它仍然无法脱离一定历史时期的社会基础，即经济、政治和文化的具体背景。设想绝对自由的个人追求是不切实际的，现实的人生应追求的是具体的、历史的个人的自我实现。没有现成的伦理原则可以规范人的一切行为，每个人皆可赋予道德理想以现实的具体的含义。中国古代文人以“先天下之忧而忧，后天下之乐而乐”为人生修炼的崇高境界，今人可持有同样的境界，但“天下”之意应当赋予时代的社会的新意。人可有共同的理想，但不可能有完全一致的追求理想的具体过程。每个人的人生都是追求理想的具体的历史的过程。

（节选自章仁彪《哲学导论新编》，同济大学出版社 2006 年 9 月出版。）

思考与实践　　1. 什么是人生理想？人生理想和人生境界有何关系？

2. 人生理想与人生价值、人生目的、人生态度有何关系？

3. 人生价值、人生目的、人生态度、人生理想与人性、“人在世界之中”有何关系？

4. 中国古代哲学最喜欢谈论人生哲学，儒道佛三家的人生理想各有什么不同？

5. 本文如何论证共产主义人生理想的现实性、科学性？

6. 将张世英的人生境界与“人生理想”做比较，说说两者的区别与联系。

7. 立足于现实，谈谈你的人生理想、“中国梦”。

三、人生智慧论

黄楠森　陈志尚

阅读提示　　人生的现实与理想是有差异、矛盾的。实现人生理想，达到和谐境地，必须发现矛盾、面对矛盾、解决矛盾。这就需要人生智慧：这个智慧有不同层次，最高层次的智慧就是辩证法。我国古代思想家谈论的阴阳之道，中庸之道、自然无为之道，近代科学讲系统论、生态学，其实都包含有辩证法的意味。**下面我们就生与死、苦与乐、义与利、荣与辱、交往与友谊、竞争与合作、自我实现与社会需要等话题，讨论现实生活中“主客二分”基础上如何发现矛盾、解决矛盾，使得矛盾双方得到辩证统一**。张世英先生谈论人生境界，认为只要人生在世的方式实现从“主客二分”到“主客一体”的转化，就可以实现人生最高境界——审美境界——民胞物与，物我同一，视拯救天下为己任——那是人生理想中的人格理想的最高层次，张先生也指出：达到这样的层次，不可能通过“坐忘”、“心斋”、“顿悟”，一蹴而就，需要在实践中经历艰苦的磨炼。理想与现实，需要在实践中相互作用，最终实现相互融合。杨国荣先生认为，人生境界“集中体现于理想的追求与使命的意识”，凸显了人作为德性主体的内在品格，人生智慧（人性能力）“则更多地从价值创造方面展示了人作为实践主体的存在意义”。人生境界与人生智慧的辩证统一，便是“自由人格”、健全人格（杨国荣《成己与成物——意义世界的生成》，人民出版社 2010 年 7 月出版）。

（一）生与死

生存与死亡是人生过程中不可回避的两个相互联系的境况，意味着人生的开始和终结，因而，对这两个问题的思索构成了做人的重要内容。

1. 死亡与生命的意义

人同自然万物一样，都有一个从产生、发展、成熟、衰老到死亡的过程。所不同的是，人不仅仅是自然的存在物，更是一种社会的、精神的存在物。作为精神存在物，人有着其他动物所不具备的意识能力。他不仅在面对死亡的情况下感受着死亡，而且在并不直接面对死亡时，也清楚自己的必然归宿。他知道自己的生命是有限的。因此，人不可避免地会对生与死的问题进行思考。作为社会的存在物，这种思考必然会带有社会的、时代的烙印。

生与死的问题，对人与动物有着不同的意义。动物只是被动地遭遇死亡，它不能赋予死亡以意义。人则不然。死亡就是生命由存在变为不存在。人们可以从死亡的角度来体验生存的意义。每个人都有不存在的可能，都受着不存在的威胁，因此，他要严肃地对待人生。从积极的意义上说，人有了死亡意识，就可能促使他产生对生命意义、价值的追求，对人生的创造态度，以求使生命高尚化，使死亡来临之际因自己创造了人生价值而安然瞑目。因此，在一定意义上可以说，只有真正对死亡有准备的人，才能完全地理解人生。从消极意义上说，死亡对个人来说通常是一件不幸的事。因此，古今中外，都不乏有人企图以各种办法超越死亡。英国哲学家罗素就主张通过逐渐扩展自己的兴趣，达到无我的境界，并因此而领悟到自己热爱与关心的事物将会永存，因而专心致志地工作，在不知不觉中，消除对死亡的恐惧，在生命终结之际，毫无痛苦的感觉。显然，这种以忘我的工作来超越死亡的态度也已经提升了生之意义。

这种从对死亡的思索深入到对生之意义的确认，在中国古已有之。中国古代哲人早就对死亡与不朽问题做过深刻的思考，《左传·襄公二十四年》最早记录了对这一问题的讨论。叔孙豹（穆叔）和范宣子从人世和对子孙后代的影响着眼，讨论了对死亡的超越——不朽。不同之处在于：范宣子的超越方法是通过子嗣的繁衍，在世代延续中传继自己的血脉；叔孙豹则提出“立德、立功、立言”，通过对社会、对子孙的贡献和精神与业绩的长远影响来实现个体生命的超越。

2. 生死观及其对人生的作用

生死观是指人们对人生中不可避免的生存与死亡现象的认识与态度。它所讨论的中心问题是：既然人的生命是有限的，那么，应该如何珍惜有限的生命，以自己的创造去体现生命的价值；同时，既然体现人生价值的不仅仅是活着，人生的永恒价值是超越生命的，那么，在生死关头，我们应如何为更高的价值不畏惧死亡。可见，生命本身的局限性，促使人们研究生命的意义，思考应该怎样生活，探讨超越生死的人生价值。孟子在《孟子·告子上》中有一段脍炙人口的话，揭示了在生死之上还有体现人的本质的更高价值。他说：“生亦我所欲也，义亦我所欲也；二者不可得兼，舍生而取义者也。生亦我所欲，所欲有甚于生者，故不为苟得也；死亦我所恶，所恶有甚于死者，故患有所不辟也。”这就是说，在生死之上还有着更重要的东西（“义”）规定着做人的准则。

对生死问题的看法，不同时代、不同处境、不同知识背景、不同立场、不同人生观的人们，必然会有所不同，并且导致对待人生态度的差异。不能科学地对待生死，确立正确的生死观，往往使人生态度趋于消极；而正确地、科学地认识生死现象，是产生积极人生态度的前提。

人们的生死观各种各样，但有一点看法是共同的，这就是，人是注定要死的。但关于死对人生的意义的看法则存在着各种分歧。如，一种看法力求以各种方法超越死亡，追求长生不死。这种生死观以中国的道教最为典型。还有一种观点认为，人既然不可摆脱自然规律必然要死，那么不如趁活着时好好享受，以免枉来人世。这是一种及时行乐的享受主义生死观，它在中外历史上都可找到代表。再有一种看法认为，人的个体死亡是不可避免的，但人可以通过子嗣的繁衍留下自己的血脉。这种对传宗接代的重视在古代和现代都有痕迹可寻。还有一种观点认为，人的肉体固然要死亡，但人可以因自己对他人和社会的贡献，流芳百世，永垂不朽，等等。

总之，从上述不同生死观的内容来看，它的意义在于从人类的生死现象中领悟人生的价值,并据此做出相应的人生选择,采取不同的人生态度,实践自己的做人追求。

3. 科学认识生与死的辩证关系

第一,生和死是一对矛盾的双方,互为存在前提,其基础就是物质运动的普遍规律。世界万物,周而复始,一切都处于一个永恒的变动之中。这种变动就是一个从孕育到产生、发展、衰弱到消亡的过程。人当然不能例外。有生必有死,死亡是不可超越的。但是,另一种意义上的超越,即把个体的生命融入人类的生生不息的事业中,则"虽死犹生",则是古今中外仁人志士的追求。也就是说,每一代人都以自己对人类所做的贡献而传承后世,这就是我们先贤所说的"立德、立功、立言"。

第二,人生的价值在于在有限的生命中尽己所能,创造出无愧于生命的价值。认识到生命的有限,生命的短暂,可以使人珍惜生命,只争朝夕地完善生命。人生的价值大小,取决于个体生命对社会的贡献大小。具体的个人会随有限的生命的终结而消亡,但他的贡献、他的精神,会超越个人生命的限制,达到永恒、无限。雷锋对生命的有限与无限的这种认识,是对人生真谛的准确而深刻的表达。

第三,生命是美好的,但并非什么样的生都值得留恋。苟且偷生就丧失了做人的意义;舍生取义则是人生崇高价值的体现。死亡使生命活动趋于高尚,不仅指它使人意识到生命的短暂,从而努力在有限的生命历程中做出较大的贡献,还在于在特殊情况下,当面对生死抉择时,人会自觉地以死来升华生命的崇高价值。

可见,生死观要解决的问题是生命的价值问题。生命价值有无和大小,不在于生命存在的时间长短,而在于对人民、民族、国家、社会以至整个人类所做的贡献。

(二) 苦与乐

苦与乐是人生境况的两种基本感受。"以何为苦? 以何为乐?"构成了苦乐观的基本内容。苦乐观是人生观的重要组成部分。

1. 苦与乐及苦乐观

苦与乐是人生哲学的一对范畴。"苦"是指人们因自身需要、追求、努力、付出不被理解,不能满足和实现,而感受到的肉体上、情感上的煎熬和精神上的痛苦。"乐"是指人们的需要、期望、努力与付出得到回报后,肉体上、情感上的满足和精神上的愉悦状态。苦乐观是人生观的重要内容,是指人们在社会生活和实践中,对与主体需要、追求、努力、付出等相关联的截然相反的两种境况——苦与乐的情感体验与理性认识,以及在此基础上形成的处世态度。树立正确的苦乐观以自觉指导人生实践,可以使人正确对待自己所处的现实和感受，学会更好地做人。

感性主义是一种典型的苦乐观。它从人生具有苦、乐两种不同的境况和感受出发，断定人的行为取向应当是趋乐避苦，因而认为，一切能够给人带来快乐的事物，都是善的，都是值得追求的；而一切给人带来痛苦的事物，都是不好的，都应该躲避。这种苦乐观实际上是把人定位为感性的存在物，人是在感性的驱使下行动的，在“乐”之外没有更高的价值。在现实生活中，享乐主义是感性主义苦乐观的实践者。在享乐主义看来，人生的唯一目的就是追求个人的享受，因此，在涉及个人与社会、自我与他人的诸多事物时，一切以能否给自己带来感官或精神上的快乐为圭臬。能带来快乐者则趋之，不能带来快乐者则避之。这种苦乐观的一种极端表现就是纵欲主义，主张及时行乐。与此相反的另一种极端则是禁欲主义。他们把一切感官的欲望看作是罪恶的源泉，因此主张否定欲望，压制欲望，使自己的理性不受任何肉体的欲望左右，不让肉体的欲望控制自己的行为。感性主义苦乐观以及由此派生的享乐主义、纵欲主义以及它的反面禁欲主义，都是不正确的苦乐观，其错误在于不懂得苦与乐作为人生两种境况的真实含义，它在人身上的产生、变化的社会条件，以及应该采取的正确态度。在思想方法上是形而上学的片面性，忽略了人除了感性存在之外，同时更是有理性的社会存在物。人的欲望、感受要由理性来调控，否则，人将沉溺于感性的肉欲的享乐之中。而禁欲是对纵欲的消极的否定，从一个极端走向另一个极端。在苦乐关系上的享乐主义和禁欲主义都没有达到对人生及苦乐境况的正确认识。

2. 苦与乐的辩证关系

科学的人生观在苦乐问题上的观点既是唯物的又是辩证的。

第一，从价值上看，苦与乐对人来说并非是最大（最高）价值和最小（最低）价值。在苦与乐之上，还有正义，还有其他对人更有价值的东西。因此，趋乐避苦并不应当成为人生最高的行为准则。孟子就说过：“乐亦我所欲，所欲有甚于乐者，故不为苟得也；苦亦我所恶，所恶有甚于苦者，故患有所不辟也。”也就是说，苦乐不能作为统帅人生的最高准则。

第二，苦与乐两者是相对而言的，没有苦即无所谓乐。作为人生的两种感受，人之所以有苦的痛楚感觉，是因为有另一种截然相反的感觉做对照，没有苦的痛楚就不会有乐的欢欣。因此，在个人的人生中，不可能只有快乐，没有痛苦，感觉不到痛苦就同样感觉不到快乐。另一方面，就不同的感受主体而言，对事物或行为的感受结果也可能会有差别。有些人在帮助别人的行为中，感受到快乐；而有些人则在损害别人的行为中，感到快乐。对痛苦的感觉也是如此。就此而言，“趋乐避苦”不能作为普遍的一般的人生原则。

第三，苦与乐是互相蕴涵的，人们常说“苦中有乐”、“祸福相倚”、“居安思危”就是这个道理。人的感觉不可能是单向的，人生的体验往往是多种滋味，是复合的感觉。苦和乐的感觉也是这样。苦与乐都可以分为肉体的和精神的。肉体的和精神的苦与乐有一致的时候,但它们之间的不一致也是常见的。有人以感官上的刺激来掩饰自己精神的极度空虚与苦痛,结果更深地陷于痛苦之中;也有人在为社会或他人所做的有益奉献中,虽然自己没有身体上的感官快乐甚至会有劳累的感觉,但却因为奉献有价值而自己在精神上感到幸福和快乐。因此,"趋乐避苦"很难涵盖苦乐关系的辩证内容。

第四,在一定条件下,苦与乐可以互相转化。人做任何事情都会有一个过程。如果这个过程很容易就完成了,没有付出艰苦的努力和经历意志的磨炼,也就很难产生成功的喜悦。如果这个过程要经过艰苦的努力,需要意志与精神的巨大付出,那么成功后的快乐就会喷涌而出。付出的努力越巨大,收获的喜悦就越强烈。这时苦就转化为乐。同样,人在安定的环境下,在取得一定的成就后,若耽于喜悦之中,丧失忧患意识,不再继续努力工作,也有可能很快失去因成功所取得的优势,逐渐走向成功的反面——失败,终究会品尝到刻骨铭心的苦痛。

3. "乐"与"幸福"

在人生哲学和日常生活中,常常有这样的观点,即"乐"与"幸福"相提并论。例如,法国思想家霍尔巴赫就主张:"幸福只是连续的快乐。"的确,人们在感到幸福时,往往伴随着肉体或精神上的愉悦和快乐。但是,应该指出的是,幸福并不简单地等于感官的快乐。古希腊哲学家亚里士多德曾经把幸福规定为"合乎德行的精神生活"。显然,他并不简单地把幸福等同于快乐。现代日本心理学家宫城音弥对幸福与快乐的关系做过这样的深层次的辨析,他指出快乐并不总是对应着幸福:"既有'愉快'而不幸的时候,也有痛苦而幸福的时候。"比如说,同情一个可怜的人时,由于同情而品尝到痛苦,但同时又会品尝到拯救他人的幸福。朋友信赖自己,倾吐其烦恼想寻求帮助时,在从同情品尝到痛苦的同时,肯定会因自己得到信赖而产生幸福感。同样,吸毒会产生快感,但那绝对不是幸福;分娩会有痛苦但决不能冲淡母亲的幸福感。因此,他认为:所谓幸福,可以说就像由愉快、爽快、喜悦等声音构成的旋律一样。有时也混有不愉快和忧郁,但那就像是音乐的不谐和音一样,起着往年糕小豆汤中加盐的作用。可以说,幸福是对生活状态和过程的整体的综合的评价,而快乐则偏重于某一方面的感觉或感受。或者可以说幸福也是有层次的,在感官享受所获得的快乐之上,还有一种更高级的境界就是达到精神上心旷神怡。

4. "苦"与"不幸"

苦当然不是幸福。从味觉上看,苦就像胆汁或黄连的味道;从心理上看,它对应的是难受、痛楚的感觉。可以说,苦是人生过程的一种不自在的感受。一般而言,这种感受不是人生的唯一感受和全部感受,否则人生就难以忍受。

但是，苦是否就是不幸呢？从词义上讲，不幸有三层含义：不幸运；使人失望、伤心、痛苦的；表示不希望发生而竟然发生的，指灾祸。由此可见，“苦”指的是感觉或感受，而不偏重具体的事件。“不幸”则偏重于具体的比较严重的意外事件。这是两个层次的概念。当人遭受不幸时，会感到痛苦；但人感到苦时，并不一定是遇到了可以称之为不幸的事。因此，不幸对人生来说，毫无疑问算得上是个应该竭力避免的坏事，而苦对人生来说则有着另外的意义。在《孟子·告子下》中记载了孟子的话语：“夫天将降大任于斯人也，必先苦其心志，劳其筋骨，饿其体肤，空乏其身，行拂乱其所为，所以动心忍性，增益其所不能。”意思是说，人要成就人生的大业，不经过吃苦磨炼是不行的。成就大业者，都有着脱胎换骨的艰苦经历。日本著名学者铃木大拙引用中国古代周公的格言“冬日冰冻如不固，则春夏草木虽长而不茂”，得出若不经过千辛万苦，就不能取得人生的胜利，就不能达到人生的完成的结论。因此，可以认为，经历痛苦对人生来说不但是必需的，而且是有益的。

（三）义与利

“义”与“利”这两个概念，取自中国传统人生哲学对“道义”与“功利”的概括。历史上，儒家的义利观对中国的文化传统影响最大。在儒家经典中，“义”的含义不是单一的。概括来说：一是指合理的、正义的、有道理的。二是指尊卑上下的等级关系。如《孟子·尽心上》有：“敬长，义也。”《孟子·万章下》更是明确：“用下敬上，谓之贵贵；用上敬下谓之尊贤。贵贵尊贤，其义一也。”三是指各种道德规范的总和，但也兼有前两种含义。在这三种含义中，儒家赋予“义”的最基本的规定性，是作为人们一切行为必须遵守的原则的意义。所谓利，本意指器物合于使用。在中国思想史上，不同流派所言之“利”意味不同。在儒家那里它是指个人的私利；在墨家那里则意指公利，即“国家百姓人民之利”。

中国传统文化的“义”、“利”观念，既有合理的因素，又有封建的杂质，应该按照历史辩证法批判继承的原则，立足于当代实践和科学，重新给予科学的解释。我们的认识是，人是高级的生命物质，他有生存、发展、享受等各种物质的和文化的需要，这是人的利益的根据。同时，作为社会的人，他个人利益的获得，总是在一定的社会条件下，通过与他人的社会交往才能实现，这样人们之间、个人与社会之间就难免发生利益上的矛盾甚至冲突，因而社会就需要制定一定的原则，来处理人们的社会关系、规范人们的行为。义和利是一对反映人们社会关系和社会行为的历史范畴。“义”或者说“道义”，是指在一定社会中处理人们社会关系、规范人们社会行为的准则，是为社会所认可的正规的行为模式。“利”，则是指人们在社会生活中应该获得的利益和权利。由于人们的各种社会关系，最根本的就是利益关系，所以“义”，实质上就是处理个人和社会(以及他人、群体)利益关系、规范人们利益行为的准则。

这样看来,所谓“义”,也可以理解为是一种“利”,不过不是个人的“小利”、“私利”,而是社会的“公利”,至少也是阶级、民族的“大利”。这样,**“义”和“利”的关系实质上就是个人利益同社会整体利益或者阶级利益的关系。正确认识和解决好义、利问题,是做人的一项重要内容。**

义利观是人生观的重要部分,是指人们在社会生活中如何处理有关个人与社会、个人与他人、个人与群体的关系,特别是人们利益关系的基本观点。要用一定的义利观转过来作为方法,指导人们的社会实践,制定出规范人们行为和处理个人与社会之间,以及人们相互之间关系的基本准则,就是所谓道义原则。

中国哲学史上,义利之辨是影响十分久远的论题。《孟子·梁惠王上》开篇即引入了对义与利的讨论:“孟子见梁惠王。王曰:‘叟!不远千里而来,亦将有以利吾国乎?’孟子对曰:‘王!何必曰利?亦有仁义而已矣。’”也就是说,应当义重于利,先义后利,如果颠倒了两者的次序,人们之间的争斗就永远不会停止。儒家的义利观是“义以为上”的价值观,中心思想是义重于利、先义后利。可以做以下概括:第一,社会整体利益大于个人利益。这是儒家义利观的核心。儒家所谓利是指个人私利,即个人的物质生活需要。第二,个人可以按地位取得自己应得之利。第三,要保证老百姓的基本生活权利,这表现的是儒家的利民、惠民思想。与儒家义利观相对应的是墨家的义利观。墨家是中国古代与儒家同时的著名学派。它从兼爱原则出发,主张贵义尚利,以“利”作为评判价值的标准。应该指出的是,墨家所讲的“利”是“国家百姓人民之利”,是公利,不是个人私利。从上述儒家与墨家对义利问题的讨论,我们可以得到启发,进一步思考如何正确认识义和利,以及如何认识义、利对人生的意义。

首先,义与利是有区别的,“义”确有超越于“利”的因素。有两方面的含义:一方面是,当社会利益、集体利益、民族利益与个人利益发生冲突时,个人应自觉地使个人利益服从社会的、集体的、民族的利益,这就是义。另一方面,保障个人的正当利益是社会的重要职责。在正常情况下,代表社会的政府应尽可能满足个人的正当的利益要求,不采取为了社会利益而经常性地牺牲个人利益的政策,这也是义;国家努力创造条件,使社会环境更适合个人的发展,使每个人都有充分发挥自己潜能的机会,都能实现自己的社会价值,这也是义的重要内容。可以说,这两方面的内容具有内在本质的联系,不能加以割裂,只强调一方面而忽视另一方面。在处理个人之间关系时,平等、诚信、宽容、人道、与人为善等,都是义所要求的内容。义与利不是截然对立的,义不简单地等同于公利,利也不简单地等同于私利。也就是说,在实际生活中,没有脱离开利而单独存在的义,义就是处理利益关系上的合适的度。

其次，义的指向是维护最广大人民生存和发展的共同的、长远的、根本的利益。也就是说，义既不是脱离利益而独立存在的，也并不是与功利格格不入。毛泽东曾经把汉儒董仲舒的“正其宜不谋其利，明其道不记其功”的说法斥之为“唯心的骗人的腐话”，并认为，义与“给人民以看得见的物质福利”并不矛盾。没有义这个规范人的行为、处理人们社会关系的准则，人们之间的利益冲突就会无序可循，人民的根本利益就难以保证。有了义，虽然个人利益可能会有所牺牲，但总体上是增进了人民的利益。在个人利益与社会的人民的利益或体现人类崇高精神的道德原则发生冲突时，或这些利益和原则要求自己放弃个人利益时，理应做到深明大义，见义勇为，舍小利取大义，决不能见利忘义，更不允许背信弃义。这是做人必须遵循的一条基本原则。至于极少数的极端利己主义者，不顾道义的要求，为谋求一己的私利，不择手段地损害人民和社会的利益，这样的行为即使暂时得逞，终究会遭到道义的谴责和法律的制裁。

（四）荣与辱

“荣”与“辱”是人生哲学的一对重要范畴。“荣”即光荣、荣誉，“辱”即耻辱，它们反映的是主体（个人或群体）在社会生活中，由于自己的实践或交往活动等原因，得到他人、群体、社会给予的肯定的、积极的评价或否定的、消极的评价，以及由此而产生的心理上的满足感和自豪感，或羞辱感或自卑感。“荣”与“辱”所涉及的是个人人格的追求与拒斥的问题。求荣拒辱是人生的一大独特现象。美国心理学家马斯洛的行为动机理论中，认为人有一项十分重要的需要，这就是自尊的需要。这种需要，决定了人对荣誉的追求和对屈辱的拒斥。马斯洛说：除了少数病态的人之外，社会上所有的人都有一种对于他们稳定的、牢固不变的、通常较高的评价的需要或欲望，有一种对于自尊、自重和来自他人的尊重的需要或欲望。这种需要可以划分为两类：第一，对于实力、成就、适当、优势、胜任、面对世界时的自信、独立和自由等欲望。第二，对于名誉和威信的欲望。对于地位、声望、荣誉、支配、公认、注意、重要性、高贵或赞赏等的欲望。自尊需要的满足导致一种自信的情感，使人觉得自己在这个世界上有价值、有力量、有能力、有位置、有用处和必不可少。虽然马斯洛没有涉及这种荣誉的获得与耻辱的招致同人的行为之间的关系，但是，在人身上确实可以观察和体验到这种自尊的现象。并且，这种现象确实对做人、对人生有很大的影响。需要研究的是做人应该树立什么样的荣辱观。

荣辱观是人生观的一项重要内容，是人们在一定的世界观和价值观基础上形成的关于什么是荣与辱，它们的相互关系，以及在人生实践中对荣辱应有的态度等问题所持的基本观点。有了一定的荣辱观，人就会反省自己所处的社会环境和自己行为的后果，在人生实践中强化追求荣誉、拒斥耻辱的观念和行动。因此,趋荣避辱是做人的一项重要原则。

荣与辱的关系是对立统一的辩证关系。第一,两者是对立的、截然相反的人生感受。正因为如此,人们才在人生实践中,追求光荣与荣誉、尊严,拒绝对自身的羞辱与拒斥。对正义的事与善良的人称赞有加,誉美有表;对于邪恶的人和事,则深恶痛绝,严加拒斥。第二,两者又是相互依存的,各以对方为自己存在的条件。在现实的人生中,有荣的存在就必然有辱的对应,两者是相对应而存在,没有荣就无所谓辱,反之亦然。没有耻辱感这种人生的尴尬境地,就没有荣誉感这种辉煌的人生感受。同时,两者也是互相排斥、互相斗争而发展的。第三,就人生过程而言,在一定的条件下,它们两者会在同一个主体身上发生转化。这种转化是双向的,也就是包含两种可能:一种是因辱而致荣,一种是因荣而招辱。耻辱就是一种内向的愤怒。历史上因遭受奇耻大辱而发奋图强、成就辉煌的人和事都是常见的。我国春秋战国时代遭受亡国之辱的越王勾践,经过卧薪尝胆、励精图治,依靠人民的支持,最终洗雪耻辱、光复国家的故事,就是因辱致荣的例证。因此,即使身处屈辱之中,只要能够正视现实,正视自己,忍辱负重,自强不息,就能够赶走屈辱,成就光荣。而因荣誉导致遭受屈辱的事例更是不胜枚举。一个获得了荣誉的人,如果放松对自己的要求,产生骄傲自满的情绪,就极易向反面转化,招致失败和挫折,给人生带来耻辱。所以,要想保持荣誉,就必须谦虚谨慎,不骄不躁,严格要求自己,不断加强自己在各方面的修养。

正确对待荣辱还需要全面认识与个人获得荣辱直接有关的一些条件。首先,人的荣誉的获得,如人的价值一样,是同其所做的贡献紧密相连的。荣誉往往是社会或集体对其成员的创造性成就的肯定。这种肯定常常以某种物质奖励或精神表彰的可见的形式体现出来。获得荣誉的人因此而有一种光荣自豪感,别人也给以称赞,表示钦佩、羡慕,这是正常的、理所当然的。但同时应该懂得,一是为人民服务、为社会做贡献是人生的目的和价值,荣誉只是人民和社会对你所做的服务和贡献的一种肯定评价和鼓励,荣誉本身不是目的。二是获得荣誉的正当途径只能是勤奋学习,刻苦钻研,努力工作,加强自身的修养,全面提高自己的素质和能力,对社会和人民尽责、服务。那种不愿付出辛苦、好逸恶劳、投机取巧的人,只想向社会索取,甚至不择手段向社会骗取荣誉,实际上他们所追求的不是真正的荣誉而是耻辱,他们也不可能获得真正的荣誉。在社会主义社会里,实行“各尽所能,按劳分配”的原则,个人的荣誉只能通过诚实劳动对社会做出贡献来获得。因此,辛勤劳动光荣,好逸恶劳、贪得无厌、剥削他人可耻,这是社会主义关于荣辱的第一条基本准则。

其次,获得荣誉与履行义务是统一的。人生活在社会中,不但拥有各种各样的权利,同时还承担相应的义务。履行义务、恪守职责是做人的起码责任,是社会对个人的基本要求。社会对模范履行义务的行为给予表彰,对不履行甚至违背社会义务、践踏社会秩序的行为予以谴责，是完全必要的。社会义务包括对国家、对集体、对家庭应尽的责任。从大的方面来说，就是爱国主义、集体主义；从一般的方面来讲，就是守法遵纪，模范遵循社会的伦理原则和公民的道德规范。

再次，正确对待荣辱，必须批判和抵制对荣辱的错误甚至完全颠倒的言行。在现代市场经济条件下，这种言行表现为：一些人以有钱为光荣，信奉唯利是图的人生观和价值观，为了获取金钱不择手段，弄虚作假，违法乱纪，贪赃枉法，甚至谋财害命，出卖国格人格，无恶不作，丧失做人的起码品格。这与衣冠禽兽无异，哪还谈得上光荣和名誉。然而，这种人却引以为荣，认为自己有本领，自诩为“英雄”。社会上也有些人认同、羡慕或吹捧这样的人，结果是是非荣辱被完全颠倒，社会风气遭到败坏和污染。在金钱与荣誉的关系上，中国女足的姑娘说得好：与金钱相比，我更看重荣誉，如果我拿着百万年薪，那么，我也许无法像现在这样认真投入地踢球，我会把更多的时间精力放在考虑如何享受上；与拿百万年薪相比，在异国他乡升起国旗听到欢呼更为令人骄傲，这是金钱不能买到的东西。此外，要注意辨明光荣与虚荣的区别。在现实生活中，有的人只注重外表，忽视心灵修养，以为有了一个体面的外表，个人就很有面子。实际上这只是一种虚荣。而追求虚荣是缺乏自尊心的表现，同真正的荣誉格格不入，为正直的人所蔑视。因此，正确对待荣辱必须坚持正确的人生观和价值观，分清荣辱问题上的是非、善恶界限。

最后，正确对待荣辱必须明确个人荣辱与集体和国家荣辱的一致性。个人是集体、社会的一员。个人在社会中取得的任何成绩，都以前人的劳动和智慧的积累为前提，都与集体、与其他人的帮助分不开，单靠个人的努力是很难获得成功的。因此，在取得个人的荣誉时，不能忘记在这荣誉的背后有着前人的奠基，也有着他人和集体的协作。相反，个人遭受的耻辱也会使国家、集体的荣誉受损。比如，中国人在国外受到歧视，中国政府会严重关注。更为重要的是，任何国家、集体作为与世界其他国家、集体比肩而立的实体，都有各自神圣的荣辱观。这种荣辱观，从根本上说，与个人的荣辱是密切联系不可分割的。经历过新旧中国变化的人都能感受到，当祖国贫弱受帝国主义压迫和欺侮，民族灾难、人民处于水深火热之中时，个人除了耻辱还有什么荣誉可言。而现今新中国人民当家做主，社会主义建设取得了翻天覆地空前伟大的成就，强大的祖国屹立在世界的东方，成为世界和平和进步的重要力量，做一个中国人则感到无比光荣和自豪。

（五）交往与友谊

交往是处在一定的社会环境中的人们，相互之间必不可少的接触、交流、合作和竞争。用通俗的语言来说，就是发生在亲戚、邻里、师生同学、同事，及社会生活各种场合的人与人之间的交际活动。

离开各种形式的交往，人很难生存和发展。这是因为：第一，交往是调节社会运作和人际关系的重要手段。人类社会是一个充满各种矛盾的相互作用的有机整体，它的运行和发展需要人际关系的协调与合作；各种社会问题，无论是个人与社会之间，个人与个人之间的矛盾，还是不同社会群体之间的矛盾，首先都需要通过一定形式的交往达到沟通与理解，以此求得合理的解决。当然，这并不是解决矛盾的唯一方式，对抗性的矛盾一般就只能用对抗的方式，如动用法律等强制手段来解决。个人身上的一些问题，如困惑、烦闷、难题，更需要通过一定的交往方式得到解决、宣泄或缓解。第二，交往还是人们之间信息交换的重要渠道，通过交往交换信息，可以开阔眼界，提高工作效率，有助于事业的进步和成功。21 世纪是信息高速增长的知识化时代，每个人都是一个独立的信息载体和源泉。因此，在一定意义上说，交往就是个体之间的信息交流。不同个体在交往中汲取对自己有价值的信息，有助于自身的生活和工作。美国学者莱斯·吉布林高度评价交往助人成功的作用。他形象地指出，如果一个人学会了与他人打交道，不管你从事什么工作，在通往成功的道路上就走完了 85% 左右的行程，而且有 99% 的把握取得自己的幸福。第三，交往可以使个人得到身心健康，有助于促进人的全面发展。它既是人的物质生活和精神文化生活所必需，也是人提高自己素质、促进全面发展所必需。人是具有高级复杂情感的动物，而情感需要的满足只能通过交往。正常的人际交往可以使人充实，情感得以宣泄，确证自己，这都有利于身心健康。而缺乏交往，人往往会产生孤独与苦闷，不利于身心健康。第四，交往对人的道德发展有明显影响。人际交往对人的道德品质有着潜移默化的影响。《大戴礼》中说："与君子游如入兰芷之室，久而不闻其香，则与之化矣。"当然，交往对人的道德品质的影响有正负之分，有积极与消极之分。孔子在《论语·季氏》中称之为"有益"和"有损"："友直，友谅，友多闻，益矣。友便辟，友善柔，友便佞，损矣。"所以，在结交朋友时应该有所选择，即选择志同道合的、有着共同崇高理想和情趣的人交往；选择有道德、有修养的人交友，也就是古人所说的"以友辅仁"。从朋友身上吸取自己所缺少的优秀品德和科学知识，并以自己的优秀品格和所长给对方以积极的影响，这些都应当是朋友交往中的重要内容。

就深度而言，可以把交往分为一般的交往和朋友之间的交往。一般交往与朋友之间的友谊比较，大多属于社会交际的层面，交往要遵循社会的法律和道德规范，注意礼貌、有理有节、相互尊重、谅解、互助、合作、守信等。而朋友之间的交情，即友谊，则有更深层次的要求。"朋友"一词古已有之。郑玄注释《论语》："同师曰朋，同志曰友。"也就是说，朋友的基本含义就是志趣相契、志同道合。这是一般交往中所包含不了的深层次的内容。以下着重讨论人际交往中应遵循的一些原则。

第一，人格平等的原则。不论是一般交往还是朋友之间的交往，要遵循的首要原则就是人格平等。没有这个原则，个体之间不但不会接近，反而会彼此抵触。人生活在社会中，不同个人的社会地位往往有差别，这种差别，在等级制度下，阻碍着不同等级人们之间的交往。人格平等是现代社会公认的准则和人人享有基本人权的前提。《孟子·万章下》强调，朋友的交往，要“不挟长，不挟贵，不挟兄弟而友。友也者，友其德也，不可以有挟也”。意思是说，朋友交往的基础是德行，不能分尊卑高下，不能屈就权势以求有所依仗，否则，交往就是势利之交，而非朋友之交。

第二，真诚守信的原则。在人格平等的基础上，人际交往中还要特别强调诚信。“朋友有信”是中国传统伦理对朋友交往的基本要求。古罗马哲学家塞涅卡也说过，朋友就是可以对之信任如己的人。所谓诚信，就是在交往中要做到诚实、诚恳、热情、不欺骗、彼此信任、信守承诺。人际交往当中最忌欺骗。《狼来了》是一则妇孺皆知的寓言，实际上它也寓意交往中不诚实行为将会带来的可能恶果。要保证诚实守信，不说谎只是一个方面，另一方面，还应注意不轻易许诺。办不到或没有把握办到的事情不轻易许诺，而一旦承诺，就要做到一诺千金，“言必信，行必果”。

第三，宽容互谅的原则。世界上没有两片完全相同的树叶。人与人对比也是如此。人际交往的对象是各方面背景、素质迥然有异的个人，这些人的言谈举止未必都是合乎自己的立场、观点、习惯、兴趣、爱好，并且，任何一个人都有自己的个性，也会有自身的缺点，因此，要保持良好的人际关系，还要学会理解、宽容和互谅。如何做到这一点呢？古人云：“己欲立而立人，己欲达而达人。”“己所不欲勿施于人。”在今天的人际交往中，忠恕之道仍有着积极的作用。《史记·管晏列传》记载了管仲对其好友鲍叔知遇之恩的感触。他说：“吾始困时，尝与鲍叔贾，分财利多自与，鲍叔不以我为贪，知我贫也。吾尝为鲍叔谋事而更穷困，鲍叔不以我为愚，知时有利不利也。吾尝三仕三见逐于君，鲍叔不以我为不肖，知我不遭时也。吾尝三战三走，鲍叔不以我为怯，知我有老母也。公子纠败，召忽死之，吾幽囚受辱，鲍叔不以我为无耻，知我不羞小节而耻功名不显于天下也。生我者父母，知我者鲍子也。”可以说，这是朋友交往相互理解和信任的典型。

第四，志同道合、情趣相投的原则。志同道合、情趣相投是超出一般交往界限的朋友关系，达到所谓深交的主要标准。《淮南子·说山训》中说：“行合趋同，千里相从；行不合趋不同，对门不通。”这与俗语所言“有缘千里来相会，无缘对面不相识”讲的都是志向与情趣对交往的决定作用。志同道合是使原来彼此陌生的人走到一起的黏合剂，是赖以建立和维持朋友关系的基础。所以，一旦失去了共同志向，原来的朋友往往会各奔东西。汉代哲学家扬雄把朋友关系分为“面朋”和“心朋”，认为：“朋而无心，面朋也；友而不心，面友也。”“面朋”就是形式上的朋友，并未交心；“心朋”则是实质上的朋友，做到彼此交心，肝胆相照。无疑，从朋友的本义而论，前者并非朋友，只是世俗的交往；只有后者才真正是符合朋友的内涵的，也就是志同道合、情趣相投。唐代韩愈对志同道合、志趣相投举例加以说明：“或以事同，或以艺取，或慕其一善……”也就是说，朋友关系是彼此对对方某一方面的品格或技艺、志向的认同。

第五，互帮互助、患难相扶的原则。朋友之间还应做到彼此爱护、相互帮助，同甘共苦、患难相扶。虽然朋友的交往不以功利为目的，但朋友之间的互帮互助是不可否认的。正如法国作家莫雷阿指出的：并不是“两个朋友不能且不该在有机会时互相效劳，但他们对于这种行为，做得那么自然，事后大家都忘掉了，或即使不忘掉，也从不看作重要”。

能否做到同甘共苦、患难相扶，实际上也是考验友谊是否真挚的试金石。对此，许多思想家做过精辟的论述。如韩愈所说：“士穷乃见节义。”即只有在穷困的境况中，才能看出友谊是否真切。利马窦的《友论》也指出：“临难之顷，则友之情显焉。盖事急之际，友之真者益近密，伪者益疏散矣。”“吾荣时请而方来，患时不请自来，夫友哉！”《史记·汲郑列传》更有“一死一生，乃知交情；一贫一富，乃知交态；一贵一贱，交情乃见”的高度概括。古人论述朋友之间真挚友谊的智慧箴言和实践榜样是“放之四海，跨越时空”的真理，永远值得我们珍视。

（六）竞争与合作

竞争与合作作为交往的两种基本形式，两者的关系是辩证统一的。一方面，竞争与合作是对立的。竞争表示人们之间的互相排斥，合作指人们之间的互相配合与协作。竞争有时可能局部地、暂时地破坏合作。比如在竞争中采取一些消极的、不正当的方法，通过破坏对方或贬低对方、互相封锁信息等手段互相拆台，从而使自己得到相对提高，对方处于劣势。合作有时也可能阻碍竞争，排斥竞争。如在合作中一味地强调平等，抹杀人们之间能力的差别，分配上实行平均主义，从而会大大降低人们的竞争进取心和积极性，使人们在低水平基础上合作，不利于提高劳动生产率。

另一方面，竞争与合作又是统一的。在正常情况下，竞争能激发人们的积极性和创造性，而这又是人们在更高程度上进行合作的重要条件。因为在一般情况下，人总是愿意与比自己更强的对手较量，不断地超越自我，完善自我。同时，竞争还可以及时地、经常地淘汰落后过时的社会要素，使社会分工和社会结构日趋合理、充满活力，从而为整个社会的良好合作创造条件。反过来讲，良好的合作又是抑制竞争的消极影响的重要因素。当竞争因失去控制而造成消极的社会后果时,基于人们共同利益之上的合作的客观要求会作为一种抑制力,对竞争起制约作用。比如,各国由于普遍竞争和发展而造成的环境问题,现在已引起全球性的关注,并制定了相应的保护措施,这就可能在一定程度上限制环境的进一步恶化。

因此,竞争应是合作基础上的竞争,合作应是竞争机制下的合作,只有辩证地理解和对待竞争与合作的关系,才会使两者都能发挥各自的积极作用,不断地推动社会向前发展。反之,如果割裂竞争与合作的关系,就可能产生不利影响。如果只强调竞争而否认合作,就会把竞争推向极端,主张所谓"竞争万能论",把竞争夸大为是个人和社会发展的唯一动力,是衡量一切的唯一标准。结果不仅经济利益,甚至人们的良心、感情、荣誉等也都要纳入交换领域,接受交换价值的评判。这正是被马克思和恩格斯一再鞭挞的残酷的资本主义竞争,是"从自然界加倍疯狂地搬到社会中来的达尔文的个体生存斗争"。这种竞争可能在一定程度和范围内提高生产力,但它更主要的是会把社会拖入持续不断的危机之中,导致人的本质的异化。相反,如果只强调合作而否定任何竞争,主张违背人的竞争特性和竞争的社会历史作用的"竞争取消论",那就会使社会活力不足,呈现"死水"效应,同样会阻碍社会和人的全面发展。

综上所述可知,合乎人性和人的本质的交往必然是竞争与合作的统一。而竞争与合作的关系又是辩证的。因此,在现实生活中,对竞争与合作的正确做法应该是,把竞争和合作有机地统一起来,用合作制约竞争,克服竞争可能引起的内耗和带来的消极影响;又用竞争激发主体能动性,克服因合作而可能产生的惰性和依赖性,使社会在竞争与合作的双重杠杆作用下健康、快速、持续地发展。

在市场经济条件下,竞争是人们生存与发展的基本途径,竞争力是社会上最一般、最公正的通行证。竞争中的成败往往意味着人们活动的价值是否得到社会的承认,因而社会各个领域以及国际的竞争日趋激烈。如何提高竞争力,在现实中具有实际活动的意义和价值,特别是在发展中国家具有更现实的意义。但同时,随着知识经济的到来,随着"大科学"、"大技术"、"大管理"的出现,合作也显得更为重要。

西方学者在研究知识经济时代竞争与合作的关系时,提出了"合作性竞争"这一新的概念,这对于我们研究竞争与合作的关系很有启发。合作性竞争是现时代的一种全新发展理念,其核心是强调运用合作的思想和观念指导管理的实践,竞争对手之间不断密切合作,共同开拓和培育发展环境,最终实现各种资源要素的全方位优化。如果说过去的个人和团体还可以采取"单打独斗"式的发展策略,那么,知识经济时代则到处充盈着"合作式"的发展策略。合作所体现的人类整体性精神具有永恒的价值,它是两者关系的实质与发展方向，尤其具有未来性的意义。21世纪是一个竞争的世纪，更是一个合作的世纪，所以，“合作性竞争”越来越成为人们表述竞争与合作关系的常用概念。

（七）自我实现与社会需要

人与动物的一大区别是人有发展自己的明确需要和渴求。这种需要和渴求，可以归入人对于自我发挥和完成的欲望，也就是一种使他的潜力得以实现的倾向。通常的说法就是成才。成才是社会发展的需要，也是个人自由发展的需要，是做人的一个重要方面。成才问题要讨论的是个人发展、完善与社会需要的关系、个人发展的愿望与客观可能性的关系。

每个人的成才过程都是在社会环境中进行和实现的，因此，个人主观愿望既可能与社会需要等客观条件契合，也可能发生冲突。为此，需要有科学的成才观加以引导，使个人得以正确认识环境，正确认识自己，正确认识个人发展与社会条件之间的最佳结合点，合理设计自己的发展方向，并以最大的努力促成个人的理想、目的和人生价值的实现。

人才是指那些在各种社会实践中，具有一定的知识和技能，并通过自己的劳动，对认识和改造自然、对社会进步做出贡献的人。现实生活中，也把那些为社会发展所迫切需要的具有较高综合素质和专业素质的人称为人才。人为什么有成才的欲望呢？做人的意义，就在于为社会做贡献的过程中，发挥自己的潜能，同时发展自己的才能。所谓“人过留名，雁过留声”，就是说人的一生不能虚度。但是，这些都要落实为现实中的社会角色的实践，也就是说，总是在自己所承担的具体的工作中实现自己的人生目的和价值。人才正是人生价值的卓越实践者，这是由人才的属性决定的。

古今中外，人们对人才的界定可以说是众说纷纭，但是有两点似乎是共识：第一，具有一定的专门知识与技能，即掌握了别人没有掌握的；能做别人不能做的或不会做的；技艺更精、更优秀，比别人做得更好。第二，他们会在自己的工作中，对社会做出比别人更大的贡献。可见，人才是把人生的追求成功地体现在自己的具体工作岗位上，掌握了较高的技能，并做出了突出成绩的人。在人才身上，体现着做人的理想和目的，它不可能是单纯的个人自我实现，而总是个人发展与社会需要的有机结合。人才是社会对有用之人的评价。

人才身上还有以下特征：第一，人才标准具有时代性、社会性和历史性。人才总是其所处时代、社会的产物。人才的生活方式和思想方式，他的知识、才能、创造和贡献，都反映着他所处时代的生产、科学和文化发展的水平，都有时代的特色。同时人才的成长、使用、成就和评价，要受他所在的社会的经济文化发展水平、社会制度、价值观念，以及他个人的社会关系等主客观因素的制约,因而具有社会性。还应看到人才的标准和对人才的评价也是变化发展的。所谓旷世奇才,不朽业绩,千古功臣,万世师表,伟大的科学家、政治家、军事家、文学家、艺术家,等等,都是相对的。当然相对之中也包含有绝对。所谓绝对,就是其成就和业绩确实为社会进步、人类发展做了贡献,因而能超越时空,为历代人民群众所公认。所以,很多英雄豪杰、仁人志士能够流芳百世。可见,人才也有其历史性。

第二,人才具有创造性。尽管不同时代、不同社会对人才的素质有着不同的看法,但是,创造性是对人才的共同要求。所谓创造性,就是要有新的发现或发明,在各个领域的重大实践或理论课题上,做出了超越前人的贡献。

第三,人才具有层次性。人才的层次性是从不同的人才对社会的贡献大小和起作用的大小而言的。人才不只是指做出惊天动地伟业的英雄,也包括在平凡岗位做出突出贡献的普通劳动者。借用古人在人生修养方面的一句话:“人皆可以为尧舜”,在人才方面也是这个道理。每个人都可以成为对社会有用的人才,“三百六十行,行行出状元”,这是实践得出的结论,是社会全面进步之所需。

成为一个对社会有用的人才,是个人自我实现的重要内容,但它不仅仅局限于自我实现,因为个人的成才是与多方面的因素相关的。青年马克思在谈到职业选择时说过:要选择一种使我们最有尊严的职业;选择一种建立在我们深信其正确的思想上的职业;选择一种能给我们提供广阔场所来为人类进行活动、接近共同目标(对于这个目标来说,一切职业只不过是手段),即完美境地的职业。那么,什么是能给人尊严的职业呢?马克思认为,“能给人以尊严的职业”就是:“在从事这种职业时我们不是作为奴隶般的工具,而是在自己的领域内独立地进行创造;这种职业不需要有不体面的行动(哪怕只是表面上不体面的行动),甚至最优秀的人物也会怀着崇高的自豪感去从事它。”这里面显然涉及了个人的自我实现与对社会的贡献问题。因此成才不能等同于个人的自我实现,但是,也不能把个人的完善发展同社会的需要对立起来,从人的本质来说,个人完美和人类幸福是一致的。只有把个人的自我设计融入社会需要的大背景中,使个人的成才目标与社会需要统一起来,才有可能成功。

北京大学教授、国际驰名的计算机专家、有“当代毕昇”之称的王选教授的成功之路,有力地说明了这种结合对于成才的必不可少。王选一生中第一个重要的抉择就是选了计算数学这个专业。他之所以选择了这个方向,就是看到了国家未来非常需要计算机。在研究过程中,随着自己认识水平的提高,他又做了一个重要抉择,投身软件研究,并做软硬件结合的研究。跨领域的研究为王选一生的成功奠定了基础。但当他的一些新想法、新思想在当时的条件下不能实现时,他又选择了国家更加需要的课题。经过大量艰苦而扎实的科学研究，凭借着他敏锐的科学洞察力和创新精神，他跳过了当时日、美流行的第二、第三代照排机，直接研制第四代激光扫描照排系统，并取得了成功。王选成才之路给我们的启示就在于，青年人要想成才，起码应该具备以下的基本条件：

第一，把自己的选择同国家未来发展的需要结合起来。第二，把自己的研究同可能的条件结合起来。第三，要有吃苦耐劳、锲而不舍的精神和扎实的基本功。第四，要有敏锐的科学洞察力和创新精神。只有这样，才能充分有效地发挥自己的聪明才智和创造力，使自己成为对社会有用的人才，对社会做出较大的贡献。

（节选自陈志尚主编《人学原理》，北京出版社 2005 年 3 月出版，有改动。）

思考与实践　1. 有人说，辩证法跟诡辩术差不多，横说竖说都有理。你的看法如何？老子讲“反者道之动”，儒家讲中庸之道，周易讲阴阳和合，都含有辩证法思想，阅读相关材料，试作比较。

2. 查阅资料，了解系统论、生态学等学科的常识，说说这些学科与辩证法的关系。

3. 除了本文介绍的这几对矛盾，你在生活、学习中曾经遇到哪些矛盾？联系实际，谈谈你的认识和感受。

四、培养健全人格

阅读提示　前面我们介绍人的本性与本质，都是讲人的共性；介绍的“共在性独立人格”，也是具有共性的理想人格。其实谈论人性可以分为若干层次。比如专门谈论中国人的特性：林语堂《吾国吾民》，辜鸿铭《中国人的精神》，柏杨《丑陋的中国人》，郭永玉《个性心理学》专门研究了中国人的观念与行为：孝顺；脸面；因缘。有学者专门研究中国现当代年轻人观念变化：家庭观念变为个人自主，人情观念变为功利观念；团体观念变为个体观念。有学者专门研究男女性别之间的不同特征：男性更加具有攻击性、支配性、独断性、现实性、精明事故、多内向、好自由、长于逻辑空间思维；女性更加顺从随和、敏感、容易感情用事、爱幻想、多外向、比较直率、直觉性强。原因：文化、角色期待因素更多，先天生理影响比较微弱。有学者专门开展人格类型、范型研究：某类人有相似的人格特征，可以称为具有同样的人格类型。长江文艺出版社出版了一套丛书，研究中国古代人格范型，介绍如下：忠烈人格（如忠于国家民族的屈原、伍子胥、诸葛亮到史可法)；臣妾人格(贾桂、范蠡、冯道——侍奉10个君主,乱世长乐老)；宦竖人格(孤独无聊、迷信多忌、八面玲珑、趋炎附势、贪婪挥霍、嫉贤妒能、弄权干政、卑贱凶残)；其他还有隐逸人格、游侠人格、俳优人格等。前面我们谈论“人性”讨论的是“人类的共同特性”,而“人的民族性、时代性、性别差别”则相对具体一些;谈到每个人的“个性”,则更加具体了。这些不同层次的“人性”之间,存在人性的共性与个性的关系。

常言道性格决定命运,可见性格极其重要,这“性格”指的就是某个人的个性。那么如何培养发展良好的个性？下面将专门探讨这个问题。首先介绍现代人应该培养怎样的性格;其次介绍如何按照亚里士多德的理论,把握好性格的度,培养最佳性格;最后介绍性格培养的依据:世界观为核心的个性发展理论。性格的培养,绝非单纯的坐而论道,必须经由实践的洗礼,“成己”与“成物”是密不可分、辩证统一的。各位不难体会到,下面谈论的虽然主要是心理学,但是绝对离不开哲学,离不开“实践”、“和谐”这两个中心词。总之,我们所说的“健全人格”,就其共性而言,是“共在性独立人格”;就其个性而言,是与时俱进、合乎“中道”、自由发展、共性与个性和谐统一的人格、个性。

(一) 现代人性格的锤炼

张殿国

阅读提示　　在现代化社会,培养具有鲜明时代特征的性格,是青年个性教育的一个重要任务。而要使性格充分体现时代精神,不仅需要克服自身的性格弱点,还要积极进行传统的民族性格素质的更新。常言道:江山易改本性难移。其实人性包括人的个性尽管具有相对稳定性,但是没有绝对不能改变的人性,人的个性还是能够改变的。沧海桑田、时代变迁,我们的思想、行为乃至性格都应该因时而化,与时俱进,追求人与社会的和谐。

1. 从“清心寡欲”到“大胆追求”

我们的民族曾经大力提倡和推崇过“清心寡欲”,从庄子的虚无主义,到老子的“无为而治”,从儒教的“重义轻利”,到佛教的“四大皆空”,无不要求人们放弃追求和进取的雄心。这些东西结合到一起,构成了“清心寡欲”的深刻而又久远的思想渊源。因此,传统中的农民有着十足的胆小怕事、循规蹈矩的性格。

诚然,对于那些贪得无厌、利欲熏心的人来说,“清心寡欲”不啻为一副有效的良药。清心寡欲,能使想入非非者现实一些,使贪婪之徒清廉一些,使牢骚满腹、常怀不平的人心情平静一些。但是,对于多数人来说,却很难说“清心寡欲”是一种美德，它的本质是消极的、保守的、没有出息的。清心寡欲就意味着放弃追求和进取，意味着停滞、守旧和无所作为。如果现代青年都“清心寡欲”，人人无远大志向和追求，那么，我们的民族就将是没有希望的民族。

当今社会的飞速发展变化，不允许我们“清心寡欲”。今天世界，技术革命、知识更新、旧传统的破灭、新文明的兴起，这是全面创新、奋力进取的时代。生活在这个时代，我们就是要有进取的雄心、创新的欲望、在不停顿的追求中把我们的现代化事业推向前进，并在为社会奋斗的过程中使自己不断提高和完善。今天的社会将会无情地把一切惰性的人、不思进取的人、无所作为的人抛在后面。如果说，在过去相对静态的社会，“烦恼皆因强出头”，那么在激烈竞争的今天，正好反过来，“烦恼皆因不出头”。

“清心寡欲”起源于对自身的消极保护。与之相反，大胆追求，永不知足的精神，则来自跳出了个人狭隘眼界的远大抱负和历史的社会的责任感，来自对自身力量的充分信心和敢于掌握自己命运的勇气。我们每一个人都是一座力量和智慧的矿山。不管你现在显得怎样平凡，怎样微不足道，你都可以是奇迹的创造者。这里的关键，在于你必须为一个崇高的目标而永不停息地开掘你自己富饶的矿藏。摒弃“清心寡欲”的精神枷锁吧，你的灿烂前程就在你的大胆追求之中。

2. 从“老成持重”到“虎虎生气”

有人认为成熟就是“老成持重”，圆滑周到。办事一定要求全稳妥，讲话要能左右逢源，才见得功底深，有本事。这种评价标准必然影响到青年人心理进化的方向和进程。过分强调“三思而后行”，甚或“思而不行”，学会了察言观色、见风使舵，看似“成熟”、“老练”了，其实却失却了青春活力，造成了性格上的老化。

我们并不否定，老成持重者办事情，毕竟要比单纯幼稚者稳妥些。问题在于，一个青年人，不应该故作“老成持重”的架子，忽视了、丢掉了另一个更为宝贵的优点——“虎虎生气”。“初生牛犊不怕虎”，敢冲敢闯，敢作敢为，这才是青年人应有的形象。过于强调老成持重，却会压抑以至窒息创造才能。当然，青年人“嘴上没毛，办事不牢”，行动的机会多，失败的可能性也多，但另一方面，成功的机会却也同样地随之增多。由此看来，对于立志干一番事业的人来说，敢闯敢干、虎虎生气所给予你的帮助，要比老成持重所给你的帮助多得多。

从一定意义上讲，“老成持重”是生活磨炼的结果。也和人的衰老一样，同时包含着“进步”和“退步”双重因素，就办事的稳重性来说，可能是进步了，但就办事的勇敢性来说，却是大大地退步了。稳重性只能使人少犯错误，勇敢性却激励人开辟新路。少犯错误的人未必成为强者，而一个敢于开拓新路的人，成为强者的概率却要大得多。

老成持重的性格适应于慢节奏的社会。然而，今天的社会是发展变化大大加速的社会，这个社会的强者，不再是那些办事四平八稳的人，而是那些思想解放、目光敏锐、能够果决地适应变化而主动调整自身的人。当然，我们今天仍要强调“三思而后行”，仍要强调成熟地做人处世。但是，这里的关键，在于我们对成熟怎样理解。“成熟”实际上只是一个过程，而不是一种凝固的模式。成熟是在发展的过程之中，任何人都很难说“我已经成熟了”，至多只能这样说：“我正在走向成熟。”青年不要故作老成持重的姿态，而要少一点顾虑，多一点闯劲，少一点矜持，多一点泼辣，这将有助于使你的青春火焰燃烧得更旺盛，更好地开拓创新，奋勇向前，从而确立起美好和成熟的形象。

3. 从“谨小慎微”到“敢于冒险”

“诸葛平生唯谨慎”，在我们的传统民族性格中，对谨慎是十分推崇的。有了小心谨慎的态度，跌的跤子就肯定少一些。但是，过于强调小心谨慎，以至于处处谨小慎微，就会吓得我们不敢行动。因此，现代社会的青年既要有谨慎的性格，也要敢于冒险。

冒险，曾经是一个不怎么光彩的名词。头脑简单者，曾给这个词添上鲁莽的色彩。利欲熏心者，又曾给这个词添上投机的色彩。其实，冒险和成功常常是相伴的，尤其是现代，冒险精神更为竞争所必需。我国目前处于大力发展商品经济的时代，而冒险就是商品经济社会的一种时代精神。正如马克思所说：“交换不成功，摔坏的不是商品本身，就是商品生产者。”商品经济就是一种竞争经济，竞争就是非胜即败。不敢冒险，其实也是一种消极冒险。既然我们实行的仍然是商品生产，生产经营中的风险就是客观存在的。冒险精神仍然应该是我们的一种时代精神。

纵观历史，我们就会发现：冒险精神常常更能充分地体现一个民族的创业精神。没有一大批冒险家从事美国西部地区的开发，就不会有今天的美国。没有哥白尼、布鲁诺那样勇敢的科学家，荒诞的“地球中心说”不知要延续到何时。科学的巨大进步，社会的飞速发展，都需要有一批敢于冒险者充当开拓者。我们国家当前正处于一个改革和开拓创新的时代，这就更加需要冒险精神。

对于个人发展来说，冒险则成为通向强者的必由之路。在很多情况下，强者之所以称为强者，就是因为他们敢为别人所不敢为。孙悟空之所以被群猴尊为“美猴王”，就是因为他敢于第一个踩进群猴都不敢进的水帘洞，为群猴找到一个理想的栖身之所；诸葛亮敢于在大军压境之际，大摆空城之计，惊退司马懿，虽有计谋在胸，但若无几分冒险精神，也不敢为。平庸的人喜欢按部就班，安于无功无过。敢逾常规、敢冒风险的人，才有可能创造出瑰丽的业绩。

敢于冒险，就要坚决摒弃甘居平庸的心理。人生，应当如大海的波涛，既有高高的波峰，又有深深的波谷，在连绵不断的起伏跌宕中谱写激昂的人生之歌。没有风浪，平静如一潭死水的生法，又有多少荡人心魄的力量，有多少可以引起自豪的成分呢！

要想冒险，就不要害怕失败。在改革之年，一大批热血青年踏上了改革之途，他们之中会有成功者，也会有失败者。成功和失败像一对孪生兄弟，如果只许成功降世，不许失败诞生，也就等于扼杀了成功。马克思早就指出，如果什么事情都要保险绝对成功才可去做，那么创造历史也就太容易了，天下哪有此等容易的事！所以，一个外国企业家一语中的地说："畏惧错误，就是毁灭进步。"

当然，这里说的冒险并不是像赌徒那样，完全把宝押在"运气"上。冒险不是靠碰运气，而是靠理智。倘若一点可能性也没有，就冒失轻率地干起来，这就不是冒险，而是盲动，有时简直近于自杀。冒险要建立在科学分析、理智思考和周密准备的基础之上。

4. 从"谦谦君子"到"勇于表现"

中国人爱把"含而不露"看作一种美德，尽管你已做出许多成绩，有渊博的知识和惊人的才华，也只能说自己"才疏学浅"。如果有谁锋芒太露，就容易招来非议。因此，"毛遂自荐"的故事，听起来总不如"三顾茅庐"那样入耳。

然而，在今天激烈竞争的年代，一味地做"谦谦君子"，却有可能成为一大缺点。竞争就是要"争"，就是要敢于和别人去一比高下。今天的时代，是快节奏、高效率的时代，需要的是干脆利落、敢断敢行的作风。时间那么宝贵，人们忍受不了那种吞吞吐吐、羞羞答答的"谦逊"，不要听那种婆婆妈妈、"弯弯绕"式的"自谦之辞"。你行，就来干；不行，就让开。故作姿态的"谦虚"完全没有必要。在现代社会，精明的企业家招聘员工，聪明的领导者挑选下属，并不是首先看你怎样言辞周到、谦恭有礼，而是首先看你有多少真才实学。

在现代社会，人们的才能和精力都受时间的制约。错过了时机，知识就会贬值，精力就会衰退。如果，我们不能在自己的黄金时代，抓住机会，大胆地、主动地贡献出自己的聪明才智，而总是"藏而不露"，那就会贻误时机。

现代竞争在很大程度上就是机会的竞争，机会是至为宝贵的。我们一遇到机会，就应当紧紧地抓住它。大画家徐悲鸿是一位伯乐，傅抱石的才能就是他发现的，但发现的缘由却是出于傅抱石的自我推荐。假设傅抱石不趁徐悲鸿途经南昌的机会去拜访他，或因矜持、腼腆、犹豫，见了大师不敢拿出自己的作品，说话吞吞吐吐、含含糊糊，又怎能得到徐悲鸿的赏识和帮助呢。当然，我们并不提倡自我吹嘘，更不赞成弄虚作假，甚至贬低他人来抬高自己，但也不欣赏那种故作姿态的过分谦虚。你只有实事求是地、勇敢地、充分地表现出自己的胆识和才华，机会才会来光顾你。

有人把勇于表现自己的胆识与才华同"出风头"联系在一起，这显然是不对的。主动进取,充分显示自己的才能,这不是出风头,而是对自己的尊重以及对社会的负责。人们只知道贝尔发明了电话机,殊不知在贝尔以前,早有人发明了这类装置,不过当时人们不理解这种发明的社会意义,不予理睬,而这位发明人也就此撒手了。贝尔发明电话机后,遭遇也并不比这个人更好,但他却顽强地向人们宣传自己的发明成果,像"马戏团"那样到许多城市去表演。最后才把电话推广了开来。可见,勇敢表现并不像人们想象的那样坏,恰恰相反,这正是优秀人才不可缺少的一种品德。当"谦谦君子"是没有必要的,你就是自己的"伯乐"。

勇于表现实际上是推动人们进取向上的一种心理动力。历史表明,一个社会只有当它的成员能够普遍地充分表现自己才华的时候,这个社会才是生机勃勃、兴旺发达、充满活力的。封建社会反对自我表现,压抑人才,造成了"万马齐喑"的局面,妨碍了社会的发展,造成数千年的社会停滞。今天我们的社会需要它的每一个成员充分发挥出自己的全部潜能,发挥出光和热,以把我国社会主义现代化的宏伟事业推向前进。

勇于表现是个人对社会的一种奉献。一个人,纵然有满腹经纶,然而他不表现;纵然他有一肚子锦囊妙计,但是他不献出,那他就谈不上对社会有什么贡献。勇于表现,是把内在的本质外在化,精神的东西物质化,有用的经验公开化。从这个意义上说,勇于表现的过程,就是人们积极从事创造的过程。它把个人的智慧和才能、理想和抱负奉献出来,供他人去认识和了解,供社会选择和使用。这对于社会的发展,个人的进步,都是大有益处的。

自我表现和自我吹嘘是有着本质区别的。自我表现者是靠真才实学,靠实实在在的行动,靠看得见的成果来表现自己的价值的。而自我吹嘘者则拿不出什么实实在在的东西,而是靠谎言和欺骗等虚假的东西来表现"自我价值"。

5. 从"沉默寡言"到"能言善辩"

我们祖先们不大重视甚至不大喜欢"能说会道"的人,对那些谈锋很健的人,常常加个"夸夸其谈"的帽子。相反,一个人如果沉默寡言,不苟言谈,那么,这个人往往会受到欢迎。

不要以为"能说会道"仅仅是嘴巴上的功夫。有人认为:只要有真本事,嘴巴笨一点怕什么?其实,什么是真本事呢?"嘴巴硬"就是一种真本事。古来人们成就一番事业,都需要有一番口才。古希腊柏拉图、亚里士多德,中世纪宗教改革家马丁·路德,法国资产阶级民主思想的启蒙者卢梭、孟德斯鸠,美国发动与领导黑人解放运动、进行南北战争的林肯,起草《独立宣言》的杰弗逊,革命导师马克思、恩格斯、列宁,都是杰出的演讲家。另外,一些自然科学家如伽利略、布鲁诺、居里夫人、爱因斯坦等也是杰出的演讲家。再以我们中国来说,先秦时代的孔、孟、老、庄,还有其他一些诸子百家,统统是杰出的演讲家。秦朝李斯以辩才著称。汉朝学术会议——白虎观会议和盐铁会议，参加会议的人都是一些雄辩者。赤壁大战前，诸葛亮在东吴智激周瑜、舌战群儒、说服孙权，靠的也是自己的雄辩才能。近代资产阶级改良派梁启超，以煽动性演说而闻名于世。一部《孙中山文集》，收集的大部分是孙中山的演讲词。"五四"运动，"一二·九"运动，抗日救亡运动，学生们慷慨激昂的演讲，对于唤起民众，共赴国难，掀起抗日救国的浪潮，起过巨大的作用。周恩来同志机敏的辩才，使国际上多少政治家为之倾倒。面对这些事实，难道我们还能说，能言善辩不是一种真正过硬的本领么？

在现代社会，由于经济的发展，人们交往频繁，口头表达能力的重要性日益增强，口才越来越被认为是现代人所应具有的能力之一。作为现代的人，不仅要有新的思想和见解，而且要能在别人面前很好地表达出来。就职业而言，从事现代社会的各行各业都需要口才：对外交家来说，口齿伶俐、能言善辩是一项基本的素质；法官要使罪犯认罪伏法，律师要维护被告人的合法权益，少不了要进行辩驳。商业工作者推销商品、招徕顾客，企业家经营管理企业，都要口才。在日常交往中，有口才的才能把平平常常的话题讲得很吸引人，口笨嘴拙者即使讲的内容很好，听起来也索然无味。要成为这个"家"、那个"家"，条件之一就是能言善辩。

（二）合乎中道的最佳性格

张殿国

阅读提示 亚里士多德在探讨美德的过程中提出了中道学说，闪耀着辩证法思想的火花。每种德行都是两个极端之间的中道，而每个极端都是一种罪恶。这一点可以由考察各种不同的德行而得到证明。勇敢是懦怯与鲁莽之间的中道；磊落是放浪与猥琐之间的中道；不亢不卑是虚荣与卑贱之间的中道；机智是滑稽与粗鄙之间的中道；谦逊是羞涩与无耻之间的中道。所谓优良性格和不良性格，实际上是同一种性格特征的两端延伸，任何优良性格的过分延伸，都会成为不良性格。从性格的角度说，有的人很有魄力，敢想敢干，但常常考虑不周，显得不够稳重。有的人考虑问题周密，办事谨慎，但魄力不足；有的人原则性很强，但方法可能欠灵活。性格耿直的人，心直口快，有啥说啥，这无疑是个优点，但如果不分场合，不该说的乱说一气，那就是缺点了。性格刚烈的人，坚强，勇敢，有锐气，有活力，办事爽快利落，但是，这种人往往是急性子，脾气急躁，毛手毛脚。性格柔和的人，待人温和，处事稳健，有韧性，能耐久，但过于温柔，又会使人缺少一种英风豪气。俗话说："刚柔相济。""刚"和"柔"都应控制在一定的限度之内。任何优良性格特征，也都要控制在一定的限度之内。我们要成功地进行性格修养，就必须善于把握优良性格的限度。讲究“度”，讲究“中道”，某种意义上就是讲辩证法。

1. 机灵与诚实

机灵，就是机动灵活的意思。在高速发展、变化频率相当高的现代社会，机灵是一种十分可贵的性格素质。日本丰田汽车公司副经理大野耐一在《丰田生产方式》一书中写道，现代人对于外界事物“一瞬间就要做出反应，就像沙子将要飞进眼里的时候，不知是什么也能闭上眼睛防止飞进；又如触到热的东西，能在一瞬间缩回手来防止烫伤一样”。现代社会，确实需要有这种高度的敏捷和机灵，才能做出成绩来。

人生得机灵，本来是件好事，但有些人“机灵”得不是地方，尽干些歪门邪道的事，能钻营、会投机、善于察言观色。机灵本是一种聪明，但这种人的“机灵”，徒有聪明的外表，却全然没有聪明的实质，它不过是一种不折不扣的滑头主义。聪明人有与人为善之心，无伤害他人之意，又有足够的经验和智慧，去识别坏人和恶行；而滑头者则损人利己，为此不惜耍手段，施诡计。聪明人有严于律己的美德；而他们则往往文过饰非，诿过于人。聪明人公正无私，眼界开阔，气度宽宏；而滑头者见利忘义，被名缰利锁捆住了手脚。这种人看起来机灵得很，但说穿了，无非是见风使舵，看人办事，拉拉扯扯，吹吹拍拍。此风一长，人与人之间的关系就不再是互相帮助、坦诚相待的同志关系，而变成了一种赤裸裸的利益关系、买卖关系。它像一种腐蚀剂，腐蚀着人们的灵魂，“污染”着社会的肌体。

有的青年不学真聪明，却要去向这种人学习，无非是认为他们“能够捞到实惠”。在现实生活中，确有少数使手腕、耍滑头的人，暂时地捞到了一些好处，但这一点也不值得羡慕。他们的所谓“好处”，无非是谋得一点私利。殊不知，这是得之于一时、失之于长远的赔本买卖。

2. 谦虚与自信

谦虚，是做人的美德，也是一种优良的性格。自古以来，谦虚一直受到人们的高度评价，“满招损，谦受益”，“虚心使人进步，骄傲使人落后”。美国人罗威尔形容谦虚“是庄严，是尊贵”。英国人但尼生认为“真正的谦虚是最高的美德，也即一切美德之母”。古希腊哲学家苏格拉底则称颂谦虚“是藏于土中甜美的根，所有崇高的美德由此发芽滋长”。确实，谦虚的人，在各个时代、各个国家、各个地方，都受到人们的称赞和欢迎。

谦虚，是人们不断进取的第一个前提。唯有谦虚，才能意识到自己的不足，产生学习的愿望和热情；唯有谦虚，才能广采百家之长，以补自己之短；唯有谦虚，才能懂得事业无止境，成绩无顶峰，才不会躺在已有的成绩上睡大觉；也只有谦虚，才懂得“山外青山楼外楼”的道理，不断克服满足情绪，时时争取自己有新的进步。

谦虚，是搞好人际关系的重要条件。谦虚待人，就会尊重同志，尊重朋友；就会严格要求自己，勇于自我批评。而一个人如果骄傲起来，自以为是，好为人师，盛气凌人，就会伤害同志，损害朋友间的感情。因此，谦虚是加强团结的凝固剂，骄傲则是破坏团结的腐蚀剂。

谦虚，是通向成功的阶梯。谦虚的人，总是兢兢业业，勤勤恳恳，头脑清醒，斗志旺盛，努力去争取事业的成功。而骄傲的人，却会头脑膨胀，忘乎所以，粗心大意，松懈斗志，以致把事情办坏。历来的成功者，大抵都是谦虚者，像牛顿、居里夫人、爱因斯坦这样开创科学史上重要里程碑的人，都是十分谦虚的人。

但是，谦虚也有一定的限度，过分的谦虚，就会导致失却自信。有一种人常常过低估计自己，总感到自己不如他人。在有的地方，遇到重要的工作，大家都称"自己不行"，你推我让，无人出头。遇到某项开拓性的事业，也都认为"自己不是那块料"，而没人敢承担。这就绝不是谦虚，而是缺乏自信的表现。谦虚和缺乏自信，表面看起来似乎有相似之处，实际上却有着根本的区别。

谦虚的实质是老老实实，实事求是，对自己一分为二，不夸大成绩，不掩盖缺点，知之为知之，不知为不知。谦虚的人，并不否定自己的能力和才华，他们对自己有正确的估价，有多少本领就愿意奉献出多少本领。而缺乏自信的人，缺乏实事求是的精神，他们不能科学地认识自己，而是过低地估价自己，只看到短处，看不到长处，只看到缺点，看不到优点，因而常常把自己看得一无可取之处。

谦虚是和正当的自尊心联系在一起的。谦虚的人，虚怀若谷，但又不自轻自贱，他们具有对自己长处和优点的充分认识和自信。谦虚的人，在和人相处中，一方面虚心学习他人的长处，另一方面也善意地指出他人的不足，他们和他人的关系是平等的。而缺乏自信的人，缺乏必要的自尊心，不敢和别人平起平坐，而是自惭形秽，自觉矮人三分。不能大大方方地和人相处，而是自轻自贱地过日子。

谦虚是以进取精神为基础的。正因为一个人要不断进步，有所作为，他才迫切需要深刻认识自己的弱点和不足，迫切需要提高自己。而缺乏自信的人，却没有那么一种强烈的进取心，他们自认不行，是为了逃避重的工作，是因为害怕承担责任，是希望别人用一种低标准要求他，原谅他的无能。

可见，从本质上看，谦虚和缺乏自信完全是风马牛不相及的两码事。我们需要的是真正的谦虚，是实事求是估价和认识自己的谦虚，是建立在自尊和自信基础上的谦虚，是充满进取精神的谦虚，而要反对那种过低估计自己的、失去了自尊心和自信力的、胆小怕事、无所作为的假谦虚。

3. 幽默与庄重

幽默，是笑的源泉之一。幽默者的笑，是会心的笑，发自内心的笑，意味深长的笑。幽默,不仅产生笑料,它更是一种修养,一门知识,一种功力很深的素养。

假如说,人可以分为生动的人和枯燥的人的话,那么富有幽默感的人,可谓是生动的人。与生动的人相处,会使人感到愉快。挪威著名探险家图尔·赫伊叶尔达勒在挑选探险队员时,十分重视他们是否具有幽默感。他说:“我们将乘坐木筏,在汹涌的洋面上漂流好几个月,在这种条件下,开开有益的玩笑,说几句幽默的话,其重要性不亚于救生圈。”而和缺乏幽默感的人相处,则是一种负担。生活中,幽默的人,只要你和他熟悉,尽可以和他说说笑笑。而缺乏幽默感的人却不是这样,平时再熟,你要是和他说个笑话,他会马上一反常态,使你十分尴尬,啼笑皆非。因此,对于缺乏幽默而枯燥乏味的人,人们往往避而远之。

在人的精神世界里,幽默感是一种丰富的养料。一个能以风趣幽默的态度对待生活的人,比其他人更容易捕捉到生活中的欢乐。有些人对待生活缺乏幽默感,老是怨天尤人,结果,常常被郁郁寡欢的阴影所笼罩。当你感到不愉快时,不要郁郁寡欢,顾影自怜,也不要愁眉苦脸,唉声叹气,最好能以风趣幽默的态度来对待。风趣幽默的态度,可以使我们增添藐视困难的勇气。幽默感表现了人的自信和镇定,一般地说,只要我们坦率和豁达,幽默感就会纷至沓来。平时和同伴们开开玩矣,说说笑话,这也是一种风趣和幽默。开玩笑,是对生活的一种十分有益的调剂,是一种对精神健康大有好处的娱乐。在你忧愁烦闷时,伙伴之间引趣逗乐,嬉闹一番,会给生活增添乐趣。欢乐之中哈哈一笑,心中的忧愁烦恼在不知不觉中烟消云散了。幽默既有天赋的成分,更是机智头脑的产品。一般地说,幽默不会光顾孤陋寡闻、浅薄无知的头脑,也不会闯入麻木不仁、冷漠孤僻的心灵。扩大自己的知识视野,提高自己洞察社会和洞察生活的能力,以及从生活中捕捉幽默素材的能力,将会有助于我们幽默感的形成。

幽默和度量有关,缺乏幽默感的人,也往往是度量较小容易生气的人。幽默也与一个人的性格是内向还是外向有关,性格内向的人,不能说就是没有幽默感的人,但至少可以说是较少表露幽默的人。

幽默是人们睿智、风趣和达观的天性的自然流露。幽默的人,喜怒哀乐,或见之于形,或藏之于心,潇洒而自然。他们知道什么时候需要严肃,而什么时候需要风趣。他们也知道,对哪些问题需要用理论的解剖刀分析,而哪些问题以幽默和机智解析和嬉戏一番,更能发人深思。缺乏幽默感的人,对生活常缺乏一种机智的认识,他们严肃多于欢悦,不该严肃的时候严肃,不该正经的时候正经。幽默的产生,还有两个外在的条件,即文化水平的提高和无拘无束的社会环境。应该说,在我们的民族性格中幽默感并不充盈,多年来儒家思想造成了人民精神上的自我压抑,曾经长期存在的封建专制环境又从外部使民族性格更趋内向，这都极大地窒息了我们民族的幽默气质。今天，我们有理由把养成人的幽默性格看作是睿智、欢乐天性的一种解放，看作是具有高度智慧的民族聪明才智的一种解放，宽松的环境气氛中大力培养出国民幽默的性格。

幽默离不开一定的笑料，但幽默并不纯粹是为了制造笑料。幽默是有分寸的，超过了分寸和限度，幽默就会变成油滑。随便给别人起绰号，抓住别人的不慎加以夸张，引起哄堂大笑，而使被笑者处于尴尬境地，甚至拿别人的生理缺陷开玩笑，这更是一种低级趣味的人玩弄的恶作剧，和真正的幽默相去甚远。逗笑有时也是幽默，但应区分时间地点，掌握好分寸。开口前先要想想在和谁说话，和男人还是女人，是青年还是老年，是熟人还是生人。与老人讲话，一般应谦恭、尊重，少说俏皮话；对不熟悉的女青年，不能嬉笑；对萍水相逢、只有一面之交的人，也不要信口开河；遇到极度悲伤的人，切忌戏谑。

俏皮是一种幽默，但俏皮话应该说得恰到好处。如果老是喋喋不休地卖弄自己的嘴皮子，处处想显示自己的口才，幽默就成了"卖弄"，成了摆噱头，耍贫嘴。至于那些语言庸俗，出言粗俗，用一些不健康的语言编造一些不健康的笑话，更会使人觉得庸俗不堪。幽默不同于庸俗，庸俗是低劣的，幽默是高雅的，庸俗会使生活受到污染，而幽默则会使生活显得生机盎然。幽默虽则俏皮，但却不失庄重，幽默的话，大多诙谐、隽永、含意较深。即使是"纯幽默"的东西，也总是让人在轻松的微笑中受到情操的陶冶，得到美的享受。所以，幽默是一个美学的范畴。幽默产生的笑，是有益身心的笑，是建立在健康、庄重基础上的笑。如果幽默失去了庄重，变成一味调笑逗乐，插科打诨，幽默就会变味。如果谁"画虎不成反类犬"，把幽默变成庸俗、轻浮和油滑，那么他不但将难以受到人们欢迎，而且还会惹人讨厌。

4. 大胆与谨慎

胆子大，有胆有识，敢作敢为，是强者的一个重要性格特征。胆略和勇气联系在一起，胆子大的人才能是勇敢的人。胆略，体现的是开拓前进的锐气，它既是有力量的表现，同时也能激发人们产生新的力量。在困难面前，敢于藐视困难，把困难踩在脚下，有了这种胆略，才能最终战胜困难。景阳冈上的武松，"明知山有虎，偏向虎山行"，面对凶恶的斑斓猛虎毫不畏惧，奋勇与之搏斗，于是有了"武松打虎"的美谈。这个艺术形象长期以来深受人民的喜爱，说明了人民喜欢大胆的英雄。

胆略是成功地进行开拓创新的重要条件。创新，就是标新立异，另辟蹊径，就要敢于向权威挑战，向传统的成见挑战。胆怯的人，不敢去做前人没有做过的事，不敢去攀登前人没有攀登过的高峰，结果永远不会有什么作为。开创性的工作总是充满着风险，只有大胆的人，才能敢于走开拓的路，敢于追求庸人们所不敢追求的目标，从而也就能取得庸人们所无法达到的成就。

胆略是怎么来的呢？首先，大胆要以本事和能力为前提。艺高则胆大，武松为什么有打虎的胆略和勇气呢？《水浒》中说得明白："那武松尽平昔神威，仗胸中武艺……半歇儿把大虫打做一堆。"没有本事的人就不会有胆略，这种现象在生活中是常见的。能力强的人，办起事来胆子大，有果决精神，敢想敢说，敢作敢为。而能力弱的人则胆子很小，办事无主见，优柔寡断，不敢负责。能力强的人在紧急关头，能够沉着果断，临危不惧。而能力弱的人，一遇紧急情况就惊慌失措，拿不出主张。可见，培养胆略，首先应当加强学习，增进知识，提高自己的本领和能力。能力增强了，胆略就会提高。

大胆还得以自信心为基础，一切胆怯的表现都是失去了自信力和精神优势造成的恶果。有的是把困难估计过高，或是把自己看得太低，因而产生了胆怯。有的胆怯者，你问他到底怕什么呢？他自己也说不清楚，只是担心会遇到大的困难，这种莫名其妙的恐惧，纯属丧失自信力造成的。愈是在困难面前，保持自信力就愈是重要。我们反对不把困难想够，主张事先要充分考虑不利条件。但是，把困难想够是为了能更好地克服困难，因此，我们同样反对不把自己的能力估计足。要相信自己的能力，相信在同困难的斗争中，自己的能力还会提高。这样，才能使我们勇敢无畏地面对困难。

一方面，我们主张胆子要大，但另一方面，大胆也不是无边的。假如一个连游泳也不会的人，却莽莽撞撞地爬上很高的跳板跳入水中，因而送掉了性命，我们难道能说这种大胆是值得称道的吗？大胆不是狂妄无边，对于一个成熟的青年来说，大胆是和谨慎紧密地联系在一起的。俗话说"胆大心细"，就是说的大胆和谨慎的统一。

谨慎，首先表现在人们在开始工作之前，能够深思熟虑，深入地分析各种有利条件和不利条件，在权衡利弊得失的基础上，下定正确的决心。聪明人错误犯得少并不仅仅是因为胆子大，也不是完全依靠其聪明才智，考虑周密、行事谨慎也是一个重要原因。宋代文学家苏辙说："古之圣人，无事则深忧，有事则不惧，无事而深忧者，所为有事之不惧也。"拿破仑也说过："我习惯于在三四个月以前考虑我应该做的事并且估计到最坏的情况。"事前考虑越是周密，工作中的错误就会越少。人们历来提倡"三思而后行"，一事当前，能不能做，可不可为，有无成功的根据，可能产生的后果怎样，都应该想得很细。而且，要从利害两方面去考虑问题。"欲思其利，必虑其害；欲思其成，必虑其败。"只见利不见害，就会麻痹大意，轻举妄动；只见害不见利，就会丧失信心，消极气馁。能够在害中见利，利中见害，才能把大胆和谨慎很好地统一起来。

谨慎，还表现为在进入工作后，能小心翼翼地认真工作。一个人如果只在事前深思熟虑，而一进入工作后就冒冒失失，粗枝大叶，那他还不是一个谨慎的人。谨慎的人在行动中能够慎始慎终，"如临深渊，如履薄冰"。一方面，"深渊"和"薄冰"都是很危险的，我们敢于走过去，这就大胆；另一方面，正由于是在“深渊”旁和“薄冰”上走路，所以十分小心，看准路的宽窄和冰的厚薄，慎重选择比较稳当的地方下脚，这就是谨慎。如果我们在面临大事时，能够这样做，那就能把大胆和谨慎很好地统一起来。

5. 紧张与镇定

紧张，才能充分发挥时间的潜能。赫胥黎有句名言：“时间最不偏私，给任何人都是二十四小时；时间也最偏私，给任何人都不是二十四小时。”同样的时间，由于人们利用的程度不一样，效果也就大不一样。东汉时的班固，充分利用不起眼的零碎时间，因而“一月得四十五天”。三国时的董温，利用“冬者岁之余、夜者日之余、阴雨者晴之余”的“三余”时间，刻苦学习，成了一个名士。宋朝文人欧阳修，利用“马上、厕上、枕上”的“三上”时间，构思写成许多好文章。他们能够抓紧时间紧张地工作和学习，因而时间给他们留下特别多的成果。而对那不珍惜时间，整天飘游闲荡、疲沓懒散的人，时间却很不客气，给他们的生命留下空白，大大降低了他们生命的价值。

紧张，有利于充分发挥自身的潜能。人们在紧张的情境中，常能做出懈怠情况下所做不到的好成绩。“情急智生”，“急中生智”，是说紧张能够加速思想机器的运转，高度地调动智慧。比如，将帅指挥作战，犹如“坐漏船之中，伏烧屋之下”，没有多少时间来犹豫彷徨。需要的是：计谋之成，决心之大，速度之快，使“智者不及谋，勇者不及一”，如此迅速果断，方能稳操胜券。因此，优秀的军事指挥员作战时特别能明快果断，这在很大程度上也是紧急情况所逼而致。紧张的状态还能使人的性格更加坚强，它使人来不及犹豫彷徨，只能充满信心向前奋进。它排斥那种丧失信心、软弱怯懦的思想，不能和苟且偷安、得过且过、安于现状的保守思想共存。和紧张并存的，通常是顽强的斗争意志和饱满的精神状态。

但是，紧张必须有它的限度。毛泽东说：“我们需要的是热烈而镇定的情绪，紧张而有秩序的工作。”

首先，要求做到紧张而能镇定从容。有的青年具有紧张的时间观念，但却缺乏镇定从容的态度，陷入匆促和慌乱之中。他们很想最大限度地抓紧时间，但实际上又往往耽误和浪费了时间。因为来不及对行动作认真的全面的考虑，仓促上阵，或者粗枝大叶，遗漏重要环节，或者在忙乱中把事情办错，返工重来。结果是越忙越乱，反而耽误了时间。一个修养有素的人，应该是“每临大事有静气”，能够在紧张之中沉住气，保持冷静的头脑、从容的态度和宁静的心境。

其次，要求做到紧张而能有条不紊。许多人在紧张中陷入仓促慌乱，其主要原因在于时间安排无计划，不能合理地组织自己的行动，而是抓到什么干什么，因而一忙就乱了套。如果在事前就对行动进行周密计划，哪一步干什么有了明确的安排，那么，不管时间怎样紧迫，都能准确迅速、有条不紊、从容不迫地按照计划进行工作。

再次，要求做到紧张而有节奏。既要有紧张的时间观念，又要过有规律的生活，进行有秩序的工作。为了使自己的生活紧张而有节奏，应当给自己规定一套严格的生活制度，拟制一个合理的作息日程，规定每天起床、就寝、用餐、工作、学习及用于其他业余活动的时间，增强生活的规律性。严格的生活制度和工作秩序，对于形成生活的组织性、条理性和规律性，培养从容不迫的行为习惯，克服急躁和懈怠情绪，都有很大的实际意义。

6. 忍让与怯懦

忍让是一种美德。但有的青年对此却不以为然，他们把忍让看作怯懦的表现，而把“针尖对麦芒”、各不相让看作是“有骨气”。

忍让和怯懦，看起来似有相同的一面。问题并不在于如何从现象上去区分忍让和怯懦，这里的关键在于：对什么事忍让，对谁忍让，为了什么样的目的忍让。

从对象看，忍让作为一种美德，是特指对待自己人而言、对待非原则问题而言的。同亲友、同志相处，不会永远相安无事。每当发生摩擦时，就看你是否具备“委曲求全”的忍让态度。在家庭、集体中，在非原则问题上，斤斤计较，互不相让，不仅妨碍大家，惹人厌烦，自己心情也不舒畅。不如豁达一点，吃点小亏算了。朋友、同事间的忍让谦和，不仅有助于事业，有益于他人，也有助于自己内心的平静和坦荡。

从目的看，忍让是以大局利益为重，置个人的利害荣辱于次要地位。长征途中，在张国焘对党中央离心离德的时候，朱德为了避免红军的分裂，亲临红四方面军，面对张国焘设置的重重阻挠和障碍，毫不动容，苦口婆心地做张国焘和四方面军广大指战员的工作。毛泽东称赞他是“意志坚如铁，度量大似海”。

对生活中的消极现象忍让，对不良社会风气忍让，在坏人坏事面前退避忍让，这种忍让是一种不折不扣的怯懦，是名副其实的“没骨气”、“软骨头”的表现。它只能姑息养奸，甚至助纣为虐。一个真正有骨气的人，在不良社会风气、在坏人坏事面前，应当拍案而起，挺身而出，坚决地与之斗争，不应有丝毫的怯懦。

还有一种人讲忍让，并不是出于维护大局利益或同志间的团结，而是为了明哲保身，消极地进行自我保护，这同样是怯懦的一种表现。武则天时代，有个丞相叫娄师德，此人精通明哲保身之道。他弟弟出任代州刺史，临行，娄师德问他：“我们兄弟受到的恩宠太多了，这是要遭人嫉恨的，你想过没有，怎样才能保全自己？”弟弟回答说：“以后，有人朝我脸上吐唾沫，我擦干就是了，决不让你担心！”娄师德忧虑地说：“这正是我担心的地方！人家唾你脸是生你的气，你把唾沫擦掉，岂不是顶撞他？这只能让他更火。怎么办？人家唾你,要笑眯眯地接受。唾在脸上的唾沫,不要擦掉,让它自己干。”“唾面不拭”,在封建社会竟被传为“美谈”,它和基督教宣扬的“人家打了你左脸,你应该把右脸也送上去”确有异曲同工之妙。今天,这种以“自我保护”为目的的怯懦忍让,没有任何积极意义。它的骨子里是害怕个人利益受损害,这种胆小怕事的人,树叶掉下来怕把头砸破,面对邪恶势力、歪风邪气,他们永远是怯懦的。

我们在生活中,在同志相处中,提倡要有忍让谦和的性格,提倡要以克制和忍让的态度处理同志间的矛盾。但是,忍让也应是有限度的,不能对一切东西都忍让,而应当明辨是非,坚持原则。心胸狭隘,一触即跳,小事上不能克制和忍让的人,性格是不成熟的;过多的忍让,逆来顺受,过于软弱的人,也是性格不成熟的表现。“大丈夫能屈能伸”。今天有度量、有骨气的青年,也应做到“能屈能伸”,该忍让的时候能忍让,该斗争时则能挺身而出,与邪恶的东西进行坚决的斗争。

(三) 世界观为核心的多层次性格论

燕国材

阅读提示 题目中说的这个理论是著名心理学家燕国材教授提出来的。“世界观核心论的个性论”有助于澄清当前国内外流行的关于个性问题的种种混乱思想,它用“个性 = 世界观核心 + 个性特征”这样一个简洁的公式把复杂的个性体系概括出来了。世界观核心论的个性论是以马克思主义哲学为理论指导建设起来的。首先,我们所说的世界观,就是共产主义的世界观,亦即实践唯物主义的世界观。其次,马克思说,人的意识不仅反映外部世界,而且创造外部世界。根据这一指导思想,我们把人的意识分为认识过程和意向过程两大部分,并进而把个性特征也划分为才和性两大部分的。这就不难看出,世界观核心论的个性论是符合实践唯物主义精神的。以共产主义世界观为核心的个性论,对于培养青年一代的教育工作也是十分有意义的,我们的教育工作,就必须培养青年一代的以共产主义世界观为核心的个性品质。

根据燕国材先生“世界观为核心的个性系统”理论,培养“健全人格”,须特别注重世界观教育。我们的世界观,是马克思主义的强调实践、和谐发展的实践唯物主义、辩证法。张世英先生关于“主客二分基础上的天人合一”思想有助于我们更加准确、深刻地理解马克思哲学的来源、特征与本质。(林可济、黄雯《张世英哲学思想研究》,人民出版社 2008 年 9 月出版)人与自然、人与社会、人与自身,处于矛盾统一之中,我们必须在实践中努力寻求两者的统一、和谐。

我们需要具有自我意识、主体意识,但是我们更加需要与客体共在。因此我们把健全人格称作“共在性独立人格”。“独立人格教育”就是自我意识教育、主体性教育。主体性是作为社会活动主体的人的本质属性,包括自主性、主动性和创造性。主体性,自我意识,是科学素质、人文素质的核心。康德的名言:“头顶灿烂星空,道德律在我心中”,集中体现了他对科学、人文的追求;而这一切的根基,是他对人性尊严、主体意识实现的追求。“共在性独立人格”是以承认他人的独立性、以人与人之间的平等、公正为其规定性,强调的是个人的“独立”与人和人之间的“共生性”的辩证统一。这种共生性不是对人与人之间依附性的回归,而是它的否定之否定。中西方文化分别强调人的个体性与社会性,“共在性独立人格”体现了东西方文化之间的辩证统一。前工业社会,人结成以血缘、地缘为纽带的群体,个人对集体有着强烈的依附性,独立存在的个体实际上并不存在。随着产业革命与市场经济的兴起,具有独立人格的个人开始出现,因此,近代以来的西方主流哲学强调的是以自我为中心的存在。康德、黑格尔等揭示了隐藏在“人”这个概念中的时代性矛盾:一方面充分肯定个人为追逐自己的利益的努力是使人的潜能得以发挥的动力,一方面却又看到由这样的个人所产生的贪婪和扩张等特性,提出了“世界性个人”、“普遍性个人”等概念。进入20世纪,这种个人主义越来越暴露出它的消极面,它的无限膨胀引发的拜金主义、物质至上已经成为西方社会的痼疾,甚至危及人类生存。随着世界市场、世界经济、世界文化的推进,每个个人不再可能将自己封闭成彼此分离的、孤立的单子式的存在。由此引发出对以个人主义为核心价值观的独立人格的反思,胡塞尔和梅洛·庞蒂等提出“交互主体”、“主体间性”等概念来取代个体性。海德格尔把“在世”作为“此在”的基本结构,就是在“此在”中渗入了世界与他人,试图说明个人不能单独存在。杜威提出“新型个人”的概念,也是建立在对个人主义批判的基础之上,提倡人与人的相互作用、共同参与、利益共享。现代意义上的“个人”,应该是“世界历史性的个人”,在这样的个人中,内在地包含了个人与他人、个人与社会的统一。以这种人学观念为基础的“健全人格教育”,提倡培养“共在性独立人格”(鲁洁《道德教育的当代视域》,人民出版社2005年10月出版)。这与马克思主义哲学世界观是相通的,与“社会主义核心价值观”一样,具有重要的实践意义。健全人格培养,不仅是个人修养问题,还涉及社会的文化熏染教育,请参见本章第五节。

性格是一个多因素、多层次的系统结构。现在对性格结构进行剖析。

1. 世界观

世界观是人们对自然、对社会、对人生的总体看法,它由科学的认识、正确的观点、坚定的信念与崇高的理想所构成。它是心理的最高层次,是个性结构的核心因素。据此,我们完全可以说,世界观也是性格结构的最高层次和核心因素。而且在我们看来,作为个性特征的两大构成因素,智力受世界观的支配较小,而性格则受世界观的影响较大。世界观还包括人生观、价值观，它对性格结构的其他三个层次即现实态度、心理特征、活动方式等，都具有明显的主导作用。

2. 现实态度

对现实的态度是性格系统的第二个层次。人对现实的态度是多种多样的，它基本上可以分为对己、对人、对事三个方面。在对己方面，有的谦逊，有的自负；有的自豪，有的自卑；有的大方，有的羞怯；等等。在对人（包括对集体、对社会）方面，有的诚实，有的虚伪；有的善于交际，有的孤僻寡合；有的大公无私，有的自私自利；等等。在对事（包括对劳动）方面，有的勤劳，有的懒惰；有的负责细心，有的粗心大意；有的革新创造，有的墨守成规；等等。对己、对人、对事三方面的态度是相互联系、彼此制约的。

3. 心理特征

它是性格系统的第三个层次。这个层次主要包括如下三个方面：

（1）性格的理智特征。

性格的理智特征包括属于认识过程和智力方面的一切稳定特点。比如，在感知方面，有的观察精细，有的观察疏略；有的观察敏锐，有的观察迟钝。在想象方面，有的想象丰富、奇特，富有创造性，有的想象贫乏、一般，具有再造性；有的想象主动、波谲云诡，富有情感色彩，有的想象被动、平淡寻常，缺乏情感体验。在思维方面，有的善于独立思考，有的记忆牢固，难以遗忘；有的过目成诵，记忆敏捷，有的反复背诵，方能记住；等等。

（2）性格的情绪特征。

性格的情绪特征包括属于情感过程方面的一切稳定特点。比如，有的热情，有的冷漠；有的乐观向上，有的悲观失望；有的情绪饱满、神采奕奕，有的情绪低落、没精打采；有的笑起来声震屋宇，有的尽管内心乐滋滋的，却不露声色；有的情绪常如钱塘江春潮，“涛似连天崩雪来”，不可遏止，有的却常似“无风水面琉璃滑，不觉船移，微动涟漪”，平缓得很；等等。

（3）性格的意志特征。

性格的意志特征包括属于意志过程方面的一切稳定特点。比如，有的勇敢，有的怯懦；有的蔑视困难，有的害怕困难；有的克制自己，有的放纵自己；有的果断坚定，有的优柔寡断；有的办事有明确的目的和计划，有的却凭一时情感冲动，只有五分钟的热情；有的办事能持之以恒，坚持到底，有的则一曝十寒，半途而废；有的灵活善变，应付自如，有的则一成不变，顽固透顶；有的遇到特殊情况时，镇定自若，敢担风险，有的则惊慌失措，拿不出主张；等等。

上述三个系统的心理特征往往是交织在一起的，因为理智、感情、意志三种心理活动本来就是密切联系、不可分割的。

4. 活动方式

它是性格的第四个层次，亦即最低层次，主要包括行为方式和行为习惯两个方面。行为方式是一个人的活动特点及其表现形式，是在活动中不断得到强化、巩固，并逐渐趋向稳定的。一个人的各种性格特征常常会使人采取不同的行为方式。正如恩格斯所说的："一个人物的性格不仅表现在他做什么，而且表现在他怎样做。"这"做什么"和"怎样做"便是行为方式的表现，从此种行为方式中即可看出一个人的性格特征是什么。但是必须指出，我们不能把行为方式与性格特征的相应关系看作是线性的，而实际上却是非线性的。比如，在不同的人身上，同一性格特征可以有不同的行为方式；不同性格特征在不同的时间、地点和条件下，能以不完全相同的行为方式表现出来；不相同的性格特征在不同的条件下，也可以表现在同样的行为方式之中。在实际生活中，我们必须看到行为方式与性格特征之间这种错综复杂的关系，否则就有可能被一个人的表面现象所蒙蔽，甚至以假当真，上当受骗。

行为习惯是一个人行为方式的自动化，是不需要思考和意志努力的行为方式。也就是说，一个人形成了某种行为习惯之后，他再也不需要他人的督促或自己的提醒，就能自然而然并轻松自如地去完成那种习惯动作。正如古语所说："少成若天性，习惯成自然。"比如，一个在集体场合习惯于注意自己行为的人，在电车上看到小孩和老人时，他便会主动地让座；如果他是一个大嗓门的人，在公共场合讲话时他也会压低声音；等等。他对这一切丝毫不觉得痛苦和困难。行为习惯与行为方式一样，常常反映出一个人的性格特征，但不能把性格特征与行为习惯看作是一对一的简单关系。

上述性格系统的四个层次是从纵向来说的，如果从横向来说，则第一个层次可称为核心层，第二、三两个层次可称为中介层，第四个层次可称为外表层。有关性格的纵向层次和横向层次的内容分别表示如下（见图1，图2）：

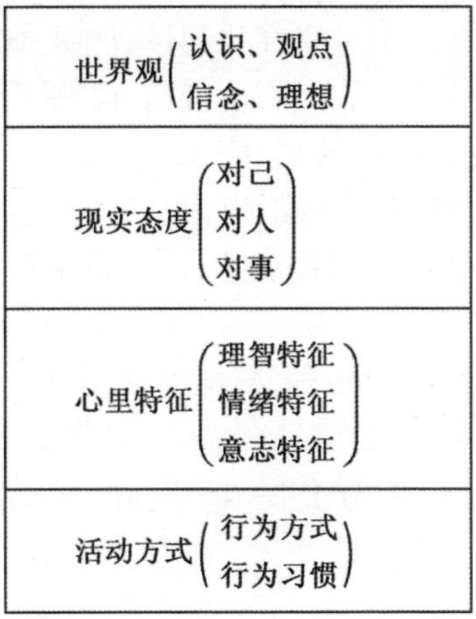

图1　性格系统的纵向层次

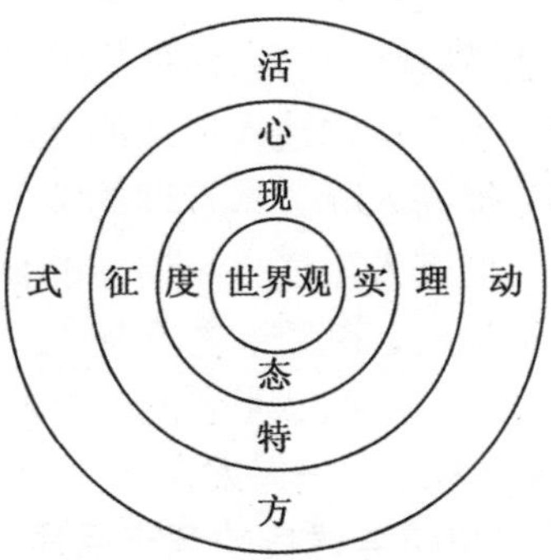

图2　性格系统的横向层次

综上所述，就性格问题可以得出以下几点结论：

（1）性格是个性系统中的一个重要子系统，它同智能系统相对峙，又与人格这一概念相对应。

（2）性格由世界观、现实态度、心理特征和活动方式四个层次组成，而世界观居于最高层次，对整个性格起支配作用。

（3）性格系统包括气质在内，气质与性格是内部基础与外部表现的关系。

（节选自燕国材主编《理论心理学》，暨南大学出版社 2007 年 6 月出版。）

思考与实践 本单元介绍了培养健全人格、优良个性品质和创新人格的知识。它们之间关系如何？如何培养健全人格、优良的个性品质和创新人格？以下提纲供参考。

1. 如何提高情感智力（情商）？

（1）提高认识自我的情绪能力。

（2）提高妥善管理情绪能力。

① 培养、保持积极情绪的方法：增加愉快生活的体验；与他人分享快乐；转换思维方式，从光明一面思考；积极参与社会交往；以人生追求的过程为快乐。

积极情绪一是指"好心情"：好心——爱心使人健康，真心使人快乐，善心使人美丽。好情——亲情使人温馨，友情使人宽容，爱情使人幸福。

二是指高品位的感情：理智感；道德感；审美感。

关键是有"天人合一，民胞物与"、"为天地立心，为生民立命，为往圣继绝学，为万世开太平"的胸襟怀抱。

积极情绪包括同样是高品位，但是未必一定是崇高的感情，比如幽默感。

② 调适、消除消极情绪：消极情绪：虚荣、自卑、空虚、自私、浮躁、猜疑、孤僻、羞怯、完美主义、嫉妒、悲观、报复、逆反、挫折、狭隘、病态怀旧。

方法：转移注意力；转换思维方式，自我暗示、激励；宣泄；升华人生境界。

（3）提高认识他人情绪的能力（表情、神态；身体姿态；语调语速等）。

（4）提高人际关系管理的能力。

（5）促进人生境界与情感的良性互动。"君子坦荡荡，小人长戚戚"。举世誉之不加劝，举世非之不加沮。难得糊涂，吃亏是福。开口便笑，笑古笑今，凡事付之一笑；大肚能容，容天容地，与己何所不容——虚静，无己，得道，涅槃，修身养性——天人合一。

2. 如何培养优良的意志品质？

（1）有哪些优良的意志品质？

意志品质是意志行动稳定的表现方式。良好的意志品质对于我们做好任何工作都是必要的。人的良好意志品质有许多，主要有自觉性、果断性、坚韧性、自制力。（具体内容可以网上搜索）上述各种意志品质不是彼此孤立的，而是相互联系的。我们每个人都应当全面发展各种良好的意志品质。对不同的人来说，各种意志品质可能发展不均衡，各有突出表现的方面；在各项具体活动中，对人的意志品质各方面的要求也可能有所侧重，但对意志品质的本质方面的要求却是不可缺少的。

（2）如何培养优良的意志品质。

培养良好的意志品质，首先必须树立远大的理想和崇高的信念。坚定的信念、正确的人生观和科学的世界观，是培养良好意志品质的思想保证。其次，要在实践中磨炼自己的意志。再次，加强自我锻炼对于意志的培养也很重要。外部的环境和教育条件，只有通过个人的自觉努力和自我锻炼才能起作用；确立实践目标—制订实践计划、方案（日程表，时间管理）—调整控制实践过程—检验、评价实践结果。

（3）联系本书内容，联系实际，讨论下列话题：你认为什么是正确的世界观？形成正确的世界观对于培养发展良好的个性有何意义？

（4）你认为你自己的个性存在哪些长处或短处？什么样的个性是良好的个性？如何培养、发展自己的个性？

3. 如何塑造健康人格？

马斯洛提出的“需要层次理论”认为人的需要最低的是生理需要，其次是安全、归属和爱、自尊等社会需要，最高级的需要是自我实现。需要得到满足人就会感到幸福，最高级的需要得到满足，那就是最高级的幸福。而“自我实现的人”就是享有最高级幸福的人，也是具有“健康人格”的人。他对于“自我实现的人”的特点，是通过对爱因斯坦、贝多芬、罗斯福等 49 位成功人士的分析研究、归纳出来的。

“自我实现的人”的特点：

（1）有效地感知现实。（2）有接受自我、他人和自然的能力。（3）能真实地对待自己、坦诚地说出自己的感受，自然而单纯地表现自己。（4）问题中心。将精力放在任务职责和使命上。（5）超然独立的特性。不回避、依赖他人，但是有离群独处的需要，在他们感兴趣的事物上高度集中和沉思。（6）独立于文化和环境之外的自主性。不受外界名利、别人规定的生活方式的干扰，有良好的自制力和自我感受。（7）鉴赏力的不断更新。能在生活中找到乐趣，做初级记得反应。（8）高峰体验。（9）兄弟般的认同感。（10）民主的性格结构。（11）强烈的道德感。（12）无恶意的幽默。（13）创造力。（14）对文化适应的抵抗。采取批评的态度对待他们社会中的文化不一致或不公平。

4. 参考下列提纲，谈谈你对创新素质培养的理解与感受。

（1）创新素质包括：创新意识与创新能力。

（2）创新意识包括：创新的欲望、情感。属于非智力因素范畴。形成的内因：先天禀赋；自我意识；外因：文化氛围、民主、科学探索精神、超越精神；社会制度；时代需要。

（3）创新能力形成因素：创新思维（非常规思维，发散思维）；思维（理性思维）与想象（形象思维）的结合；情感和思维、想象的结晶——智慧、直觉、灵感的产物。

（4）方法与途径：

① 六解放：头脑，手，嘴，眼，时间，空间；

② 五破除：对古人、洋人、权威、书本、自己的迷信。

5. 借助网络了解：何为“自我意识”？如何培养自我意识？

6. 为什么强调培养“共在性独立人格”？

五、人的文化与文化的人

——两种文化与健全人格（共在性独立人格）的培养

阅读提示　本文分两个部分，讲的是人与文化的辩证关系：人创造了文化，文化又化育了人。第一个部分（一、二两节）讲的是人的文化。什么是文化？文化是人的本质力量的外化、对象化。人具有意识，意识包括认知与情意，于是大致对应地创造出科学文化与人文文化，具体包括科学与艺术、伦理、宗教，哲学则希望追根穷源，对上述文化形态做出统一的终极的阐释。总之，文化是人的意识“知情意”的外化。第二个部分讲的“文化的人”：培养人，必须以“文”化“人”。培养人，自然是为了“人在世界中”能够和谐发展：与自然、与社会以及自我和谐统一，共同发展，需要具有“共在性独立人格”，需要培养全面发展的具有独立人格的创新型人才，这就需要我们倡导科学文化与人文文化相互融合，倡导西方文化与东方文化的交流融合，倡导体现了“主客二分基础上的天人合一”的本体论思想与马克思主义哲学中注重实践、和谐发展的世界观，与体现了“真善美”相互融合的社会主义核心价值观。本文认为一般而言，健全人格、个性的培养是创新人格、个性培养的基础，所以对于后者没有展开讨论。

1. 文化：人的本质力量的对象化

广义文化即“人化”。“文化”一词，在中国古已有之，在西方亦源远流长。但对文化含义却颇多争执。文化该词的拉丁文原意是（人的）耕作。所以，广义文化就是“人化”，即**文化就是人类在一定条件下的创造，是人的本质力量**

的对象化、外化。它包括人所创造的全部物质财富和意识产品，以及人的一切活动方式。把握这个宽泛的文化内涵，可从以下几方面着手：

首先，文化离不开人。它只与人及人的活动有关，而与自然相对。纯自然的东西，例如天然的石块、野生的树木均不属文化之义，但一旦它们经人改造，变成石器或观赏树木，则是当然的文化体现，也就是马克思所说的“人化自然”。其次，文化的实质是体现人的创造性。文化之所以区别于自然，因为它体现了人的本质力量——创造性。这是一种强调从无到有，追求新的发现和发明的力量。当自然中的日月星辰、山川河流被创造性地赋予人格的意义或打上意识的印记，便转化成人的产品，而跨入文化殿堂。再次，文化是人群共同享有的。文化体现的是群体或类的共同本质，一种被认为是文化的思想或行为必须被某个群体所共同认可。最后，文化现象广义的包括三方面：人们活动的方式、精神产品和物质成果。从上述几方面可以知道，文化的本质在于它是人类的创造。人类发展的历史，就是体现自己的本质力量——创造性的过程，是人的本质力量的对象化，也是人之所以为人、并不断走向自由的表征。正如恩格斯所说：最初的、从动物界分离出来的人，在一切本质方面是和动物本身一样不自由的；但是文化上的每一个进步，都是迈向自由的一步。

按照上述广义文化的内涵界定，文化在外延上的范围认定，将是十分庞大而复杂。诸如衣服、食品、住房、交通工具、思想学识、制度设施、语言文字、音乐图像、风俗礼仪等，无不体现人的创造性。文化就是生活中数不清的各方面。它包括人创造的一切行为、观念和态度。不管我们是否意识到，我们每个人都被某种文化系统所笼罩。它直接地或间接地影响甚至强迫着我们。如梁漱溟先生所说，文化“乃是人类生活的样法”。文化就是表现为人的各种意念、欲望的满足方式。

唯物史观首先是从广义上审视文化，认为劳动是一切历史发展的基础和前提，是人的本质力量的体现，文化亦可理解为人的本质力量的对象化，是创造性劳动的成果。这种成果的表现形态可以以物的形态体现文化的实质，表现为大批的创造物的产生，由此构成庞大的人化世界、物质财富；它也可以以观念形态诸如哲学精神、艺术思想等方式去体现人的创造性，这就是社会意识。**所以，广义的文化是物质财富和精神财富之和，狭义的文化主要指社会意识、观念形态。从某种意义上说，观念形态的文化更能体现文化的本质即人的创造性。**物质文化在这里显示为意识的具体化的产物、成果和结晶。狭义文化在外延上包括一切意识要素和观念形态。规范的文化形式主要有科学、伦理、艺术和宗教四种基本方式。

2. 科学、艺术、伦理和宗教——文化（狭义）的基本形式及其核心

文化的动力首先来自人的价值取向，文化的基本形式即来源于人的基本需要。凡人必欲求生存，就须了解物质对象之奥秘，以求得为“真”的认识来驾驭它。这便是文化的最基本形式,科学文化。人亦有情感的需要,于是借助于科学手段,人创造了自由的美感流露的审"美"文化,这是艺术形式。人还需一套规范以保持社会的人际关系上的秩序,以鼓励人们向"善"弃"恶",此即是道德、文化。综上三种文化形式,分别满足人们解决"是什么"、"要怎样"和"该怎样"问题的需要而形成人类对真、美、善的追求。然而这种追求过程的漫长和艰难,足以使人们在一定时期倍感失落,为弥补真、善、美追求中的空白点,即造就了宗教文化形式。在狭义文化意义上,人类创造的全部文化成果,就表现为科学、艺术、伦理和宗教四种文化形式。这是作为人类的共生现象而出现的。

科学是人类认识思维成熟的必然产物。它强调认识事物的本质和规律,尽可能准确、真实地描述对象,因而它的最高境界即是"真"。由于认识对象的不断扩大,科学表现为一个艰难和漫长的探索过程和庞大的知识体系。科学的求真成果,表现为知识的积累。而科学的物化成果,则展示为无数的充斥我们生活空间的物质产品。在人造物的笼罩之中,人们获得了更大的肉体自由,并在尽情地舒展各自的物欲。然而除了物质上的满足,人还有主体意识和情感上的需要。毕竟生命的个体不能仅靠抽象的概念、判断充其全部,所以科学不能代替其他文化形式。

艺术是人的情感性文化形式。它通过具体、生动的形象,满足人的美感需求,所以它本质上是以求美为目的的意识形式。人们的艺术创造,是按照美的尺度来展示人的情感,以寻求一个精神自由奔放的高尚境界达到审美欣赏的目的。因此,这种情感流露离不开人的感觉器官。庞大的艺术系统,正是人的主体意识、情感通过诸种感官而将之具体化的结果,它表现为视觉、听觉、想象的或综合的艺术。艺术文化不同于其他形式,它追求的是自由美感流露,尽管它也要受到物质材料、工具的限制,但它不会满足和停留于某一客观现实面前,而是无限地追求主体自由。在这意义上,艺术被看作是超越现实的自由之路。

伦理或称道德,是调整人们之间及个人和社会之间的相互关系的行为规范或原则总称。实际上,它往往表现为一套标准和态度,一个特殊的群体或民族藉此调节其行为,以区分就实现其目标而言合法的或可以接受的东西与不合法的或不可以接受的东西,因此我们可以谈论诸如"商业道德"或"教师道德"等,甚至是"宗教道德"。当然一般人所说的道德往往超出行业范围,是一般的一个国家或地区的社会公共道德。一个关注道德的人,即是具有向"善"的要求的。从道德表现为一套标准来说,它与法律是很相似的,但法律的规定是靠司法系统强制力执行的,这一点不同于道德。道德规范都是以诸如社会舆论、传统习惯、示范教育和人们的内心信念等软性的手段来加以推广和执行的,更多时候,借助于潜移默化的作用。一旦有人违反道德律令,而他又拒绝任何手段的教育，社会对之是无可奈何的。因而道德水平的高低可反映其人的精神约束力的强弱。伦理是在实践中体现人的精神力量。

宗教可定义为信仰超自然力量的一整套态度、信念和行为。不管这种超自然力量是神、鬼、精灵还是妖魔：在现实中，人们划分自然和超自然现象的界限似乎不那么清晰。不同社会、不同时代有很大变化。如一度被视为超自然力量显示的洪水、猛兽，今天大部分人认为只不过是自然的现象而已。宗教是一种颠倒虚幻的世界观，它强调信仰而后理解。宗教本质上也是一种世界观，这一点类似哲学。它们都试图解释世界，为人生寻找理论依据。因而宗教作为文化的源头，它的历史地位和作用是不可抹杀的。当然本质上它不同于哲学的“理解而后信仰”。“它是人民的鸦片”。

哲学是文化的核心。文化组织人生的手段有多方面：它以自然科学、技术经济来保障人的生存；用道德、政治法律来维护社会关系及秩序；通过艺术以使人类情感得以自由流露；用宗教给人以信仰等。**整体文化由各方面组成，又形成和谐的系统。这个系统的核心体现，即是其哲学。因为哲学是建立在对整个世界的概括总结基础上的世界观，它应该能反映整个文化系统的实质和核心，集中体现时代精神的沉淀下的精华。反过来，哲学思想一旦形成，又影响制约其他文化形式的取舍扬抑，某种程度上规范整个文化系统的基本的价值取向及思维方式。**当然，哲学作为文化系统的核心，与其他文化形式也是相互影响，相互作用的。

（节选自章仁彪《哲学导论新编》，同济大学出版社 2005 年 8 月出版。）

附录：心灵的结构与文化

胡家祥先生在《心灵哲学与文艺美学》（中国社会科学出版社 2007 年 10 月出版）中认为：**人类的心灵结构可以分为三个横向层面与两大纵向系列。感性**包括直观表象和体验情感，**知性**体现于认识抽象和评价价值，**志性**包含自性原型和自由意志。大致说来，它们分别体现为人对外部世界的感受、思维和信仰。形象（直感）思维发生在“感性”层面，抽象（逻辑）思维发生在“知性”层面，灵感（顿悟）思维很可能发生在“志性”层面。人类凭这三种心灵能力改造外部自然，建构文化世界。**人类的感性对象化而有文学艺术；知性的对象化在认识方面有自然科学，在评价方面则有人文科学；志性的对象化于是有宗教和哲学，哲学又以其偏于自性原型还是偏于自由意志而裂分为科学主义的和人本主义的。**心灵世界的结构实为文化世界的结构之根基和雏形。**人类的心灵又可分为两大纵向系列：**一个系列是从“直观表象”到“认识抽象”，进而追求更高乃至最高的统一性；体现“自性原型”的规范、整合作用，这一系列的由浅入深的过渡形成人们“认识世界”的一般过程。另一系列是由“自由意志”、“评价价值”和“体验情感”构成的。自由意志携载着人的族类生存的内在决定着人们的价值观念系统,受到现实社会关系和个体感性需求的"修正",并以"爱"或"憎"的情感形式体现出来。这一过程是由整一到杂多、由抽象到具体,将心灵深层的"理想自我"对象化、现实化,我们姑且称之为"要求自我实现"系列,这一系列的由里向外的过渡形成人们"伦理实践"的一般过程。这两大系列纵横联系,交叉感应,人的精神活动总是在要求"自我实现"(向外发散)和要求"和谐整一"(向内收敛)的张力结构中展开。作者对人类心灵的阐述,虽然没有实证材料,但是对于我们了解人类的心灵的结构及其与文化(科学文化与人文文化)之间的对应关系,提供了一个系统的具有逻辑性的阐述,有助于我们理解"知情意"、"真美善"之间的关系以及两种文化、两种哲学之间的关系。参见图3。

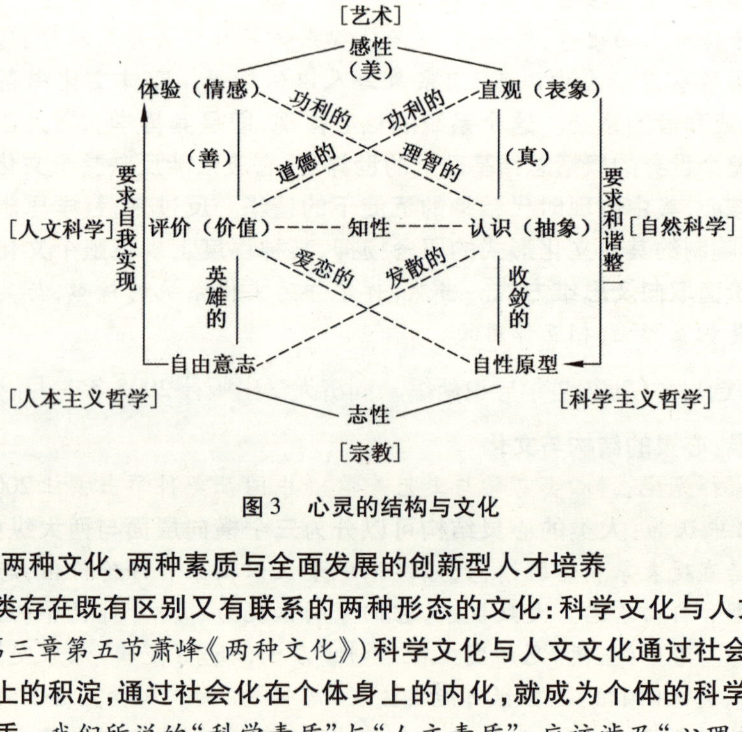

图3　心灵的结构与文化

3. 两种文化、两种素质与全面发展的创新型人才培养

人类存在既有区别又有联系的两种形态的文化:科学文化与人文文化。(参见第三章第五节萧峰《两种文化》)**科学文化与人文文化通过社会遗传在个体身上的积淀,通过社会化在个体身上的内化,就成为个体的科学素质与人文素质。**我们所说的"科学素质"与"人文素质",应该涉及"心理素质"与"社会文化素质"两个层面,是社会文化素质——包括科学文化、人文文化——与这两种文化内化而成的个体的心理素质的结合,是"人的素质结构中具有价值导向功能的最高层次的素质"。莱斯利·史蒂文森在《多面孔的科学》中,将典型的科学家与传统的文学家、艺术家、浪漫型人之间的素质特征进行了有趣的对比,构成14个方面的两两对照,这就是:理性—感觉(左端为典型的科学家的素质特征,右端为后者的素质特征,下同),抽象—具体,概括—特殊,有意抑制—自然而然,决定性—自由,逻辑—直觉,简化—杂多,分

析—综合，原子主义—整体主义，实在性—表面化，乐观主义—悲观主义，男性化—女性化，阳刚—阴柔，左脑—右脑（萧峰《科学人文的当代融通》，江苏人民出版社2001年出版）。两类人“素质”的区别，大致就是科学素质与人文素质的区别。当然，现实中的人，不可能完全地只有一种素质而没有另一种素质，但每一个具体的人在两种素质中有所偏重却是大量存在的，有时甚至还有走到极端的情况。**通过科学文化与人文文化的传承与熏染，提升、发展学生的科学素质、人文素质与创新精神、实践能力，就是“科学人文相互融合的学校教育”**。科学人文相互融合的学校教育，首先是指教育的目标：既重视科学素质的培养，又注重人文素质的培养；其次是指教育的方法，即实现目标的原则、方式、方法：既重视“教育内容的科学的系统的构成”，又重视“作为学习主体的学生的内在条件（发展阶段、个体经验、生活现实、学习动机、意志、信念、价值观等）的认识与洞察”，既注重文化知识的传授，技能、能力、智力的培养，又注重非智力因素、健康个性、人格的培养，让学生得到和谐发展的学校教育。**科学人文相互融合的学校教育，正是遵循、体现了“科学发展观”的和谐教育。**

科学人文相互融合的教育是培养综合素质（科学素质与人文素质）与创新素质的教育，完全符合党和国家的教育方针。中共中央国务院《关于深化教育改革全面推进素质教育的决定》中明确提出，为适应参与国际竞争的需要，我们必须“全面贯彻党的教育方针，以提高国民素质为根本宗旨，以培养学生的创新精神和实践能力为重点，造就‘有理想、有道德、有文化、有纪律’的、德智体美等全面发展的社会主义事业建设者和接班人”。它把“全面发展”与“创新精神和实践能力”的培养提到了突出的位置。创新素质不仅是一种智力特征，而且是一种人格特征、一种精神状态、一种综合素质。人的创新素质是人的综合素质协同作用的效应或结果。对大脑左右半球功能的研究表明，人的大脑由物理上相等的两半球组成，左右半球各有分工、各有专门的功能，左半球具有语言的功能和分析的功能，右半球具有非语言的和整体性的功能；左半球具有分析的、理性的、逻辑的理性的功能，右半球具有非理性的、直觉的和整体的功能。创新素质的核心——创新思维能力就是由两种思维方式——形式逻辑与审美逻辑综合而成的“互补结构”。创新素质与人的个性发展密切相关。我们多次提及，健全人格培养的目标是具有“共在性独立人格”的，应该具有不同特色的个性，这对于创新素质培养至关重要。

科学人文的相互融合的教育，符合世界范围内思想、文化发展的趋势。曾任英国政府科学顾问的小说家、物理学家查尔斯·斯诺在1959年发表了题为“两种文化”的影响深远的演说，指出了科技文化与人文文化在价值观念和思维方式上的差异及其对创造、突破带来的障碍，主张这两种文化的相互融合，而使得两种文化融合的重要途径是学校教育。美国著名科学家乔治·萨顿在《科学与艺术》一文中详细阐述了这两种文化的巨大差异，强调两者不可或缺，而又必须相互融合补充。关于中西方文化的比较研究表明，“天人合一”作为中华民族文化的根本特点，与西方文化的“主客二分”截然不同。从价值观念上看，中华民族趋向于“求善”，西方民族趋向于“求真”；从思维方式上看，中华民族偏重于感性、直觉、整体思维，西方民族偏重于理性、逻辑、分析思维（参见全书附录）。中西方文化的交流融合，也正在成为世界性潮流。倡导科学与人文相互融合，倡导西方文化与东方文化的交流融合，倡导同时注重发掘左脑右脑的潜能，培养具有科学素质、人文素质的综合型创新型的人才，顺应了历史、文化发展的时代潮流。

健全人格教育的实施，必须充分利用科学文化、人文文化；充分利用中西方文化，取长补短、相互融合，其关键是实施马克思主义世界观、价值观、人生哲学教育。在《中西文化与自我》（人民出版社 2011 年 10 月出版）一书中，张世英先生指出：未来世界文化和哲学的发展趋势，应该是中西文化和哲学的相互融汇和相互会通，不可能、也不应该彼此代替。向西方学习，提倡科学和民主，就要学习西方近代充分发展了的“主客二分”的思维模式和科学分析方法。**未来中国哲学的发展，中国文化、教育的发展，既要继承“天人合一”思想的积极方面，又要学习“主客二分”思维之长处，还要吸收西方现当代哲学的有益因素，以构建适应世界潮流和符合中国国情的新哲学。科学文化、人文文化，中国文化、西方文化的核心是科学精神与人文精神。（参见第三章第五节）新世纪的马克思主义哲学就是在实践中将这两种精神统一、融合起来。而科学精神、人文精神的核心则又是充分认识到主体与客体、自我与社会之间辩证关系的这一种“主体意识、自我意识”，就是“共在性主体意识”、“共在性自我意识”。具有这种意识的健全人格就是“共在性独立人格”（鲁洁《道德教育的当代论域》，人民出版社 2005 年出版），其世界观包含了“主体—客体”思想在内的“天人合一、万物一体”，既是科学人文精神的相互融合，又是“真善美”的和谐统一。**所谓“求真”，就是追求真理，就是认识主体经由“同化—顺应”反映，求得主体与客体之间的矛盾统一，它是知识论、科学方法论、学习方法论与各个学科科学理论所涉及的主要内容。所谓“求善”，就是追求人与自我（身与心，情感与理智，理想与现实等）、人与他人、社会（公与私，取与受，仁爱，公平，正义等）、人与自然之间的矛盾统一；它是道德实践、伦理学所涉及的主要内容；所谓“求美”则是理论知识与道德实践的矛盾统一，合规律性与合目的性的内容与和谐形式的矛盾统一；它是人类情感、艺术与美学所涉及的内容。**而实践唯物主义、辩证统一、和谐发展原理作为马克思主义哲学基本原理，是贯穿宇宙世界的根本规律，贯穿于真善美三个领域，是人类心灵整体结构（知与情、意）和谐发展的理论依据，也应该贯穿于学校所有课程之中。**

（节选自卫刚、方钧鹤主编《培养人格健全的人》，凤凰出版社 2012 年 10 月出版。）

思考与实践　　1. 回顾本单元内容，梳理其中的思路、逻辑。人的特性在于理性与非理性的统一，人在世界之中，其本质属性是社会性、实践性。人的特性与本质，决定了他“在世之中”不仅会追问人和万物是什么，还要追问人和万物存在的意义。于是对于人和世界“应该怎样”充满憧憬和理想。如何实现人的憧憬与理想？需要我们具有人生智慧，发现矛盾、解决矛盾，实现和谐统一；更重要的是需要我们具有健全人格、具有创新人格、具有各具特色的个性人格。这就需要我们学习科学人文文化，树立实践唯物主义辩证法世界观、方法论、社会主义核心价值观，化理论为方法，化理论为德行，“转识成智”，在实践中转化为人生的智慧。学习本节内容，需要我们联系、复习全书各个章节的内容，相互联系，融会贯通。这是我们的学习方法，也正是我们学习的目的之一。

2. 阅读第三章第五节，阅读《知识就是力量》，了解科学文化与人文文化的区别与科学人文相互融合的教育的意义。

3. 谈谈你对“共在性独立人格”的理解，制定自己的人生规划。

4. 人的自由发展，是马克思主义哲学的重要话题。阅读本书附录一中康德、马克思的有关论述，思考：自由发展的人，人格健全的人，具有创新素质的人，具有共在性独立人格的人，这其间的联系与区别。

附录一
西方著名哲学命题简释

1. 水是世界的本原

“水是世界的本原”是泰勒斯提出的经典命题。在泰勒斯看来,现实的世界是变动不居的,在这个变动不居的世界背后的那个不变不动的支撑物,是整个世界的本原,泰勒斯认为这个本原是水。世界上的万事万物,包括这个世界本身都是从水演变而来的,最后还要复归于水。泰勒斯用水来说明整个世界,这意味着当他想给予这个世界以一个完整的解释时,不再到这个世界之外去寻找原因,宗教神话中创造这个世界的神被他直接排除到了视线之外。

2. 万物毕数与美是和谐

毕达哥拉斯学派认为,世界的本原是数。前苏格拉底哲学一般被称作是宇宙论哲学或本体论哲学,它们探讨的一个中心的议题是世界万物的本原是什么。毕达哥拉斯认为,靠物质性的东西来解释物质性的世界是远远不够的,必须找到某种更为抽象的东西,这就是数。

什么是毕达哥拉斯学派的数呢？作为万物的本原,数肯定不是今天的阿拉伯数字,这里的数具有某些特定的含义,代表着某种特定的东西。按照他们的说法,一是点,两点构成线,三点构成面,四点则构成(锥)体,最终由此形成了万事万物。他们认为,数正因为它的抽象性,所以才具有更大程度的普遍性,从更根本的层次上解释世界万物的生成。

毕达哥拉斯学派还进一步规定:一代表宙斯,是诸善之源;二是该亚,是诸恶之源;三是……应该说,走到这里就不是单纯的解释世界了,这些伦理概念的出现,意味着并不是所有的数都是值得追求的,真正有价值的东西是由数而来的和谐。所以,他们提出了两条著名的格言:什么是最智慧的？数。什么是最美好的？和谐。数所具有的这种普遍性,使数学成为更为基础的学问,它不仅在使其他学科得以量化的基础上变得更为精确,它对于纯粹的形式化的强调,更使它具备了使人的思维能力得到锻炼的功用。

3. 人不能两次踏进同一条河流

赫拉克利特通过“人不能两次踏进同一条河流”这一命题,指出了万物包括我们自身都处在永恒的运动之中,把运动当成是普遍的、绝对的,这就为古代朴素辩证法的创立做出了突出的贡献。列宁把他作为辩证法的奠基人之一。

4. 人是万物的尺度

普罗泰戈拉提出了“人是万物的尺度，是存在者存在的尺度，也是不存在者不存在的尺度”，我们现在将之简化为“人是万物的尺度”的命题。在普罗泰戈拉看来，由于外界事物是始终处于运动之中的，人是用个人的感觉来感知着这种运动的，我们的感觉亦随着这种变动而变化，这就产生了两个同步变化的内容，一个是感觉活动自身，一个是感觉所感知到的内容。感知的内容来自个人的感觉活动，而不是对事物本身的认识。因而我们不可能认识事物的本质，而只能从个人的瞬间感觉或现象来认识事物。这样，事物在每个人面前的“显现”和现象就等于人对它的“感知”，“因而可以说，对于每个感知者来说，事物就是他所感知的那个样子”，“现象和感觉是一致的”，人的感觉就成为了衡量事物的唯一尺度。所以，“对我来说，事物就是对我所呈现的样子，对你来说，事物又是对你所呈现的样子，而你我都是人”。这就是人是万物的尺度的原意。

从普罗泰戈拉这个论题的原意中，我们首先得出的是相对论的推论。“人是万物的尺度”更深一层的含义是说，外部世界的东西，只有为人的意识所感知到，才有存在的意义。如果不为人的意识所感知，没有进入人的意识领域，这种存在就是空洞的、毫无意义的。从这种意义来说，人的意识虽然不能决定万物的存在，但万物存在还是不存在的尺度，只能是相对于人的精神或意识而言。

5. 美德即知识

苏格拉底的哲学思想在“美德即知识”这一箴言中得到了最充分的表现。苏格拉底认为，知识就是“与人类有关的事情”，也就是关于社会的、法律的、伦理的等人类生活关系方面的知识，而不是那些自然知识。这就是说，美德与自然知识一样具有外在的确定性和真理性，就是强调道德以及法律也像自然知识一样具有普遍性和客观性，绝不是因人因事因时而异的。这也表示，道德就像知识一样是可以得到后天传授的，教育可以造就人的善行，知识可以改善人的心灵。苏格拉底认为，每个人都能行善，人之所以不能做好事、行善，只是因为他们没有认识到善。苏格拉底认为人有知识就一定会有善行，这种观点多少有些一厢情愿，因为在现实生活中，知法犯法的现象并不鲜见。这就说明，人虽有了善的知识，但却不一定会有善行。善的行为除了知识之外，还应包括意志和激情这些非理性因素，才能促使人们按照德性要求去行动。因此，亚里士多德批评说：“他在把德性看作知识时，取消了灵魂的非理性部分，因而也取消了激情和性格。”

6. 认识你自己

“认识你自己”，最初并非由苏格拉底提出，据说它是镌刻在特尔斐的阿波罗神殿上的一句神谕。苏格拉底被认为是世上最聪明的人。于是，他就贸然跑到特尔斐的阿波罗神殿去求神问卜，阿波罗神的女祭司竟然以神的口吻肯定这一点。苏格拉底于是想出了一个办法：去找一个比他本人更聪明的人。在经历了一番苏格拉底自诩为赫拉克勒斯式的艰苦的寻找历程之后，他恍然大悟，原来神之所以说他是最聪明的，并不是因为他真有多少智慧，而是因为他知其无知，并坦率地公开承认这一点。在今天看来，苏格拉底自认的无知是一种真诚的无知，他真正想做的是通过无知的起点进一步达到有知，这是人类对自己的认识的一个起点，标志着哲学发展史上由早期的关注世界本原的自然哲学转向了人本身。德性即知识这一命题强调的是清醒的认识对道德的决定性作用，苏格拉底说"未经反思的生活是不值得过的生活"，也是这个道理。苏格拉底本人正是这种思想的忠实的实践者。

7. 我爱我师，但我更爱真理

亚里士多德受教于柏拉图，而柏拉图又是苏格拉底的得意门生，师徒三代都是古希腊哲学史上有着卓越贡献的丰碑式的人物。亚里士多德也从柏拉图那里学到了人生智慧，对他充满了崇敬之情。但是，一个天才的光芒是绝不会被另一个天才的光芒所遮蔽。后来，亚里士多德与柏拉图在哲学上发生了分歧，并最终与其师分道扬镳。他宣称"我爱我师，但我更爱真理"，集中体现了西方文化的理性精神。

8. 美德是一种中道

这是亚里士多德的名言。亚里士多德之所以能够这样说，是因为他所理解的"德"与中国人通常的理解不同。中国人习惯把"德"与"才"分开，认为"德"比"才"更重要。这种做法实际上是对人的灵魂的各项职能的分割，然后选取其中的某一部分。而在亚里士多德看来，"德性"体现的是灵魂各部分的统一。他认为，灵魂既有理性的部分，也有非理性的部分，即感情、欲望等，理性部分应当与非理性部分合作。为了实现它的目的，灵魂各个部分必须正当地发挥作用，而且肉体必须合宜地行使职能。一个有德性的灵魂是一个很有条理的灵魂，其中的理性、感性和欲望保持正当的关系。因此，美德首先是一种整体和谐，而不是灵魂各部分的冲突和对立。

9. 知识就是力量

英国哲学家培根坚信，以掌握自然界发展规律为内容的人的知识本身就是一种巨大的力量，他提出："人的知识和人的力量相结合为一"，"达到人的力量的道路和达到人的知识的道路是紧挨着的，而且几乎是一样的"，培根的这一观点被后人表达为著名的口号："知识就是力量"。培根所说的人的知识是指自然知识，他指出科学技术的一切发明是"任何政权、任何教派、任何杰出人物对人类事业的影响都不能比拟的"，因为"发明的利益可以扩及于全人类，而政治的利益只限于特殊的地带，后者经不了几代，前者则永垂无穷"。现在人们对于"知识"的理解要丰富得多：知识，是指人类在实践中认识客观世界(包括人类自身)的成果。它可能是关于理论的,也可能是关于实践的;它包括自然科学知识和社会科学、人文科学知识(这里又可称为"自然科学文化、社科人文科学文化")。它不仅可以成为改造自然、社会的巨大力量,它也可以成为改造人自身的巨大力量。

10. 我思故我在

"我思故我在"在笛卡尔的哲学思想中占有重要的地位。这一命题作为近代哲学的开端,使近代哲学步入了主体主义的历史阶段。笛卡尔认为,人类应该可以使用数学的方法——也就是理性——来进行哲学思考。笛卡尔的方法是以"怀疑"开路的。他的第一步是主张在一开始时我们应该对每一件事都加以怀疑。笛卡尔首先对以往的一切被信以为真的东西都加以怀疑,对一切可疑的东西都予以排斥。但是他说:当我怀疑一切的时候,有一件事却是不可怀疑的,就是:我在怀疑,这也就是说,我在思想。既然肯定我在思想,那么就必须也肯定思想着的我必然应当是某种东西,这就意味着肯定我存在,因为如果肯定一个思想的东西在思想着,可是却否定他的存在,这显然是自相矛盾的,是荒谬的。笛卡尔由此断定:"我思故我在。"他由此得出结论:"我只是一个在思想的东西,也就是说,我只是一个心灵,一个理智或一个理性。"从哲学发展史的角度看,"我思故我在"作为笛卡尔哲学体系的第一原理,把自我原则、理性原则提到哲学高度并摆在哲学的首位,从而同中世纪神学权威直接对立起来,在启示新兴资产阶级的理性主义、启蒙思潮和一般哲学主体性原则等方面都是具有重要意义的。

11. 存在就是被感知

"存在就是被感知"是爱尔兰哲学家贝克莱提出的一个著名命题。贝克莱认为:"一切可感知的性质都是颜色、形象、运动、气味、滋味等,那就是说,它们都只是感官所感知的一些观念。"既然世界的存在和感觉印象的存在是一样的,因此可以说,存在就是被感知。

12. 习惯乃人生的伟大指导

这个命题是由大卫·休谟提出并加以阐述的。休谟是英国著名的哲学家,在西方近代哲学史上曾经提出一个非常著名的关于因果性或因果关系的哲学论证,上述命题就是他对自己这个论证所做的一个结论。关于因果关系,休谟论证说,人类一切有关实际事物的知识,都是建立在这一关系的基础之上的。承认客观的因果关系,亦即是假设有某些事物的客观存在,而且人们通常认为,正是由于它们的性质和作用,所以才产生了我们所感觉到的种种现象及其相互联系。前者是原因,后者是结果。但是,仅凭感官所能获得的现象而言,它们却只是存在于人类感觉之中的东西,只是感觉的产物。比如,每当烈日照耀时,我们就会感到石头发热,由此人们就会把阳光的照射说成是原因,而把石头发热说成是结果。然而,它们同样是两个相互分隔的现象。我们既可以感觉到阳光的照射，也可以感觉到石头的发热，而它们两者之间的因果联系却是我们永远感觉不到的。那么，我们有什么根据把前者看作原因，把后者看作结果呢？通过上面的分析，休谟得出的结论是：在人类的感觉经验中，只存在现象或事件之间的空间邻近关系和时间先后联系，根本就不存在有什么客观的因果关系和必然联系。人类的一切知识都应该是来自于感觉经验的。然而，在人类的感觉经验中又的确找不到原因和结果及其相互联系这种东西，那么我们的因果观念或因果性知识又是从何而来呢？休谟的回答是：它们都不过是由于经验的重复而在人类心灵中造成的一种心理联想、习惯和信念而已。他说，我们人类关于实际事物的一切因果性知识，既不是"直观的"，即不能从感觉和记忆的当下证据而来；也不是"解证的"，即不能由逻辑推理而来。

休谟以在经验中根本找不到因果联系和必然联系的东西作为理由，去否认一切客观的因果性和必然性，只是把它归结为一种人的心理联想和习惯。这显然是错误的。休谟虽然摧毁了旧知识论的基础，但在建设新知识论方面并没有给我们留下真正有价值的东西。他虽然是一个提出问题的好手，但不是一个解决问题的伟人。该问题及其论证二百年来一直都在激发人们的反省和思考。如何去解决这一问题，是历史留给我们后人的使命。

13. 人为自然立法

康德是西方哲学史上一位伟大的哲学家，他在认识领域以及人与自然的关系上，创造性地综合了唯理论和经验论，创立了他的先验知识论，并提出了"人为自然立法"的著名命题。

康德的时代，唯理论和经验论由于各自的片面性，都不能继续前进了。唯理论由于轻视感觉经验，不能解释知识的来源。经验论只紧紧抓住一切知识起源于感觉经验这一正确的方面，不懂得理性在认识中的作用，哲学因此陷入了危机。只有把唯理论和经验论创造性地综合起来，克服它们各自的缺陷，哲学才能柳暗花明。康德深刻地看到了这一点，并勇敢地承担了这个任务。康德认为，人类的知识应该既不是来自感觉经验，也不是普遍必然地存在于理性之中，而是用先天的知识形式去整理后天的感觉经验，形成"先天综合判断"，使或然的感性经验成为具有普遍性和必然性的科学知识，在这里，知识成为了主体能动作用的产物。康德的先验知识论被称为哲学上的"哥白尼式的革命"。但是，康德的先验知识论又是一个矛盾体。康德的"人为自然立法"，仅仅是指人为"现象"意义上的自然立法，而不是指人为"自在之物"意义上的自然立法，这样，康德就把科学知识仅仅限制于现象的领域，认为一切科学知识最终都只是关于事物的现象的知识，而"自在之物"的本质世界，对于我们认识能力，只是一个"彼岸世界"，也即是我们的认识能力不可能达到的。这样康德就把现象世界和本质世界绝对地对立起来了。

14. 人是目的

“人是目的”是由康德提出、对后世产生了巨大影响的一个经典命题。欧洲的文艺复兴运动本质上是一个人文主义或人本主义的运动。后来的英国经验论和大陆唯理论哲学家又接过并发展了这一人本主义思想。法国的启蒙思想家和无神论者更以人本主义思想为武器展开了对宗教神学和封建专制主义的公开批判。特别是卢梭,他认为哲学应从认识人类本身开始,最重要的是应该认识你自己,在人类的各种知识中最有用又最不完备的,就是关于人自身的知识。康德作为德国古典哲学的奠基人,又直接继承了法国启蒙思想家特别是卢梭的人本主义思想。他说,自己从卢梭那里学会了如何尊重人。与将世界划分为感性的现象界和“自在之物”的本体界相一致,康德也把人分离为属于现象世界的感性存在和属于本体世界的理性存在。他认为,作为感性存在的人,必然有自己的肉体欲和物质需求,而这只是人的自然本性,与一般动物没有区别。但是,作为理性存在的人,则与其他世界万物有了本质的区别。人因为有理性,就有“自由意志”,有选择自己行为的自由,能“自己立法,自己遵守”,所以才有善恶的区别,有道德的评价,有合法与非法的分界。康德认为,唯有此种“自由意志”才能真正体现人的本质。

那么,人如何来实现自己的自由呢? 康德说,主要有两条途经:其一是应该遵循先天理性(善良意志)为我们内心制定的道德律令或准则;其二是必须遵守先天理性为我们制定的现实的社会法律。前者是作为理性的人所必需的,后者是作为感性的人所必需的。既然如此,先天理性为人的内心所制定的道德准则又是什么呢? 康德提出了三条先验的道德准则:第一条是说,道德准则必须是普遍有效的。我们必须严格按照先天性或“善良意志”,所要求的“应当”去做,而不受个人利益或利害关系的干扰和制约。道德不能以对我是否有利有益去评判,它应该符合人人都具有的普遍理性。例如,你借了别人的钱,如果仅仅是出于理性的“应当”原则去还钱,你的行为就是善的。如若是出于“好借好还,再借不难”的利益原则去还钱,你的行为就只能称作合法,而不能说是善的。第二条是说,应当把人当作目的,绝不仅仅作为工具。这实际上就是将人看作绝对目的,认为人与世界万物相比,具有至高无上的地位和价值。康德在其《实践理性批判》中进一步阐述说:“每个人应该将他自己和别人总不只当作工具,始终认为也是目的——这是一切有理性者都服从的规律。”康德实际上就是要把对人的尊重提升为一条普遍的道德原则。第三条是说,每个有理性的人的意志都应当作为普遍立法的意志。其意是讲,道德即“意志自律”,每个人都是“自己立法,自己遵守”。“意志自律”也即“自由的自律”,它是以意志自由作为前提的。这第三条,其实是说,道德准则必须体现人的自由的本质。

按照康德的观点,在现实生活中,人人都有自己的肉体需要和欲望,要受物质利益的支配,往往不能自觉地遵守道德准则。这样,在个人的“自由意志”之间就必然要发生冲突,引发社会混乱,甚至导致战争。如此下去,个人不仅不能获得自由,还会阻碍别人获得自由,最终人人都会失去自由。为了结束此种状态,人们就必须联合起来,依据理性来制定法律,凭借法律的强制力来恢复社会秩序,恢复人的自由权利。康德认为,法律就是依据理性对个人的“自由意志”进行协调。法律虽然是对个人自由的一定限制,但这是为了使个人自由能与他人自由和平共处,保证公民能在和平相处的条件下获得真正的自由。作为公民,只有服从法律,才能使人人获得和平的生活和现实的自由。因此,法律也是以人为目的。一个人违反法律,当然要受到惩罚,但这种惩罚同样应该体现“人是目的”的道德价值理念,体现对犯人人格的尊重。犯人作案,同样有其动机,是其自身的行为选择。他要犯法,就已经做好接受惩罚的准备,所以施以惩罚,本来就是对其意志的尊重。否则,反倒是对其意志的否定或抹杀。

统观康德对“人是目的”这一命题的阐述,在当时的历史条件下,的确具有反对神学和封建专制的进步意义。康德强调在道德领域必须肯定人的主体性,坚持“以人为本”的价值理念,在社会生活中必须尊重个人的自由和人格,必须将道德和法律统一起来,这些思想都是深刻的,也是合理的。但同时我们也应该看到,康德的人本主义思想只是建立在其所谓“纯粹理性”和先验人性论的基础之上的,其阐述和论证都是抽象的。他将理性和感性、理想和现实、动机和效果割裂开来,最终不得不将人在现实社会的政治自由变为抽象的道德自由,并在道德领域假设一个上帝的存在。这些都表明了其理论的局限性和不彻底性。

15. 实体即主体

“实体即主体”是黑格尔在《精神现象学》中提出的。黑格尔扬弃了斯宾若莎的实体说和费希特的主体说,把斯宾若莎脱离主题的僵硬实体与费希特的脱离实体的能动主题结合起来,提出了这个充满辩证思想的本体论命题。他说:“一切问题的关键在于,不仅把真理的东西或真理理解和表述为实体,而且同样理解和表述为主体。”就是说,实体是认识对象和认识的统一。但是实体是现实的,主体是精神的,因而“实体是主体”既表示主体具有现实性,也表示实体具有精神性。实体同主体的统一体就是普遍的客观的“绝对精神”。

黑格尔的《精神现象学》其全部内容就是对实体如何变成主体的活动过程的描述,这个过程大致是:实体在意识的活动之初,表现为“自我”与对象之间的不一致性,表现为主题与客体之间的对立。随着实体自身的前进活动,实体越来越表现为主体,认识对象也随之越来越表现为作为人是这的“自我”;当实体完全表现自己就是主体时,实体与主体之间的对立,主客体之间的对立,存在于知识之间的对立,也就完全被克服了。主体与实体的同一,必须经历一个辩证发展的过程。

黑格尔的“实体即主体”是针对“主体与客体的对立”而提出来的一个“后现代”的新思路。主体与实体的对立，主体把实体作为观察和打量的对象，这是自笛卡尔开端的现代哲学的典型的“对象性思维”。如果说笛卡尔的思路是“主体与实体二分”，那么，黑格尔提出的口号就是“实体即主体”。“实体即主体”与笛卡尔的“主体与实体”针锋相对的。在哲学史上，认真而较早地对主体与实体的对立、对对象思维发出批判与抗议的人，就是黑格尔。黑格尔不仅较早地看到由“主体与客体的对立”的对象性思维在“存在论”上的破坏，而且，也较早地看到了“主体与客体的对立”的对象性思维在“认识论”上的无能。所谓认识论上的无能，就是说，主体、客体对立，也无法认识客体自身。无论人如何把事物当作观察和打量的客体，那个冷冰冰的客体（康德式的物自体）一直岿然不动地立在那里。那个客体究竟是什么，依然是一个无法认识的黑洞。海德格尔说：“从黑格尔和胡塞尔的观点来看，哲学之事情就是主体性。”（海德格尔《面向诗的事情》，商务印书馆 1996 年出版）黑格尔的命题彰显了认识中的主体性。胡塞尔的口号“面向事情本身”，最早就是黑格尔在《精神现象学》里提出来的，关于“实体即主体”的论述就是对这一口号的最早阐述。

16. 凡是合理的都是现实的，凡是现实的都是合理的

黑格尔本人十分欣赏“凡是合理的都是现实的，凡是现实的都是合理的”这个命题。乍一看，黑格尔的这个命题与现实中大多数人的看法格格不入，特别是“凡是现实的都是合理的”这句话，显然有为现存的一切事物做辩护的嫌疑，而在黑格尔当时的历史年代，说出这样一句话无异于在为普鲁士专制制度唱赞歌。其实对于“凡是现实的东西都是合乎理性的”这句话，黑格尔给了以下三个合理的解释和补充：

首先，黑格尔指出，说现实的东西是合理的，并不意味着现存的一切事物都是现实的，因而都是合理的。其次，说现实的东西是合理的，并不意味着现实的东西就绝对的符合理性，都是好东西。还有，按照黑格尔的辩证法，说现实的东西是合理的，也不是意味着现实的东西就是僵死不变的。黑格尔的“两个凡是”命题所包含的两句话，本来是一个不可分割的整体。可是，人们往往看重“凡是现实的都是合理的”这一句，而忽略另一句“凡是合理的都是现实的”。至于黑格尔本人，他似乎更加重视后一句。这个命题中隐藏革命性：说凡是合理的都是现实的，这不仅宣判了现存的一切不合理的东西的死刑，而且表现了对理想、对未来的坚强的乐观信念。

黑格尔的命题深刻地揭示了辩证法所包含的革命的和保守的两个方面。辩证法的革命性质就在于，它认为一切现实的东西随着时间的推移和条件的变化都会变成不现实的、趋于灭亡的东西，也就是“凡是合乎理性的东西都是现实的”。同时,辩证法也有其保守的方面,即肯定任何一个具体事物相对于它所处的时间和条件来说,又都有其存在和发展的理由,因而是现实的,也就是“凡是现实的都是合乎理性的”。

17. 理性的狡计

“理性的狡计”是黑格尔把他的辩证法思想运用于历史研究的结果,是他的重要哲学观点。黑格尔强调人类社会历史发展具有内在的必然联系即规律性。那么,有规律性地发展着的人类社会历史的发展动力何在?在黑格尔看来,世界历史发展的直接动力是人的“热情”。他认为,世界历史的发展是通过人们的活动实现的,而推动人们进行活动的动机在于他们特殊的目的、兴趣、私人的利益和利己的企图等主观因素。他把这一切对自身利害关系的关心称作人的“热情”。社会历史的动力是理念与热情的交织,理念是经线,热情是纬线,世界历史就是一张由理念和热情交织的大地毯。人们在自觉地有意识地追求自己特殊目的的同时,也在不自觉地实现着“世界理性”的更广大的目标。“世界理性”利用人们的欲望、兴趣、活动以及人们相互之间的斗争和冲突作为手段来实现它自己的目的,黑格尔把这称作是“理性的狡计”。

黑格尔提出的“理性的狡计”这一著名命题包含了人类社会历史不以人的意志为转移的客观规律性这一重要观点。同时,这一命题肯定“理性”主宰社会历史但也并不否认人们的主观能动性在人类社会历史发展中的作用,这是黑格尔的辩证法在其历史观中的体现和反映,也是该命题价值之所在。

18. 人的本质是理性、意志和心情

在西方哲学史上,关于人的本质,有种种不同的观点。在费尔巴哈之前,总的倾向是把理性当作人的本质,人的感性存在被认为从属于人的理性存在。费尔巴哈认为,人包括知、情、意三个方面,这三个方面同等源始、同等重要。认识论哲学把人的理性存在凌驾于感情存在和意志存在之上,认为只有理性能把人与动物区别开来,而感情和意志为人与动物所共有,因此不代表人的本质,这是错误的。动物虽然也有感情和意志,但它们与人的感情和意志是根本不同的。在动物那里,感情和意志只表现为一种萌芽。其实在认识能力方面又何尝不是如此呢?难道在动物那里没有表现出认识能力的萌芽吗?怎么能说理性是人所独有的呢?更何况,把人分割为知、情、意三个方面,还产生了一系列具体问题:首先,把“知”凌驾于“情”和“意”之上以后,思维与存在的关系就成为不可能解决的问题了。因此,如果旧哲学说:只有理性的东西才是真实的和实在的东西,那么新哲学则说:只有人性的东西才是真实的实在的东西;因为只有人性的东西才是有理性的东西;人乃是理性的尺度。人是一个完整的实体,因此脱离感情和意志来研究理性,或者使感情和意志从属于理性是片面的。实际上,认识过程需要整个人全身心的投入,而不是只投入思维就够了。无论是欲望,还是理性,都是人的精神的一部分,都不能离开肉体存在。

费尔巴哈认为,其实,人与动物的区别不在于人有理性,动物没有理性,而在于人是“类”存在物,动物则只是个体存在物。人的“类本质”把人和动物区别开来,“因此动物只有一种单纯的生活,人则有一种双重的生活:在动物,内在生活是与外在生活相等的,人则有一种内在生活和一种外在生活”。人的内在生活是与他的类、他的本质相联系的生活。对“类本质”的强调,使费尔巴哈得出结论:理性仅仅是人的“类”存在的一个方面。在费尔巴哈看来,黑格尔的不足之处在于:他仅把理性存在看作人的“类”存在,没有看到人的感情和意志也可以是一种“类”存在。比如,趋乐避苦是人和动物共有的感情,但人为了理想,却可以赴汤蹈火,甚至牺牲生命。在这样做时,并不仅仅是出于理性的强制;一个真正实现了人性自觉的人,在牺牲的过程中有一种圣洁的感情,有一种崇高感。这种感情被费尔巴哈称作“爱”,它就是人的类本质的一种表现。

19. 自由是对必然的正确认识和运用

“自由是对必然的认识和运用”是马克思主义哲学的一个重要命题,它揭示的是自由和必然的辩证关系。

西方哲学史上,“自由”的概念早在古希腊就已提出并加以讨论。古希腊哲学将自由和必然割裂开来的做法,后来就逐渐发展成为中世纪以来宗教神学和唯心主义的宇宙观与17、18世纪以来的机械唯物主义宇宙观的对立。前者认为,包括自然界和人类社会在内的整个世界及其历史,都是由上帝或某种神秘的精神所创造和主宰的。因此,作为主体的上帝或宇宙精神,是全知、全能的,绝对自由的;而作为客体的现实世界,包括人类及其历史在内,只是上帝或精神的创造物,是完全被规定的和必然的。后者认为,世界上根本不存在上帝和其他什么精神实体,世界只是一个物质的实体,一切事物都处在自然的因果必然性之中。人作为主体,也是一个物质的机体,与一般动物相比,无非多几根发条、几个齿轮,同样也是一部机器,也要受机械力的驱使,受因果关系和自然规律的支配。人虽然有精神,但它同样是自然肉体的产物;它虽然能认识自然规律,但无法去改变这些规律。一句话,无论是自然界还是社会历史,都仍然是被决定的。如此,最终必然要走向宿命论,也就不会给人的自由留下任何地位。

自由和必然的此种对立,一直延续到康德。按照康德的观点,像主体、实体、原因、结果、必然性、偶然性等作为知识范畴只能用来综合描述现象世界的规律,知识只是描述现象世界的因果性和必然性规律,在知识领域是没有自由的。这样一来,人究竟还有没有自由呢?康德说当然有,人的自由就表现在其实践理性当中。与他将世界划分为感性的现象界和“自在之物”的本体界相一致,在实践领域,康德也把人分离为属于现象世界的感性存在和属于本体世界的理性存在。他认为，人与动物的根本区别就在于人有理性。人有理性，才有“自由意志”，有选择自己行为的自由，能“自己立法，自己遵守”在现实生活中，人人要受物质利益的支配，往往不能自觉地遵守道德准则。这样，在个人的“自由意志”之间就必然要发生冲突，甚至引发社会混乱。如此下去，个人不仅不能获得自由，还会阻碍别人获得自由，最终人人都会失去自由。为此人们就必须联合起来，依据理性来制定法律，凭借法律的强制力去恢复社会秩序，恢复人的自由权利，以便个人自由能够与他人的自由和平共存。康德虽然试图将必然与自由统一起来，但最终还是把必然归于现象界，把自由归于本体界，两者依然是被割裂的。

马克思和恩格斯是将自由与必然的辩证统一关系建立在其实践论的基础之上的。他们曾经特别强调，人类的社会生活在本质上是实践的。人不像动物，仅仅是适应环境，消耗自然界现存的东西。人并不满足于自然界的恩赐，他们能够凭借自己的生产劳动认识自然、改造自然，使它更适合于人类自身的生存和需要。在自由与必然的关系问题上，自由是以必然作为基础的，自由就是对必然（规律）的正确认识和运用。自由并不是随心所欲。随心所欲，不但不自由，而且要受到惩罚。因为，它违反客观规律，必然处处被动，处处碰壁，被盲目必然性牵着鼻子走。“自由不在于幻想中摆脱自然规律而独立，而在于认识这些规律，从而能够有计划地使自然规律为一定的目的服务。自由是在于根据对自然界的必然性的认识来支配我们自己和外部自然界；因此它必然是历史发展的产物。”

因此人类社会的发展就是一个不断由“必然王国”向“自由王国”迈进的历史。自然的物性、力量、运动规律在没有被人认识之前，它们还只是一种与人对立的“异己之物”、“异己的力量”和“盲目的必然性”。随着生产力的发展，随着对自然和社会的认识的深化，人们就能逐渐将“异己之物”转化为“为我之物”，将“异己的力量”转化为“为我的力量”，对“盲目的必然性”自觉地加以利用，将它转化为自己驾驭自然、支配社会和自身行动的力量，进入人支配物的真正自由的社会状态，即“自由王国”。

20. 有用即真理

实用主义哲学家的典型代表詹姆士提出的“有用即真理”的命题，直接来自美国实用主义创始人皮尔士。皮尔士是美国哲学家、逻辑学家和数学家。正是他提出了实用主义的一些基本原则，其中就包括“信念即真理”的命题：我们的思想的职能就是确定信念。因为只有确定了信念，我们才能消除怀疑，避免混乱；才能维护生活上的宁静，获得思想上的满足。如果一个信念能够给我们带来满意的效果，那么这个信念就是好的、有用的，就是真理。因此，信念本身无所谓真假，只存在有用还是无用的区别。

詹姆士认为，真理是人造的。在他看来，真理是人造的言语，是人带到世界上来的。真理就是人们在头脑中想出一个点子,用它把经验和经验联系起来,那些圆满的连接就是人们"造"出来的真理。詹姆士认为在我们的生活中,很难说清楚什么是绝对的真。真理的衡量标准至少有三种:常识的、科学的和哲学的。在一种生活领域常识好些;在一种生活领域科学好些;而在另一种生活领域,哲学好些。我们没有办法说清楚哪一种是绝对真的。总之,没有永恒的真理,真理都是暂时的。詹姆士由此认为,真理的真取决于它所派的用场,真理是一个证实自身有用性的过程。

实用主义的集大成者约翰·杜威提出"真理即工具"的命题。杜威发展了詹姆士把思想和理论看作是工具的观点,对有用即真理的观点进行修正。他认为,真理是人们思想和行为的工具,而工具无真假之分,只有有用、方便与无用、不方便之别。跟工具一样,真理自身无所谓真假,工具的特性不是真假,而是有效无效。

认为真理即有用,明显大大偏离了"真理"概念的原本含义。但把"效用"和"效果"作为真理论的一个基本概念,却无疑具有重要理论和实践意义。这不仅是因为人们认识世界的根本目的是改造世界,而改造世界则是为了更好地满足人的需要,而且由于我们的观念是人类的观念,它的真实性与人的认识需要和实践目的密切相关。

21. 上帝已死

"上帝已死"是尼采哲学的一个重要命题。但在尼采做此宣告之前,上帝的死亡早已成为事实了。文艺复兴运动打出理性和科学的旗帜,目的就是要反对神学,推倒上帝,以恢复人类的尊严。后来的法国启蒙哲学,更是从宗教怀疑论走向了唯物主义的无神论。到德国古典哲学,上帝受到了最后的一击。首先是康德,他以自己的机智完全推翻了中世纪经院哲学关于上帝存在的本体论、宇宙论和目的论证明,而将上帝贬低为只是一个道德上的假设。其次是费尔巴哈《基督教的本质》一书的出版,这无异于是宣读上帝死亡的通知书。他指出,上帝不外乎就是被异化了、对象化了的人格性。并非神按照他的形象造人,而是人按照他的形象创造了神,属神的本质,即人的本质。至此,费尔巴哈实际上已经宣布了上帝的死亡。

尼采提出"上帝已死",其矛头所指,主要是传统的基督教伦理价值观念。在基督教,人只是上帝的奴仆,所以其教义强调,必须信仰上帝,要忍让、屈从、虔诚、宽容,要有同情心和怜悯心。尼采认为,基督教的"上帝"和"来世"都是虚构的,是以虚构的灵魂来束缚人的肉体,教人蔑视自己的生命,无视自己的存在和本能。他说,基督教本来就是罗马帝国奴隶的宗教,他们宣扬的这些品德和原则,也都只是奴隶的道德,是假仁假义的、虚伪的,是以"反天性为伦理"。其目的是要消灭人的个性和自由,扼杀人的创造性和进取精神,正是此种奴隶道德才导致了欧洲文明的堕落。既然如此,他说,现在上帝已经死了，我们就用不着再去崇拜上帝了，那么以上帝为基础的基督教传统伦理价值观念当然也就应该加以抛弃。

由“上帝已死”而引出的对基督教价值观念的否定和批判，最后又导致尼采提出了另一个更激进的哲学命题——“重新估价一切价值”。该命题的矛头，除基督教的传统伦理价值观念之外，还指向了西方传统的理性主义价值观念。其中主要又包括两个方面：一是文艺复兴运动以来的资产阶级的自由、平等、博爱和民主等社会理想和价值观念。二是自苏格拉底以来传统的科学理想和知识价值观念。尼采认为，上述两种理想和价值观念都是以理性为基础的。发展到现代，在“上帝死亡”之后，人们又抬出“理性” 和“真理”作为偶像来加以崇拜，实际上是要创造一个新的“上帝”。他说，理性主义者也都是一些意志薄弱者，他们离不开对偶像的崇拜，上帝死了，他们就无可奈何地把“理性”和“真理”当作偶像来崇拜，这就像把驴子当上帝来崇拜一样可笑。他认为，与基督教一样，理性主义者的价值观念，同样是要否定人的生命和生存的价值，要把人当作理性和知识的奴隶，抹杀人的本能、情感和意志的作用，贬低人生的意义和目的，也是必须抛弃的。

至此，尼采就从反传统最后走向了历史虚无主义。他对西方历史上传统伦理观念和价值观念的批判，采取的是全盘否定的态度。特别是他在否定以往一切理性主义、民主主义和社会主义基础上所提出的“超人哲学”。该学说主张的就是“强者应当统治弱者”的强权政治和阶级压迫。这一学说不仅带有浓厚的封建主义贵族色彩，而且与当今世界的自由、平等、人权和民主的时代潮流背道而驰。

22. 面向事情本身

“面向事情本身”，这是胡塞尔的名言，是现象学方法的本质要求。谈到“事情本身”，要从柏拉图的“理念论”谈起。柏拉图主张本质才是真正的“本体”，现象背后的本质是“理念”，它们构成了一个独立的世界——理念世界。柏拉图的这一思想影响深远。直到今天，还有许多人主张：科学就是在现象“背后”去寻找本质。但把本质看作独立于现象之外，古希腊自然哲学所面对的同样困难就出现了：如何确证本质世界的独立性？胡塞尔同样看重“本质”，对他来说，现象和本质是由同样的材料构成的。本质并不存在于现象之外或现象之后，本质就是一种现象。但作为本质的现象与普通的现象不同之处在于：它是使同一类现象成为可能的现象。面向“事情本身”，意即在纯粹意识的范围内，把这类“现象”找出来。胡塞尔之所以能够这样做，是由于悬置了所谓的外部“客观世界”与内部“主观世界”的关系。在他看来，通常所谓客观世界与主观世界的关系实际上是主体和对象的关系，只不过被哲学家误当成了与人无关的客观世界与主观世界的关系而已。人们没有意识到，通常所谓“外”和“内”其实都是由意识构成的，因此只有立足于“纯粹意识”才能理解"外"和"内"的关系。人们把"内"、"外"分开并割裂两者的关系，是由于没有理解"意向性"原理。"意向性"概念来自胡塞尔的老师布伦塔诺。它表明，意识有朝向某一目标的指向性。胡塞尔追随布伦塔诺，认为"自我意识"或"纯粹意识"具有意向性，并断言，意向性由三种因素构成：(1) 意向性活动的主体，(2) 意向性活动，(3) 意向性的对象。他认为，没有主体固然不能构成自我意识，没有对象也不可能有自我意识。这是因为，自我意识总是自我在"意识着"，总是"意识着"的意识，总是"意识着"对象。

自我意识从各方面朝向(意向)某一对象，某一对象就具有特定的意义，从而成为该事物。通常所说的"客观"事物，其实正如康德所指出的那样，只不过是普遍的主观事物，即"对每个人来说都一样"的主观事物。它们也是由意向性活动构成的。意向性活动既构造个别事物，也构造一般事物，它们之间的关系即通常所谓的现象与本质的关系。一般事物才是"事物本身"，而个别事物仅仅被当作一般事物的表现形态。

胡塞尔的"面向"不是"面对"，不是说"对着事情本身"就完了，而是指对"事情本身"的直观，即本质直观。"直观"就是"看"。"本质直观"是一种特定的"看"的方式。从古希腊开始，人们就认为，不仅可以用肉体的眼睛去"看"，而且可以用心灵的"眼睛"去"看"。

因此，"面向事情本身"意味着：首先通过排斥种种干扰，分离出一个纯粹意识的领域；其次，通过本质直观从纯粹意识领域的直接经验中还原出"本质"来。从方法论的角度来看，前一方面可称为"括号法"或"排斥法"，后一方面可称为"本质的还原法"。

23. 返回生活世界

"返回生活世界"是胡塞尔在其晚年提出的一个著名的哲学命题。何谓"生活世界"？胡塞尔说，"生活世界"是由人的日常生活直接呈现给我们的世界，是一个不言自明的"直观的世界"，是以人为中心的，是围绕人而展开的一个亲切的"周围世界"。在其中，人不仅是理智的主体，而且也是感知的主体、情感的主体和意志的主体。与"生活世界"不同，胡塞尔认为，"科学世界"则只是对生活世界的抽象。"科学世界"从"生活世界"中抽象掉了过着现实生活的人格主体，抽象掉了主体的文化性质和精神特征，使世界变成为一个无人居住的自在物体的世界。

由此可见，"科学世界"即是对"生活世界"的一种"异化"，因而必然要导致科学自身的危机。其表现主要有三个方面。第一，是"科学世界"的意义危机。如此，科学也就背离了人类自身存在和生活的本来的、原始的真正——意义。第二，是"科学世界"的基础危机。胡塞尔说，"生活世界"本是"一切客观知识的基础"，因而也是"科学世界"的"原初的"、"前科学的"基础。如果在构造科学世界的过程中把生活世界里的直观事物加以排除，实际上就等于抽掉了科学世界所赖以存在的基础,必然要引发科学世界的基础危机。第三,是“科学世界”的价值危机。胡塞尔说,生活世界本是充满价值判断的世界,而科学世界却是一个力图放弃任何价值评判以保持价值中立的世界,结果是“只见事实的科学造成了只见事实的人”。这就不能不使生活世界的价值需求与科学世界的“价值无涉”之间发生严重的对立和冲突,导致科学的价值危机。那么,究竟应该如何来解决科学的危机呢?胡塞尔的结论就是要返回生活世界。真正解决人类的生存及其意义问题,克服和解决科学的危机。

24. 人是符号的动物

“人是符号的动物”是由卡西尔提出来的一个重要哲学命题。卡西尔认为,人在本质上是使用符号的动物,人的本质特征就在于能以符号的形式来解释世界。为了阐明什么是符号,卡西尔首先对符号与信号进行了区分。他指出,信号和符号属于两个不同的领域:信号从属物理世界,符号则属于人类的意义世界。符号作为一种思想性的媒介,是人把握世界并赋予自身生活以意义的一种特殊方式。

人区别于动物的根本标志,既不是他的形而上学本性也不是他的物理本性,而是人的劳作。正是这种劳作,正是这种人类活动的体系,规定和划定了“人性”的圆周。语言、神话、宗教、艺术、科学、历史,都是这个圆的组成部分和各个扇面。人的劳作决定人的本质,人只有在自己创造的神话、宗教、艺术、语言、科学等符号中去寻找人的踪迹。为此,卡西尔按照历史发展顺序,依次对神话、语言、艺术、历史、科学分别做了详细的分析和研究。

他认为,神话并不像人们通常所说的那样,完全是由人构想出来的一个虚幻世界,而是古人要在其中寻求安身立命之所,是原始阶段的人类把握世界的一种方式。语言作为一种符号形式,是人类从神话思维方式到科学思维方式的过渡环节,是一个充满意义的符号系统。人类由语言获得一个观念世界。艺术也是人类对现实世界的一种符号化把握方式,是对实在充满情感的、直观而非概念的符号形式,是对现实的创造性发现,是人的内在生命的真正显现。历史同样是一种符号体系,只有借助这些符号形式和材料,我们才能去把握过去的事件和人物。在历史学中,对各种符号的解释先于对事实的搜集,没有这种解释,就绝不可能达到历史的真理。科学则是一种概念的符号形式,是人类智力和文化的最高成就。科学为人类的生活确立了支撑点,它是存在与意义、存在与真理的高度统一。通过对以上诸种符号形式的考察之后,卡西尔得到的结论是:包括各种具体形态和样式的人类全部文化,都是人通过自己的符号化活动所创造的“产品”,人类在思想和经验之中取得的一切进步都使这符号之网更为精巧和牢固。

综观卡西尔的思想,他所创建的实际上是一个文化人类学或文化哲学的体系。正是这种符号活动和形式才真正体现了人的本质,也体现了文化的本质，将人与文化和世界联系起来，揭示了世界和人生的意义。

25. 凡是可以说的都可以说清楚，对于不可以说的就必须保持沉默

维特根斯坦认为，语言是由命题构成的，世界是由事实构成的。在命题和事实之间存在着一一对应的关系。因此，语言是对现实世界的摹写。他认为语言的使用是有界限的，这个界限就是经验世界的界限。通俗地说，语言是经验世界的语言，它与经验世界有对应的关系，是用来描述经验世界的。如果超出了经验世界的范围，则没有语言可以与之相对，也就是不能用语言来进行描述。如果我们一定要用语言来描述经验之外的世界，诸如上帝、神、善恶等这些非经验的对象时，我们的语言就会陷入逻辑的混乱之中。为此，维特根斯坦提出了为语言划界的问题。这也正是他的《逻辑哲学论》的命题所在。他所说的"为思想的表达划界"，也就是为能够由语言的表达的东西和不能够由语言表达而只能显现的东西之间划一条界线：在界线的这边就是实在的经验世界，它是可以用语言来表达的对象；在界线的另一边则是非实在的或非经验的对象，它是不能用语言来表达的。因此，他说："凡是可以说的都可以说清楚，对于不可以说的就必须保持沉默！"

那么到底什么是"可说的"？维特根斯坦回答道：所有自然科学的命题都是可说的。那什么是"不可说的"呢？生命、伦理、价值、情感、宗教、激情、想象、直觉、形而上的本体……一切可以赋予人生以意义和价值的东西，都是不可说的。它们是如此神圣之物，以至不能被说，只能在沉默中显示。维特根斯坦认为关乎人生的问题才是不可说的问题。它包括生命、价值、情感等，一言以蔽之，人生的意义何在？生活于现实世界中的芸芸众生都会遇到的问题，但是这些问题的答案不可能存在于现实世界之中，也不可能存在于任何可能世界之中，而只能存在于它们"之外"的某种超验的神秘领域之中。"进入"这种超验的神秘领域的途径只有一条，这就是：无条件地接受已经、正在和将要发生于你身上的一切事情，也就是我们所说的"安命"。在对世界的本质结构（或本质）问题和人生问题给出这样的回答之后，维特根斯坦接着断言：它们都是没有任何意义的似是而非的问题，因为它们的答案均不可言说。因此，人生问题的答案只能存在于可说的世界之外，只能到不可说的领域之中去寻找。所以，"世界的意义在世界之外"。换言之，我们的世界是语言所及的世界，所以说"我就是我的世界"——"世界和人生是一个东西"。如果我们追问"人生的意义"，也就是追问世界的意义，而"世界的意义在世界之外"。所以说人生的意义问题是无意义的。

26. 亲在具有优先地位；亲在在世之中

"亲在具有优先地位"就是由海德格尔在其《存在与时间》一书中提出并加以重点阐述的一个哲学命题。他首先从分析"存在"一词的意义入手，强调要把"存在"与"存在者"加以区分。他说，就意义而言，"存在"即是指某种活动及过程,也即人与万物的“在场”或“显现”。与此不同,“存在者”则是指已经存在着的东西,即我们所看到的一切外界事物或“存在物”。那么,它们的关系又是如何呢?海德格尔说,在这两者的关系中,“存在”是最根本的,要优先于“存在者”。因为,“存在”作为一种活动或“在场”,本是“存在者”的根源和基础,是“使存在者被规定为存在者”的根据。一切“存在者”都是“存在”这一活动的产物。而且,“存在者”只是回答一物“是什么”,而唯有“存在”才能回答一物“为什么”为该物以及“如何是”该物。因此,无论从根源还是重要性上说,“存在”都要优先于“存在者”。

既然“存在”要优先于“存在者”,那么我们当然应该首先追问“存在”的意义,也唯有弄清“存在”的意义,才能真正找到哲学自身的本体论基础。为达此目的,海德格尔认为必须找到一个与众不同的特殊的“存在者”。这个特殊的“存在者”就是人,就是作为个人的“我自己”。人的“存在”不仅先于“存在者”,而且是每个人自己都能直接把握的。海德格尔说,一般的“存在者”,就是已经存在的东西,它们一旦产生,其性质就已经十分明确了。唯有人这个特殊的“存在者”,在他是什么的性质还不清楚的时候,他的“存在”却早已“恬然澄明”了。人正是在其存在的过程中不断选择和创造自己的,不断追求自己的理想和目标,也正是在此种追求中不断改变自己,并规定自己的本质。因此,唯有对人这个特殊的“存在者”来说,“存在”才是与“自己性命攸关的东西”;唯有人这一特殊的“存在者”才能意识到自己的“存在”,领会自己的“存在”,并关心自己的“存在”。海德格尔就将此种人的存在、“我的存在”,称之为“亲在”(或“此在”)。

海德格尔阐明的,实际上是世界及人生的意义问题。按照他的观点,人的存在首先是个体的生存、知觉、体验和理解,世界万物的存在及其意义也是在作为个人的生存、体验和理解中被揭示出来的。这也是要表明,现实世界是以人的存在作为本体。但人作为世界历史的本体,首先是个人的本体。他人与周围世界本来就包括在作为个人存在的“亲在”之中,是“亲在”之所以能存在的必要条件(存在方式)。这也就是所谓“亲在在世之中”。

海德格尔认为,个人的存在虽然必须与外物打交道,也必须与人共在,但前者会导致单纯的物质追求,后者会导致人的无情竞争和从众心理,这都会使人失去自我,使“亲在”在日常生活中“沉沦”,陷入“非本真状态”。唯有当人意识到自己必然要走向死亡时,他才会大彻大悟,才会从日常生活的“沉沦”中解脱出来,真正回归自我,回到“亲在”的“本真状态”,还自己独一无二的本来面目。这就是所谓“向死而生”。

它告诉我们,正是人的生存实践,人的知觉、体验和理解的意识活动,才照亮自己和他人的存在,也照亮了世界万物的存在,从而使一切存在者显现出意义,使我们获得一个意义的世界。在此,海德格尔向我们阐明的,实际上是人的自我意识的能动作用。同时，他还强调，世界万物的意义取决于它们同人的生存实践的关系。世上一切事物只有在为“亲在”所关注和利用的时候才能与人发生某种关系，向我们显现出一定的意义。当然，他在此并非主张心外无物，而只是说外物如果不为人关注、利用和理解，它们虽然也存在，但没有意义。这些思想应该说都是有其合理性的。

然而，海德格尔的思想也存在两个重要的缺陷。首先是他将人的存在主要归结为个人的存在或“我的存在”，其次是他人的存在相对其“亲在”而言，始终处于从属和衬托的地位。这虽然不能说是传统意义上的“唯我论”，但同样也是一种“个人存在中心论”。

27. 以正确的方式进入循环

海德格尔是现代哲学解释学的创始人。他认为，解释学的目的就是要阐释世界万物以及人自身存在的意义。解释学的方法不是具体的科学方法，而是让事物自我显现，或者说是要让事物自己呈现自己的存在或意义的方法。

传统解释学有“理解循环”或“解释循环”之说。意思是说，我们对任何一个文本的理解都必然要涉及该文本的整体与部分的关系。就文本的结构而言，文本作为一个语言的整体，总是由语词、句子、段落和章节等部分构成的。所以，要理解文本的整体，首先就要从解读作为其部分的语词、句子和段落开始。但就文本的意义而言，作为文本部分的语词、句子的意义又都是从文本的整体得来的，或者说是由文本整体所衍生和赋予的。因此，要理解文本的部分，首先又要理解文本的整体。这样一来，理解文本究竟是从部分进到整体呢？还是由整体进到部分呢？这在逻辑上就必然要陷入类似于“先有鸡还是先有蛋”的恶性循环之中。

解释循环问题后来由海德格尔在现代解释学中重新提出并做了进一步的深入阐释。他认为，传统解释学对“解释循环”的理解存在两个根本缺陷，第一对文本的理解仅局限于文本自身，或者说只是就文本来谈文本，以为解释循环只涉及文本内部的整体与部分的关系，其理解过于狭窄。第二，传统解释学假定文本自身有一个独立于解释者之外的纯客观的完整意义，即所谓“原意”。因此，正确的理解就在于如何去发现隐藏在文本中的这一客观的“原意”。实际上，“解释循环”所涉及的绝不仅仅是文本自身，文本如果不与解释者的理解发生关系就只是一堆死的文字，不会产生意义。然而解释者的理解是完全主观任意的吗？不是的。他说，人对文本的理解本是由一种“理解的前结构”或者叫“前理解”所决定的。他所说的“前理解”指的是人们所处的文化传统和历史环境，其中包括语言文字、传统观念、风俗习惯、心理结构、知识水平、精神和思想状况、社会历史背景等。人不是生活在真空中，任何人在他有自我意识、能够理解之前，早就已经投身于一个“前理解”的世界。只是这些东西隐而不显，就像存在于宇宙间的某些隐秘的法则，虽然不能被我们清楚地意识到，但它们都是任何人从事理解和解释活动的必要前提。

由此，人们对文本的理解就至少要涉及三个方面的关系。首先，是历史文化传统与解释者和文本的关系。在这一关系中，文本既是一定历史文化的产物，也只有在一定语言环境和文化传统中才能被理解或解读。同样的，作为解释者也必须依赖一定的历史文化传统为他提供一个“前理解”的基础。这本是解释者能够进行现实的文本解释的先决条件。在上述关系中，无论解释者还是文本，相对历史文化传统和语言背景来说，都是部分对整体的关系。其次，是解释者与文本的关系。在这两者的关系中，解释者并非作为一块完全未被污染的“白板”，或者说以一个纯粹认识者的身份，直接进入文本中去寻找或发现那个现存的客观意义，而是解释者用自己从以往的文化传统中接受的“前理解”去照亮文本，使其产生意义，并显示自己的存在。在这里，文本的意义即是解释者的“前理解”与文本相互融合和交流的产物。随着解释者及其“前理解”结构的变化，文本的意义也会发生变化。文本自身并不存在一个固定不变的纯客观的意义。再次，才是文本内部的整体与部分的关系。这只是在语言解读层次上表现出来的关系。在其中，当解释者运用其“前理解”对文本进行解读时，确实还有一个从语言部分进到文本整体的过程。最后产生的文本意义总是在整体的层次上出现的，也只有回到文本的整体才算完成了一个理解的过程。

通过海德格尔的再阐释，传统解释学的“解释循环”的视域被大大拓展了，从而使它获得了新的含义。按照海德格尔的观点，真正的“解释循环”应该从历史文化背景和语言传统的整体出发，由它首先赋予解释者一个“前理解”的基础，然后再由解释者凭借其“前理解”去一个部分一个部分地解读文本，最后达到对文本整体意义的理解。这本是一个由整体到部分再回到整体的理解过程，也是一个循环的过程。但海德格尔认为，这并不是一个恶性循环过程。看起来，解释者是在理解已被理解的东西，解释已有的解释，而实际上是理解的不断深化过程。而且，他还认为正是此种“解释循环”才真正揭示了理解的深层结构和解释得以进行的根本条件，阐明了理解和解释的可能性。所以，最关键的不是要走出这个循环，而是要“以正确的方式进入这个循环”。

28. 存在先于本质

“存在先于本质”是由法国著名哲学家、存在主义的重要代表人物萨特提出并阐述的一个哲学命题。究其来源，“存在先于本质”的命题来自于海德格尔的“亲在” 对本质具有优先地位的思想。萨特在海德格尔区分“存在”和“存在者”的基础上，进一步区分出“自在的存在”和“自为的存在”。他认为，人的意识都是受外物的吸引之后才产生的，所以我们必须承认在意识之外还有存在物。萨特即把此种在人的意识之外的独立存在物称作“自在的存在”。

与“自在的存在”相对立,“自为的存在”是指作为个人的有意识的存在。因为有了意识,所以人的存在总是主动的,要不断追求,不断创造,自己造就自己,所以叫作“自为的存在”。作为“自为的存在”,人一开始并没有一个固定不变的本质,人的本质是在人的生存活动中不断选择和创造的产物。这即是萨特所谓“存在先于本质”的含义。

萨特曾明确指出,“人不外是由自己造成的东西,这就是存在主义的第一原理”,这也是所有存在主义者的共同主张。人作为“自为的存在”,最基本的特征就是“存在先于本质”。对于人这个特殊的存在者来说,首先是他的存在,露面登场,然后才能通过其行为和表现,去揭示其自身, 究竟是什么人。人之初,一无所有,只是在后来,他要成为某种人物,所以人是按照自己的意志而造就自身。人都是由自己所设计的,只是他投入存在之后,自己所志愿变成的人。萨特说,传统的西方哲学都是以“本质先于存在”作为信条,对人的理解也是如此。有神论者认为,人是上帝按照自己心中人的形象创造出来的;18 世纪的无神论者则以假定的先天普遍人性来规定人的本质;这都是主张人的本质先于人的存在。只有存在主义提出的“存在先于本质”,才真正把人与物区别开来,赋予人的存在以特殊的价值和尊严。

“存在先于本质”是萨特的自由观和伦理学的理论基础。他认为,既然人的存在先于本质,当然也就无法用一个先在的、现存的、固定不变的人性来说明人自身,人的行为“不容有决定论, 人是自由的,人就是自由”。人作为“自为的存在”,要不断朝向未来、设计未来、创造未来。人的本质就是在此种不断的自我选择、自我设计、自我创造中造就出来的,这也就是人的自由。只有意识到人是自由的,并自由地去选择自己的本质的人,才真正懂得人生的价值。自由也即意味着承担责任。人不仅应对自己负责,而且应对一切人负责,还要对整个世界负责。因为人在选择自己的形象时,也就是在选择人类的形象,选择和设计世界的未来。“存在先于本质”以及人是“自为的存在”两个命题,其实都是说人的存在是一种自我创造的存在。人不仅能意识到自己的存在,而且必须创造自己的生活。正是由于此种自我创造的能力,人才把自己从其他“自在的存在”中提升出来,从而超越于万物之上。在萨特的学说中,个人与他人、群体始终是对立的,无法找到一致性,所以人在本质上是孤独的。

萨特讲的人的“存在”和“自为”仍然是抽象的,它超历史、超阶级,完全不讲具体的物质生活条件和历史文化环境,因此他所谓“自由”也就不能不是完全主观和任意的。离开具体的时代、具体的物质和文化条件纯粹抽象地来讨论人的存在和自由,当然没有什么是不可能的。某人可以想象一个晚上成为百万富翁,或在一个早晨变成国家总统。这种自由,归根结底只是一种幻想的自由。

29. 哲学的唯一任务就是逻辑分析

在西方传统哲学中，以黑格尔为代表的思辨哲学惯于在头脑中构造宇宙、从概念推演出世间万物。这种哲学的极端发展，随着实证科学的进步把自己推到了反面。纯粹从主观意识中推演出来的虚幻体系，在实证科学面前日益显得软弱无力、漏洞百出。黑格尔去世后，西方哲学领域曾一度陷入混乱和分崩离析状态。在这种情势下，许多哲学学派作为对黑格尔形而上学思辨体系的反叛而出现。分析哲学以及在分析传统中的各种哲学流派正是这一反叛的典型代表。分析哲学家所关注的是语言在哲学中的作用，强调分析的意义。他们把分析活动看作哲学首要甚至唯一的任务，语言分析是其他一切哲学的基础。自弗雷格以来，哲学的兴趣逐渐转向语言，而形而上学和认识论学说则往往被重铸为语言哲学。罗素认为，只有语言才能表达思想，要了解思想就必须考察语言，因而哲学的研究对象自然而然就是逻辑，哲学是一种澄清阐述的活动，“全部哲学就是语言批判”。在作为分析活动的哲学认识方式的发展中，从维也纳学派开始明显转向语言逻辑，力图揭示形而上学产生的语言根源。

把哲学分析看作是哲学的唯一任务毫无疑问走入了歧途，但这并不影响对哲学命题进行逻辑和语言分析的极端重要性。20 世纪的哲学发展，充分表明了哲学分析的极端重要性。哲学问题本身往往涉及一些假定，它们是许多常识信念的基础。这种作为信念基础的假定前提，正是哲学分析的课题。对这些假定前提进行哲学分析，往往会发现它们有时远不如看上去那样理所当然。哲学家们通过对这些问题进行分析，可以增进人们的自我认识。而不对假定的前提进行分析，社会就会陷入僵化，信仰就会变成教条，想象就会变得呆滞，智慧就会陷入贫乏。正是在这个意义上说，哲学分析在任何时候都具有重要的理论和现实意义。

30. 拒斥形而上学

反对“形而上学”，本是孔德为其实证主义学说制定的一个基本原则。孔德认为，科学知识都是“实证的”知识，只能满足于对经验、现象的描述。科学只研究怎么样，而不研究为什么，只描述经验，而不说明原因。他把一切超越经验现象的认识或讨论、一切追求事物本质和原因的努力及做法都斥之为“形而上学”，并主张予以抛弃。

“拒斥形而上学”是由逻辑实证主义明确提出并加以阐述的一个在现代西方哲学史上曾产生重大影响的哲学命题。他们也认为，人类的认识不可能超出自身经验的范围，一切知识都是对经验的观察记录或陈述，既来源于经验，又必须能得到经验的证实。一个陈述或命题是否有意义，就取决于它能否由经验来证实。能被经验证实的就是有意义的，或者说是科学的；否则就是无意义的，亦即非科学的或形而上学的，必须排除出科学知识之外。应该如何去拒斥或排除那些形而上学命题呢？在该问题上，逻辑实证主义者继承了罗素和维特根斯坦早期的观点，认为哲学的功能就是要对各种知识命题进行语言的逻辑分析。

他们说形而上学的陈述没有意义，并非说它们完全没有作用和价值。他们指出形而上学陈述无意义，只是就它们不能表述经验内容、不能为经验所证实或证伪，因而也就没有科学的功能和知识的价值而言。形而上学陈述虽然不是经验命题，不能用来表述经验，但却能够用以表达我们个人内心的情感、意志、爱好和愿望。在这一点上它们仍然有自己的作用。然而，这种作用只是与文学、艺术、伦理学、美学等作用相似，只是一种表达功能。

逻辑实证主义反对黑格尔式的纯概念的抽象思辨及其对具体科学方法的蔑视，这些思想当然有其合理性，也是有价值的。科学必须依赖于经验，从经验出发。这本是一个正确的原则，但逻辑实证主义却将这一原则推向极端，并由此提出一个“拒斥形而上学”的口号。照此推理，科学认识就只能被封闭于人类自身的感觉经验之中，只能满足于对感觉经验的描述。由此，哲学和科学中所有一切抽象概念和普遍性理论，那些有关客观存在的判断和普遍的因果性、必然性命题，由于它们都是超出人类的感觉经验之外的，当然就要被归入他们所谓“形而上学”命题之中，并被排除在科学知识之外。他们以反对抽象思维来取消哲学，实际上同时也就取消了科学自身。对于“拒斥形而上学”这一命题，后来的波普尔、奎因以及其他许多哲学家都曾有过尖锐的批判。

31. 词语破碎处，无物存在

“词语破碎处，无物存在”是伽达默尔提出的，这也是伽达默尔对他的老师海德格尔提出的“语言是存在的家”这一命题的进一步发挥。

海德格尔认为，解释学的目的即是要展现存在的意义，而要达此目的，首先就必须依赖于人的存在（“亲在”或“此在”）去体验和理解。理解本是人最根本的性质，是人自身的规定性或存在方式，也是包括意识在内的人的一切活动的基础。那么，理解又如何显现一切存在的意义呢？海德格尔说，必须通过语言，人的理解只能是语言的理解，“亲在”的体验和理解必须通过语言才能进行。只有在语言中，世界万物和人自身存在的意义才能呈现出来。按照这种观点，语言就不是表达知识的工具，也不是语法和逻辑结构，而是显现一切存在意义的某种先验的“前有”结构，“语言是存在的家。”伽达默尔的命题就是对海德格尔上述思想的发挥和拓展。它的核心内容在于阐述和论证理解的语言性质。

伽达默尔强调，理解就是语言的理解，理解是“亲在”的存在方式，语言也是“亲在”的存在方式。语言在解释学中占据着中心位置。它不仅是传达工具，而且也是人在公共交往活动中实现自身所必需的，体现了人类“生活的公共性”。语言是沟通文本与解释者、传统与现在的桥梁和中介。理解本身就是一个语言的现象,只有通过语言才能得以进行。语言和理解之间存在着一种根本的内在关系,其表现主要有三个方面:第一,语言规定了解释学的对象。按照伽达默尔的观点,人类理解所面对的就是自身的世界经验,其中包括一切事物、历史、传统、文本乃至整个世界。但人类世界经验的基本特征即是其语言性。对人而言,世界本身只是在语言中才得到表现,我们一切认识和陈述的对象早已被语言化了。因此,“能理解的存在就是语言”,存在只有进入语言才能被理解。第二 ,语言是理解的实现方式。人对事物的理解,必须通过语言才能实现。理解和解释就是不断进行语言及概念的构造过程。第三,对于人的理解而言,世界即语言的世界。在伽达默尔看来,既然我们只能通过语言来理解存在,那么人永远就是以语言的方式拥有世界的。对人而言,世界即“语言地表现并被语言地把握的世界”。对于我们,每一种语言都意味着一种世界观,在不同语言和文化传统中成长起来的人,他们看到的世界都是不同的。虽然世界没有人也能够存在,但离开人类的语言和理解,世界的独立存在是没有意义的。

既然如此,那么人又是如何通过语言去理解和把握世界呢?伽达默尔认为,语言理解的结构或模式就是“对话”,“对话”过程运用的是“问答逻辑”。“对话”和“问答”都是思想交流的过程、“视域融合”的过程。他说,理解就是一种“对话”,“对话”使问题得以揭示出来,“对话”也使问题得到回答。

上述命题通过对人类理解的语言性的分析,深入揭示了语言和理解之间的内在关系,揭示了人类世界经验的语言性质,这些思想和论述的确是非常深刻的。世界万物只有通过语言,才能为我们所理解和把握。这些都是毋庸置疑的,也是合理的。

但伽达默尔在阐述其理解的语言性方面同样也存在着缺陷。首先,他将语言对于人类理解以及一切意义之根源的那种先在性做本体论的解释,这最终就必然要导致先验主义和神秘主义。语言毕竟是人类自身理智的创造物,也没有什么特别神秘的地方。归根结底,语言是由人类自身创造出来用以认识和把握世界的理性思维形式,任何将它神秘化的倾向都有悖于对其本质的理解。其次,伽达默尔以人必须通过语言来理解世界和把握世界为由,在语言世界和客观世界之间划分出一条不可逾越的鸿沟,也是不正确的。对人而言,其语言的世界也是对独立存在的那个世界的一种认识。就个体而言,虽然各有不同,因人而异,但毕竟都是对同一个客观世界的认识和理解。我们对这个客观世界的认识尽管始终带有某种相对性,永远也达不到圆满的程度,但相对于我们古代的祖先来说,当代人对这个世界的认识和理解还是要更正确、更全面和更趋近于真理的。

32. 理论先于观察

波普尔认为:自然科学并不是像人们通常相信的那样奠基在无偏见的观察基础上,相反,一切观察都渗透着理论。观察并非科学的起点,因为观察总是要在一定的理论指导下进行的,所以事实上没有纯粹的观察,想把理论陈述都还原为观察陈述也是不可能的,就此而言,应该是理论先于观察。波普尔举例说,哥白尼的太阳中心说,爱因斯坦的相对论以及量子力学等,由于它们被构造出来时离观察很远,还由于它们的高度抽象性,我们不可能简单地还原为观察陈述,但是我们又怎么可以把它们排除在科学之外呢?可见以观察为起点的证实原则是靠不住的。波普尔还举了一个例子来说明所谓纯粹客观的观察在实际操作中的荒谬性,他说:"如果我接到命令:'记录下你现在正在经验着的东西',我将不知道怎样执行这个模糊不清的命令。我是否该报告我正在写字;我听到铃响;一个报童在叫卖;一个扩音器发出嗡嗡之声;或者,也许我是否该报告这些噪音使我恼怒,而且即使我能够执行这个命令,不论你用这方法积累的陈述收集得如何丰富,它绝不能加在一起成为一门科学。"

波普尔坚信,科学之酒并不像培根设想的那样,能够从勤奋收集来的"无数成熟的应时的葡萄"中自然流出,科学也不可能从未被解释的感觉经验中提炼出来,不管我们多么勤奋地收集和挑选它们。所以,他强调"科学需要观点和理论问题"。波普尔认为,在具体的科学活动过程中,科学理论不是作为科学观察的结果,而是一种解决问题的假设,是科学观察的前提条件。理论是一种解决问题的假设和猜想,观察和实验则是对理论的证伪与反驳,即理论先于观察。

"理论先于观察",不是对理论与观察之先后顺序的简单颠倒,而是反映了波普尔研究思路的重要转换。他不再像逻辑实证主义那样痴迷于科学理解和科学解释的纯粹客观性,而是肯定并凸显了理解主体的主观性在科学理解和解释中存在的必然性和合理性,他甚至用科学家(理解者)的主观性方面来引导和制约整个观察的过程。在波普尔看来,观察以及观察陈述都是具有选择性的,而这种选择性很大程度上受观察者的主观性制约。

以问题为起点,波普尔把科学活动视为一种理解活动,提出了一种科学发展的证伪模式:"问题→猜想(理论)→批评(反驳或证伪)→新问题",以取代逻辑实证主义所主张的"观察→归纳→理论→证实→新的观察"的真理累积增长模式。科学作为一种理解活动,就是在"问题→猜想(理论)→批评(反驳或证伪)→新问题"的无限循环中向前推进的。在科学的这种演进中,科学家的主观期望(期待)被波普尔放置在一个非常重要的地位:不仅科学理论的提出基于一种解决问题的期望,甚至问题的产生也常常是在旧的期望落空之时。当观察不能在旧的理论框架、旧的期望水平上加以说明时,问题才产生出来。所以从本质上看,理论不仅先于观察,甚至也先于问题。

把科学问题(理论)视为科学认识的起始点,突破了传统逻辑经验主义坚持的科学始于观察及其概括的不合理性,启示人们科学认识实际也应该是从科学问题开始的,即使观察、概括也是带着问题为解决问题的解题活动。但是由于波普尔不知道科学问题的实践性特点,所以尽管他对这个问题的说明有不少合理之处,但由于不懂得认识始于实践这一前提观点,因而使他的理论都有着或多或少的欠缺。马克思主义认识论告诉我们,人类认识均源于人类实践,实践是认识的来源、发展动力和目的,也是检验认识真理性的标准,科学认识也是人类认识活动的一种,理所当然也要从实践开始。从对"理论与观察的关系"这一问题的系统考察中我们可以发现:只有自觉地运用唯物辩证法才能准确地理解科学的本性及其科学问题的实质,从而把对这一问题的理解前提自觉地建立在认识始于实践之上。

参考书目:

尹星凡等:《西方哲学经典命题》,南昌:江西人民出版社,2006 年。

附录二
东方哲学经典命题

1. 天人合一

“天人合一”命题的提出,是中国古代哲学家们在古典时代里对“天人”关系问题所做出最具民族特色的解答。钱穆先生晚年曾说“天人合一”实是整个中国传统文化思想“归宿处”。

“天”和“人”是中国传统哲学出现最早且历时最久的一对哲学范畴,它包容了多种复杂的含义。就中国传统文化的主流——儒家而言,在“天人关系”问题上的主要倾向是“天人合一”论,不过其表现形态略有不同,或表现为“天人相通”,或表现为“天人相类”。

孟子说过:“尽其心者,知其性也,知其性,则知天矣。”(《孟子,尽心》)由于其逻辑前提是“人性天授”,所以只要充实和发挥人性,就可以达到“知天”的境界。汉代董仲舒则提供了儒家另一类型的“天人合一”论,即在“天人相类”基础上实现天人合一的“天人感应”说。到了宋代的张载、二程(程颐、程颢)而臻于成熟。张载、二程阐扬了孟子“性天相通”说的内在精髓,扬弃了董仲舒“天人感应”论的粗陋形式,从而达到了中国传统哲学中“天人合一”论的新的理论高峰。应当说,“天人合一”是中国传统文化中概括力极强的哲学范畴。天人合一之“合”主要表现在两个方面:一是天作为人性的赋予者或来源与人性合一,人通过自己的德行锻炼努力回归于天;二是天道与人道合一,天道是人道的前提和基础,人道是天道的顺承、效法和补充。“天人合一”作为一个极其简明而有力的论断,尽管不能简单地将其归结为“自然与人”的统一,但它确实表述了人和大自然和社会整体的归宿关系。

究其实质,中国传统的“天人合一”观念其实就是说,“天”与“人”的所有合理性从其根本而言是建立在同一个基本的依据上,而这实际已经构成了古代中国知识与思想的决定性的支撑背景。不过,在儒家“天人合一”的思维模式中,人始终是主要的,所谓“天道远,人道迩”,“未能事人,焉能事鬼”。

在对中国古代“天人合一”思想抱有极大热忱与期许的人们中,当代著名学者季羡林的看法是颇具代表性的,他在题为《“天人合一”新解》的文章中指出:西方文化被其占主导地位的分析思维模式所支配,在处理人与自然的关系方面,指导思想是征服自然,暴烈索取。在西方文化主宰下,全世界范围内生态严重失衡,已经威胁着人类未来的发展和生存。这些弊害表明西方文化行将衰落。而作为东方综合思维模式的最高和最完整体现的“天人合一”思想,则可以济西方分析思维模式之穷。人们只有按照“天人合一”的思想,去同大自然交朋友,彻底地改“恶”向“善”,人类才能继续幸福地生存下去。

2. 和而不同

“和而不同”的最早记载是《国语·郑语》,其中记载着史伯回答桓公的一句话:“夫和实生物,同则不继。”所谓“和而不同”就是要在承认“不同”的基础上形成“和”。实际上,任何事物都是众多的成分以某种方式结合在一起而形成的,只有一种成分,便不可能产生新事物,这就是所谓“和实生物,同则不继”的意思。“和”作为多样性的统一,它是丰富的和具有生命活力的。因而,只有在“不同”的基础上所形成的“和”(“融合”、“平衡”、“团结”、“和谐”)才能产生新事物;如果一味追求“同”,则不仅不能使事物得到发展和持久,反而会使事物走向衰竭和消亡。

孔子正是在前人的基础上,把“和而不同”的思想进一步上升为做人的原则,作为“君子”与“小人”的区别标准,这便是孔子所说的:“君子和而不同,小人同而不和。”(《论语·子路》)孔子所说的“君子和而不同,小人同而不和”,就是要在有道德的君子之间建立一种彼此尊重个性和意见的健康关系。此后,这一理念便被后世儒家们扩大运用于人际关系和其他的领域中,而逐渐成为一个普遍性的原理,且随着儒学地位的不断提高,而对中国古代文化的方方面面产生了极其重大的影响。

从根本上说,中国传统文化中的“和而不同”的理念,来自博大宽厚的“天人合一”的宇宙观(天与人之间的社会规范就是“和”)。这种宇宙观总是在追求如同天地那样广大无边的精神境界,认为这种天地境界是最高的,认为万物的存在和发展都有它各自的位置和价值,各家的观点也都有它各自的合理性和作用。世界是多姿多彩的,真理也是多种多样的,不可能趋同,也不应该对抗,良性的关系只能是和平相处、互容互补。可以说,这种宇宙观和方法论对中国人的影响是十分深远的。

以现代的理念来剖析中国传统的核心价值观念——“和而不同”,它至少包含有如下四个方面的原则:其一,自立原则,即每个人都要坚守自己的信念和个性;其二,差异原则,即要承认人们的思想观点总是千差万别的,这是常态;其三,互尊原则,即要尊重别人的意见,理解其中的合理因素;其四,和谐原则,即事情可以相异相成,或者相反相成,也可以并行不悖,尽量避免冲突和对抗。和谐而又不千篇一律,不同而又不彼此冲突;和谐以共生共长,不同以相辅相成。应该说,“和而不同”理念包含的平等精神、宽容精神和多样化原则,既是古典的,又可以与现代文明相衔接,是一种可以常驻常新的原理。

作为中国文化薪火相传的精神传统,“和而不同”是一个历古常新的伟大思想。以今天的眼光来看,“和而不同”这一古老的观念仍然具有强大的生命力，仍然可以作为现代社会发展的一项准则（文化整合中的工具价值）和一个目标（文化认同中的精神价值）。承认"不同"，但是要"和"，这是世界多元文化必走的一条道路，否则的话就会出现纷争。现在，人类所拥有的核武器的能量足以在瞬间将人类自身毁灭掉。如果只强调"同"而不讲求"和"，纷争到极端状态，那人类的未来就只能是自我毁灭。所以说，"和而不同"是人类共同生存、共享繁荣的基本条件。中国人凭着"和而不同"的理念，创造性地提出了解决国际问题的"和平共处"原则和解决地区问题的"一国两制"思想，这是对"和而不同"思想的现代运用和发展，是对其内在价值的把握和弘扬。

3. 内圣外王

"内圣外王之道"被中国近现代几乎所有重要的思想家认定是中国思想的精髓之所在。在中国传统哲学中，儒、道、释（中国化的佛教禅宗）各派均讲"内圣外王之道"，且都以此作为他们达到理想社会的根本办法与必由之径。其中，最早提出"内圣外王"哲学命题的是作为先秦道家集大成者的庄子，对"内圣外王"之道论说得最多、阐释得最全面的还是儒家。其实在孔子的思想中就已包含有"圣王"的观念，例如他把尧舜视为"圣王"，他们所行的就是"内圣外王之道"。另外，孔子讲"为仁由己"就已论及"内圣"，又讲"约之以礼"则已论及"外王"。可以说，"内圣外王"观念在中国先秦时期已经相当的流行。自此以后，"内圣外王之道"就成为中国传统哲学的中心命题。

"内圣外王"是儒家对"王道"理念的一种特殊表述。所谓"内圣"就是指人的内在修养和操守，即对"天命之性"的体察和省悟，认同的是道德原则；所谓"外王"，即是把主体修养所得施之于外，将学问引向事功之途，进而达到"学问"与"事功"的统一，所认同的是事功原则。"内圣"和"外王"作为"内证与外学"、"方法与目的"的统一，它们是同一旨归下的两个并列的方面，而封建伦理道德的所谓"三纲八目"（"三纲"即"明明德、亲民、止于至善"，"八目"就是"格物、致知、正心、诚意、修身、齐家、治国、平天下"）便是这"内圣外王"之道的展开和具体化，由此所形成一整套严密的伦理思想体系，就成为自先秦以降中国历代知识分子所追求的学问和事功的极致。

儒家前后相因且津津乐道的"内圣外王之道"是一套相当系统的人生修养和政治哲学理论，的确曾对不间断延续了几千年的中国文化传统做出过重要贡献。一直到今天它对中国社会仍有很大的影响。如果以现代价值来为儒学的"内圣外王"找个适当的定位，那么儒家的"内圣"之学由于为人生提供了种种价值理想以及实现此等价值理想所必备的修、行与方法，因而对于今日强调"以德治国"、讲究诚信之社会无疑具有特殊的价值，然而，作为一种圣人政治（尤其是作为帝王"南面之术"所得到的片面发挥），"内圣外王之道"则不能不说也包含着某种严重的弊病。

4. 厚德载物

被后世视为中华民族精神集中体现的“自强不息”与“厚德载物”，均出自作为“六经之首”、“大道之源”的《周易》。《周易》中，其最核心的逻辑起点就是“乾坤”两卦：乾卦主要取象于天，其核心观念是“天行健，君子以自强不息”，其意即谓：相应于天（即自然）刚强劲健的运动，君子应刚毅坚卓，奋发图强；坤卦主要取象于地，其核心观念是“地势坤，君子以厚德载物”，其意即谓：大地的气势厚实和顺，君子应增厚美德，宽以待人，容载万物。《易经》中的这两句话，经由国学大师梁启超、张岱年的先后倡导，既成为古代中华民族精神的高度概括和集中体现，也成为现代中华民族精神的传承血脉与源头活水，更成为中国人民实现“和平崛起”的丰厚资源。

取法于天地的“自强不息、厚德载物”是生生不息的宇宙精神在人生、人事之中的贯彻落实与生动体现。这也就意味着它与人伦道德本位是密切相关的。中国古代哲学之所以十分注重道德修养，是因为道德修养的好坏直接关系到人的事业的成败，故此作为相辅相成的两个方面，“德”和“业”必须结合起来加以考虑。由此，进德修业、崇德广业自然就成为“自强不息、厚德载物”的最为深刻的内容。

5. 道法自然

“道法自然”是老子学说的总纲，也是贯通道家、道教思想的一条主线。老子说：“域中有四大，而居其一焉，人法地，地法天，天法道，道法自然。”意思是说人生活于天地之中，天地又源出于道，然而这个在宇宙万物中最高也是最根本的道却必须取法于自然。虽然老子罗列了“人、天、地、道和自然”这五项内容，但他所强调的重点其实是作为两端的人和自然之间的关系，说穿了就是人（特别是君主）应该效法自然。老子哲学体系中，其所追求和推崇的最高价值就是“自然”。《道德经》中，直接提及“自然”共有五处，字里行间充分表达了老子对“自然”的推崇和赞赏的态度。而间接表达“自然”观念的则有“自化”、“自正”、“自富”、“自朴”、“袭常”、“知常”、“抱朴”等。“自然”作为老子学说的中心观念，不仅成为理解天地万物共生共荣规律的关键，也是主导人类生活各个方面的命脉。在老子看来，万物之自然乃是天地间最好的状态，圣人只能帮助和维护这种“自然”，不应该试图去改进它或破坏它。这里老子是从人与万物的关系上强调了“自然无为”的意义。可见，把“自然”当作学习的对象与内容，不强加干涉万物发展的本性与此相连，“无为”则成为老子实现和追求这一中心价值的基本方法或行为准则。

老子强调“天道自然、人道无为”，其实就是要求人们顺其自然，按客观规律行事。正是“道法自然”的立场和思维定式，要求人们重视“天地与我并生，万物与我为一”的自然生态，强调自然界与人、万物之间，宇宙大生命与个体小生命之间的同构与互动，这样一种同构与互动的关系可以诱导人们亲近大自然和尊重生命。近现代社会因片面追求征服自然、主宰万物所造成的前所未有的生态危机，使世界上众多的有识之士纷纷将目光投向东方的古老文明，投向中国传统的文化，由此去搜寻历史所蕴含的“生存智慧”。这既是现实的需要，也是历史的必然。

6. 反者道之动

“反者道之动”是老子提出的重要命题。命题中“反”包含两个方面的意思，其一，相反对立；其二，同“返”，返本复初。“道”在《老子》中有两个方面的含义：一为世界万物产生的总根源；一为人类社会所必须遵循的准则。命题中的“道”主要指第二方面，具有“规律、规范”的意味。因此，“反者道之动”可以从以下两个方面来理解：首先，向相反方向运动是事物发展的总规律；其次，事物的发展最终都要回到本根状态。

老子认为，在自然界和社会中，对立双方都是相反相成的。矛盾的双方虽然在性质上是对立的，但它们的存在却必须以对方的存在为条件，它们互为对方存在的依据。对立面向反面转化是运动的普遍法则。如祸和福的关系，老子认为灾祸中存在着幸福的因素，同样幸福中潜伏着灾祸的可能，此即所谓“祸兮福之所倚，福兮祸之所伏”。事物总是处在不断对立转化的状态之中，当其发展到某一个极限的时候，它必然会向相反的方向运转。这就是所谓的“物极必反”。

老子重视事物相反对立的关系和事物向对立面转化的作用，但其哲学的归结点，却是返本复初的思想。“道”广大无边，万物都由它产生出来，然后不停地运动，而且离“道”越来越远，远到一定程度，必定又返回到原点，并依次循环。由于老子把“反者道之动”作为自然界和社会发展的总规律，因而他强调在任何时候（治国、用兵、处世等）都必须掌握和运用这个法则，并提出“弱者道之用”作为对这个法则的具体运用。认为只有经常处在“弱”的地位，才能转化为“强”，理由是“柔弱胜刚强”。

“反者道之动”过分强调对立面的同一性而忽略其斗争的一面，另外，返本复初的思想容易导致循环论，庄子就由这点出发走向了相对主义和诡辩论。因此，对老子的这一思想我们要采取批判继承的态度。

7. 无为而无不为

“无为而无不为”是《老子》中提出的一个重要思想命题。“无为”，很容易被人们误解为无所作为，其实它的核心旨意是顺应天道之自然而不妄为。它告知人们：你若能谨守天道而顺其自然，便没有什么事情是做不成的。

还是先看看老子《道德经》的原文：“道常无为而无不为。侯王若能守之，万物将自化。化而欲作，吾将镇之以无名之朴。镇之以无名之朴，夫将不欲。不欲以静，天下将自正。”老子在这里主要是想提示：一种理想的治国之道，在无为而自化，所谓自化，当然是指让人民自我化育，自生自长，自我体现。而

“无为”显然是符合老子天道自然观中顺其自然的思想宗旨的，它针对着“有为”，因人的有为常常是“妄动”。显然，“静”、“朴”、“不欲”都是“无为”的内涵。汉代司马迁看出了其中的奥妙，所以在《史记·老子韩非列传》中说：“李耳无为自化，清静自正。”今人陈鼓应在《老子注译及评介》中亦认为老子的原意还在：统治者自身如能做到清静、真朴、不贪欲，对人民如能做到不骚扰、不侈靡、不扩张私人意欲，百姓的生活自然可以获得安宁，社会自然和谐。

8. 仁者爱人

孔子说，仁者“爱人”，“仁者人也”。仁的基本内容是“爱人”，要求将人作为人来看待，强调了人有爱和尊重的需求。孔子将“爱人”这种源于血缘、出自内心深处的平和、谦恭和亲热之情，向社会扩展为一种相当普遍的感情，确定为最基本的社会关系准则，并围绕“爱人”的内涵，构造出了仁学的思想体系，成为整个儒家文化的中心范畴。在孔子看来，仁爱是一种道德义务，强调的是人内在的道德自觉性，重在培养人的德行。仁爱的原则是“己欲立而立人，己欲达而达人”（《论语·雍也》）；“己所不欲，勿施于人”（《颜渊》）。所谓“己所不欲，勿施于人”就是自己心中有一种“人”的平等与亲切之情，推己及人，把“人”和“己”视为一体。这种以己推人的情感是建立伦理的基石。儒家在后来的发展中逐步突出了仁爱的等级差别思想。《中庸》称引孔子的话说：“仁者人也，亲亲为大。义者宜也，尊贤为大。亲亲之杀（去声，差等），尊贤之等，礼所生也。”人与人之间的亲疏和等级的差别决定着人实际被爱的程度，这是社会的宗法等级关系在儒家仁爱中的真实的反映。

孔子仁爱观的直接目的，是想要通过调节上下尊卑间的人际关系，维护君臣父子的等级差别，挽救“礼崩乐坏”的社会政治秩序，防止“犯上作乱”。孔子关于仁、礼的关系的核心命题是“克己复礼为仁”（《颜渊》）。他希望通过各个社会成员对自己的行为的自觉约束来回复到周礼的规范。同时重视这些规范所体现出来的思想和观念，以及这种思想观念对社会秩序的意义。礼制是贯彻实施仁爱的手段和保障，仁与礼之间是一种相互发明的关系。

孔子认识到，不论是统治者还是被统治者，都有相互尊重的需要。人只有在被尊重的前提下，他才可能充分发挥自己的潜力，使个人和国家的需要最终统一起来。“道千乘之国，敬事而信，节用而爱人，使民以时。”（《学而》）治理国家的不同决策，如热爱并专心工作，节省财用和爱惜民力，中心都是一个“爱”字。而其实施，则又取决于统治者个人的人格感召和道德表率作用。

9. 中庸之道

孔子去鲁桓公宗庙观礼，看到一只倾斜的瓦罐。孔子问守庙人为何不把那只瓦罐扶正，守庙人回答说：这是“佑座之器”。无水之时倾斜，盛满水时则倒覆，而只有装上一半水时它才是正的。据说，孔子就是从这件小事中悟出了“中庸之道”的。

孔子所倡导的“中庸之道”，其实就是要反对“过”与“不及”，要在“过”与“不及”这两端之间把握一个中间的点或度，以此来保持事物的常态不变。

《论语》文本记载孔子直接论述中庸之道只有两次，一次即《论语·雍也》所说的“中庸之为德也，其至矣乎！民鲜久矣”。另一次是《论语·子路》所载：“不得中行而与之，必也狂狷乎！狂者进取，狷者有所不为。”

孔子的思想可以说是无处不充满着一种中庸的智慧，“中庸之道”已然是孔子思想体系中最重要的方法论。虽然“中庸之道”为孔子所首倡，但仅从《论语》的记载中来看，其毕竟还只是零散的，缺乏系统性和完整性。只有到了子思才弥补了这一缺憾。孔子之嫡孙子思所撰《中庸》，论述和阐发了孔子的“中庸之道”：“喜怒哀乐之未发，谓之中，发而中节，谓之和，中也者，天下之大本，和也者天下之达道也。致中和，天地位焉，万物育焉。”这里，子思将孔子所主张的“持中”（“执两用中”）原则，从“至德”提升到“天下之大本”、“天下之达道”的哲理高度。自此以后，正统儒家的传承者们无一不是从哲理高度来界定和肯定“中庸之道”的。

《中庸》一书的问世，从“修身立命”处看，它为儒生们提供了一个借以实现儒家所标榜的内圣外王之道这一最高理想的基本方法，也即所谓的“尊德性而道问学”，“致广大而尽精微，极高明而道中庸”。而从“治国安邦”处看，所有的事物只要“执中”，则天下太平的宏愿也就可以在这种永恒的平衡中表现出来。孔子的中庸之道在中国可谓影响深远。从个人修养，到治国安邦，所有这一切都离不开中庸之道这一具有普遍意义的原则与方法。由于对“持中”观念的普遍认同，使得中国人十分注重和谐局面的实现与保持，凡事不走极端也成为中国人普遍遵从的思维原则，而这显然对民族精神的凝聚与拓展、对统一的多民族国家的维护和巩固，具有十分重要的作用。

孔子的中庸思想不仅是一种哲学意义上的认识论和方法论，同时也是一种有关现实生活的处世之道。由于孔子对中庸之道的强调特别突出了“时中”的意义，其有着“无可无不可”的特征，因此，作为一种处世之道的灵活性，中庸经常有沦为“圆滑性”的危险，在鲁迅看来，中庸是构成传统中国“国民性”的重要基石，而这种“国民性”实际上又是一种“劣根性”，是需要加以批判和改造的。

“中庸之道”降生于动乱迭起、“道术将为天下裂”的时代，它所透露出来的否定斗争、排斥竞争和强调“贵和持中”的价值取向，代表和迎合了宗法社会温情脉脉的伦理情感需要和社会政治诉求。孔子的中庸之道在被用来处理各种问题时，必须遵守“过犹不及”的原则，强调的是“中和”与“时中”的统一。达不到成其为这一事物的“度”，而“过”则超过了成其为这一事物的“度”，两者都有所偏颇。在肯定原则性的前提下强调灵活性，这或许就是中庸之道的合理因素之所在。从中国过往的历史以及当今之社会现状来看，对

“中庸之道”寓有合理因素的肯定也应当适可而止,“过”与“不及”同样也都是不恰当的。

10. 循名责实

“循名责实”最早是由邓析子提出的。意思是说,如果根据事物的名称寻求事物的真实,以及根据事物的实际规定事物的名称,那就是正确的。这里,邓析子正确地指出了名称和事物的关系,为制定事物的名称指出了正确的方向,

名实论在法家那里得到了新的发展,把它运用到社会变革中,其代表人物是荀子的学生韩非。韩非发展了荀子的思想,认为统治者治理国家,必须使臣下不能欺骗君主。为了考察臣下的忠奸,要有检查言辞、是非的可靠方法。他指出:“术者,因任而授官,循名而责实。”认为治国是非,必须用法术,君主授予官员的“名”的职责,来考察在职官员的工作情况(“实”)。名实相合则赏,不合则罚。判断是非要遵循名实相符的原则,“名”是第一位,“实”是第二位,“名”应当反映“实”。“名”、“实”相符就是对的,否则便是错的。

可以看出,韩非的“循名责实”方法,是为了达到民以力得富、民富而国强的政治目的,这一法治的理论逻辑是建立在因循人的基础之上的。但它的实施又是控制人,使人为君所用,实际上也就是片面地夸大剥削阶级和君主个人的意志的地位及作用,也就是把剥削阶级和君主个人的意志绝对化。

11. 天行有常

中国传统哲学似乎对“天”情有独钟,对“天”这一中国特有的哲学范畴,各家各派可谓众说纷纭。仅先秦时期论之,就有很多不同的解释。总的来说,大致有两种相对立的观点。如孔子就说过:“获罪于天,无所祷也。”得罪了“天”,再祈祷也没有用;这是有关“天”的一种解释。而有关“天”的另一种解释则是把“天”看作是自然之天,无意志之天。如老子就曾提出“天道自然”的思想,其“天”似乎有“自然”之意。可以说,对“天”做最彻底的物质解释还应该归属于荀况,而最能体现他哲学思想的命题便是“天行有常”。

荀子说:“天行有常,不为尧存,不为桀亡。应之以治则吉,应之以乱则凶。”天不因人世间统治者的好坏而发生改变,相反,人们只有遵循自然规律,才能取得好的结果;否则就要遭殃。正是基于这个观点,荀况对传统的宗教迷信观念进行了深入的理论批判。他说,自然界的怪异现象,如“日食月食”、“星坠木鸣”,都是“天地之变,阴阳之化”的表现。人们“怪之,可也;而畏之,非也”。这些现象“无世而不常有之”,与社会的治乱吉凶无关。

天人关系问题,即自然界和人的关系问题,是先秦天道观的中心问题。当时流行的“天人合一”、“天人感应”思想认为,不仅“天”决定人事,而且人事的好坏也影响自然界的现象,自然界的旱涝风雷都预示人事的吉凶。荀子批判了这些观点,在中国哲学史上破天荒第一次鲜明地提出了“明于天人之

分"的光辉论点。他认为产生万物和人类社会的是自然之天,而治理万物和人类社会的则是有为之人。在谁产生谁的问题上,强调天之能;在谁主宰谁的问题上,强调人之能。在"明于天人之分"的基础上,荀子进而提出"制天命而用之"和"人定胜天"的卓越思想,强调发挥人的主观能动作用,对后世产生了积极影响。

12. 四大皆空

四大皆空,这是佛教的基本思想。四大,是梵文的意译,也叫"四界",具体指的是地、水、火、风。古代印度人认为这四者是构成一切物质的元素,故称为"四大"。在佛教看来,世界上一切存在的东西,从山河大地,到身体形骸,既不是神创造的,也不是无缘无故忽然产生的,而是地、水、火、风和合形成的。

四大和合形成世界,可又为什么会说"皆空"呢?应当说,佛教宣扬"四大皆空"的目的,旨在建立"无我"的教义。

一谈到"我",人们往往将这个血肉之躯称之为"我"。然而,根据佛教的理解,真正的我并不存在,血肉之躯不过是地、水、火、风四种元素的结合罢了。四者结合,肉体就存在;四大散开,肉体则消亡。所以人就根本没有一个真实的本体存在。

同时,佛教所谓"空",并不是说待人死后四大分裂才说它是空,甚至是在未死之时,也只是四大"假合",也是空。四大也是相互影响、相互转化的,是时时都在变的,每一个人时时都在脱胎换骨。所以,从自称为我的身体中根本找不到我的影子,故曰"无我"。

依此类推,宇宙万物没有一件不是四大暂时聚合生成的,四大合则生、散则灭,故此"万物无我",也就是说"四大皆空"。

佛教哲学传入中国以来,对中国的历史产生了深远的影响,在文学与艺术方面留下了深深的烙印。古典名著《红楼梦》里就有一首"好了歌",诠释了作者对"四大皆空"的理解:"世人都晓神仙好,唯有功名忘不了,古今将相在何方?荒冢一堆草没了。世人都晓神仙好,唯有金银忘不了,终朝只恨聚无多,及到多时眼闭了。""好"就是"了","了"就是"好",一切皆空。

当今的社会,物质财富极大地丰富,而现今的人们更多地沉溺于物欲之中不可自拔,或许"四大皆空"的"宿命"能让人们冷静思考:"我是谁?我从哪里来?我要到哪里去?"这样可以使人类少一些纷争与烦恼,多一些和平与安宁。当然,这并不是要求人人都出家修行,因为佛教作为一种哲学,确实能给人以启迪,但其终究无法避免消极厌世的倾向。

13. 顿悟成佛

两千五百多年以前的一天,释迦牟尼下在灵山会上为众弟子说法。有人送来鲜花。释尊拈起一枝,欣然地微微一笑。而在此时,众弟子都沉默不语,只有释迦牟尼的大弟子迦叶,也微微地发出了会心的一笑。于是,释迦牟尼指着迦叶,向众弟子说:“我有正眼法藏,涅槃妙心,实相无相,微妙法门,不立文字,教外别传,现在已传给了摩诃迦叶。”

这个教外别传就是禅宗。禅宗的传教方法就是以心传心,心心相印,不立文字。据说禅宗在印度传了二十八代。第二十八代禅宗祖师菩提达摩将禅宗带到中国,成为中国禅宗的初祖。当禅宗从初祖达摩至六祖慧能,经过数代禅师的改造、创作,完成了中国化的过程,成为中国禅宗。中国禅宗的特点,就是极大地简化了修行的烦琐仪式,由提倡“渐悟”转向推行“顿悟”,其最著名的命题就是“顿悟成佛”。顿悟亦称“顿了”,与“渐悟”相对,是指无须烦琐仪式和长期修习,一旦把握佛教真谛,即豁然觉悟。

“顿悟成佛”的理论基础有两个理论支柱,其一是“众生皆有佛性”,即“凡夫皆佛”。众生皆有佛性的思想,最早可以追溯到《泥洹经》所说的:“佛身是常,佛性是我,一切众生,皆有佛性。”竺道生从中得到启发,提出了“人人皆可成佛”,“一阐提人皆得成佛”的教义(一阐提人指贪欲成性,作恶多端的人)。他强调佛性人人“本有”,“苟能涉求,便返迷归极”,“理妙为善,反本为性”(《涅洹经集解》)。所以,成佛并不困难,去迷返本,就可以“顿悟成佛”。

语言文字和逻辑思维把握世界本体的局限性,是“顿悟成佛”的第二个理论支柱。顿悟实际上就是直觉思维方式。它摒斥任何感觉、理智和语言文字的参与,在一定的环境中,通过一种神秘的机缘,比如棒喝等而突然开悟,达到与真如本心的高度契合,就像迦叶与释迦牟尼的契合一样。悟是一种精神境界,是一种把握了世界本体的愉悦;是一种认识上的突变,它在瞬间体验真如本体的永恒。正所谓“一念相应,便成正觉”。现代物理学的一些重大建树,就是抛弃了传统的逻辑思维的局限,运用直觉而实现的。其思维方式,即使不是受禅宗神秘思维的启发,至少也是与之相契合的。

14. 民胞物与

“民胞物与”,这一体现天人合德及仁民爱物之理,并在中国哲学史上不断生发出道德价值义理的重要命题,是直接从宋代理学家张载在《西铭》所说“民,吾同胞;物,吾与也”的原话中概括出来的。《西铭》大意是说,乾坤为一大父母,所有人物皆天地所生,因而同为兄弟,应以孝亲之道以事父母。我既居住于天地之中,充满天地间的气,也是构成我身体的东西;统领气(天道)流行的根本缘由,也是人的天性之所在。人类同我一齐为天地所生,当然就是我的兄弟同胞。皇帝为天地的宗子,大臣为宗子的家相。年高者为我的兄长,年幼的则是我的幼弟,残疾与受难者是我兄弟中最痛苦者;我若好好爱戴这一切人,实质上是我对天地孝心的一种表达。我若是违背天地之心,不爱戴这些亲人,那就不仅是违背道德,也是害仁害义,从而成为天地所生的不肖之子。我若在言行上,能够顺从天地之心,则是一个孝顺父母之子。知道天地变化之道,则可以明白一切事理;深通天地变化的神妙莫测,则可以承接天地之善意,一切行动都做到"慎独",而诚实,存心养性,而致孝于这个大家庭之父母。我作为人类一员,遭遇的幸与不幸,甚至生死大事,无不可从容而自然地对待之。

这一短短几百字着力于天人合德的主旨,阐释了人乃天地之子,禀受天地之性,所以必须与天地合德,仁民爱物,才能真正不愧为明白事理而顶天立地的天地之子。以"民胞物与"这一命题来表征《西铭》的本意是极其恰当的。正如现今人们常相诉说的那样:它所达至的极其豁达的与万物为一体的境界,确实让生于工业化与信息化时代的今人抱憾而长叹。的确,以今日"全球伦理"之生态视角观之,思想者们仍大可玩味其极为超前的至善之境。而就其思维的内在合理性而言,则我们又不得不着意去透视这位极富创造力的哲学家那"为天地立心"的立意之高,"为生民立命"的心力之大。

15. 宇宙便是吾心,吾心即是宇宙

陆九渊继承了孟子"万物皆备于我"的思想,提出"心即理"的命题,断言天理、人理、物理只在吾心中,心是唯一实在:"宇宙是吾心,吾心便是宇宙"。认为心即理是永恒不变的。这就把心和理、心和封建伦理纲常等同起来。他认为人们的心和理都是天赋的,永恒不变的,仁义礼智信等封建道德也是人的天性所固有的,不是外铄的。学的目的就在于穷此理,尽此心。人难免受物欲的蒙蔽,受了蒙蔽,心就不灵,理就不明,必须通过师友讲学,切磋琢磨,鞭策自己,以恢复心的本然。修养功夫在于求诸内,存心养心。具体方法是切己体察,求其放心,明义利之辨。自称这种方法为"简易功夫",是"立乎其大者",是"知本",是"明本心"。作为中国古代著名哲学家,他认为人生天地间,与天地并为三极,人字不可轻,必须大做一个人。"仰首攀南斗,翻身倚北辰。举头天外望,无我这般人。"正心立志、张扬人的主体意识、堂堂地做个人是象山哲学核心。

陆九渊以"心即理"为核心,创立"心学",强调"自作主宰",宣扬精神的主动性作用。他的学说独树一帜,与当时以朱熹为代表的正宗理学相抗衡。他在长期的讲学实践中,形成了一套独特的教育思想理论。他认为教育对人的发展具有存心、养心、求放心和去蒙蔽、明天理的作用。他主张学以致用,其目的是培养出具有强烈社会责任感的人才。

16. 格物致知

在中国哲学思想中,最能历久而常新的命题,"格物致知",即其中之一,历朝历代的人们无不以其独有的方式在谈论着如何格物致知。就通常意义而言,格,指推究;致,指获得。格物致知最早出现于儒家经典文献四书中的《大学》,是《大学》八纲目即诚意、正心、格物、致知、修身、齐家、治国、平天下的其中二纲目。八纲目的逻辑连贯性是显而易见的。这里,我们只谈格物致知。“致知在格物,格物而后知至。”可见,《大学》认为“格物”是“致知”的前提。《大学》的用意显然是想说:推知事物,才能获得事物的真知。格物致知与格物穷理其实是性质相关的命题。

对这一命题的研究最为深入与透彻的是朱熹。朱子立于认识“天理”的高度,构建起一个完密系统的集大成的格物致知论;重要的是,在他的格物致知论中,认识论与修身观内在关联而形成一个整体。这就涉及闻见之知与德性之知何者为重以及尊德性、道问学的问题。“尊德性而道问学”一语原出《中庸》,朱子与陆象山鹅湖之会后,人们多以朱子重“道问学”,象山重“尊德性”,其实二人未必认同这种说法。但这一分别本身的存在,却是二人均承认的。王阳明试图调解朱陆异同,谓象山虽重“尊德性”,但未尝不教其徒读书;朱子虽重“道问学”,亦何尝不以尊德性为事?阳明本着“知行合一”的精神,反对将“道问学”与“尊德性”歧而为二。

17. 致良知

“致良知”一说是王阳明“心学”理论的核心与根本,被王阳明视为“学问大头脑”、“圣人教人第一义”。王阳明所提出的“致良知”说可分为两方面解:一是坚信良知在我,保证仁者与万物同体的儒者胸怀,其无论在什么艰难境遇中均不失其责任感,此即为“操舟得舵”,“舵柄在手”。二是要保持吾心之空灵虚明,即不执着于任何外在的利害荣辱,从而能够摆脱险恶环境与自我焦虑的双重困惑,此即所谓“忘患难,出生死”、“免没溺之患”。这两方面也是彼此互为关联的。

就其历史渊源而言,王阳明的“致良知”说显然是在孟子“良知良能”的思想基础上发展起来的。孟子说过:“人之所不学而能者,其良能也;所不虑而知者,其良知也。”对于“良知”,王阳明前前后后说了许多,在不同的时间和场合提法亦有所不同,但大致而言有以下三层意思:其一,“良知”即是孟子所说的“是非之心”,它是判别行为的是非,并进行好恶的选择。这里的“良知”也就是所谓“良心”,亦即道德意识的主体。其二,“良知”是“天理之昭明灵觉处”,即天赋的理性。这里所谓的“良知”就是对“天理”的觉察、意识。其三,“良知”是“造化的精灵”,它是“与物无对”的本体,天地、万物、鬼神、人类皆从此出,而人的一切认识和实践活动都是为了复归此本体。

既然“良知”为“心之本体”,那么如何去“致良知”呢?王阳明认为:“人性无不善,故知无不良”。只要恢复人的本性,就可以“致良知”。而恢复本性的根本方法便是“去人欲,存天理”。一旦人人自致其良知,天下就实现了“大同”。

实际上,王阳明的“致良知”包含“致知”和“实行”两方面的内容,即一方面,我的良知能够让我按照自己的意愿选择自己的行为,并且能确保这种选择是具有道德意义的;另一方面,我又必须按照我的选择去实施我的行为,否则就谈不上真正的“知”。所以,“致良知”既反对“坐而论道”,亦反对“随事体认天理”,因为前者会流于空谈,后者则会导致将“天理”当作一种客观存在的东西,从而把“良知”与人的现实行为(“事”)割裂开来。

强调“心”是世界的本原、本体与主宰的“致良知”说,专注于做“正人心”的功夫。这种强调主体意志,在某种意义上也就是重视人的价值,重视人类自身在社会发展中所起的作用,高扬了人的主体性,这无疑是对中国古代人本思想的继承和发展。王学倡导个性独立、思想解放,在一定意义上可以说,正是阳明心学,开启了中国近代启蒙主义思潮的帷幕。

18. 经世致用

对现代人而言,“经世致用”这个典型的儒家思想命题,其“治理人世”及治理社会的基本内涵似乎是不言自明的。然而对儒家的经世致用观来说,它还含藏着一个“学”与用的关系前提。

儒家确实是非常讲究“用世”的,孔子在《论语·述而》中就说过:“用之则行,舍之则藏。”事实上,孔子的“六艺”之学:礼、乐、射、御、书、数,就是极重社会功用的。经世致用的真正的义理之源恐怕还要数《易传》“开物成务”的理念。往后的思想家们发现“经世”这一名词用来表征“入世”之含义,更是恰如其分的,经世致用风气的形成则有待于有识之士的群体认同。东林学派及明末清初的三大思想家黄宗羲、顾炎武、王夫之,就成为开风气之先者。此后,儒家也才有了道地的经世之学。

不少理论家说中国是一个讲求实用之大国,从儒家贯穿至今的经世思想来说,的确不错。今天,这一思想资源仍能发挥着它的效能,因为它涵容着厚重的历史同时又夹杂着更多的现实因素。党的十一届三中全会以来中国的全面改革开放,难道没有儒家“经世致用”观无形而潜在的作用?

19. 大胆假设,小心求证

1921 年,胡适写了一篇重要文章《清代学者的治学方法》,发表前夕胡适经过长期思考,在文章的最后部分提出“大胆假设,小心求证”的治学方法。这几个字的来历可以追溯到 1919 年,当时胡适的老师杜威先生应邀到中国访问讲学。为了让国人了解杜威先生的思想,胡适写了一篇长文《实验主义》全面地介绍了实用主义学说。在文中胡适将杜威所倡导的思维方法概括为五步:(1) 疑难的境地(暗示);(2) 指出疑难之点究竟在什么地方(问题);(3) 假定种种解决疑难的方法(假设);(4) 把每种假定所涵盖的结果一一想出来,看哪种假定能够解决这个疑难(推理);(5) 证实这种解决方法使人信用或证明这种解决方法的荒谬,使人不信用(试验)。思维五步法是对西方自然科学方法的一种总结。后来胡适又结合中国古代特别是乾嘉学派的治学方法,把思维五步法精炼为“细心搜求事实,大胆提出假设,再细心求证实”。最后简化为“大胆假设,小心求证”这八个字。可以这样说,胡适一生的学术生涯都是围绕着这个方法，这个观念所做的注解。这一方法在新文化运动这一特殊的历史时期对于解放思想和启发民智方面起到了积极和不可替代的作用。

胡适“大胆假设，小心求证”这一方法主要包含“怀疑”、“假设”和“求证”三方面的内容。怀疑是对以往的知识、成见、结论等要善于提出疑问，而不能盲从。在怀疑的基础上，对研究对象做出未经实践证明的初步构思，这是所有科学研究必经的步骤。在确定了疑难之所在后，紧跟着的便是提出解决疑难的假设。假设是科学思维的一种形式，科学的发展离不开假设。假设是在已知的事实材料和已有的科学知识基础上，对所研究的问题做出的一种猜测性的陈述。关于求证，他提出必须小心细心：不相关的事实不算证据，不可靠的事实不算证据，间接传闻的事实不算证据，个人的意见不算证据。这表明胡适在求证问题上确有细心、严谨、求实的一面，继承和发扬了汉学无证不信的传统作风。

从一般规律来看，做学问的方法是形式逻辑的归纳、演绎、假设、证明等方法的具体运用，胡适的怀疑、假设、求证的方法，正确反映了人们研究问题的一般规律和步骤。先秦以后的中国哲学，由于儒家定于一尊，方法论不发达，他所提倡的方法正是为了弥补这种不足。

20. 实事求是

“实事求是”是一个古老的词语，最早可以追溯到东汉班固所著《汉书·河间献王传》。东汉史学家班固在《汉书》中替刘德立了“传”，并在“传”的开头对刘德的好学精神做了高度评价，赞扬刘德“修学好古，实事求是”。意思是说，刘德爱好古代文化，对古代文化的研究十分认真，总是在掌握充分的事实根据以后，才从中求得正确可靠的结论来。唐代学者颜师古在对《汉书》所做的注中，把“实事求是”注释为：“务得事实，每求真是也。”也即是说，做学问应当掌握充分的事实材料，从事实出发求索事物的真相。及至明清之际，以倡实践实行、反对空谈心性不务实际为基本特征的“实学”成为主流，由此“实事求是”的思想也得到了新的解释和发挥。明清实学乃反思程朱理学、批判佛道和阳明心学之哲学，其所表现出的正是强调务实、注重实用的哲学智慧。始于顾炎武的清代经学，至乾嘉时期达至极盛。而戴震、惠栋等人所循“研经”治学的基本原则和方法，就是“实事求是”。

毛泽东吸收马克思主义的辩证唯物主义和历史唯物主义思想，给“实事求是”这一成语以新的内容，赋予它科学的哲理。早在20世纪30年代末，他就明确使用“实事求是”这个概念，提出科学的态度是“实事求是”。毛泽东关于“实事求是”的论述颇多，其内容总的来说可以概括为以下几点：其一，从实际出发是实事求是的根本前提和基础。其二，一切从实际出发，实事求是，是实现主观与客观相统一的根本保证，是我们党一贯倡导的马克思主义的思想路线和最根本的思想方法和工作方法，是毛泽东思想的活的灵魂。其三，要做到一切从实际出发，实事求是，必须对实际情况、事实的总和有较全面深入的了解。党的十一届三中全会以来，以邓小平等老一辈无产阶级革命家为代表的党中央始终坚持并在实践中发展了党的“实事求是，一切从实际出发，理论联系实际，坚持实践是检验真理的标准”的思想路线。

21. 一分为二

“一分为二”命题是中国哲学范畴系统中最重要的命题之一。但它作为一种正式的书面表述，那是比较晚的。根据目前的相关记载，最早提出“一分为二”概念的是隋朝名医杨上善。他在注释《黄帝内经》时说：“一分为二，谓之天地也。”《老子》曰：“道生一，一生二，二生三，三生万物。”董仲舒说：“天地之气，合而为一，分为阴阳，判为四时。”其中“一生二”，“太极生两仪”等思想，即“一分为二”。

马克思主义认为对立统一规律是宇宙间的根本规律，“一分为二”是中国古代哲学家关于对立统一这个根本规律的一种表述方式。马克思主义唯物辩证法认为：“凡统一物都分为两个互相排斥的方面，都是对立统一的，都包含着内在的矛盾，‘一分为二’的‘一’指矛盾的统一物，‘二’指矛盾统一物中两个相互排斥的对立面、属性、倾向和趋势，‘分’指统一物内在的分解、内在的矛盾运动。一分为二是客观的，不是人们主观臆造的，自然界和人类社会的一切事物都是一分为二，思维领域的主观现象的一分为二是对客观事物的反映。”不仅一切事物的发展过程是一分为二的，而且每一事物在它的发展过程的始终都是一分为二的，一分为二同时具有特殊性，任何具体事物和现象的一分为二都是自身的特点。一分为二也是人们观察和认识事物的原则和矛盾分析的方法。而邵雍、朱熹的“破作两片”的说法，是“猜量比拟，非自然之理也”。

长期以来，“一分为二”作为辩证法特别是作为对立统一规律的通俗表述，已经深入人心。时下，“事物总是一分为二的”，几乎成了人们的口头禅。应该说，用“一分为二”来表述辩证法有它的特点和优点，如非常简明易懂和直观等，但这种把“一分为二”到处套用的做法往往会造成某些对辩证法简单化和庸俗化的理解，并给人们的思考和实践带来某种负面的后果。

在现实生活中，不少人习惯于简单的“二分法”，总是喜欢用一种非此即彼、非好即坏、两极对立的思维方式去看待事物和分析问题，其结果往往是把问题简单化、绝对化，只见二，不见一。譬如，评价事物时，非好即坏，非坏即好，一是则百是，一非则百非。是非好坏之间水火不容、势不两立。其实，事物总是复杂的，极端的状态只是理论上的一种状态，而不是现实的情形。对于现实事物来说，真与假、是与非、对与错、好与坏、美与丑等，并不是绝对的非此即彼的对立关系，而是既非此即彼，又亦此亦彼的关系。因为它们往往是相互渗透、相互包含,在一定的条件下还会相互转化,两极对立只有相对意义,它们本是同一个东西的两极。“两者的一方当自己实现时也就创造对方,把自己当作对方创造出来。”(马克思语)因此,事物更多的情况是在两极之间存在着多样的可能性。

事实上,唯物辩证法绝不是让人们的思维简单化,相反,它是让人们在看待事物时更加理性、更加全面、更加符合事物的本来面目,也就是要求用全面的、发展的、联系的观点去观察事物,把握其发展态势。“一分为二”只是一种理论抽象,我们对它绝不能作一种直观的理解,好像一个事物可以一劈两半,更不能把它当作一个普遍的模式到处套用,不能把它当作一个标签到处乱贴。如果那样的话,这不仅不是辩证法,而且恰恰跌入了机械的、形而上学的陷阱。事物的情形极其复杂,有的事物可以一分为二,有的事物则可以一分为三,一分为四,甚至可以一分为多。

当然,强调事物的复杂性,强调事物的“一分为二”,并非主张让人们成为“和稀泥”式的“和事佬”,成为所谓“无可无不可”、“此亦一是非,彼亦一是非”的“墙头草”。如果那样的话,就会陷入折中主义的泥潭。

参考书目:

赖功欧等:《东方哲学经典命题》,南昌:江西人民出版社,2007 年。

附录三
中西智慧对照表

本附录涉及哲学、伦理学、美学、社会、人生各个领域重要话题四十余个，显示中西方智慧的区别与联系，读者可参阅本书(包括附录一、二)，参与探究研讨，逐步学会辩证思维的方法，形成辩证思维的习惯，形成两种文化、两种素质相互融合的健全人格、创新人格。

下表节选自韦政通《中国的智慧》，吉林出版集团有限公司2009年11月出版，"西方智慧"栏中有括弧者引自阿德勒《西方的智慧》。

中西智慧对照表

问题	中国智慧	西方智慧
什么是真理?	中国哲学接近西方经验真理的概念是"道"和"理"，例如韩非说："道者，万物之所然也，万物之所稽也。理者，成物之文也。物有理，不可以相薄。故理之为物之制，万物各异理，而道尽稽万物之理。" 哲人们最重视的真理是"行"的真理，或道德实践的真理。它之所以为真，不依靠客观现象的证验，而是在心与行的一致上。	(一) 自明的真理，比如"全部大于部分"。由于我们不可能想象相反于这陈述的事实，这些陈述直接地向我们宣露它的真实。 (二) 经由经验与观察，可以证实陈述的真假。 (三) 大多数人所持的意见，可以看出它是有些可能是真的。
历史的意义	(一)《孟子》："孔子作《春秋》，而乱臣贼子惧。" (二) 董仲舒："《春秋》贬天子、退诸侯、讨大夫，以达王事。" (三) 司马迁："欲以究天人之际，通古今之变，成一家之言。" (四) 邵康节以春、夏、秋、冬描述历史的演进，认为历史会衰亡，但衰亡以后另有新世界诞生。如此循环，以至无穷。 (五) 史学思想中与西方历史直线前进说极相类者，有《公羊传》的"三世"(据乱、升平、太平)，和《礼记·礼运》的乱国、小康、大同之说。	(一) 历史是循环前进的，国家与社会经过生、长、衰、亡四阶段，然后又从头复演。这种循环观点笼罩着古代希腊、罗马的历史思想，现代一些历史哲学家如维果、史宾格勒和汤因比，又把这古代的思想，经由他们的理论苏醒过来。 (二) 历史变迁的形态是直线前进，而不是终而复始，这是耶教的历史观，在奥古斯丁的《上帝之城》中第一次有系统地提出来。

续表

问题	中国智慧	西方智慧
个人与社会	墨翟与韩非对个人应该服从国家这一点，见解一致。墨子主张“上之所是，必皆是之；所非，必皆非之”，又主张一切人皆须尚同于天志。韩非则以赏罚之“二柄”统驭臣下百姓，要求臣民绝对服从国家的律令，复以“耕战”二策严格限制人民的活动，规范了群体的价值标准，符合它的得赏，违反它的则罚。不论是墨子或韩非，君上都享有无上权威。老、庄认为政治上的一切法令和措施，都是徒滋纷扰，所有政府的作为，不但无助于人类社会的和平，相反的，它们是在破坏社会原有的和谐。国家组织如果必须设立，那么身为官长人君者唯一可做的事，就是无为、好静、无事、无欲，如此人民才能过质朴自然的生活，维持社会的和谐状态。 儒家既不赞同墨子、韩非个人绝对服从国家的思想，也不同意老、庄的不干涉主义。从家族社会孕育而成的儒家思想，一开始就跳出了个人与家的对立思考，他把这种关系转化为个体与个体的关系，主张父慈子孝，主张“君使臣有礼，臣事君以忠”。这种关系是对等的。	（根据集体主义或集权主义的看法，个人只是国家的一分子，就像肢体和器官是身体的一分子。他们除了担任身体的器官或机器的零件之外，不再有自己的意志。当个人与国家发生冲突的时候，国家的利益必须永远压倒个人的利益。） （根据个人主义者的观点，最重要的是个体的实现，国家只是有益于个人幸福的工具而已。个人主义者情愿把国家限制在非常狭窄的范围——管得愈少愈好。） （第三种理论认为，集体主义者和个人主义者的观点造成了个人利益与国家利益之间错误的对立。这种中庸论者肯定说，国家不仅有益于政治目标——和平、秩序、法律，也益于人类最高的目标：幸福。一个组织良好，统治公平的国家对于它所包含的个体的幸福定有贡献，而一个有公德心与良心的个人，会善尽国民的责任，来谋求别人的幸福。）
法律的本质	秦、汉以后的两千多年中，支配法律的思想主流，是孔子的礼治为主、刑治为辅的法律观。这种法律观，法律只是加强礼教规律的作用而已，所以法律差不多等于刑法。 礼教性的法律观，最重大的一个特色，它不重视外力的强制，而是经由“社会化”的过程，把礼教的规律，内化为生活的习惯，这是传统社会得以稳定的主要力量之一。	不论是希腊的古老法典，或是《罗马法》，都是平民为了抵抗统治者的压迫、剥削，经过长期的流血奋斗，一点一滴向统治者手中争取来的成果。这种法律包括几点特色： （1）保障平民的权利；限制统治者的权力； （2）法律既是人民自己争取来的，自然容易自动遵守，而培养出守法精神。

续表

问题	中国智慧	西方智慧
什么是正义？	（一）所谓正义，就是对他人有利的行为。（墨家） （二）社会正义：各尽所能，各取所需。（儒家） （三）法律正义：法律之前人人平等。（墨家）	（有两句箴言指出了正义的精髓。第一句是“给予每个人他所应得的”。这是柏拉图《理想国》与查士丁尼《罗马法典》开头所宣布的著名原则。 第二句是“对待同状况者平等，不同状况者不等，与其不等度成比例”。 法律之前的基本平等原则就是由这句箴言而来。）
战争与和平	从《诗经》起，历代的诗篇表现反战情绪的，真不知其数。哲学家们也一致反对战争，从无肯定战争价值者。庄子向人类提出警告：“无以战胜人。”老子也同样提出告诫：“夫兵者，不祥之器。”孟子更主张：“善战者，服上刑。”相信只有不嗜杀人者，才能统一天下。墨子又进一步，以有组织的行动，去达到反战的目的，成为历史上著名的和平运动的先驱。	（洛克认为，只有两种方式可排解人与人之间的争执——法律或武力，没有法律的地方，武力是最终的调停者。法律之道便是和平之道。 康德把这项分析应用于国际场面，它认为国际场合是没有法律的无政府状态，强者的权力永远占先。他呼吁各方挣脱这种野蛮状态，成立国际盟约，使法律与和平占有优先的地位，许多世纪以前，但丁曾提议成立单一的世界政府，为整个人类提供永久的和平。） 赫瑞克累塔斯说：“战争或者竞争，乃是万事之父，乃是观念，发明与制度的源泉。”黑格尔则认为战争中亦有道德的成分，足以扫除个人的自私，防止逸乐的民族趋于腐败。
幸福的追求	《礼记》：“福者，备也。备者百顺之名也，无所不顺者谓之备。”前所谓幸福，至少包含内心愉快、物质生活满足、做事顺利等。 如果说幸福的条件，包括欲望的满足，那么中国只有少数的哲人提到这一点，像荀子就曾主张“养人之欲，给人之求”，李觏则认为“欲者人之情”，戴东原又进一步以“遂欲达情”为人生的一个理想。多数的哲学家，虽不反对一般人追求这方面的幸福，但对于社会负有责任，并具有崇高理想的知识分子，则认为现实欲望的追求，对较高人生价值的实现，有损无益。 知识分子以追求至高的善为目标，中国人称之为“造福”，以别于世俗的幸福。	哲学上的幸福概念，和日常使用的意义大不相同。人们说在满足或享乐的时刻，他们感到幸福。但根据亚里士多德等人的说法，幸福不是你在某特殊时间感到或经验到的东西，它是整个人生的性质。幸福生活就是善良生活。 柏拉图把幸福定义为灵魂的和谐——真正有品德的精神状态。他不像亚氏那样注重物质的善或幸运的善。对他而言，没有一件外在的东西能使一个有品德的人不幸福。

续表

问题	中国智慧	西方智慧
成功是必须的	传统思想中,没有现代社会以财富作为一个人成功指标的思想。孔子视富贵如浮云,孟子引阳虎话说:“为富不仁。”圣贤有此想法,恐怕不只是因为他们把人生的价值设定得太高,而是因为他们都能透彻了解到,如仅以财富为人生的目的,无论对个人对社会都将造成严重的败坏。 老子不反对人追求成功,问题在成功以后,能不能做到“为而不恃,功成而弗居”?“夫唯弗居,是以不去”,否则成功了,终不能免于失败。 王阳明和老子不同,认为功成而不必身退。主要关键在能否立其德,他认为成功唯有德者能居之。	柏拉图和亚里士多德都认为贪爱金钱的人,不会有好的下场。“至善与至富同时并兼”是不可能的。这正如《福音》所说的,富人进天国,有如骆驼穿针那样困难。 (圣保罗并不说钱是万恶的根源,他说,使人的道德走向毁灭的是贪爱金钱。为物质的成功而困扰,导致精神的挫败。)
什么是良心?	照传统的说法,良心或良知,不能用“了解”的方式去了解,所以不能问:良心是什么?良心只能从生活中去体会、印证,因为良心不是“我”的对象,它是在“我”之内,与生俱来的成为“我”的主体,“我”的主宰,所有的德性皆从此流出。落在具体的生活中,它不但出入无定时,亦无定所,当神清气定时,它就悄悄地呈现出来,当你神浊气躁时,它又悄悄地隐没了。良心就是这样,它只能被自觉意识唤醒,不能化为自觉意识的对象。	(一)西塞罗及辛尼,认为良心是伦理特质,指责或捍卫我们行动的内在之音。 (二)阿奎那把植于每个人的良心,当作是对上帝及其律法的感应。 (三)巴特勒认为,道德原则是人类从善如流的一种天赋愿望。 (四)依康德的说法,一个有道德的人,义无反顾地如此做,绝不是畏惧外界的力量,或为了迎合社会习俗。他如此做,只因作为一个道德人,必须正直地完成他的义务,而良心就是一种无上义务。
基本德性	仁——仁表现在德性上,是爱人的能力。它是积极的,主动的,创发性的,一种精神富饶的表现。 义——义代表公正、正义。 礼——礼是人人心中一道无形的墙,防范着我们的行为,随时提示着我们,人行到此,必须止步,否则便是越礼。 智——智是一种判别是非的天赋能力。 信——信是人格完整的表征,它使人坚守对别人的承诺,建立人与人之间的深厚友情。 勇——勇是冲破障碍克服艰难困苦的能力。	勇气或坚毅是一种承受挫折或痛苦的韧力。 克己是一种抵制短暂欢乐的诱惑的惯力,使不致干扰了向善的路程。 公正使人公平地对待邻居,不加伤害,而使他得到应该的报偿。 审慎的人绝不会让冲动牵着鼻子走,甚至在压力之下,他也要努力按理行事。

续表

问题	中国智慧	西方智慧
目的与手段	孟子、荀子都说:“行一不义,杀一不辜,而得天下不为也。”孟子又说:“不嗜杀人者能一之。”把这两位哲学家的话引入“目的与手段”的论题,他们明显是认为: (1)好的手段才能衍生好的结果。 (2)坏的手段不能实现好的目的。	某个手段唯有关联到某个目的,且用于那个目的才可能是对的。 既然某种坏的手段是我们道德上理当不该寻求的,因而采取任何步骤来成就它就会是道德上所认为不合理的。你不能使用坏的手段来达成好的目的,就如同你不能用坏材料来盖好房子一样。 成功也许是我们衡量手段的权宜性准则,然而权宜是一回事,道德上的合理又是一回事。
价值的相对性	荀子:“干、越、夷、貉之子,生而同声,长而异俗,教使之然也。”说明不同的族群,孩子们生下来,都同样有啼哭之声,长大以后,却表现出各自不同的习俗。为何会如此?是因受到不同的教化方式所决定。韩非:“上古竞于道德,中世逐于智谋,当今争于气力”,也同样表现出价值的相对观点。他们的不同只在:荀子是由不同的地区观察到价值的相对性,韩非则从时势的推移中发现。	蒙田和莎士比亚都认为我们的道德判断只是反映我们所从属的社会的传统习俗或习惯。他们告诉我们,一套道德体系,仅只表示了某一时的所风行的价值,某些社会或文化所认为是对的,别的社会或文化却认为是错的。由此他归结说,没有客观的对和错,也没有替所有人决定什么是好的,什么是坏的途径。
忠诚的要求	“忠恕”的忠,指内心的诚、敬。孟子谓“教人以善谓之忠”,忠有尽忠职责的含义。 在《左传》,忠不只是个人的道德,亦有福,利民的功能。其言忠的对象,言“忠于民”外,亦言忠于国。荀子则言忠于君。专制天下定型以后,忠于民、忠于国之古义遂晦,忠君之说独盛。 慎到说:“忠未足以救乱世,而适足以重非”,对忠德的价值,根本持否定的态度。 先秦忠于民忠于国的古义,在黄梨洲的思想里,再度得到复活。在他的想法,忠于天下万民,才是最高忠诚的表现。	忠诚的基本意义是忠实地信守自己的诺言。当不同种类的忠诚起冲突时,忠诚才会成为严重的问题。罗伊士认为忠诚是最高的德行,是道德律的最高实现,没有忠诚,人就不值得什么,因为他的生命缺乏道德的中心。忠诚是普遍的善,它使人受到道德秩序的约束,也使人与人之间受到约束。因而,不同种类的忠诚之冲突是有害的,有如道德秩序中的内战。

续表

问题	中国智慧	西方智慧
道德义务的性质	把仁纳入责任的范围来解释，它是“己欲立而立人，己欲达而达人”，己立己达是对自己尽责，立人达人是对他人尽责，两者在实现时，难分其先后，且都是一无限过程。在五伦关系中，都要求我们尽一份道德义务，负一份责任，人生之与责任，不能退缩，只有死而后已。	（亚里士多德主张我们的道德责任只与别人有关联，因为依他看来，我们所有的义务导源于正义的原理，而正义的原理“关心的是人与邻居的关系”。 不过柏拉图指出，对人不正不义等于使自己变成不公正，因而也就腐败了，葬送了道德人格的核心。尼采说，对自己而不是对别人说谎，是所有不诚实中最大的不诚实。）
人的尊严	孟子主张“格君心之非”，以德抗位，以师教君，一生周旋于诸侯、权贵之间，所言所行，皆为争取人格尊严者，立下好榜样。尤其是“人人有贵于己者”的肯定，为知识分子争尊严，提供了理论的基础。 《白虎通义》：“天地之性，人为贵。”	（惊人的工艺进步，已经使更多的人有可能把他们更多的清醒时刻不必花在辛苦的工作上。他们现在已经有可能去从事教养与创造的追求。由于享有相当程度的经济安全与独立自主，现在更多的人有了成就人性的机会。 人性尊严的辅助支柱之一，是透过政治自由的运用来享有自由人的地位。公民权的扩大范围，在某种程度上是经济独立自主逐渐扩张到更多人身上的政治上的表现。这些人接着又使用他们新取得的权力去保护和扩展他们政治地位上的权利，于是他们得以对自己的命运有某些控制，这是任何人性尊严的概念的基础。）
现世的乐利	关于物质的乐利与满足，有三种基本态度： （一）禁欲主义。如佛教。道家亦具此强烈的倾向。 （二）肉欲主义。哲学家中从没有教导这种人生态度的。 （三）先秦儒家比较接近中庸态度，既肯定精神生活的价值，也不忽视生物性的满足。	（哲学与宗教的传统，认为罪恶在于依附物欲的乐利，而非在于乐利本身。亚里士多德区分出来供应我们过乐利的人生所需的合法财富，与为了财富而堆积财富之别。《圣经》肯定物欲现世之善，认为是上帝为了人而造的，它谴责那常与巨富为伴的灵魂的腐败，而不是谴责财富本身。）

续表

问题	中国智慧	西方智慧
理智与感情的冲突	(一)理智应治理感情。荀子的“以心治性”说,即持此看法。 (二)理智应清除感情。如道家,庄子尤其是典型的代表。 (三)感情至上论。哲学家戴东原和诗人袁枚可为代表。	(一)亚里士多德与柏拉图主张理智应治理感情。 (二)斯多噶派哲学家认为我们应压制我们的感情直到最后清除它们。 (三)哲学家谢林与作家诺伐利,主张感情至上论,他们与戴东原、袁枚恰好是同一时代。
人的伟大性质	儒家以圣人、圣王、大人、圣哲等代表理想中的伟人,他们的共同特质在与天地合德。孟子所说的大丈夫要具备三个条件: (1)富贵不淫;(2)贫贱不移;(3)威武不屈。从这些品质当中,反映出坚贞、刚毅、勇敢等德行。 朱熹论人物,重三代圣君,轻汉、唐英雄,与陈同甫往复争辩。同甫并不轻视德行,但认为有德行中的伟人,也有功业中的伟人,汉、唐英雄于德行虽有亏,但他们创造了历史,影响了人类的命运,我们不应忽视其伟大之处。	亚里士多德认为伟人是心量宽广或有伟大灵魂的人,比起一般人更具有德性。 由普鲁塔克的《希腊罗马名人传》所提供的例证,杰出的人未必以德立身。《名人传》包括颇有才气而又放荡的恶棍阿契毕亚雷,也包括既残酷又无节操的权势追求者马留和苏拉。 卡莱尔在《英雄与英雄崇拜》一书中,认为伟人塑造历史并且导航人类的命运。他说,我们这些伟大不起来的人必须选择一位伟人或英雄来做我们的导引人。一个不重视英雄的民族或时代将注定平庸无华。
习惯的形成	古文《尚书》有“习与性成”之说,认为习惯的养成像天性一样。 另一种习惯,不是由本能发展出来,是靠后天的学习和教养。这是荀子对习惯的看法,他认为,不同的习惯,形成不同的习俗,铸造了不同的性格。	亚里士多德说:“习惯是第二天性。”认为习惯是我们天生本性附加物。我们天生就有依某一方式行动的能力,也生来就有某些天赋的行为模式,我们称它为本能或反射。 (一个民族的生活习惯,通常称为风俗,风俗使社会的一切都维持平衡,使共同生活和谐进行,铺平了个人交往途径,使他们联结在一起,威廉·詹姆斯说习惯是“社会的巨大飞轮,最珍贵妥当的操作者”,便是这个意思。)

续表

问题	中国智慧	西方智慧
如何阅读艰深的书？	中国文化中有一类艰深的书，比文字和意义艰深还要难读的书，就是表达道德智慧和讨论修养问题的，如《论语》《孟子》、宋儒语录之类。这类书不能完全靠理解，需要靠生活来印证，没有相当道德生活奋斗经验的人，对有些部分，很难有真正的悟解。宋儒曾说，一个人在读《论语》前和读《论语》后，如果没有什么改变，等于没有读。从这话不难知道这类书的性质。如果没有道德的真诚和升高道德水平的决心，就如面临宝山，仍将是空手而回。	阅读最重要的规则：第一次读一本难书的时候，要毫不停顿把它读完，注意你所能了解的部分，不要因你所无法立刻领悟的部分而停顿。照这个方法继续下去，你第二次再读的时候（不要间隔太久）更有机会了解它。
信仰与理性	"信"在中国，主要的含义是诚，联系着人与人之间的关系，不是指人对神的皈依。"信仰"一词在文献中大量应用，是佛教传入中国以后的事。 像传统基督教那样视上帝为"永恒不动的基石"的坚定信仰，在孔子以后的中国是很少见的。先秦儒家的人文思想运动，以道德理性取代了对天神的信仰。	在《旧约》里，信仰有坚定、确证、忠心的含义。 奥古斯丁以为信仰照亮心灵，并使理性能把捉现实世界的根本真理。 阿奎那也认为自然理性需要宗教信仰的昭示与支持，才能得到周全的真理。
灵魂的性质	中西两方灵魂论相似或相同的理论，是对魂魄、形神或鬼神等观念的探讨。 直到春秋时代，社会迷信鬼神的风气依然很盛，但在人文思想影响下，反对的新观点，亦于此时兴起；嗣后，大哲学家中从没有认为灵魂本质上是可从身体分离出来的另一种实体的思想。	在《旧约》里，一个人的灵魂就是他人格的全部。 柏拉图和笛卡尔，认为灵魂是本质上可从身体分离出来的另一种物。依此看法，人是由两种相离的实体身、心所构成的。 现代经验论心理学家詹姆斯，发觉灵魂的概念在解释心理过程中毫无用处。
不朽问题	中国唯一有名的不朽论，是叔孙豹的"论三不朽"："太上有立德，其次有立功，其次有立言，虽久不废，此之谓不朽。"此所谓不朽，与灵魂信仰完全无关，也不含有任何宗教色彩，纯是就有功于国家社会者而言。这是理性主义的不朽论。	不朽的信仰基于对人类灵魂的某种看法。主要有三种理论： （一）死后灵魂回归到其本源。 （二）个人灵魂从来就是存在着，也将永远存在下去。 （三）基督教理认为个人灵魂不朽，但并不永恒存在。 柏拉图和亚里士多德体认到人在其后代或创造品里求得不朽。

续表

问题	中国智慧	西方智慧
自由意志与决定论	和西方的情形一样，中国哲学史上，也有两种不同的对立主张：孔、孟和宋明理学家，都肯定人有自发的仁心或良知，人之所以能为善，即由于仁心或良知的自决。另外一些有经验主义倾向的哲学家，如荀子、王充、李觏等，则有决定论的思想。	亚里士多德、阿奎那、笛卡尔和康德，都主张人有自由意志，而霍布斯、斯宾诺莎、休姆和弥尔，则持相反见解。 存在主义哲学家沙特说，人在所有的情况下，都是绝对自由的。弗洛伊德认为人的所有欲望都是被决定的，自由意志纯是子虚乌有之事。心理学家史基纳宣称，人类自古以来所相信的自由意志，不过是一种幻觉。
命运与自由	中国历史上大部分重要哲学家，对命运问题都曾严肃思考过，没有一个大哲学家像希腊人那样，认为个人无法改变其命运的思想。他们以智慧向命运挑战，从各家对命运的思考中，反映出各自不同的哲学立场和人生态度。	古希腊人把命运当作是超然力量降于人类意志、行为的表现，个人无法改变其命运。 （《圣经》天佑的意念与希腊命运观念相似，把人类的定数归诸超人力量的意志。 科学决定论，提出了现代的命运说法，据此，人的运气为不可改变的社会与经济法则所决定。）
人的平等	孔、孟相信“人皆可以为尧舜”，是说人在成德的起点上是生而平等的。荀子的“涂之人可以为禹”，与孔、孟的信念相同，但对涂之人何以能为禹的解说不同，一赖先天的善性，一赖经验的学习。 墨子和荀子都有社会身份平等的思想，认为身份的获得，应当靠个人的能力和努力。 另一种平等的思想是法家提出的，法家欲以法的平等消除特权，使所有的人都受到法律的限制，没有例外。	洛克说，人生而平等，所有的人，都立于平等基础上，相互尊重彼此的司法权与主权。 史怀哲呼吁全人类，重视尊重生命的伦理，这种伦理，反对将所有的生物分为有价值的与无价值的，高等的与低等的。 （美国《独立宣言》说：“人生而平等，创造者赋给他们不可让渡的权利，其中包括生命、自由与幸福的追求。我们认为这是自明的真理。”）
进步的实质	《大学》对进步提出三种不同的含义： （一）日新又新。这是普泛地提出一种进步的观念，后来一直是传统社会流行的口头禅。 （二）作新民。这指出进步的目标。 （三）周虽旧邦，其命维新。这是在旧有基础上，采取逐步的非暴力的改革，以达到建立新邦的目的。	（康德与弥尔认为进步只有由人类的努力而得到，进步绝非必然或不可避免，人类社会的改进，或文明的推展全在于人所做的选择。 历史循环论者，看历史如同自然，春夏秋冬，兴衰分合，文明飞扬一时，然后走向下坡。根据这种看法，进步是一种幻想。）

续表

问题	中国智慧	西方智慧
时尚是怎么回事?	儒家是各家中最具适应性的,但强调在适应中保持独立,认为有所不为,然后将有所必为。 现代社会在各方面都追逐时尚的流风下,越来越不利于独立特行之士的生存,这是现代文明最深危机之一。	(公众的心情,品味与意见的一致,的确是现代的现象。弥尔同意齐克果的看法:"个人迷失在群众里。"弥尔认为个性与自主性是人类福利的要素。一个人只是彼此模仿,或一致维系习俗的社会,并非是人类的社会。)
金钱的正当使用	传统士大夫并不反对金钱和物质上的富裕,但他们对金钱使用的态度,和现代人有些不同。他们崇尚节约,不仅是为了节约是一种美德,节约也是一种常保福祉的智慧。 和西方一样,传统的道德哲学家,曾抨击对金钱的追求,认为这是人类社会所以产生邪恶的基本原因,也是各家主张轻商的原因之一。与西方不同的是,没有思想家信奉相反的立场,以为"好的即是富裕,坏的即是贫穷"的观念。	亚里士多德强调有限度物质需求的观念。他说,经济活动的适当目标是为了达到充分的财富,以照应家庭或国家的物质需要;这种需要是有限度的。 道德哲学猛烈抨击对金钱的追求,也有些作家信奉相反的立场,以为"金子是个奇妙的东西,谁拥有了它就能得到他所要的,甚至有了金子,就可使灵魂上升天堂"。
艺术的本质与形式	《论语》"求也艺",《乐记》"艺成而下",《史记·儒林传》"能通一艺以上",其中的"艺"字都是指才能或技巧而言。这与西方19世纪前所用"艺术"一词的意义正相当。此外西方学者解释艺术为"人加在自然上面",与中国解释艺为种植的意思,亦恰恰相合。 狭义的艺术,现在通常是指绘画、音乐、雕刻之类。这一意义一词的应用,中国盖始于《世说新语·巧艺篇》。	亚里士多德:艺术是自然的模仿。 莱森:艺术是以美为理想,而完成的自然。 托尔斯泰:艺术是人间传达其感情的手段。
诗的精髓	"诗言志",一直是中国对诗解释的主流。钟嵘以情感为诗活动的核心,使诗有了它自己独立的生命。 中国诗论的另一面,不但认为"诗有别才",对诗人且有"诗仙"的美誉,前者重天才,后者重质,这才是产生诗的主要条件。	(诗这个名词向来是一个希腊字,意为"创造",诗最初是指人类任何的创造活动。 亚里士多德说,诗是一种模仿人类活动的作品,"模仿"并不意味着真实事件的翻版,是指人类经验中普遍性各方面的描写。 有些人认为诗的主要作用是提供观乐、松弛、愉悦。也有人主张诗具有道德及预言的功用。)

续表

问题	中国智慧	西方智慧
创造力——人与神的	中国人相信艺术家、文学家有他们过人的天赋,但更重视个人的功力,许多杰出诗人,都曾表白了这一点。杜甫曾自白已达到“下笔如有神”的境界,但不是由于神灵的启示,是来自“读书破万卷”的苦工。 希腊神话中,半神普罗米修斯从众神那儿偷得创造力给予人类。中国盘古神话,却是象征人自身就具有创造宇宙的力量。《尚书》“天工人其代之”,也表现出同一精神。	柏拉图认为,诗人纵然有极高明的艺术技巧,如果没有诗人的狂热,永远也不能登堂入室;而诗人的狂热是由诗神激动起来的,也就是说,诗是神圣灵启的产物。 弗洛伊德认为艺术创造力起源于心灵的下意识深处,是情绪驱力的表达。
爱的种类	爱经由不同的对象,而表现不同的类别,这些对象包括父母、子女、异性、朋友等。中西之间的差别,是西方特别强调对上帝的爱,中国人对故乡本土,有浓厚的乡情。这两种爱反映出中西文化部分不同的特色。 在所有的爱中,最受赞美和鼓励的是友爱,而亲密之情,也只有在友爱中能得到充分发挥。	希腊人用三个词表达不同的爱: (一)友爱。指同性之间的爱,如同志或伙伴爱。 (二)欲望。指男女之间的性爱。 (三)仁爱。是指宗教的爱。 弗洛伊德认为性爱,系起源于动物的本能,是爱的最基本的样式,其他所有的则是它高雅的形式。
爱与欲	人间最令人欣羡的两性之爱,不是没有欲的成分,而是建立在关怀、尊重和了解的基础上,使情渗入到灵魂深处,达到两性之间的高度和谐,所谓“妻子好合,如鼓琴瑟”。	精神病医生里克说:“爱与性常常相符,但相符并不就是一致……毫无疑问,有些精神分析医生认为有离爱而存在的性,赤裸裸的性。但他们激烈地否认有离性而存在的爱。”
友谊的衡量	孔子为益友提出三个必要条件:(1)直;(2)谅;(3)多闻。益友的反面是损友,也有三种: (1)便辟。习于威仪,致饰于外,内为真诚,与谅正相反。 (2)善柔。谓工于媚悦、工媚悦者必不能守直道。 (3)便佞。巧言口辩,非有学问,与多闻正相反。 孟子认为交友的范围可随着一个人的德性的提升而扩大,德性崇高的人,可以友天下之善士,如还不足,则可尚友古人。同时孟子也强调友谊必须奠基于道德,不应夹杂其他的利害因素。	亚里士多德指出友谊可分为三种:(1)利益;(2)快乐;(3)德性。但认为只有奠基于德性、善良的人格之上的友谊,才能维持久远。 施舍愈多,愈能体认无私的真诚,愈能成为好朋友。好人不止如对待自己般的对待友人,在需要时,甚至还要超过。

续表

问题	中国智慧	西方智慧
谈话的艺术	孔子认为要发挥谈话的效力,需要肺腑之言,从诚挚的心灵中流出,所谓“有德者必有言”。又说:“时然后言,人不厌其言”,是说善谈者必须把握适当的时机。 辩说是谈话的一种特殊形式,也是谈话技巧的高度运用。荀子认为辩说者应该做到:(1) 不穷人、不伤人;(2) 不争气;不期胜人。 历史上著名的魏晋清谈和唐代的谈禅,不但为哲学开辟新风气,新天地,同时也把谈论的艺术发挥到登峰造极的境地。	(像其他艺术的能力一样,口才也需要磨炼。反省下列诸问题,对谈话会有很大帮助。 (一) 谈些什么? (二) 跟谁谈话? (三) 在什么情况下谈话? (四) 为何要谈? (五) 如何说出心中的话? (六) 何时说出该说的话?)
人性的不变性	从变与不变的观点看人性,孟子认为仁义礼智等德性,非由外铄我,乃人所先天固有,这先天同有的善性,既不是由社会文化的因素所形成,自然也不是这些因素的依变项。它和“食、色,性也”的基本人性一样,凡属人皆有之。 荀子一方面认识到由生理、心理的需要而形成的基本人性,这种人性,人人皆同,它是不变的。另一种人性是可以经由文化的陶冶而改变的,这就是荀子所说的恶性。	人类学家有句名言:“每一个人都有若干方面像所有的人,若干方面像一部分人,若干方面则什么人都不像。” 像所有人的是基本人性,是指人生而具有的某种需要或生理冲力。这种人性由古至今,没有什么变化。 像一部分人的是指国民性或民族性,它随着价值观念、社会组织、经济结构的变化而变化。 什么人都不像的是个性,它和国民性一样,也是随着社会化的变化而变化。
人与动物的差别	西方从柏拉图一直到19世纪,几乎一致认为唯独人类才是理性的动物。中国自孟子以来亦是如此,只是理性的含义是属于道德的。 荀子将无生物、植物、动物与人加以区别,他说:“水火有气而无生,草木有生而无知,禽兽有生而无义,人有气、有生、有知、亦且有义,故最为天下贵。” 朱熹一方面维护了孟子的人禽之辨,另一方面又认为人与其他动物,并无本质上的差异,有类似进化论的观点。	亚里士多德把人与动植物加以区别,植物只具植物生魂,动物除植物生魂再加动物觉魂,人除植物生魂加动物觉魂,再加上灵魂。 达尔文谓人与类人猿是从一种共同的祖先遗传下来;与人进化起源论相伴而生的看法,乃是人与高等哺乳动物只有程度上的差别。

续表

问题	中国智慧	西方智慧
生命的目的	孔子说："老者安之，朋友信之，少者怀之。" 张横渠说："为天地立心，为生民立命；为往圣继绝学，为万世开太平。"	（其他现存的万物，毫无问题地继续追求他们的自然目标。人不断地提出他自己存在目标的问题，乃是人特有的不幸或荣耀。 亚里士多德的哲学里，万物的本性都趋于至善。因此对人来说，生命的目的，即是达到构成幸福的美德。）
人生的机缘	孔子对机缘或运气的问题，采取了理想和现实的双重观点。在理想上，他奔走列国，知其不可为而为之，虽没有好的机缘出现，仍努力不懈，始终为一。但他并不因此否认，在现实上人得富贵，或得君行道，有时候是要靠点机缘。 老子也不相信人生有机遇或运气这回事，他相信人生的好运与坏运，祸与福，是互为其根的，对它是执着不得的。	西方古代一向认为财富、名望、荣耀与权力都是好运，拥有与否，全靠机缘，而不是像知识与德行，要经过慎重的抉择。亚里士多德认为好运对人的幸福极为重要。斯多噶学派则认为好运是珍贵的，非人所能企及。 也有很多思想家否认真有人生机缘，他们说，我们所谓机缘，只是表示我们对事原因的无知。
自由的意义	儒家重视的自由有二义：一是道德的自由，它的对头是由放纵各种欲望而引起的罪行。人要发挥道德自由，必须克制私欲。在这个意义上，只有道德有成就的，才算是自由人。 一是人生来就被赋予自由抉择的权利，孔子"唯仁者，能好人，能恶人"，以及孟子舍生取义之说，都是指的这种自由。 庄子所向往的自由，是心灵的解放，或是心灵的绝对自由感，"精神四达并流"，"游乎四海之外"，就是指的这种自由。	《西洋思想史》上所说的自由有下列几种： （一）我们说一个人是自由，乃是外在环境容许他为自己的利益做他所愿意做的事。 （二）我们说一个人是自由，是因他依从道德律，能很自主地做他应做的事。 （三）一切人都是自由的，这是生来被赋予自由抉择的权利。 （四）政治自由，只能存在于自由政体，特别是选举权的制度之下。

附录四
思辨的乐趣

以下资料出自英国 DK 出版社著《哲学百科》(电子工业出版社 2014 年 1 月出版),以图表显示出部分著名哲学命题论证的逻辑,让我们在与古圣先贤的对话中分享思辨的乐趣。

1. 泰勒斯(前 624 - 前 546 年):水生万物

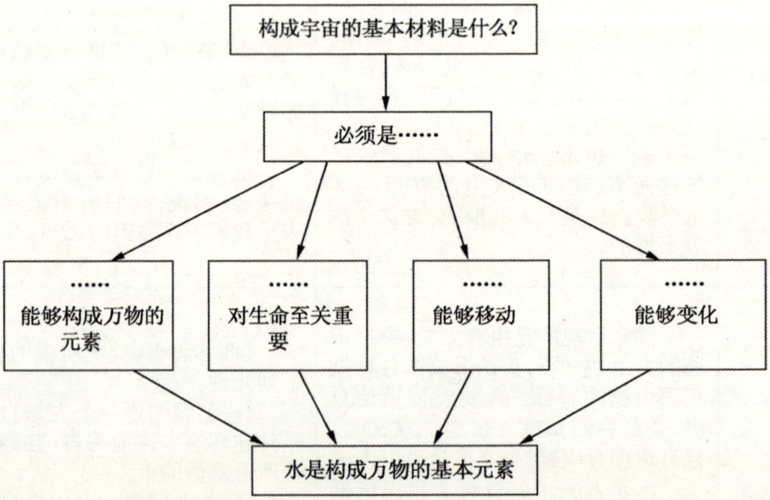

2. 老子(约前六世纪):道可道,非常道

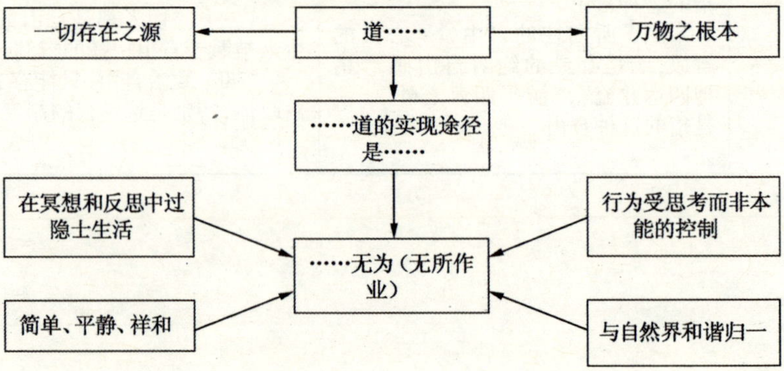

3. 毕达哥拉斯(约前570—前495年):数字是宇宙的统治者

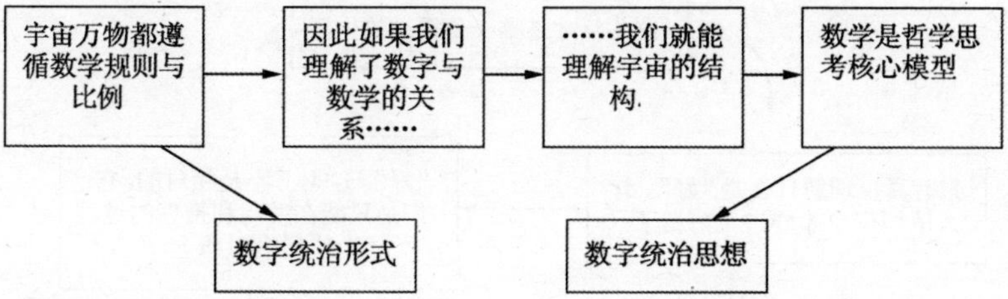

4. 悉达多·乔达摩(前563—前483年):诸法无我

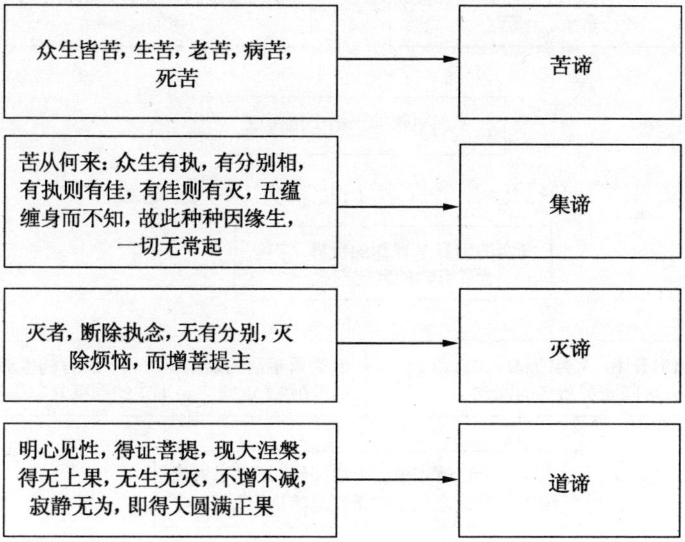

5. 普罗泰戈拉(约前490—前420年):人是万物的尺度

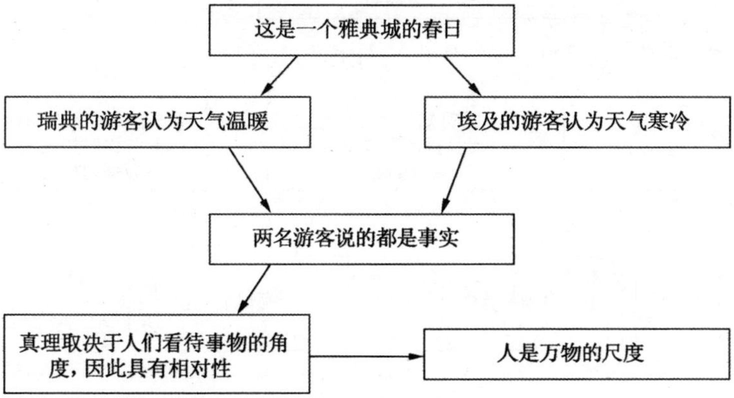

6. 苏格拉底(前 469—前 399 年):未加审视的生活不值得过

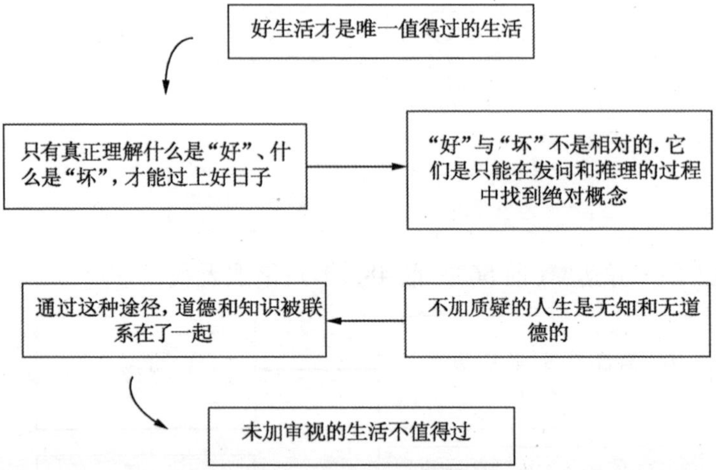

7. 柏拉图(约前 427—前 347 年):世俗知识不过是影子

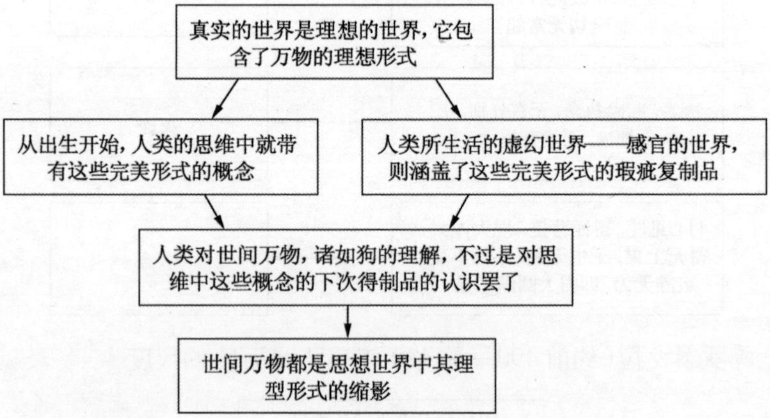

8. 伊壁鸠鲁(前 341—前 70 年):死亡与我们无关

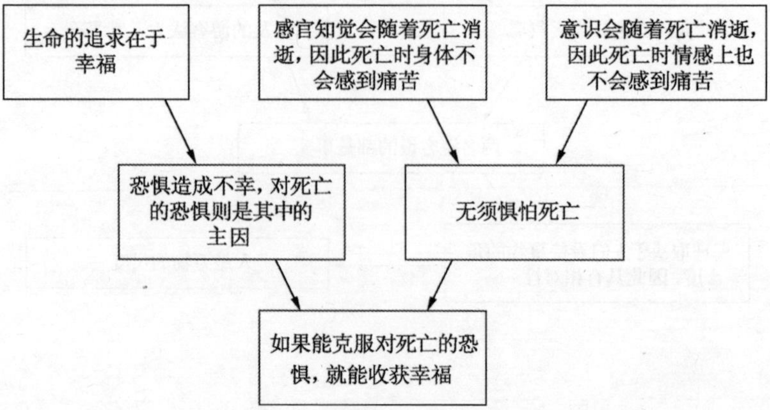

9．圣奥古斯丁(354—430 年)：上帝并非罪恶之源

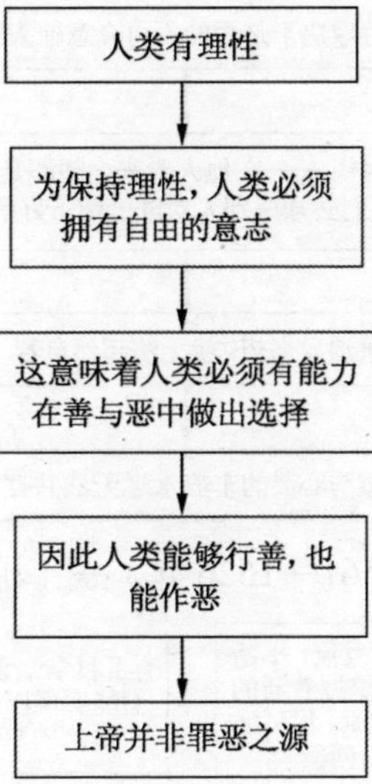

10．托马斯·阿奎那(约 1225—1274 年)：宇宙并非恒久存在

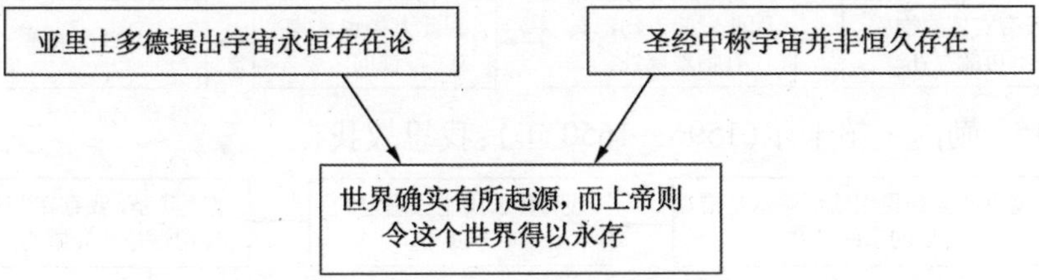

11．尼古拉·马基雅维利(1469—1527 年)：我为达目的，不择手段

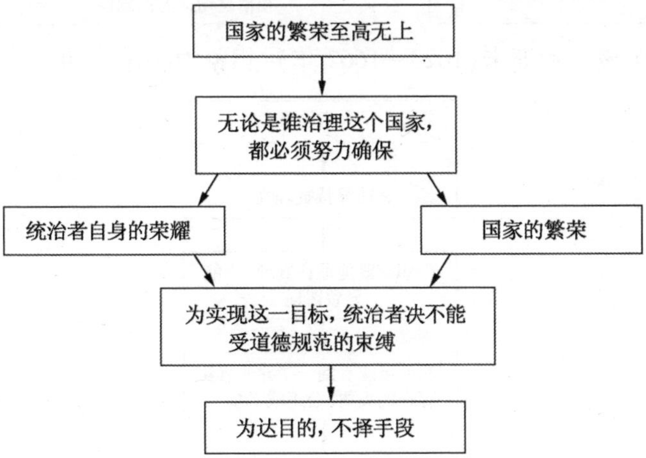

12．米歇尔·蒙田(1533—1592 年):名望与心灵的宁静永远无法共存

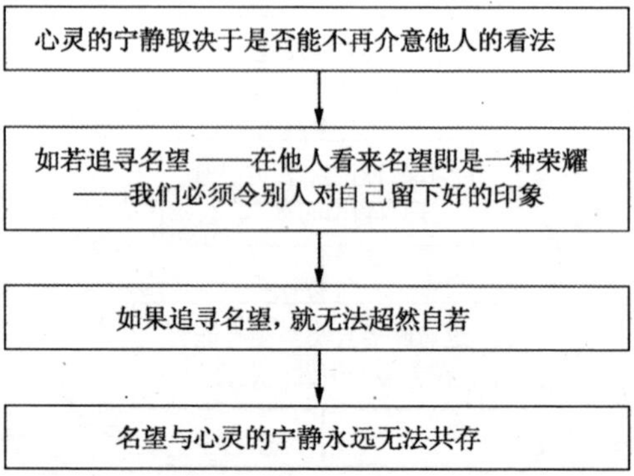

13．弗朗西斯·培根(1561—1626 年):知识就是力量

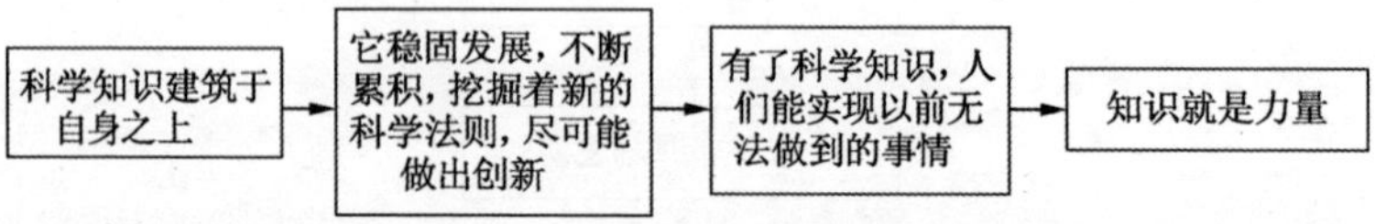

14．托马斯-霍布斯(1588—1679 年):人类是机器

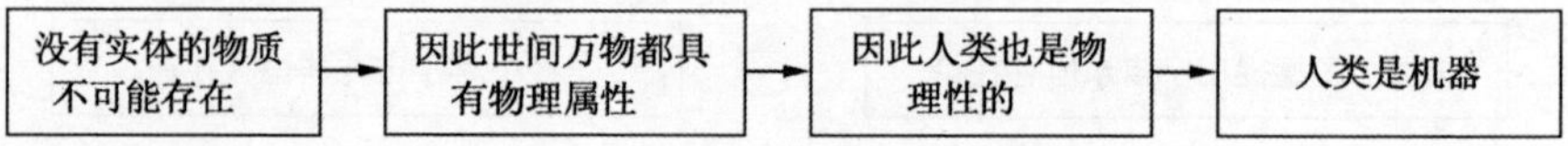

15．勒内·笛卡尔(1596—1650 年):我思故我在

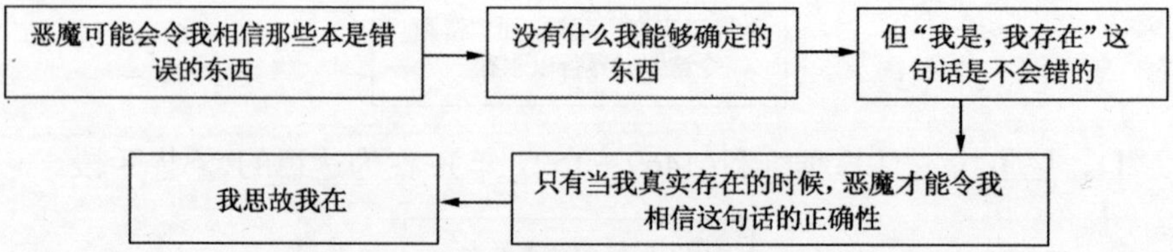

16．布莱兹·帕斯卡(1623—1662 年):想象力决定一切

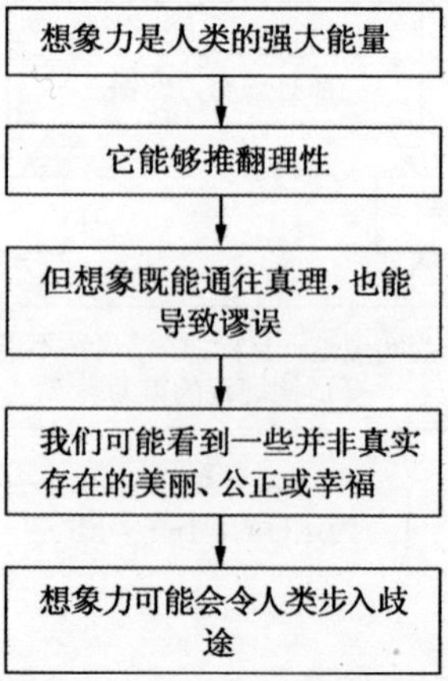

17. 约翰·洛克(1632—1704 年):人类的知识无法超越经验

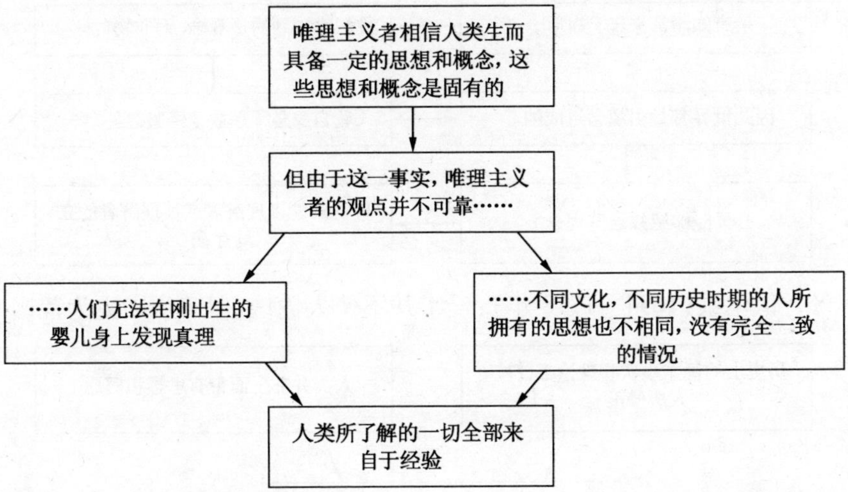

18. 戈特弗里德·莱布尼兹(1646—1716 年):世间存在两种真理:一种是推理之真,一种是事实之真

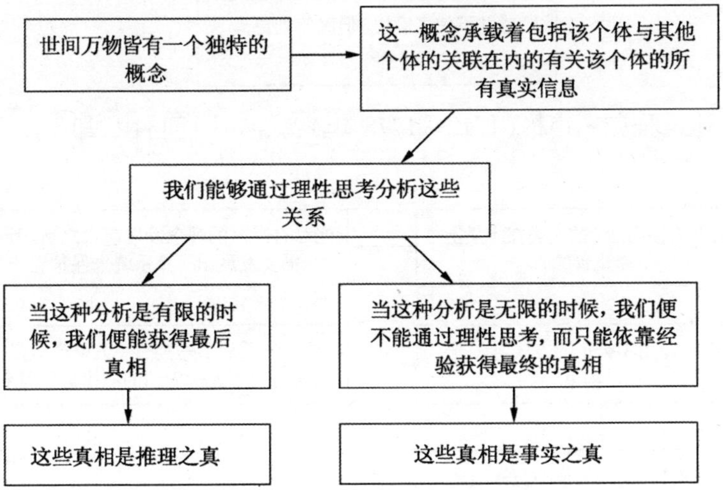

19. 乔治 · 贝克莱(1685—1753 年):存在即是被感知

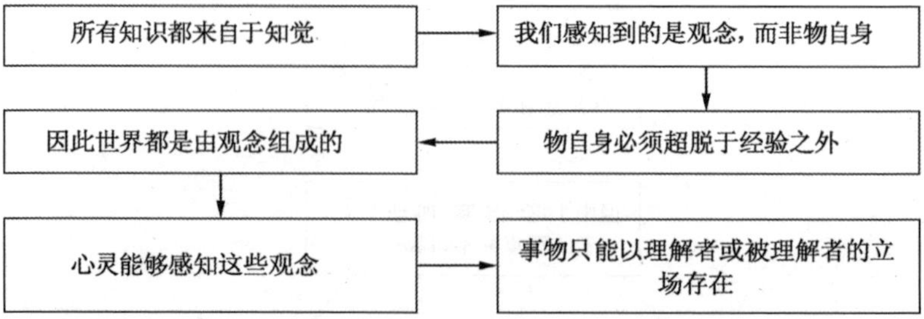

20. 伏尔泰(1694—1778 年):疑惑并不使人愉快,但确信则更为荒谬

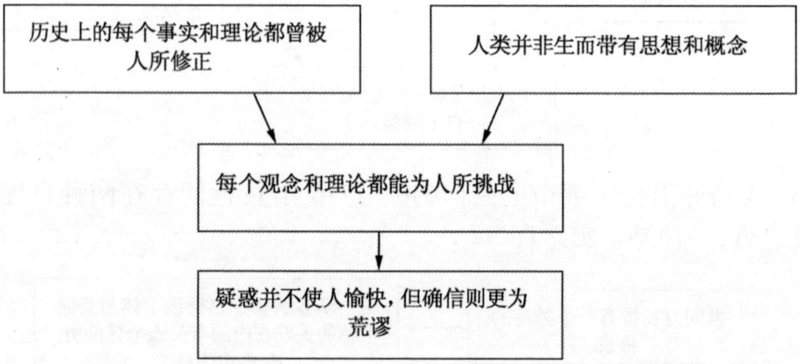

21. 让 · 雅克 · 卢梭(1712—1778 年):人人生而自由,却无所不在枷锁之中

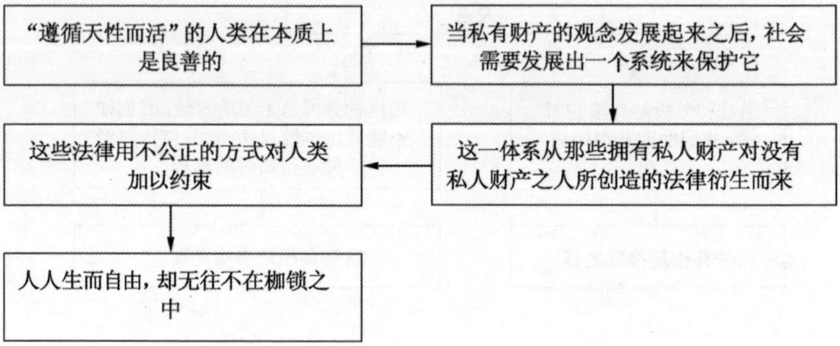

22. 亚当 · 斯密(1723—1790 年):人是会交易的动物

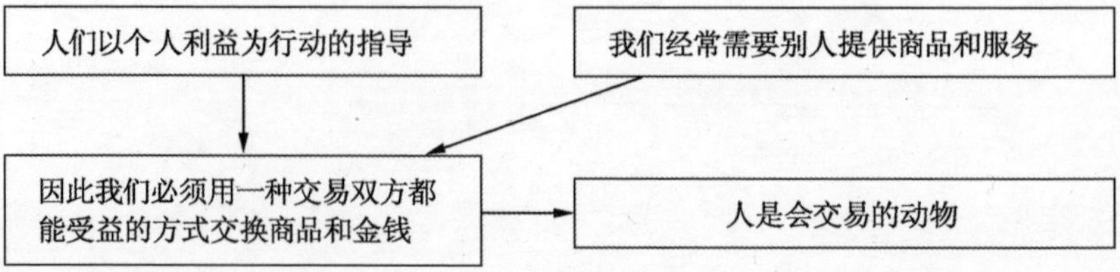

23. 伊曼努尔·康德(1724—1804 年):世上存在两个世界:一个是我们的身体,一个是外在世界

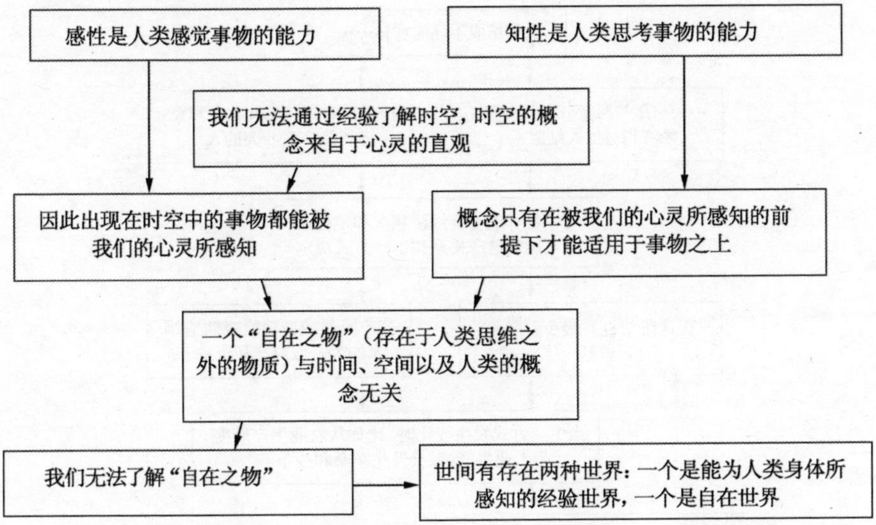

24. 格奥尔格·黑格尔(1770—1831 年):现实是一个历史过程

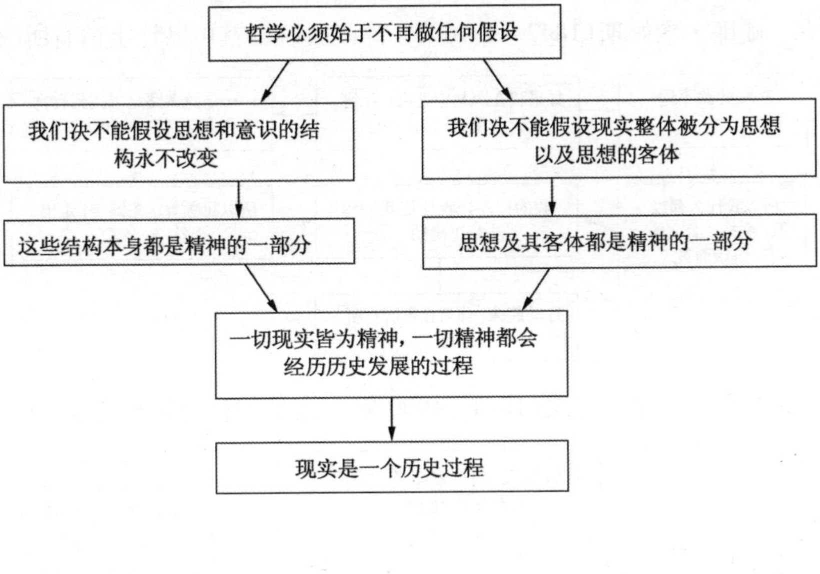

25. 卡尔·马克思(1818—1883 年):迄今存在的全部社会历史就是阶级斗争史

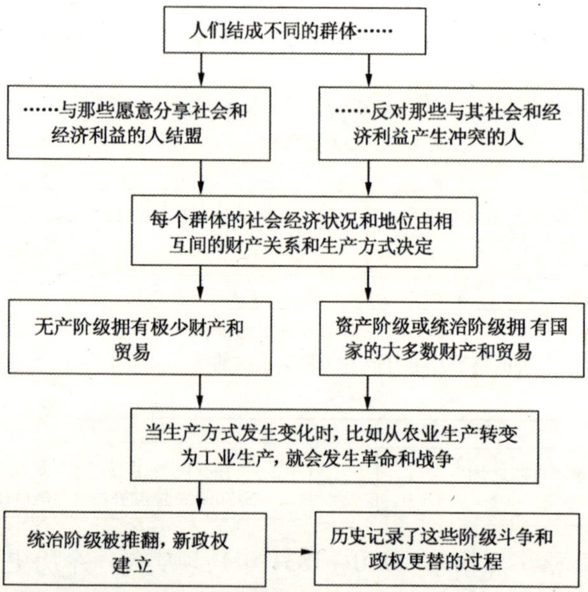

26. 威廉·詹姆斯(1842—1910 年):行动起来,就可以让事情有所改善

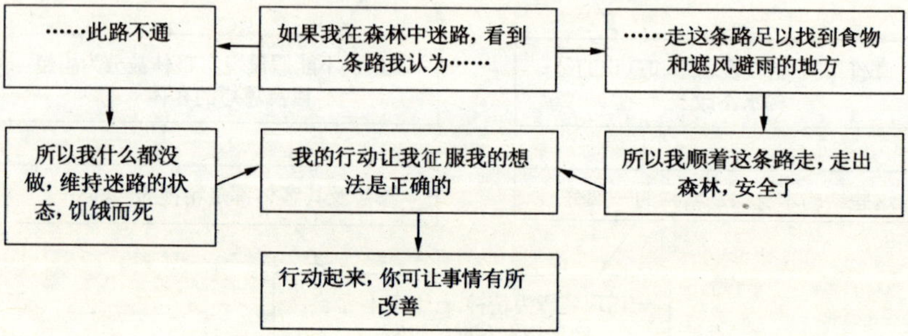

27. 弗里德里希·尼采(1844—1900 年):人是一种应该被超越的东西

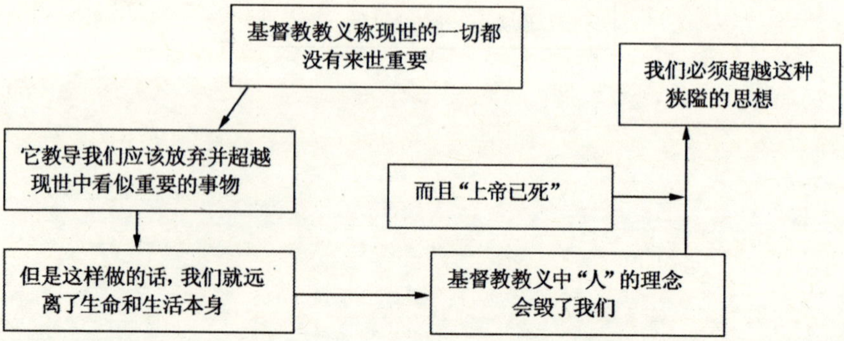

28. 埃德蒙德·胡塞尔(1859—1938 年):经验自身不是科学

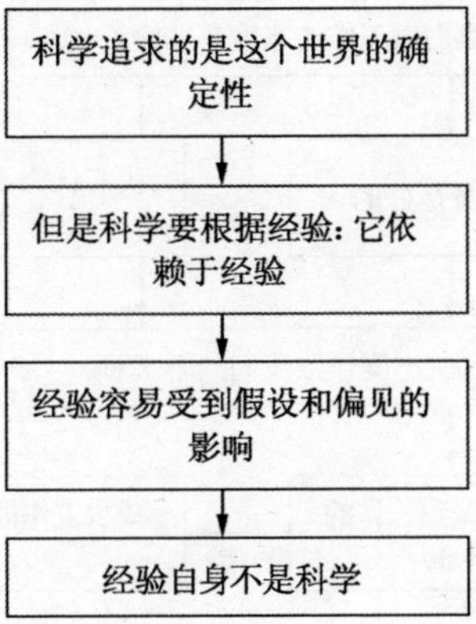

29. 亨利·柏格森(1859—1941 年):直觉是生活的方向

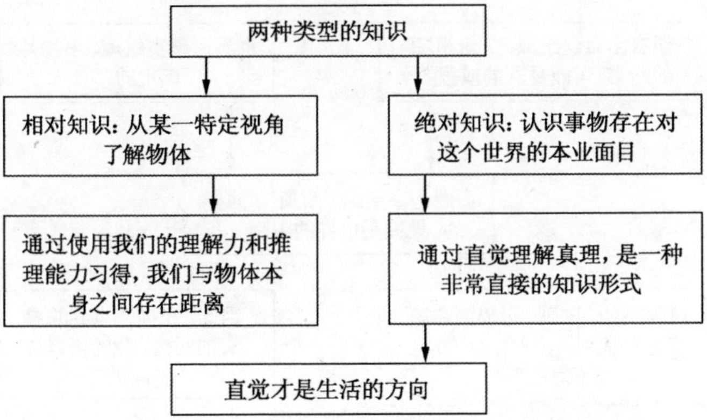

30. 约翰·杜威(1859—1952 年):只有在面对问题时我们才思考

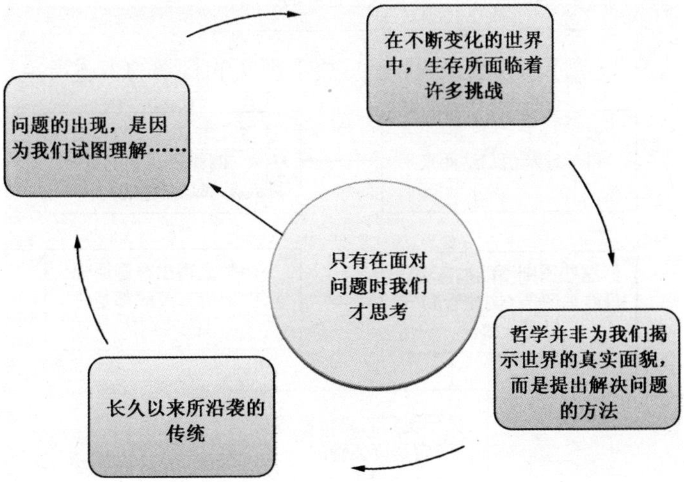

31. 勃兰特·罗素(1872—1970年):通往幸福之路在于有计划地减少工作

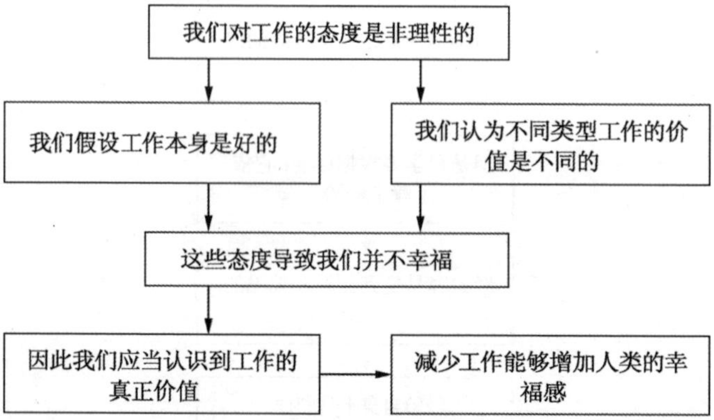

32. 路德维希·维特根斯坦(1889—1951年):我的语言的极限就是我的世界的极限

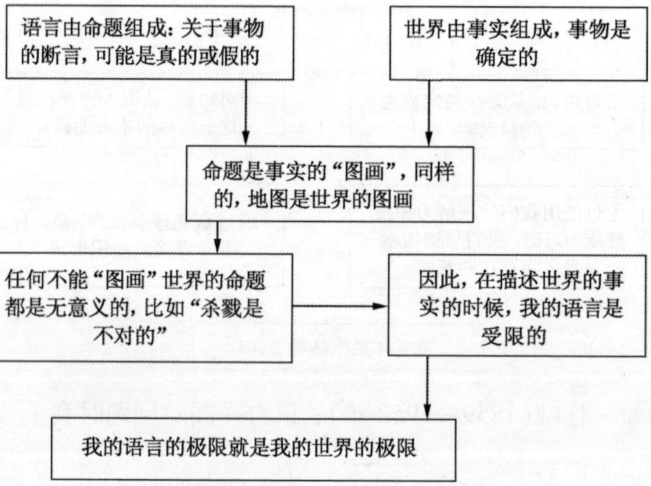

33. 卡尔·波普尔(1902—1994年):关于现实的科学的表述肯定是可证伪的

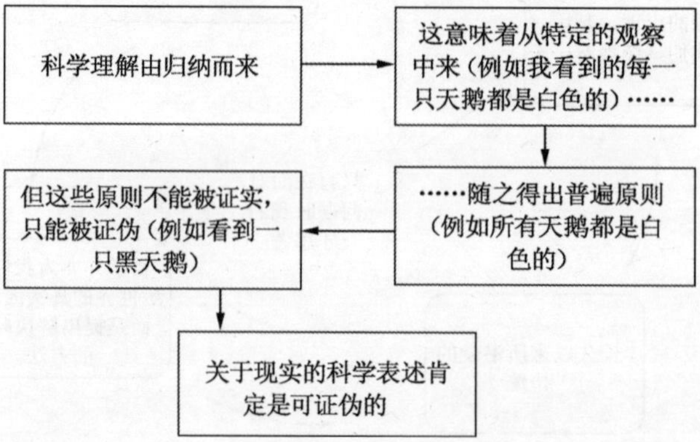

34. 让·保罗·萨特(1905—1980 年):存在先于本质

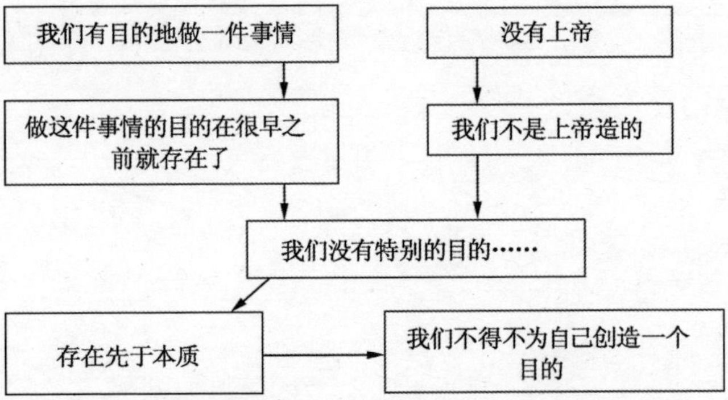

35. 西蒙娜·德·波伏娃(1908—1986 年):男人被定义为人类,而女人只是女性

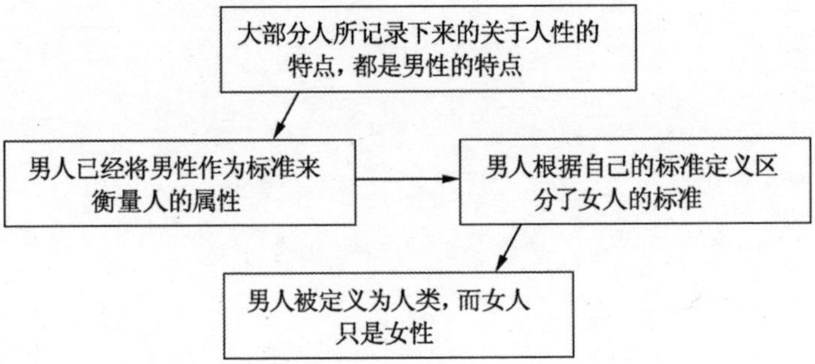

36. 约翰·罗尔斯(1921—2002 年):公正必须一视同仁

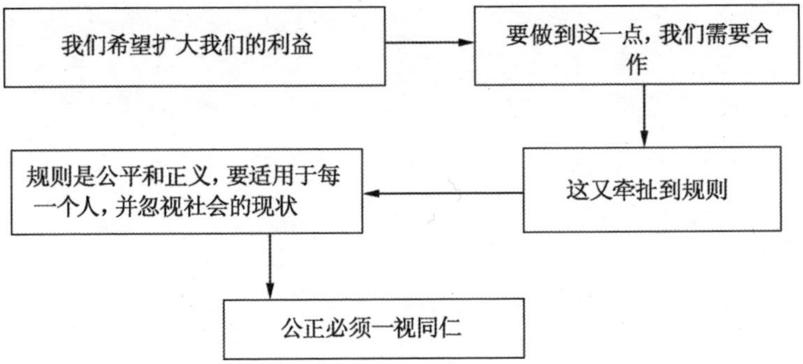